Special Financial
Execution Act

특수금융집행법
실무

송하진

박영사

머리말

대한민국 국민으로 살아가면서 실생활에 가장 밀접하고도 꼭 알아야 할 법이 민사집행법이라고 자신 있게 말할 수 있다. 그 이유는 누구나 한번은 금융기관 등을 통하여 여신상품을 이용하거나 부동산이나 자동차를 소유하면서 채권·채무의 관계를 가지기 때문이다.

또한, 민사집행법 분야는 다른 법과는 달리 이론만을 가지고서는 논하기 어려울 뿐만 아니라 반드시 실무경험을 통하여 직접 겪어봐야 알 수 있는 종합 예술적인 학문이라 할 수 있기 때문이다.

이러한 이유로 민사집행법이 중요한 학문이고 기업에서 관련 업무에 종사하는 분들이 많이 있음에도 불구하고 이론을 접목하여 관심을 가지고 연구를 하는 실무출신 학자가 많지 않고 현실적으로의 접근도 쉽지 않은 게 현실이다.

필자는 이와 관련하여 미국계, 유럽계 및 국내 금융기관에서 약 16년간 법무, 자산관리, 채권관리 등의 실무경험을 하였고 이론적인 부분을 대학원 경영학, 법학석사 및 법학박사 과정을 통하여 체계화하였다.

이 책이 탄생하게 된 배경은 필자가 실무에서 경험한 내용을 중심으로 박사논문을 준비하던 중 선행 연구자 몇 분이 학생이나 기업에서 관련 업무를 담당하고 있는 분들이 다소 접근하기 어려운 민사집행법 분야를 실생활에 필요한 이론과 실무사례를 중심으로 이해하기 쉽게 관련 법령을 포함하여 책으로도 펴내면 학생들에게는 교과서로 기업 담당자들에게는 업무 지침서로 그리고 금융 및 부동산 등의 집행에 관심이 있는 분들에게도 도움이 될 것 같다는 의견이 있었다.

그 내용을 살펴보면 민사집행법의 일반적인 이론과 함께 민사집행과 관련된 실무적인 내용을 담고 있고 부동산 및 자동차 집행, 유치권 및 임차인, 집행관제도와 감정평가제도의 내용 및 문제점과 해결방안까지도 포함하고 있다. 따라서 선행 연구자의 교과서나 연구논문 및 법원행정처의 실무제요 및 각종 실무 서적들의 내용을 중점적으로 참고하여 작성하였다.

기존의 법학 교과서와는 달리 이론과 실무를 포함한 통합교과서로 출간할 수 있도록 도와주신 박영사 임직원분들께 감사의 마음을 전한다.

마지막으로 직장과 학업을 병행하며 배움의 기회를 주신 송재일 교수님, 학교와 직장 그리고 저와 인연을 맺어주신 수많은 멘토님(Mentor Group)들께 감사를 드리며, 언제나 나의 편이 되어준 존경하고 지혜로운 아내 이지영과 사랑하는 딸 송주아, 송현아에게 다시 한번 사랑을 전하며 인성교육을 최우선으로 헝그리 정신(hungry精神)과 끊임없이 호기심을 가지고 무엇이든 도전하고 실행하는 적극적인 성장환경을 만들어 주시고 해피 메이커(Happy maker)로 키워주신 부모님과 가족, 그리고 장인, 장모님께 무한한 감사의 마음을 전한다.

2020. 2.

저자 송하진 씀

차 례

제4장 민사집행 과정상의 문제점 · 141

제6장 결 론 · 221

부록 · 229

제1장

총 설

제1장

총 설

　개인이나 법인사업자는 자금이 필요할 때 여신을 취급하는 금융회사에서 주로 대출을 통해 자금을 빌린다. 금융기관에서 취급하는 대출의 종류는 크게 신용대출과 담보대출로 나눌 수 있다. 신용대출은 여신심사 담당자가 개인이나 법인의 신용을 평가하여 대출의 한도를 정하고 대출을 해주는 것이고, 담보대출은 개인이나 법인의 부동산이나 기타 담보가 될 만한 자산을 평가하여 대출을 해주는 것이다. 이러한 과정을 거쳐 대출 계약이 체결되면 당사자 간에 채권과 채무가 발생하게 되고, 자금을 빌리는 개인이나 법인은 채무자가 되고 자금을 빌려준 금융기관은 채권자가 된다. 대출이 발생하면 채무자는 채권자와 맺은 계약 내용대로 대출 상환을 하게 된다. 대출 상환이 제대로 이루어지면 채무자와 채권자 사이의 대출 계약은 아무런 문제 없이 종료된다. 그러나 채무자가 자금 사정 등의 악화로 대출 계약 내용대로 상환을 이행하지 못한다면 그 채권은 연체가 발생하게 된다. 연체가 지속되면 부실채권이 되고 채권자는 채권의 만족을 얻기 위하여 채무자를 상대로 법적 조치에 착수하게 된다.

　법적 조치는 채무자의 상환 의지나 상황에 따라 달라질 수 있는데 처음에는 민사소송을 통하여 판결문이나 결정문을 받고 결국에는 민사집행을 통하여 권리가 실현된다. 즉, 법원의 재판에서 승소하여도 집행을 통하여 권리가 실현되지 못한다면 판결문(결정문)은 사용할 수 없을 뿐만 아니라, 아무런 실효성이 없다고 할 수 있다. 이러한 이유로 민사집행 분야는 실체법상 우리가 살아가는 데 반드시 필요하고 발전시켜야 할 법 분야이다. 이러한 이유로 실무출신 법학자 사이에서 이에 대한 논의가 활발하게 진행되고 있으며, 관련 사례를 통해 판례 및 법리가 발전하고 있다. 2002년도에 민사집행법이 민사소송법으로부터 분리, 제정되면서 민사집행 사건은 민사사건에서의 비중이 증가하였고, 이론적·법률학적인 측면에서도 상당한 발전을 이룩하였다. 이와 함께 민사집행영역에서의 판결도 약 10% 이상을 차지하고 있다. 또한, 현행 민사집행 및 보전처분이 시행되고 있다. 이렇듯 국민의 법치 생활에 매우 필요하고 중요한 영향을 미치는 민사집행의 현실은 지속적으로 개선하여야 한다. 그럼에도 불구하고, 이에 대한 연구가 활발하지 않은 것이 현실이다.

본 연구에서는 이러한 현실을 조명하기 위하여 필자는 실무적인 경험을 통하여 부실채권이 발생하고 이를 처리하기 위해 민사집행 절차까지 이르게 되는 금융회사의 부실채권 발생과 채권관리, 부실채권의 종류, 금융사의 부실채권 방지노력, 신용리스크(Credit Risk) 관리, 사기리스크(Fraud Risk) 관리, 운영리스크(Operational Risk) 관리 및 부실채권의 사례를 살펴보고 이를 다루었다.

이와 아울러 민사집행을 통한 부실채권의 해소방안은 어떻게 처리가 되고 있는지에 대하여 연구가 가장 적게 되어 있는 분야인 민사집행의 의의, 민사집행의 원칙, 집행권원과 집행관제도, 금전집행, 부동산 집행, 동산 집행, 자동차 집행 그리고 추후 본 집행을 위하여 집행력이 있는 약속어음 공정증서나 판결문(결정문) 등의 집행권원을 획득하기 전에 채무자의 재산을 처분하지 못하도록 하는 절차인 보전처분에 대하여도 살펴보았다.

다음으로, 민사집행법상의 강제집행에서 문제가 되고 있고 가장 어려운 문제인 허위·가장 유치권과 허위·가장 임차인의 문제를 실무적으로 경험한 사례와 함께 소개하고 그 해결방안을 제시하였다. 유치권은 부동산 집행뿐만 아니라 자동차 집행에서도 매우 어려운 부분이다. 민사집행은 민사법 영역에서 큰 비중을 차지하면서 그 법 이론을 발전시켜야 할 분야에 해당한다. 다만, 민사집행법이 법이론적으로 발전을 하기 위해서는 우선 그 영역에 관심을 가진 연구 인력이 많아야 한다. 그러나 현실은 반대의 방향으로 가고 있는 것 같아 아쉬움이 있다.

또한, 집행 실무에서 집행관제도는 어떠한 제도보다 그 중요성이 크다고 할 수 있어 우리나라와 다른 나라의 집행관제도를 비교하고 이를 함께 살펴보고 부동산과 동산의 감정평가제도의 문제점에 대하여도 살펴보았다. 결론 부분에서는 앞에서 살펴본 내용들을 바탕으로 민사집행제도 개선에 관한 점을 정리하여 마무리하였다.

마지막으로 이 연구는 일반적인 법리 연구와 달리, 민사집행과 관련된 실무 고충, 우리나라에서 많이 발생하는 허위·가장 유치권, 허위·가장 임차인, 자동차 집행의 문제, 집행관제도의 문제, 감정평가제도의 문제 등을 검토하고 금융회사와 금융소비자 등 시장 참여자 모두의 손실을 줄이는 데 필요한 해결방안(또는 개선방안)을 제시하는 것이다. 따라서 법원행정처 실무제요, 법원도서관 발행 재판자료, 각종 실무 서적 등 국내 문헌, 관련 판례, 여신을 전문으로 취급하는 여신전문금융회사의 실무사례, 업무개설서 등을 중점적으로 참고하여 작성하고 결론을 제시해 보았다.

제 1 절 | 연구의 목적과 문제제기

민사소송은 최종적으로 집행을 목표로 한다. 즉, 재판에서 승소하여도 집행을 통하여 권리가 실현되지 못한다면 판결은 실효성이 없다 할 수 있다. 이러한 이유로 민사집행 분야는 이에 대한 논의가 진행되고 있으며, 관련 판례 및 법리가 발전되고 있다. 민사집행법이 2002년 1월 26일 법률 제6627호로 제정되어 같은 해 7월 1일부터 현재에 이르고 있다.[1] 2002년도에 민사집행법이 민사소송법으로부터 분리, 제정되면서[2] 민사집행 사건은 민사사건에서의 비중이 증가하였고 이론적·법률학적인 측면에 있어서도 상당한 발전을 이룩하였다. 이와 함께 민사집행 영역에서의 판결도 약 10% 이상을 차지하고 있다. 또한, 현행 민사집행 및 보전처분이 시행되고 있다.

---

1) 이시윤, 『신민사집행법(제6보정판)』, 박영사, 2014, 23면.
2) 법원행정처, 『법원실무제요 민사집행[Ⅰ]』, 집행총론, 2014, 3면.

이렇듯 국민의 법치 생활에 매우 필요하고 중요한 영향을 미치는 민사집행의 현실은 개선하여야 할 점이 많다. 그럼에도 불구하고 이에 대한 연구가 활발하지 않은 것이 현실이다.

이러한 현실을 조명하기 위해 필자는 부실채권이 발생하고 이를 처리하기 위해 민사집행까지 이르게 되는 금융회사의 부실채권과 관련한 현황을 다루고자 한다.

민사집행상의 가장 어려운 문제인 허위·가장 유치권과 허위·가장 임차인의 문제를 다루고자 하는바, 유치권과 임차인은 부동산 집행에서의 어려움이 있고, 유치권은 자동차 집행에서 매우 어려운 부분이다.

이와 아울러 민사집행을 통한 부실채권의 해소는 어떻게 처리되고 있는지에 대하여 연구가 가장 적게 되어 있으며 법률적으로 개선이 필요한 자동차 집행에 대한 문제점과 그에 대한 해결방안을 다루고자 한다.

마지막으로 집행 실무에서 집행관제도는 어떠한 제도보다 그 중요성이 큰데 이를 함께 다루고 동산과 부동산의 감정평가에 대한 제도상의 문제점에 대하여 알아보고자 한다.

민사집행은 민사법 영역에서 큰 비중을 차지하면서 그 법 이론을 발전시켜야 할 분야에 해당한다. 다만 민사집행법이 법 이론적으로 발전을 하기 위해서는 우선 그 영역에 관심을 가진 연구 인력이 많아야 한다. 그러나 현실은 반대의 방향으로 가고 있는 것 같아 아쉬움이 있다.

제 2 절 | 연구의 범위와 방법

본 연구는 먼저 제1장 <서론>에서 연구의 목적 및 연구범위와 방법에 대해 서설하고, 제2장 <금융회사의 부실채권>에서는 금융회사의 부실채권, 부실채권 개념, 부실채권의 종류 및 발생원인과 금융회사의 부실채권 방지 노력으로 실무상의 신용리스크 관리, 사기리스크 관리, 운영리스크 관리 및 부실채권 사례와 여신전문금융회사의 부실현황을 알아보고 그에 대한 실무상의 해소방안에 대하여 살펴본다. 제3장 <민사집행을 통한 부실채권 해소방안>에서는 민사집행의 의의,

민사집행의 원칙, 집행권원과 집행관제도, 금전집행, 부동산 집행, 동산 집행과 자동차 집행에 대하여 살펴본다.

제4장 <민사집행 과정상의 문제점>에서는 강제집행에서 문제가 되는 허위·가장 유치권, 허위·가장 임차인, 자동차 집행의 문제와 함께 우리나라 집행관제도와 외국의 집행관제도를 살펴보고 집행관제도의 문제점을 살펴본 후 마지막으로 부동산과 동산의 감정평가제도의 문제에 대하여 살펴본다. 제5장 <민사집행 과정상의 해결방안>에서는 실무적인 사례와 함께 민사집행 과정상의 해결방안을 제시하고자 한다.

제6장 <결론>을 통해서는 앞에서 살펴본 내용을 바탕으로 민사집행제도 개선에 관한 연구를 정리하여 마무리하고자 한다.

마지막으로 이 연구는 일반적인 법리 연구와는 달리, 우리나라의 민사집행과 관련된 실무 고충, 우리나라에서 많이 발생하는 허위·가장 유치권, 허위·가장 임차인, 자동차 집행상의 문제 등을 검토하고 금융회사와 금융소비자 등 시장 참여자 모두의 손실을 줄이는 데 필요한 해결방안을 제시하는 것이다. 따라서 법원행정처 실무제요, 법원도서관 발행 재판자료, 각종 실무 서적 등 국내 문헌, 관련 판례, 금융회사의 실무사례, 업무개설서 등을 중심으로 참고하여 작성하였다.

제2장

금융회사의 부실채권

제2장

금융회사의 부실채권

우리나라의 금융회사는 수신상품과 여신상품을 모두 취급하는 은행, 저축은행 등의 금융회사가 있고 여신상품만을 전문적으로 취급하는 ○○캐피탈, ○○파이낸스 등의 상호를 가진 여신전문금융회사(이하 "여전사"라고 한다)가 있다. 은행에서 취급하는 여신상품은 크게 부동산 등의 담보를 제공하는 담보대출 상품과 개인(또는 법인)의 신용을 평가하여 취급하는 신용대출상품이 있다.

은행에서 여신심사를 통하여 실행되는 여신상품은 대출금에 비하여 담보력이 좋거나 신용도가 우수하여 대출을 실행하여도 연체 등의 부실이 거의 발생하지 않은 우량 여신만을 주로 취급한다. 그러나 여신상품만을 전문적으로 취급하는 여전사는 고객의 담보력이 부족하더라도 또는 신용이 우량하지 않더라도 추후에 연체 등의 부실을 대비하여 은행보다 대출 이자를 조금 더 높게 책정하여 여신상품을 취급하고 있다. 이러한 여신상품의 특성 때문에 은행의 상품보다는 여전사에서 취급하는 상품의 부실채권이 더 많이 발생하게 된다.

필자가 본 논문에서 연구하고자 하는 부실채권의 사례가 주로 여전사에서 취급하고 있는 담보력이 낮은 부동산담보대출이나 자동차할부금융과 리스상품 등으로 여전사와 취급액 규모 등에 대하여 좀 더 자세히 살펴보도록 하겠다.

　　여전사는 신용카드업(여신전문금융업법 제2조 제2호)[1], 시설대여업[2], 할부금융업 및 신기술사업금융업[3]을 하는 자(여신전문금융업법 제2조 1호, 제46조)로 주된 업무로는 기업이 물품과 용역을 제공함으로써 취득한 매출채권(어음을 포함한다)의 양수·관리·채권 회수업무, 대출(어음할인을 포함한다. 이하 이 조에서 같다)업무, 여신전문금융업법 제13조 제1항 제2호 및 제3호에 따른 신용카드업자의 부대 업무(신용카드업의 허가를 받은 경우만 해당한다), 그 밖에 제1호부터 제4호까지의 규정과 관련된 업무로서 대통령령[4]으로 정하는 업무, 제1호부터 제4호까지의 규정에 따른

---

1) "신용카드업"이란 다음 각 목의 업무 중 나목의 업무를 포함한 둘 이상의 업무를 업(業)으로 하는 것을 말한다.
　가. 신용카드의 발행 및 관리
　나. 신용카드 이용과 관련된 대금(代金)의 결제
　다. 신용카드가맹점의 모집 및 관리
2) "시설대여업"이란 시설대여를 업으로 하는 것을 말하며, "시설대여"란 대통령령으로 정하는 물건(이하 "특정물건"이라 한다)을 새로 취득하거나 대여받아 거래상대방에게 대통령령으로 정하는 일정 기간 이상 사용하게 하고, 그 사용기간 동안 일정한 대가를 정기적으로 나누어 지급받으며, 그 사용 기간이 끝난 후의 물건의 처분에 관하여는 당사자 간의 약정(約定)으로 정하는 방식의 금융을 말한다. 또한 "시설대여업자"란 시설대여업에 대하여 제3조 제2항에 따라 금융위원회에 등록한 자를 말한다(여신전문금융업법, 제2조 제9호, 10호, 11호).
3) "신기술사업금융업"이란 여신전문금융업법 제41조 제1항 각호에 따른 업무를 종합적으로 업으로서 하는 것을 말하며, "신기술사업자"란 「기술보증기금법」 제2조 제1호에 따른 신기술사업자와 기술 및 저작권·지적 재산권 등과 관련된 연구·개발·개량·제품화 또는 이를 응용하여 사업화하는 사업(이하 "신기술사업"이라 한다)을 영위하는 「중소기업기본법」 제2조에 따른 중소기업, 「중견기업 성장촉진 및 경쟁력 강화에 관한 특별법」 제2조 제1호에 따른 중견기업 및 「외국환거래법」 제3조 제15호에 따른 비거주자를 말한다. 다만, 다음 각 목의 어느 하나에 해당하는 업종을 영위하는 자는 제외한다. 가. 「통계법」 제22조 제1항에 따라 통계청장이 고시하는 한국표준산업분류에 따른 금융 및 보험업. 다만, 동 분류에 따른 금융 및 보험 관련 서비스업으로서 대통령령으로 정하는 업종은 제외한다. 나. 「통계법」 제22조 제1항에 따라 통계청장이 고시하는 한국표준산업분류에 따른 부동산업. 다만, 동 분류에 따른 부동산 관련 서비스업으로서 대통령령으로 정하는 업종은 제외한다. 다. 그 밖에 신기술사업과 관련이 적은 업종으로서 대통령령으로 정하는 업종, "신기술사업금융업자"란 신기술사업금융업에 대하여 제3조 제2항에 따라 금융위원회에 등록한 자를 말한다(여신전문금융업법 제2조의 14, 14의 2, 14의 3호).
4) 1. 법 제46조 제1항 제1호부터 제4호까지의 업무와 관련하여 다른 금융회사(「금융위원회의 설치 등에 관한 법률」 제38조 각호의 기관을 말한다)가 보유한 채권 또는 이를 근거로 발행한 유가증권의 매입업무
2. 지급보증업무
3. 삭제 <2016. 9. 29.>
4. 그 밖에 여신전문금융업 및 대출업무와 관련된 업무로서 총리령으로 정하는 업무
② 법 제46조 제1항 제6호의 2에서 "대통령령으로 정하는 금융업무"란 다음 각호의 업무를 말한

업무와 관련된 신용조사 및 그에 따르는 업무, 그 업무를 함께 하여도 금융이용자 보호 및 건전한 거래질서를 해할 우려가 없는 업무로서 대통령령으로 정하는 금융업무, 여신전문금융업에 부수하는 업무로서 소유하고 있는 인력·자산 또는 설비를 활용하는 업무를 하고 있다.

  2018년 12월 말일을 기준으로 여신금융협회에 등록된 여전사의 등록 현황을 보면 할부금융업을 목적으로 사업을 하고 있는 회사는 할부 금융회사 21개사, 신용카드회사 8개사, 리스 금융회사 22개사, 신기술금융회사 5개사 등 총 56개사에 이른다. 그리고 리스금융업을 목적으로 사업을 하고 있는 회사는 리스 금융회사 25개사, 신용카드회사 6개사, 할부 금융회사 19개사, 신기술금융회사 7개사 등 총 57개 금융회사에 이른다.[5] 여전사 중에서는 할부금융업과 리스금융업을 각각 영위하고 있는 회사가 있고 두 가지 사업을 동시에 같이 영위하고 있는 회사도 있다. 그 외 여전사에 속하는 신기술금융업과 신용카드업을 영위하는 회사가 있으나 본 논문에서 다루고자 하는 내용이 아니므로 추가적인 조사는 하지 않도록 하겠다.

  이어서 2018년을 기준으로 여신협회에 등록된 여전사의 할부금융 취급 잔액 및 취급 실적을 자동차, 가전, 주택, 기계류 등의 할부금융 상품별로 알아보고 리스 금융상품은 금융리스와 운용리스로 나누어 계약액·실행액·실행 잔액 그리고 국산과 외산을 나누어 요약한 자료를 다음 표를 통하여 알아보도록 하겠다. 이 자료를 통하여 여전사의 할부금융과 리스 금융의 취급 규모를 짐작할 수 있을 것이

다. <신설 2016. 9. 29.>
  1. 「자본시장과 금융투자업에 관한 법률」에 따른 집합 투자업
  2. 「자본시장과 금융투자업에 관한 법률」에 따른 투자자문업
  3. 「자본시장과 금융투자업에 관한 법률」에 따른 신탁업
  4. 「자본시장과 금융투자업에 관한 법률」에 따른 집합투자증권에 대한 투자중개업
  5. 「자본시장과 금융투자업에 관한 법률」에 따른 경영 참여형 사모 집합 투자기구의 업무집행사원 업무
  6. 「보험업법」에 따른 보험대리점 업무
  7. 「외국환거래법」에 따른 외국환 업무
  8. 「자산유동화에 관한 법률」에 따른 유동화 자산 관리업무
  9. 「전자금융거래법」에 따른 전자금융업
  10. 「산업발전법」 제20조에 따른 기업구조개선 경영 참여형 사모 집합 투자기구의 업무집행사원 업무
  11. 대출의 중개 또는 주선 [전문개정 2009. 8. 5.]
  5) 여신금융협회, https://www.crefia.or.kr/, 여전사 현황 참조, 2019. 11. 18. 최종방문.

고 아래 표에서 특히 주의 깊게 보아야 할 부분은 여전사에서 주로 취급하고 있는 자동차할부금융 상품의 취급 규모이다. 취급 잔액 기준으로 보면 약 200만 건을 취급하였고 잔액은 어림잡아 약 30조 원에 이른다. 또한 리스 금융 요약표에서 금융리스와 운용리스의 계약 등의 금액에도 자동차 상품과 관련된 금융 및 운용리스가 포함되어 있고, 여신협회에 등록하지 않은 여전사6)의 자동차와 관련한 여신상품까지도 포함하여 더한다면 그 규모는 훨씬 더 증가할 것이다. 필자가 본 논문에서 자동차 집행에 대하여 다루어야 할 이유가 여기에 있다고 하겠다.

표 1   **할부금융 취급 잔액 및 취급 실적**7)

(단위 : 억원, 천건)

구분	취급 잔액		취급 실적	
	건수	금액	건수	금액
자동차	2,091	304,677	849	195,768
가전	2	171	2	248
주택	12	5,475	8	2,844
기계류	12	4,539	6	3,136
기타	178	12,226	71	8,834
합계	2,295	327,088	936	210,830

*2018년 기준, 여신협회에 등록되지 않은 여전사 제외.

표 2   **리스 금융 계약액 · 실행액 · 실행 잔액 요약**8)

(단위 : 억원)

구분	금융 리스		운용 리스		합계	
	원화	외화	원화	외화	원화	외화
계약액	98,332	280	39,934	0	138,266	280

---

6) 금융감독원, http://www.fss.or.kr/wisenut/kn/search/search.jsp, 여신금융 감독국 보도자료, 2019년 상반기 여신전문금융회사(신용카드사 제외) 영업실적 (잠정), 2019년 6월 말 기준 금감원에 등록된 여전사는 100개로 총자산은 152.6조 원임, 2019. 9. 20, 2019. 11. 18. 최종방문.

7) 여신금융협회, https://www.crefia.or.kr/, 연도별 할부금융 취급액 및 실적 잔액 참고, 2019. 11. 18. 최종방문.

8) 여신금융협회, https://www.crefia.or.kr/, 연도별 리스 실적 요약 참고, 2019. 11. 18. 최종방문.

		−405	0	−197	0	−602	0
실행액		98,055	283	37,358	0	135,413	283
		−401	0	−200	0	−601	0
실행 잔액		97,601	280	40,013	0	137,614	280
		−506	0	−603	0	−1,109	0
실행액	국산	41,208	47	19,014	0	60,222	47
기준	외산	56,847	235	18,344	0	75,191	235

*2018년 기준, 종금사 및 여신협회에 등록되지 않은 여전사 제외.

다음 절에서는 금융회사에서 발생하는 부실채권의 개념과 종류 및 부실채권의 발생원인에 대하여 살펴보도록 하겠다.

제 1 절 | 부실채권

Ⅰ. 부실채권의 개념

채권은 채권자와 채무자 사이에서 계약체결의 자유, 상대방선택의 자유, 내용 결정의 자유 그리고 그 방식에 있어 계약자유의 원칙이 지배하고 있고[9], 민법 제 373조는 금전으로 가액을 산정할 수 없는 것이라도 채권의 목적으로 할 수 있다 고 규정하고 있다.

연체채권과 관련하여서는 여신전문 금융업 감독규정 제2조 7항에 약정기일에 상환되지 아니한 채권 등이라고 정의하고 있다. 그 내용은 두 가지로 약정기일 이 내라도 이자 등이 납입되지 아니하는 등의 사유로 기한이익상실 사유가 발생한 채권 등과 분할상환기일에 상환되지 아니한 분할상환금을 말한다.

부실채권[10]은 여신전문 금융업 감독규정에 제9조 자산건전성 분류 등 제2항

---

9) 양형우, 『민법입문(제2판)』, 피앤씨미디어, 2016, 153면.
10) 부실채권과 관련하여서는 금융회사 부실자산 등의 효율적 처리 및 한국자산관리공사의 설립에 관한 법률(약칭: 자산관리공사법) 제2조 정의 제2항에서는 금융회사 등의 여신거래로 인하여

의 규정에 따라 회수의문이나 추정손실로 분류된 채권 등의 합계액으로 정의하고 있다. 이는 연체가 장기화되어 회수가 불가능하다고 판단되는 채권으로 무수익 여신이라고도 하고 NPL 채권이라고 한다. NPL이란 Non−performing Loan의 약자이다.

부실채권은 대손 충당금을 설정해야 하는 채권이며 금융기관이 대출해준 자산 가운데 대출자의 경영 부실이나 부도 등에 의하여 원리금의 상환이 불가능해진 자산을 의미한다. 부실채권은 담보의 유무에 따라 담보부 채권인 근저당채권과 무담보부 채권인 신용채권으로 나누어진다. 이러한 금융회사 대출 자산의 건전성은 여신전문 금융업 감독규정 제9조 자산건전성 분류 등 2항에 규정되어 있는데 ① 정상, ② 요주의, ③ 고정, ④ 회수의문, ⑤ 추정손실 등 5가지로 분류[11]하고 있다.

정상은 원리금 상환이 정상적으로 이루어지고 있는 무 연체의 정상적인 여신이고, 요주의는 주의가 필요한 대출금으로 1개월 이상 3개월 미만의 비교적 짧은 기간 연체되고 있는 여신을 말한다. 그리고 고정은 3개월 이상 연체되는 여신으로 금융회사가 손해를 입을 가능성은 있지만, 그 여신에 대한 담보가 있어서 나중에라도 회수가 가능한 경우라 할 수 있고, 회수의문은 해당 여신의 담보가 부족하여 어느 정도 손해가 예상되는 경우의 여신을 말한다. 추정손실은 여신 금액 대비 담보가액이 많이 부족한 경우로 채권을 회수할 가능성이 전혀 없는 여신을 말한다.[12]

위에서 살펴본 금융기관 대출여신의 연체 개월 수로 자산 건전성을 분류한 기준을 정리하면 다음 표와 같다.

발생한 대출 원리금, 지급보증 및 이에 준하는 채권으로서 부도 등의 사유로 정상적으로 변제되지 아니한 것으로서 회수조치나 관리 방법을 마련할 필요가 있는 채권이나 채무자의 경영 내용, 재무상태 및 예상되는 현금의 흐름 등으로 채권 회수에 상당한 위험이 발생하였거나 발생할 우려가 있는 경우로서 경영관리위원회가 인정하는 채권으로 정의하고 있다.

11) 단, 유가증권의 경우에는 "고정"으로 분류하고 가지급금의 경우에는 "요주의" 및 "고정"으로 분류를 제외한다고 규정하고 있다.

12) 강희경, 「국내 NPL시장의 현황과 시사점」, 하나금융연구소, 2007, 1면.

| 표 3 | 금융기관 대출채권의 자산건전성 분류 기준 |

구분	분류기준
정상	금융 거래내용, 신용상태 및 경영 내용이 양호한 거래처에 대한 총여신
요주의	1개월 이상 3개월 미만의 연체 대출금이 있으나 회수가 확실시 되는 거래처에 대한 총여신
고정	3개월 이상의 연체 대출금을 보유하고 있는 거래처에 대한 총여신 중 회수 예상가액 해당 여신
회수 의문	연체 기간이 3개월 이상 1년 미만이면서 대출처의 채무 상환능력이 현저하게 악화되어 채권 회수에 심각한 위험이 발생한 여신 중 회수 예상금액을 초과하는 여신
추정 손실	연체 기간 1년 이상으로 대출처의 상환 능력이 심각하게 나빠져 손실 처리가 불가피한 대출금 중 회수 예상금액을 초과하는 부분

출처: 금융감독원, 2017.

Ⅱ. 부실채권의 종류

앞에서 말한 바와 같이 채권자가 채무자에게 가지는 특정한 급부를 청구할 수 있는 권리가 채권이고, 채권자와 채무자 사이에 민법 제2조에 명시된 권리의 행사와 의무의 이행은 신의에 따라 성실히 하여야 하고, 권리는 남용하지 못한다는 신의 성실의 원칙[13]에 의하여 체결된 계약이 발생한 시점부터 채권관리는 시작된다.

채권자와 채무자 사이에 체결된 계약대로 변제기에 발생한 금액(원리금 균등 상환일 경우에는 원리금, 원금상환일 경우에는 원금, 원금 거치식 상환일 경우에는 이자)을 연체 없이 성실히 상환하면 아무런 문제가 없이 채권이 해소되어 그 채권은 자연적으로 소멸하게 될 것이나, 채무자의 자금 사정의 악화나 도덕적 헤이(Moral hazard) 등 기타 여러 가지 사유로 인하여 연체가 발생하고 장기화가 된다면 그 채권은 채무불이행의 상태에 이르게 되고 결국에는 부실채권이 된다.

금융실무에서는 정상채권(무연체), 정상연체 채권, 기한이익상실 채권, 대손 채권, 매각 채권으로 분류하여 채권관리를 하고 있으며 추가적으로 장기연체 등으로

---

13) 양형우, 앞의 책, 147면; 지원림, 『민법강의(제16판)』, 홍문사, 2019, 44면.

인하여 채무자가 자신의 신용구제를 위한 방법으로 채무자의 선택 또는 판단에
따라 법원에 회생14)을 신청할 경우에는 회생(IDRA: Individual Debt Relief Act)채권
으로 분류하고 채무자의 신용을 회복하기 위하여 신용회복위원회15)에 신청을 하
면 신용회복(CCRS: Credit Counseling & Recovery Services) 채권으로 분류하며 마지
막으로 채무자의 채무 과다 등으로 파산면책을 위하여 법원에 신청하면 파산면책
(Exemption of Bankruptcy)채권으로 분류하여 관리하고 있다.

1. 정상연체 채권

정상연체 채권이라 함은 채권자와 채무자 사이에 체결된 계약 내용대로 계약
체결 후에 일시적 또는 정기적으로 청구되는 약정금 중 상환하지 아니한 약정금
을 포함하여 연체한 채권을 말한다.

계약체결 전이나 후를 불문하고 계약서에 근거하여 정상적으로 채무자에게 해
당 금액을 청구하였으나 상환 기일에 연체된 약정금과 추가로 채무자가 부담하여
야 할 비용(예를 들면, 자동차 운용리스상품의 경우 주차위반이나 과속으로 인하여 발생한
과태료 등)을 회사가 대지급하였으나 상환 기일에 상환하지 아니한 모든 대지급금
그리고 약정금 및 대지급금 등을 상환 기일에 상환하지 아니한 채권에 대하여 상
환일 다음 날로부터 완제일까지 연체이자율로 계산한 지연손해금을 일시적으로
연체한 채권을 말한다.

2. 기한이익상실 채권

기한이익의 상실과 관련하여서는 민법 제388조에서 규정하고 있는데 채무자
는 채권자에 대하여 채무자가 담보를 손상, 감소 또는 멸실하게 한 때와 채무자가
담보 제공의 의무를 이행하지 아니한 경우에는 기한의 이익을 주장하지 못한다고
하였다.16) 또한, 할부거래에 관한 법률(약칭: 할부거래법) 제13조 소비자의 기한이

---

14) 서울회생법원, https://slb.scourt.go.kr/main/new/Main.work, 2019. 12. 7. 최종방문.
15) 신용회복위원회, https://www.ccrs.or.kr/main.do, 2019. 12. 7. 최종방문.
16) 대법원 2001. 10. 12. 선고 99다56192 판결 참조.

익상실에 보면 소비자는 할부금을 다음 지급기일까지 연속하여 2회 이상 지급하지 아니하고 그 지급하지 아니한 금액이 할부가격의 100분의 10을 초과하는 경우와 국내에서 할부금 채무이행 보증이 어려운 경우로 대통령령으로 정하는 경우에는 할부금의 지급에 대한 기한의 이익을 주장하지 못하고 할부거래업자 또는 신용제공자가 소비자로부터 한꺼번에 지급받을 금액은 나머지 할부금에서 나머지 기간에 대한 할부수수료를 공제한 금액으로 하고 이 경우 할부수수료는 일단위로 계산한다고 규정하고 있다.[17]

기한이익상실 채권[18]이라 함은 채권자(금융회사나 돈을 빌려주는 기관 등)가 채무자와 체결한 할부, 리스 그리고 대출 계약 등에서 약정한 상환 계획대로 상환하는 것이 아니라 연체가 장기화되어 기한이 도래하기 전에 기한이익상실조항에 근거하여 일시에 청구하여 회수하는 것을 말한다.[19]

기한이익상실 사유로는 여신금융회사 표준 여신거래기본약관 제8조 기한 전의 채무변제의무에서 규정하고 있는데[20] 그 내용을 살펴보면 크게 금융회사로부터의 독촉이나 통지 등이 없어도 모든 채무에 대하여 기한의 이익을 즉시 상실하여 갚아야 할 의무를 지는 것과 기한의 이익이 상실된다는 사실을 채무자와 연대보증인에게 서면으로 통지한 후에 기한의 이익을 상실하여 채무자가 이를 갚아야 할 의무를 지는 것으로 규정하고 있다.

그 내용을 살펴보면 ① 금융회사에 대한 채권에 대하여 가압류·압류명령이나 체납처분 압류통지가 발송된 때 또는 기타의 방법에 의하여 강제집행 개시나 체납처분 착수가 있는 때, ② 채무자가 제공한 담보재산에 대하여 압류명령이나 체납처분 압류통지가 발송된 때, ③ 파산, 회생, 개인 회생 절차 개시의 신청이 있거나 채무 불이행자명부 등재 신청이 있는 때, ④ 조세공과에 관하여 징수 처분을 받거나, 어음교환소의 거래정지처분이 있는 때, ⑤ 폐업, 도피 기타의 사유로 지

---

17) 김인범, 「자동차 금융의 법적 문제에 관한 연구」, 동국대학교 박사학위 논문, 2018, 55−57면.
18) 채무의 이행에 기한이 있는 경우, 채무자는 기한이 도래할 때까지 이행을 하지 않아도 된다. 즉, 기한의 이익은 채무사의 이익을 위한 것이다(민법 제153조). 그런데 계약 또는 법률이 채무자에게 기한의 이익을 부여하는 것은 채무자를 신용하여 그에게 이행의 유예를 주기 위한 것이다. 그러므로 채무자의 신용을 소멸하게 하는 사유가 발생하면 채무자는 기한의 이익을 상실한다; 지원림. 앞의 책, 2019, 1048면.
19) 김인범, 앞의 논문, 2018, 51−53면.
20) 김인범, 앞의 논문, 2018, 58−68면.

급을 정지한 것으로 인정된 때, ⑥ 채무자의 과점주주나 실질적인 기업주인 포괄
근보증인의 금융회사에 대한 채권에 대하여 제1호의 명령이나 통지가 발송된 때,
⑦ 채무자가 생업에 종사하기 위하여 외국에 이주하는 경우와 외국인과의 결혼
및 연고 관계로 인하여 이주하는 때, ⑧ 여신거래와 관련하여 허위 위·변조 또는
고의로 부실자료를 제출하여 금융회사의 채권보전의 중대한 손실을 유발한 때에
는 독촉이나 통지 등이 없이[21] 기한의 이익이 즉시 상실되는 경우이다.

다음으로 채무자 및 연대보증인에게 서면으로 통지한 후[22]에 기한의 이익을
상실하여 채무자가 이를 갚아야 할 의무를 지는 경우는 ① 이자 등을 지급하기로
한 때부터 계속하여 기업인 경우에는 14일간 지체한 때 기업이 아닌 경우에는 30
일간 지체한 때, ② 분할상환금 또는 분할상환 원리금의 지급을 2회 이상 연속하
여 지체한 때, ③ 할부거래에 관한 법률에 적용받는 할부금융거래의 경우에는 할
부금을 연속하여 2회 이상 지급하지 아니하고 그 지급하지 아니한 금액이 할부가
격의 10분의 1을 초과하는 요건이 충족한 때 등[23]이다.

이를 근거로 기한이익상실 채권을 다시 정의하면 연체(리스)약정금, 연체(리스)
대지급금, 규정 손실금, 매입약정금, 연체(리스)이자 및 계약개시 전, 후를 불문하
고 계약을 위하여 금융회사가 지급하였거나 지급하여야 할 물건 대금, 수수료 및
제비용 등으로 계약상 채무자에게 일시에 청구할 수 있는 채권을 말한다.

3. 대손상각 채권

대손상각[24] 채권이라 함은 채권이 계속해서 연체되고 담보물건 처분, 리스물
건 처분대금 등으로 채권에 충당하고도 미회수 된 장부상의 채권으로써 강제집행

---

21) 김인범, 「자동차소비자 금융상의 기한이익상실」, 고려대학교 법학연구원, 고려법학 제86호,
   2017. 9, 44-45면.
22) 김인범, 앞의 논문, 2017. 9, 45-46면.
23) 금융감독원, http://www.fss.or.kr/fss/kr/bbs/view.jsp?bbsid=1207403181453&url=/fss/kr/120
   7403181453&idx=1488533972404, 여신금융회사 표준 여신거래기본약관 2016. 11. 11. 일부개
   정, 2019. 12. 7. 최종확인.
24) 대출금, 받을어음, 외상 매출금 따위의 수취 채권 가운데 회수가 불가능한 금액을 영업 손실로
   처리하는 일을 대손상각이라 한다. 결산기에는 수취 채권 가운데 회수가 불가능한 금액을 어림
   잡아 대손 충당금을 설정하는 동시에 대손 상각을 손실로 계상한다. 대손이 실제로 발생한 때
   에는 외상 매출금 따위와 상계한다. 국립국어원, 2019. 7. 15. 최종확인.

등 기타 어떠한 방법에 의하더라도 채무자의 상환 능력이 없거나 더 이상 채권 회수가 불가능하다고 판단이 되었을 때 회수 후 잔존 금액(원금기준)을 정상 채권에서 삭제한 채권을 말한다.

금융회사에서는 보통 분기별로 정상 연체채권, 기한이익상실 채권에서 대손상 각예정채권을 분리하고 남은 채권 금액에 대해서 추가적인 회수가 가능한지의 여부를 검토한 후 회수가 불가능하다고 판단되는 채권 즉, 대손상각 채권을 확정하고 금융감독원에 대손상각을 요청하여 승인을 얻은 후 대손상각처리를 하고 있다. 그렇게 되면 대손상각 채권은 정상 채권에서 분리가 되므로 연체율이 감소하는 현상이 발생하여 그로 인한 자산의 건전화 효과를 볼 수 있다. 그러나 일정한 기준에 부합하는 회수 불가능 채권을 비용으로 인정받을 수 있는 세무적 이익은 있으나 회사 장부에서 대손상각 금액만큼이 빠지게 되므로 결국에는 자산이 감소하게 된다.

이렇게 해서 인정받은 비용을 대손금(貸損金) 또는 대손상각(貸損償却)이라고 하는데 대손금으로 인정받은 대손상각 채권은 소득세나 법인세를 절감할 수 있는 효과가 있다.

대손상각이 된 채권이라고 해서 채권 채무의 관계가 해소되는 것은 아니고 대손상각 이후에도 채권자는 채무자를 상대로 계속해서 채권추심행위를 하여야 하며 궁극적으로는 채권이 해소될 때까지 채권관리를 해야 한다.

이때 채권추심행위로 인하여 회수된 채무금(또는 리스금)은 장부상에서 환입 절차를 거쳐 회사의 이익잉여금을 가져다주는 효과가 있다.

4. 매각 채권

매각 채권이라 함은 할부, 리스 그리고 대출 계약 등이 실행된 이후에 채무자가 연락 두절, 채무상환능력 결여 등 금융회사(채권자)의 채권추심행위로 인하여 더 이상의 회수를 할 수 없다고 판단한 부실채권이나 또는 채권자의 자산 건전성이나 자산 유동화 등을 이유로 채권자의 판단에 따라 회계법인 등 채권을 평가하는 기관으로부터 평가된 금액을 기준으로 타 회사(他 채권자 또는 他 금융회사)로 매각한 채권을 말한다.

이때, 매각히는 회사(채권지)는 매입하는 회사에 대한 현지 조사(Due Diligence)를 통하여 채권의 공정한 추심에 관한 법률(약칭: 채권추심법) 등 관련 법규 준수의 여부, 채권 추심 인력 및 과거의 채권 추심 이력 등을 평가하여 평판 등 종합적으로 리스크를 평가하고, 리스크가 상대석으로 낮은 매입회사에 채권을 매각하여야 한다.

채권 매각 시에는 채무자의 신용 정보의 보호와 관련한 의무와 책임, 채권 추심과 관련한 매입기관의 법규 및 규정의 준수의무와 원금, 이자, 수수료 등 제반 비용, 변제기, 채권의 발생 일자, 소멸시효 완성 여부, 연체 일자 및 채무액 확인에 필요한 제반 채권 원인 서류를 제공하여 채무자에게 피해가 가지 않도록 채무자 보호를 위하여 법과 규정에 따라 채권 매각 절차를 이행하여야 한다. 또한, 채무자 보호를 위하여 채권을 매각할 때에는 채무자에게 채권을 양도25)했다는 채권 양도통지서26)를 보내야 하는데 통지서에는 양도인, 양수인, 양도 일자, 상환 의무 금액 등 채권에 대한 상세한 내용을 포함해야 한다.

5. 개인회생 채권

개인회생(IDRA: Individual Debtor Rehabilitation Act)채권이라 함은 급여소득이나 영업소득을 통하여 장래에 발생할 소득으로 정해진 변제계획안대로 채무를 변제할 수 있다고 판단되는 채무자가 법원에 신청하는 것이고, 채무자를 위한 신용 구제의 한 방법으로 채무자 회생 및 파산에 관한 법률(약칭: 채무자회생법) 제581조에 명시된 채무자에 대하여 개인회생절차 개시 결정 전의 원인으로 생긴 재산상의 청구권을 말한다.

개인회생 채권이 되기 위해서는 개인회생절차 개시 결정 전의 원인으로 생긴 것이어야 하고, 채무자에 대한 인적 청구권이어야 하며, 채무자에 대한 재산적 청구권이어야 한다. 또한, 동법 제582조에는 개인회생 채권은 변제계획에 의하지 않

---

25) 채권양도란 채권자가 채무자에 대한 채권을 동일성을 유지한 채 새로운 채권자에게 이전하는 종래의 채권자(양도인)와 새로운 채권자(양수인)사이의 계약을 말한다. 지원림, 앞의 책, 2019, 1254면.

26) 채무자에 대한 통지는 채무자에 대한 대항요건으로 통지 주체를 양도인에 한정하는 것은 허위의 통지를 막기 위한 것이다. 지원림, 앞의 책, 2019, 1264면.

고는 변제하거나 변제받는 등 이를 소멸하게 하는 행위를 하지 못한다고 규정하고 있다.

회생절차는 신청금액에 따라 개인회생, 일반회생[27]으로 나뉘게 되며, 채권자는 채무자와의 사이에 체결된 채권의 담보의 유무[28]에 따라 담보가 있을 경우에는 회생담보권자로, 담보가 없을 경우에는 회생 채권자로서 회생절차에 참가하게 된다. 즉, 채무자가 채권자와의 채권·채무 관계를 맺은 이후 채무자가 채권의 상환 능력의 어려움을 겪거나 신용상태가 악화되거나 기타 여러 가지 사유로 인하여 채권자와 약정한 최초 계약대로 이행하지 못할 경우에 채무자는 법원에 개인회생 신청을 하여 법원에서 정해준 변제계획안에 근거하여 채무의 변제를 하게 된다.

일반적으로 개인회생에 의한 변제계획안은 채무자의 상환 능력을 고려하여 원금, 정상이자, 연체이자 등 일부 감면(또는 탕감)과 함께 상환 스케줄도 조정된다. 채무자가 인가된 변제계획안대로 변제를 다 했을 경우 나머지 채무에 대해서는 면책이 된다. 개인회생의 변제 기간은 5년을 초과할 수 없도록 하고 있다. 채무자회생법 제611조 변제계획의 내용 제5항 변제 기간은 변제개시일로부터 3년을 초과하여서는 안 되고 다만, 제614조 제1항 제4호의 요건을 충족하기 위하여 필요한 경우 등 특별한 사정이 있는 때에는 변제개시일로부터 3년을 초과하지 아니하는 범위에서 변제 기간을 정할 수 있도록 2017년 12월 12일에 개정되었다.

이와 관련하여 서울회생법원에서는 업무지침제정을 통하여 변제계획 인가 전 및 인가 후 사건에 대하여 기존의 회생채권(최장 5년 변제계획안이 인가된 채권)도 소급적용하여 변제 기간을 3년으로 단축할 수 있도록 하여 그에 따른 총 변제액의 감소로 회생채권을 보유하고 있는 금융회사는 채권 회수율 하락에 따른 손해가

---

27) '일반회생 제도'라는 용어는 법률상 용어는 아니나 개인회생절차와의 구별을 위해 실무상 주로 사용하고 있다. 일반회생 제도는 개인회생제도와 비교하여 채무 한도(담보 10억, 무담보 5억)에 제한이 없고, 인가요건으로 채권자 결의도 필요하고, 인가로 권리변경의 효력 발생(다만, 통상의 경우에는 감축된 채무를 모두 변제할 때에야 채무면제의 효과를 발생하도록 함)하며, 담보권도 권리변경 가능하다는 점이 개인회생제도와 차이점이다. 서울회생법원, https://slb.scourt.go.kr/main/new/Main.work, 2019. 6. 12. 최종방문.

28) 예를 들어, 채무자가 부동산을 담보로 대출을 받거나, 자동차를 담보로 대출을 받을 경우 채권자는 담보로 제공된 목적물에 (근)저당권을 설정한 후 대출을 해주는데 이러한 계약을 담보채권이라 하고, 채무자가 아무런 담보를 제공하지 않고 예를 들어, 개인 신용대출 상품을 이용한 경우 이는 아무런 담보가 없기 때문에 무담보채권이라 한다.

발생하였고, 매각 금융회사는 회생채권에 대한 매입수요 감소 및 매입가격이 하락되었으며 매입 금융회사 또는 대부업자 등은 회생채권을 기 매입한 회사 등의 채권 회수율의 하락에 따른 손해[29]가 발생하여 논란이 되고 있다.

6. 신용회복 채권

신용회복 채권(CRSS: Credit Counseling & Recovery Service)이라 함은 "개인워크아웃채권"이라고도 하는데 1곳 이상의 신용회복지원협약 가입 금융기관에 5억원 이하의 채무가 있는 개인 중 일정 요건을 갖춘 경우에 채무감면, 대출 상환 기간의 연장, 이자율 조정 등을 통해 채무자가 신용을 회복하여 경제적으로 재기할 수 있도록 지원해주는 신용회복 위원회에 신청한 채권을 말한다.

채무자의 신용구제를 위한 방법으로 개인회생신청제도와 그 의의는 같다고 할 수 있다. 다만, 채무자의 사정에 따라 개인회생은 법원에 신청하여 채무자의 자격 요건이 되면 최종적으로 법원이 결정을 하고, 신용회복신청제도는 채무자가 신용 회복 위원회에 신청하여 신용회복 위원회에서 결정하여 채무조정을 받게 된다는 것이 차이점이다.

신청인은 채권금융기관을 방문하거나 유선 또는 우편으로 금융거래 (잔액)확인서나 부채증명서 등의 서류를 발급받아 신용회복 위원회[30]에 제출하고 신용회복 채권으로의 적격 여부를 심사받아야 한다. 신용회복 위원회에서 심사가 확정되면 채무자는 확정된 채무조정(금융기관과 맺은 약정에 의한 채무가 아닌 신용회복 위원회에서 확정한 채무 즉, 신용회복 위원회의 채무 재조정, Rescheduling 개념임)에 따라 채권금융기관 대출 약정을 체결한 후 변제할 금액을 성실히 상환하여 완납하면 채권금융기관에 존재하는 나머지 잔여 채권은 소멸하게 된다.

채무자가 신용회복 위원회로부터 확정된 채무조정금액을 모두 상환하게 되면 신용회복 채권은 확정과 동시에 소멸하게 되어 채무자의 신용불량 정보는 해제되고 신용회복 위원회에 의해 그 내용이 별도로 보관 및 관리된다. 그러나 확정된

---

29) 여신금융협회(2018. 3)에서 조사한 개인회생 변제기간 단축(5년 → 3년) 및 소급 관련 대응방안 자료에 보면 변제 기간 소급에 따라 여전사에 미치는 영향은 향후 5년간 최소 5,300억 이상 손실이 예상된다고 하였다.

30) 신용회복위원회, https://www.ccrs.or.kr/, 2019. 7. 15. 최종확인.

채무조정에 따르지 않고 또다시 채무불이행 등으로 인하여 변제할 금액을 3개월 이상 상환하지 않았을 경우에 신용회복 위원회에서 정한 채무조정 금액은 취소되어 원래의 금융기관에서 약정한 연체된 채무조건으로 재산정하게 된다. 또한 신용회복 위원회에 신청 당시 제출한 금융거래 (잔액)확인서나 부채증명서 등 자료가 임의 또는 허위로 적발된 경우나 재산의 도피, 은닉 등의 사실이 확인되면 신용회복 채권은 당연히 취소되고 금융정보 분석원(舊,은행연합회) 등 금융기관에 금융 질서 문란자로 등재되는 등 불이익을 받게 된다.

이와 더불어 단순히 채무의 탕감을 받고자 서류를 위조하거나 이 제도를 악의로 이용하다 적발이 되면 각 채권금융기관에서는 공공기관의 금융 질서 문란자 정보와 더불어 주의 고객 리스트(Black list) 등의 명칭을 사용하여 자체적으로도 그 이력을 관리하여 사기리스크(Fraud Risk) 관리를 철저히 하고 있다.

7. 파산면책 채권

파산면책(Exemption of Bankruptcy) 채권이라 함은 파산절차에서 개인이든 법인이든 가지고 있는 모든 채권채무액을 신고하고 심사받아 파산재단으로부터 파산선고 후 면책받은 채권을 말하는데 채무자가 채무초과상태로 채무를 더 이상 변제할 수 없는 상태에 이른 경우에 채권자로부터 채무를 정리하기 위하여 법원에 파산면책을 신청하게 된다.[31)32)]

채무자회생법 제423조에 파산채권이 되기 위한 요건으로는 재산상의 청구권으로써 금전채권이든지 또는 금전으로 평가할 수 있는 재산상의 청구권일 것이라고 명시되어 있으며[33)], 대인적 청구권은 채권에 한하므로 물권적 청구권은 환취권으로써 행사될 수는 있어도 파산채권은 될 수 없으며, 강제할 수 있는 권리이고 적어도 채권 발생의 원인이 파산선고 전에 발생한 것일 것 등을 필요로 한다. 채무자회생법 제425조는 기한부채권으로써 파산선고 시에 기한이 도래하지 아니한 것은 파산선고 시에 변제기에 이른 것으로 본다고 되어 있다.

---

31) 서울회생법원, https://slb.scourt.go.kr/main/new/Main.work, 2019. 6. 12. 최종확인.
32) 법원공무원교육원, 『도산 실무』, 법원공무원교육원, 2016, 66면.
33) 특성물 인도청구권, 순수한 친족법상의 청구권, 주식회사 주주의 자익권·공익권, 사용자의 근로 제공 청구권 등은 파산채권이 되지 않는다.

채무자회생법 제556조에 따르면 개인채무자의 경우 파산신청일로부터 파산선고가 확정된 날 이후 1월 이내에 법원에 면책신청을 할 수 있다. 이렇게 해서 채무자가 가지고 있는 모든 채권에 대하여 법원으로부터 파산선고 후 면책 결정을 받으면 그 채권 채무는 면책되어 소멸된다. 채권이 소멸되어 채권자로서는 채무자로부터 가지고 있는 면책채권 전부를 손실로 처리하여야 한다.[34] 그러나 그 채권에 연대보증이 되어 있다면 주 채무자가 파산면책을 받았다고 하더라도 채권자는 연대보증인에게 채권추심행위를 통하여 채권의 만족을 얻을 수 있다.

Ⅲ. 부실채권의 발생원인

부실채권이 발생하는 주요 원인은 금융기관의 내부적 요인, 외부적 요인 그리고 대외적 요인으로 구분할 수 있다.

1. 내부적 요인

가. 대출 관련 관리시스템의 문제

금융기관의 여신 부실채권 발생의 시작이라고 할 수 있다. 대출 심사에 있어 자율성과 전문성, 정확한 신용 평가의 부족과 대출 후 차주에 대한 관리시스템의 비효율성은 부실채권을 양산하게 된다. 특히 업무량과 경우의 수가 다양하다 보니 규격화되지 못한 업무(금융기관의 업무 매뉴얼이 존재한다고 하여도 그 범위가 포괄적임으로)로 인하여 담당자 개개인별로 상이한 심사 방식과 신용조사, 담보 평가, 대출 실행 후 사후관리와 매각 등의 업무에 있어 부실이 늘어나는 경향이 있다.

---

34) 만약, 채무자가 10개의 금융기관으로부터 채권·채무 약정을 체결하였고, 그 후 채무초과상태에 이르러 더 이상 채무액을 변제하지 못하여 법원에 파산면책신청을 한 경우에 채무자가 10개 금융기관이 아닌 9개의 금융기관 채권만을 파산면책을 위하여 법원에 신청하였다고 하면 그것이 채무자의 고의든 고의가 아니든 신청하지 않은 1개 금융기관의 채권채무액은 여전히 존재하게 되어 채권자가 채권의 만족을 얻을 때까지 즉, 채무를 완제할 때까지 채권자에게 갚아야 한다.

나. 무리한 외형 경쟁

금융기관의 순위 경쟁과 동일 금융기관 내에 손익 목표 달성을 위한 무리한 외형 확대가 원인이 될 수 있다. 왜냐하면, 경영진은 임기 내에 가시적인 성과를 올리기 위하여 여신 증대의 양적 팽창 위주의 경영, 유동성 그리고 금리와 환율 변동 위험을 고려하지 않은 방만한 대출 및 차입 등을 하여 부실 경영의 요인이 될 수 있다. 금융기관의 외형 부풀리기 위주의 과다한 경쟁은 결국에 무리한 대출로 이어져 부실채권 발생의 원인을 제공하게 될 것이다.

다. 전문 인력의 부족

금융기관이 대출을 실행하기에 앞서 차주의 상환 능력, 자금의 용도 등을 종합적으로 판단하기 위하여 신용조사를 하게 된다. 신용조사[35]를 하는 목적은 대출을 신청한 금융기관에만 한정하지 않고 모든 금융기관으로 거래를 확대하여 이익 실현을 도모하고 대손을 방지하기 위하여 실시하는데, 이와 관련한 대출 심사 전문 인력과 대출 관리 전문 인력의 부족은 결국 부실채권 발생의 원인이 된다. 또한, 신용조사는 대출 신청금액이 일정 금액 이하에서는 대부분 일선 영업 지점에서 주로 신용조사 등의 업무를 실시하고 있으며, 본점 심사자의 교육은 자율 의사에 따라 이뤄지고 있어 급변하는 산업계에 선제적으로 대응하기 위해서는 지속적인 전문화 교육을 통하여 정교한 심사로 인해 사전적 부실여신 발생을 억제하여야 할 필요가 있다.

라. 금융기관의 경영 전략의 부재

대부분의 금융기관 경영진은 단기간의 임기 내에 주어진 기간 동안 가시적인 성과를 내어야 하므로 시간이 오래 걸리는 전략이나 근본적인 체질 개선을 통한 장기적인 경영 전략을 통하여 지속적으로 수익을 내기보다는 단기적인 성과에 주로 집중을 하게 된다. 또한, 금융감독 기준을 맞추기 위해서 단기간에 BIS 자기자본비율 등을 높이기 위하여 예를 들면, 회수 가능성이 있는 연체채권을 포함한 장

---

35) 대부분의 금융기관은 신용조사 제공 업체인 나이스 신용정보(주) 또는 코리아크레딧뷰로(KCB) 회사에 회원가입을 통하여 신용정보 등의 고객정보를 제공받고 있다.

기연체 채권의 무리한 매각 및 대손상각을 진행하여 결국 수익성에 좋지 않은 영향을 미치게 될 것이다.

　이렇게 되면 장기적인 경영 전략의 부재와 새로운 환경 변화에 탄력적으로 대응하지 못하는 부실한 경영 계획을 세우게 되고 더 나아가 위기 해결 능력의 부재로 금융기관 내에 부실채권이 더욱더 증가하는 원인이 된다.

2. 외부적 요인

가. 정부 주도의 운영 체계

　우리나라의 경우 경제 개발 초기 단계에는 정부 주도로 계획을 수립하고 정책 집행 과정을 통제하여 부족한 금융 자원을 정부의 정책 목표에 부합하도록 배분함으로써 경제 성장 및 산업구조 고도화에 성공하였다. 그러나 경제 규모가 확대되고 복잡해지면서 정부 주도의 운영 체계의 비효율성과 도덕적 해이가 나타나는 부작용이 발생하게 되었다.

　민간 부문이 정부 부문보다 정보력과 제도가 앞선 상황에서 규제와 제재는 오히려 민간의 발전을 저해하는 불합리 요인으로 나타났다. 정부의 강력한 통제하에서 금융기관들은 경제적 효율성이나 건전성보다는 규모 확대에 치중하였고, 비효율적 경영 관행이 지속되며 금융 시스템의 취약성이 심화되어 금융시장 개방화와 국제화에 커다란 장애 요인으로 작용하고 있다. 이러한 원인 등으로 결국 관행적 여신 증가로 인해 부실이 증가하는 원인이 되었다.

나. 경기의 순환적 측면

　부동산 담보에 주로 의존하는 금융기관의 담보대출 관행은 경기 침체 시기에는 부실여신이 발생할 수밖에 없는 상황으로 금융 시스템의 잠재적 불안정 요인으로 작용하고 있다. 특히 경기 침체가 장기화가 되면 부동산 및 주식 등 자산 가격의 급락으로 부실여신이 증가하게 된다. 즉. 대출의 수요자인 가계와 기업은 자산가치 하락과 유동성 부족으로 인해 대출 이자와 원리금 상환을 지연시켜, 연체가 발생하고 결국 경매로 이어져 금융기관은 회수 금액이 대출 금액보다 작아 손해가 발생하는 경기 순환적 요인으로 인한 악순환이 발생하여 부실여신이 증가한다.

다. 정부의 감독 기능의 미비

금융기관이 스스로 내부 통제를 하지 않거나 규제에 따르지 않을 경우 이를 강제하기 위해 정부의 금융기관에 대한 보다 철저한 사전적 감독이 필요하다.

매각, 대손상각과 대손 충당금 적립기준에 대한 정교한 기준 제시와 상시 감사 실시와 금융기관들에 대한 철저한 정보 공개 및 은행 퇴출 제도가 정착되지 않은 상황에서 제반 문제들을 시장 기능에만 의존하여 해결하기는 어렵기 때문이다.

3. 대외적 요인

금융기관의 내적, 외적인 요인들과 함께 우리나라의 경제 구조는 세계 경제의 동향과 밀접한 연관이 있어 미국의 경기 침체나 금융 위기, 양적 완화 축소 및 최근의 유럽의 통화 위기, 브렉시트, 중국의 저성장과 수출 감소 등으로 인한 기업의 경영 악화는 결국 국내 금융기관들의 부실채권 증가로 이어질 수 있다.

글로벌 경제위기나 침체 시 조달금리 상승으로 인한 수익성 악화와 국내 경기 침체와 부동산 가격 하락으로 인해 담보를 취득한 국내 금융기관은 부실채권이 증가하게 된다.

국내 금융기관들은 국내 및 해외에서도 담보 위주의 영업을 하고 있어 세계 경기 침체는 결국 국내 금융기관의 부실채권 증가의 원인이 된다. 부실채권의 발생 및 증가의 원인 중에는 경기 순환적 요인이 크게 영향을 미치는 관계로 담보 대출을 선호하는 은행은 경기가 침체됨에 따라 부실채권을 오히려 더 많이 보유하게 된다.

제 2 절 | 금융회사의 부실채권 방지 노력

위에서도 살펴보았듯이 금융상품을 이용하고자 하는 고객은 누구나 원하는 여신상품을 신청할 수 있다. 하지만 각 금융회사는 회사만의 정책, 신용도, 담보 평가 및 상품의 심사기준에 부·적합성을 검토하고 판단하는 여신 실행 전 사전심사 이후에 여신 실행이 가능하다고 판단되는 적합한 고객을 대상으로 상품심사를 하여 최종적으로 고객이 신청한 여신상품이 적합하다고 판단되었을 경우에 한하여 해낭 여신상품은 계약에 의하여 체결하고 이용하게 된다. 만약, 이러한 여신상품의 부·적합성을 판단하는 규정(Regulations), 정책(Policy) 그리고 지침(Guideline) 등의 제도가 없이 무분별하게 여신상품을 신청하는 고객은 누구나 상품을 이용하게 한다면 금융회사의 부실채권은 증가하게 될 것이다.

부실채권 예방을 위하여 금융회사에서는 대표적으로 신용리스크 관리, 사기리스크 관리, 법률리스크 관리 및 심사정책 등 운영리스크 관리를 통하여 여신 실행 전에 부실의 가능성이 있는 계약 건을 사전에 예방하고 있다. 금융회사에서 관리하고 있는 신용리스크 관리, 사기리스크 관리 및 운영리스크 관리와 그 방법에 대하여 살펴보도록 하겠다.

I. 신용리스크 관리

1. 의의

신용리스크(Credit Risk) 관리란 고객의 신용도, 경영상태 또는 채무불이행 등으로 인하여 손실이 발생할 위험을 계약 실행 이전에 분석하여 각 상품의 심사정책에 반영하는 것을 의미한다.[36]

채권자인 금융회사 입장에서 금융사 여신상품을 이미 이용했거나, 여전히 이용하고 있는 고객의 데이터베이스(Data Base)를 보유하고 있는 대출, 리스 또는 할부자산 등으로부터 발생하는 현금흐름이 계약 내용대로 회수되는지 또는 회수되지 않을 가능성을 분석하여 관리하는 것을 의미한다.

신용리스크는 고객이 금융상품을 이용할 때 어떤 사건의 결과가 확률적 기대치에서 벗어나는 정도로 해석된다. 따라서 신용리스크 분석의 미래 손실은 평균과 표준편차 등을 이용한 확률분포로 나타낼 수 있으며 평균이 예상된 손실(EL:

---

36) 금융위원회 금융 용어사전, http://www.fsc.go.kr/know/wrd_list.jsp?menu=7420000&bbsid =BBS0026, 2019. 7. 15. 최종확인.

Expected Loss) 평균을 초과하여 발생하는 손실이 비예상손실 또는 기대하지 못한 손실 (UL: Unexpected Loss)에 해당한다. 그 외 기존 자산의 위험 배율을 분석하여 자산의 건전화를 위해 상품별로 부도율(PD: Probability of Default), 손실률(LGD: Loss Given Default), 만기추정손실(MEL: Matured Expected Loss) 등을 미리 예측하고 있으며 여기에서 비예상손실 부분이 금융회사가 측정 및 관리해야 하는 신용 리스크의 핵심이다.

2. 관리 방법

신용리스크 분석을 통하여 부실채권을 사전에 예방하고 관리하기 위한 방법으로 신용평가사(우리나라의 대표적인 신용평가사로는 NICE평가정보와 코리아크레딧뷰(KCB)가 있다)와 업무 제휴를 맺고 고객의 신용등급을 금융사 시스템에 반영하여 심사의 기준으로 삼고 있으며 그 외 심사점수시스템(CSS: Credit Scoring System), 전사적 자원 관리(ERP: Enterprise Resource Planning), 스코어카드(Score Card), 채무 건전성 지수, 회생예측 가능 지수, 기 거래고객의 빅 데이터(Big Data)를 이용하여 부실 가능성이 높은 요소들을 디시전트리(Decision Tree) 기법 등을 활용하여 위험 량이 높은 요소들을 사전에 차단(Cut Off)하는 방법 등을 활용하여 부실채권을 사전에 예방하고 있다.

II. 사기리스크 관리

1. 의의

가. 일반정의

사기리스크(Fraud Risk) 관리란 할부, 리스 및 대출 등 모든 여신의 신청부터 계약체결 및 그 후 채권종결의 사후관리까지 모든 업무와 관련하여 채무자, 딜러, 에이전트, 제휴점, 공급사 등 모든 거래 관계에서 발생할 수 있는 사기방지를 목적으로 관리하는 것을 의미한다.

나. 형법상의 정의

형법 제347조 사기는 사람을 기망하여 재물의 교부를 받거나 재산상의 이익을 취득한 자는 10년 이하의 징역 또는 2천만원 이하의 벌금에 치하고 이와 같은 방법으로 제3자로 하여금 재물의 교부를 받게 하거나 재산상의 이익을 취득하게 한 때에도 같은 처벌을 받는다고 사기가 정의되어 있다.

이 법조문에 근거하여 금융회사에서의 사기를 유추해석해 보면 고객이 본인의 허위정보 또는 타인의 정보를 금융회사에 제공하여 불법적으로 대출금 등을 편취하는 행위, 할부, 리스 등 여신거래의 목적물을 직접 이용할 의사도 없이 현금 융통을 목적으로 거래하여 신청하는 행위 그리고 기타 채무상환의 의사나 의지가 없이 대출을 신청하는 행위라 할 수 있다.

다. 금융회사 실무

금융회사에서는 사기리스크 관리와 관련하여 심사팀, 리스크 관리팀 또는 채권관리팀에 소속되어 업무 담당자를 두거나 사기방지전담팀(Anti Fraud Team) 등을 만들어 집중적으로 관리를 하고 있으며 이를 담당하는 자를 사기방지 담당자(Anti Fraud Officer)라고 한다. 사기리스크를 관리함으로써 영업부서와 사후관리부서 서로 간의 건전한 긴장감을 유지하면서 영업력 강화에도 도움을 주는 선순환 구조를 이루고 있다.

위 업무에 대하여 여신 실행 전 사전예방, 여신 실행 후 사후적발, 현장 조사 및 교육으로 나누어 자세히 알아보도록 하겠다.

2. 여신 실행 전 사전예방

여신 실행 전 사전예방(Prevention)이란 여신상품 실행 전에 사기가 의심되는 건에 대하여 조사하는 업무로 고객이 금융회사에 신청하고 제공한 서류를 중심으로 조사하되 필요하다면 서류상의 사업장이 존재하는지를 방문 등의 현장실사를 통하여 사기(Fraud)라고 판단이 되면 할부, 리스, 대출 등 실행을 중단시켜 사기로 인한 손실을 사전에 예방하는 것을 의미한다.

이와 더불어 대부분의 금융회사는 앞서의 신용리스크 관리에서도 살펴보았듯이 신용평가회사와 계약을 맺고 고객의 신용등급 및 직장정보나 주소 이력 정보 등의 상세 정보의 제공뿐만 아니라 사기방지 예방에 필요한 사기 이력 정보를 제공받아 이를 활용하고 있다. 또한, 금융감독원의 금융소비자 정보포털 사이트[37]인 파인(FINE)에서 제공하는 개인정보 노출자[38] 정보나 공공기관에서 제공하는 사망자 정보 등 사기방지 예방에 필요한 정보들을 활용하고 있다.

이때 발생할 수 있는 사기의 종류는 명의대여, 명의도용, 중복리스, 공차 대출, 금융사기와 관련한 이력 보유자(예를 들면 대포업자, 불법수출업자 등 금융사기 이력이 있는 자 등), 고객이 제공한 서류상으로는 존재하나 실질적으로 실체가 없는 유령회사(Paper Company), 공문서(부동산등기부등본이나 주민등록등본 등) 또는 사문서위조(재직증명서, 경력증명서 등)나 계약서류 작성 시 허위정보의 기재(자택 주소, 연락처 등) 등으로 여신 신청을 한 경우이다.

3. 여신 실행 후 사후적발

여신 실행 후 사후적발(Detection)이란 여신상품 실행 후에 사기가 의심되는 건에 한하여 조사한 결과 사기로 확정되어 사기대출에 의하여 손실 발생 가능성이 있거나 확정 손실이 발생한 경우이다. 적발한 예로는 딜러 사기, 명의도용, 문서위조, 이중대출, 중복리스, 현금 융통을 목적으로 여신상품을 이용한 경우이다.

4. 현장조사

현장조사(Investigation)란 여신 실행 전이나 여신 실행 후에 관계 없이 사기가 의심되는 건이 발생하면 그 건에 대하여 실행 전 녹취 파일의 본인 확인 유무(PV: Phone Verification, 실행 전에 고객이 제공한 휴대폰이나 유선 연락처로 전화하여 금융회사

---

37) http://fine.fss.or.kr/main/index.jsp, 2019. 11. 18. 최종방문.
38) 개인정보 노출자란, 개인이 보이스 피싱을 당하거나 개인정보가 들어있는 신분증 등을 분실하여 개인정보가 타인에게 노출이 되었을 경우에 개인정보 노출로 인하여 금융사고나 제2, 3의 피해를 예방하기 위하여 개인정보가 노출된 본인이 금융감독원이나 은행 등 금융회사에 개인정보가 노출되었다고 신고하면 그 정보가 공유되어 금융사고를 사전에 방지할 수 있는 제도이다. 만약, 개인정보 노출자 신고를 한 후에 해제를 하려면 개인정보 노출자로 신고한 본인이 직접 금융회사나 금감원에 방문 또는 인터넷상으로 해제요청을 하면 된다.

의 담당 직원이 유선으로 중요 계약 내용을 말하고 그것에 대하여 고객으로부터 답변을 듣는 식으로 심사하는 것을 의미하며 금융회사의 취시스템을 통하여 그 내용을 저장하고 보관하게 된다)나 신청서의 자필 서명 확인(DV: Documentation Verification), 서류의 진위여부나 재직 유무, 사업장 존재 유부, 담보물 존재 유무 등의 기초 조사를 먼저 한 이후에 추가로 조사하는 경우이다. 주로 직장이나 사업자 등 서류상에는 존재하나 실제로 존재하는지의 유무를 파악하기 위하여 사업자등록증, 법인등기부 등본상의 주소지로 현장 조사를 실시하는 것을 의미한다.

실무적으로 사기 조사 업무 시 고객이 금융회사에 제공한 서류를 1차적으로 검토하고 그 후 실행 전 고객과의 유선 통화의 내용을 2차적으로 검토한 후 인터넷상으로 확인할 수 있는 정보, 예를 들면, 인터넷 사이트 네이버나 다음에서 제공하는 주소지로 검색할 수 있는 로드뷰(Road view)나 현장실사를 통한 사기(Fraud)의 유무를 확정하는 것이 일반적이다. 그러나 여신상품의 계약, 담보의 유무나 개인, 개인사업자 또는 법인고객의 성격 및 특성에 따라 그 방법을 달리하여 업무를 하게 된다.

5. 교육

사기방지 관리업무와 관련한 교육(Case study)은 사기방지 관리교육(Fraud Risk Management), 사기방지 사례교육(Fraud Case study), 문서감별법, 유선심사 시 사기방지 예방 교육 등으로 나눌 수 있다.

사기방지 관리교육의 내용으로는 사기의 정의와 종류, 사기의 유형, 사기리스크를 관리해야 하는 이유 등을 중점적으로 교육하며 사기방지 문화 확산에 중점을 둠으로써 모든 업무 담당자의 사기방지 마인드의 확산 정도가 사기방지 예방의 성공 여부를 좌우하고 조직구성원 전체가 사기방지에 대한 경각심을 가지고 업무에 임하므로 사기방지관리에 소홀하지 않아야 한다는 것을 중점적으로 교육하는 것이다.

사기방지 사례교육은 업무 중 실질적으로 발생한 사기방지 예방 및 적발 사례 등을 중점적으로 전파교육을 하는 것이고, 문서감별법은 고객이 직접 작성한 약정서, 제출 서류인 통장 사본, 재직 증명서, 부동산등기부등본 및 주민등록등본 등의 문서를 가지고 고객의 자필서명 유무와 서류의 진위여부를 판별하는 것에 중점을 두고 교육을 하는 것이다. 유선심사 시 사기방지 예방 교육은 여신 실행 전 고객과 유선으로 통화하여 본인 확인 및 약정서 등 서류의 자필서명 확인, 불완전 판매와 관련한 내용과 담보 등의 확인유무, 여신조건(대출금액, 금리, 중도상환수수료, 대출 개월 수 등)안내, 우편물 주소지 등의 문답식 확인을 통해 사기유무를 감지할 수 있는 역량을 키우는 교육이다.

위에서 알아본 바와 같이 금융회사는 사기방지 예방을 위한 업무를 하고 있는 직원을 대상으로 교육을 하고 있으며 분기별 또는 수시로 교육을 진행하고 있다.

Ⅲ. 운영리스크 관리

운영리스크(Operational Risk) 관리란 회사를 운영하면서 발생할 수 있는 운영 상의 리스크를 회사에서 정한 규정, 지침 및 업무 매뉴얼에 근거하여 관리하는 것 을 말한다. 그런데 이렇게 일을 처리함에도 불구하고 프로세스 과정상 부적절하거 나 잘못 결정된 내부의 절차, 인력관리, 시스템 및 예기치 못한 내·외부환경의 여러 가지 사건 또는 직원의 실수나 도덕적 해이 등으로 인하여 발생할 수 있는 운영상의 손실 리스크를 의미한다.

사전에 예방이 가능한 법률리스크 등은 운영리스크에 포함되나 사전에 예방이 불가능한 전략리스크와 외부·평판리스크는 제외된다.[39]

신용리스크 및 사기리스크에 이어 관리상 운영리스크의 중요성이 커지고 있는 이유를 살펴보면, 전사적 자원 관리(ERP: Enterprise Resources Planning)[40], 심사점 수 시스템(CSS: Credit Scoring System)[41], 신청점수 시스템(ASS: Application Scoring

---

39) 금융위원회 금융 용어사전, http://www.fsc.go.kr/know/wrd_list.jsp?menu=7420000&bbsid=BBS0026, 2019. 7. 15. 최종확인.

40) 회사를 경영하는데 필요한 모든 운영상의 경영을 전산화된 시스템으로 체계적으로 관리하고 계 획함으로써 생산성을 높이는 통합 관리시스템을 의미하며 회계, 인사, 영업, 지원, 매출, 상품판 매, 자산관리 등 모든 업무를 시스템으로 처리한다.

41) 고객의 신용을 평가하는 시스템을 의미하며 금융기관에서 고객의 신용도를 통계기법 등을 활용 하여 과학적으로 분석해 고객의 신용도를 여신 실행 전에 예측하는 신용을 평가하는 툴이다. 신용평가 대상의 정보를 신용을 평가하는 방법 등을 활용하여 신용위험을 측정하고, 여신심사 담당자나 결재권을 가지고 있는 자에게 객관적이고 정보화된 자료를 계량화된 수치로 제공함

System)[42], 고객 행동점수 시스템(BSS: Behavior Scoring System)[43], 질적인 심사 평가 시스템(QCA: Qualitative Credit Assessment)[44], 심사등급(CB: Credit Bureau)[45]등 전산상의 의존도가 갈수록 높아지고 여신전문금융회사 금융상품이 다양해졌으며 금융상품을 이용하는 고객들이 증가하고 있기 때문이다.

이와 관련하여 수반되는 모든 행위는 일하는 직원들에 의해 실행이 되므로 운영리스크 관리가 무엇보다 중요하다고 할 수 있다.

제 3 절 │ 금융회사의 부실채권 사례와 해소방안

이번 절에서는 위의 제2장에서 금융회사 중 특히 여신을 전문적으로 취급하고 있는 여전사에 대하여 알아보았고 부실채권이 무엇인지 그리고 부실채권을 방지(또는 예방)하기 위하여 금융회사에서는 어떠한 방법으로 부실채권을 방지하기 위해 노력을 하고 있는지에 대하여 살펴보았다.

이러한 노력에도 불구하고 금융회사에서는 여전히 부실채권이 발생하고 있어 이번 절에서는 부실채권의 사례와 여전사의 부실현황 및 실무상의 해소방안에 대하여 알아보도록 하겠다.

Ⅰ. 금융회사의 부실채권 사례

위 2절에서도 살펴보았듯이 금융회사에서는 부실채권을 방지하기 위하여 대출

으로써 보다 정확한 의사결정을 할 수 있도록 하는 역할을 수행한다.
42) 신청 평점모형을 의미하는데 고객이 금융기관에 여신 신청 시점에 고객의 신용도를 평가하여 여신 승인 등의 여부를 결정하는데 활용된다.
43) 고객의 행동을 점수로 계산하여 평점을 만들어내는 모형을 의미하는데 예를 들면, 기거래 고객에 대하여 매월 신용도의 변화를 측정하고 관리하여 채권관리 등에 활용된다.
44) 고객의 정성적인 면을 수치화하여 만든 모형으로 예를 들면, 여신심사 담당자의 경험 및 판단을 반영하여 각주 30번의 신청 평점모형을 보완하는 역할을 수행하는 지표로 활용된다.
45) 개인, 개인사업자 및 법인의 신용정보를 대부분의 금융기관으로부터 수집하고 데이터화하여 고객의 신용등급 등 평가정보를 제공하는 회사를 말한다.

(또는 론, 할부, 리스 기타 여신상품 대출 등)을 실행하기 전에 선제적인 리스크관리를 위하여 노력하고 있다. 그러나 이러한 노력에도 불구하고 금융회사에서는 대출을 실행하기 전에 예측하지 못한 불측의 사유로 인하여 부실채권이 발생하고 있는 것이 현실이다. 이에 필자가 실무적으로 경험했던 부실채권의 사례[46]를 정리하여 보도록 하겠다.

부실채권 중 가장 큰 비중을 차지하고 있는 것은 당연히 여신상품 실행 후 고객 본인도 예상하지 못했던 자금 사정의 악화로 인하여 연체하는 경우이다. 이것을 제외하더라도 ① 여신금융 상품 실행 후 고객이 고의적으로 채무불이행을 하거나, ② 재무구조의 진단을 미흡하게 했거나, ③ 미래에 발생할 담보의 환가성을 간과했거나, ④ 동일인이 다중대출(동시에 2개 이상의 금융회사에서 대출을 신청한 경우)을 시도하였거나, ⑤ 여신심사 담당자가 고객의 신용 및 금융사의 채권·채무 관계를 전체적으로 평가하여 대출 승인을 하였음에도 불구하고 그 이외에 나타나지 않은 사금융 등의 채무를 과다하게 보유한 경우이다.

그리고 ⑥ 산업 업황 등의 분석이 미흡하였거나, ⑦ 고객이 자동차나 부동산 등의 담보가 있는 여신상품 대출을 실행한 이후 채권자에게 알리지 않고 담보된 목적물을 임의로 매각하였거나, ⑧ 친지 또는 제3자의 명의를 도용하여 대출을 실행하였거나, ⑨ 할부금융·리스 금융 등 여신상품 고유의 목적이 아닌 현금을 융통하기 위하여 대출을 실행하였거나, ⑩ 친지, 회사직원 또는 대출 브로커 등과 공모하여 사기를 칠 목적으로 대출을 실행한 경우이다.

또한, ⑪ 작업대출(여신금융 상품을 이용하기 위하여 사문서위조 등의 수법으로 대출을 발생시킨 경우)로 실행하였거나, ⑫ 중복리스(동일 장비를 가지고 2개 이상의 여신금융회사를 통하여 리스상품을 신청한 경우)를 실행하는 등으로부터 부실채권이 발생하고 있으며 계속해서 채무를 상환하지 않고 연체를 지속한다면 금융회사에서는 부실채권을 해소하기 위하여 채권추심절차를 진행하게 된다.

특히, 위의 사례 중 ①번부터 ⑥번까지는 민사사건으로 채권 추심 절차를 진행하지만 ⑦번부터 ⑫번까지는 형사사건의 대상이 되기도 한다.

---

46) 위 사례는 필자가 금융회사에 15년 동안 근무하면서 경험한 부실채권의 유형을 분석하고 업무 보고서 등을 정리한 대표적인 사례이다.

II. 채권추심법과 여전사의 부실현황

이러한 부실채권을 해소하기 위하여 금융회사에서는 본격적으로 채권 추심 절차[47]에 착수하게 된다. 모든 금융회사의 채권 추심과 관련하여서는 채권의 공정한 추심에 관한 법률(약칭: 채권추심법)에 근거하여 절차를 진행하여야 한다.

2019년 9월 20일에 금융감독원 여신금융 감독국에서 보도한 2019년 상반기 여전사의 영업실적 자료의 내용 중 여전사의 자산 건전성 현황을 보면 2017년 말부터 2019년 상반기까지 반기별로 약 2% 이내에서 연체율 및 고정이하여신비율을 유지하고 있는 것으로 나타났다. 이 자료와 함께 위 2장에서 할부금융 및 리스 금융 실적에서 알아보았듯이 2018년 말을 기준으로 약 230만 건을 취급하였고 연체율을 2%로 가정해 본다면 연체 중인 부실채권은 약 4만 6천 건이라고 해석할 수 있다.

물론, 이 수치는 전체 여전사의 여신상품 연체율 대비 여신협회에 등록된 여전사의 일부 상품의 취급 건수로 단순히 나눈 수치여서 정확한 수치라고 말할 수는 없지만, 여신상품의 대출 금액이 고액이면서 연체율이 거의 없는 기업금융상품 등이 포함된 수치라고 보고 모든 여신상품별로 좀 더 세분화하여 부실채권 건수를 산정한다면 부실채권 건수는 크게 증가할 것이다. 다음 표에서 여전사의 자산 건전성 현황을 확인할 수 있다.

표 4   여신전문금융회사 자산 건전성 현황[48]

(단위 : %)

구분	2017년 말	2018년		2019.6월 말(B)	증감(B-A)
		6월 말(A)	12월 말		
연체율	1.87	1.97	1.92	1.89	−0.08
고정이하 여신비율	1.89	1.93	2.03	2.00	0.07

*출처: 금융감독원, 2019년 6월 말 기준.

---

47) 위 2장 1절의 2. 여신전문금융회사와 관련된 기타 금융 관련 법규 중 채권의 공정한 추심에 관한 법률 및 시행령에 근거함.
48) 금융감독원, http://www.fss.or.kr/wisenut/kn/search/search.jsp, 여신금융 감독국 보도자료, 2019년 상반기 여신전문금융회사(신용카드사 제외) 영업실적 (잠정), 2019년 6월 말 기준, 2019. 9. 20, 2019. 11. 18. 최종방문.

그러면, 여전사에서는 위에서 단순 계산한 약 4만 6천 건의 부실채권을 어떠한 방법에 의하여 해소하고 있는지 필자가 실무적으로 경험한 채권관리 업무 내용에 비추어 살펴보도록 하겠다.

Ⅲ. 실무상의 해소방안

보통 금융회사에서는 부실채권을 해소하기 위하여 보통 연체 일수 및 연체 개월별로 채권관리를 하게 된다(물론, 거액여신 상품 등의 경우는 상품별로도 관리한다). 기한이 도래하지 않은 정상 채권에서 기한이 도래한 후 연체를 하게 되면 그때부터 연체채권으로 분류가 되어 채권에 대한 관리 권한이 영업부서 또는 일반 관리부서에서 채권관리부서로 이관이 된다.

채권이 이관되면 채권관리부서는 다시 이관된 연체채권을 연체 일수 및 개월 수별로 나누어 채권관리 담당자를 배정한다. 채권관리부서는 통상적으로 기획파트와 운영파트로 나누어 채권을 관리하고 있다. 기획파트의 구성은 채권 회수 및 실적을 관리하는 파트, 법적 조치 업무를 하는 파트로 되어 있고, 운영파트는 단기연체 채권을 관리하는 콜센터 또는 단기연체 관리파트, 중기연체 관리파트, 장기연체 관리파트, 대손채권 관리파트 및 채권위·수탁을 관리하는 파트로 구성되어 있다.

첫째, 연체 일수 30일 미만의 연체채권은 단기연체관리 또는 콜센터 파트에서 담당하게 되며 주로 채무자에게 SMS 문자나 전화로 연체를 해소하도록 하고 있다. 이때 연체가 해소된 채권은 다시 정상 채권으로 분류되어 처음의 관리부서로 채권관리 전산 시스템에서 자동으로 이관이 되고 계속하여 해소가 안 되는 채권 다음 파트로 이관된다.

둘째, 중기연체관리 파트로 이관되어 채권관리를 하게 된다. 연체 일수 30일 이상 90일 이하의 채권을 담당하며 채무자에게 연락하여 연체의 해소를 독촉하고 그래도 해소가 되지 않으면 채무자에게 미리 알린 후 채무자가 있는 곳으로 직접 방문하여 좀 더 강하게 채권추심을 하게 된다. 그래도 연체가 지속될 경우에는 채무자에게 내용증명의 방법으로 기한이익상실 통지 등 부실채권 해소를 위한 최고서를 발송한다.

셋째, 기한이익이 상실된 채권은 더 이상 고객이 최초 약정한 상환스케줄표에 의하지 않고 채무금 전액에 대하여 추심을 하게 되므로 법적 조치에 착수하게 되고 이는 장기연체관리 파트로 이관되어 관리된다. 이때부터 본격적인 법적 조치가 이루어지게 된다. 여전사에서는 주로 기한이익의 상실 통지나 최고장에 기초하여 민·형사상의 법률을 검토하고 진행하며 담보가 있는 채권이라면 담보권에 기한 민사집행 절차를 진행하게 된다. 담보가 없는 신용대출 상품 등의 무담보 채권이라면 법적 조치를 위하여 공정증서나 집행권원을 얻기 위한 법적 조치를 우선적으로 진행하고 집행권원이 확보되면 유체동산 압류, 부동산이나 자동차 강제경매 등의 민사집행을 진행하여 부실채권을 해소하기 위한 노력을 한다. 이때부터는 장기연체관리로 연체 일수의 큰 의미는 없으나 보통 연체 일수 91일부터 180일까지 관리를 하게 된다.

마지막으로, 이러한 채권자의 노력에도 불구하고 부실채권이 해소가 안 된다면 회수가 불가능한 부실채권으로 분류하여 금융감독원에 대손상각을 위해 신청하고 승인되면 결국에는 대손상각처리를 하게 된다. 대손상각처리가 되었다고 해서 채권추심을 멈추는 것은 아니고 채권관리 부서 내에 대손채권 관리파트에서 계속하여 채권추심을 진행하거나 신용정보회사[49] 등에게 대손채권을 위임하여 채권추심행위를 계속하게 된다. 그래도 채권회수에 안되어 더 이상 채권추심으로 인해 부실채권이 해소가 안된다고 판단이 되면 채권매입회사 등에 채권을 매각한다.

부실채권 해소방안으로 필자가 실무적으로 경험한 내용을 요약 정리한 내용이며, 여전사의 연체율 및 자산 건전성 또는 회사의 평판리스크 등을 고려하여 채권추심관리방법은 위의 내용에서 벗어나지 않는 수준에서 그 절차를 달리할 수도 있다. 은행 등의 금융회사에서는 회사의 자금 융통이나 평판리스크를 중요하게 생각하거나 채권추심행위로 인하여 고객으로부터 불필요한 민원 등을 방지하기 위하여 채권관리업무 자체를 신용정보회사 등으로 위임하거나 단기연체 채권이라도 서둘러 매각하는 경우도 볼 수 있다.

이와 같이 제2장에서는 금융회사 중 여신상품을 취급하는 여전사와 여전사의 취급 규모 등에 대하여 알아보았다. 이를 토대로 부실채권의 발생원인과 이를 방

---

49) 신용정보의 이용 및 보호에 관한 법률(약칭: 신용정보법), 제2조 정의 11항 참조.

지하기 위한 금융회사의 리스크관리에 대하여 알아보았고 그래도 발생하고 있는 부실채권의 사례와 그 해소방안에 대한 일반적이고 실무적 경험을 바탕으로 전개하였다. 다음 제3장에서는 본격적으로 부실채권을 해소하기 위하여 민사집행 절차에 대한 일반 법리와 민사집행의 원칙 그리고 민사집행 시 반드시 있어야 하고 알아야 하는 집행권원과 집행관제도에 대하여 알아보도록 하겠다. 그 후 실제적으로 집행의 대상이 되는 금전집행, 부동산 집행, 동산 집행과 자동차 집행에 대하여 일반론과 함께 살펴보도록 하겠다.

제3장

민사집행을 통한
부실채권 해소방안

제3장

민사집행을 통한 부실채권 해소방안

민사집행법은 1960년 4월 4일 법률 제547호 공포, 1960년 7월 1일 시행된 舊 민사소송법에 포함되어 있었으나, 2002년 1월 26일 법률 제6627호로 제정되어 동년 7월 1일 시행되어 탄생하게 되었다.[1]

민법, 상법, 형법, 경제법 등의 실체법은 타인에게 금전을 차용하고 갚지 않거나 거래처로부터 못 받고 있는 미수금이 있으면 채무불이행에 의한 손해배상과 갚을 능력도 없으면서 금전차용과 물품을 받아 간 거래처에 대하여 민사상 손해배상을 청구, 형법상의 사기죄 성립요건 등을 정리한 법이고, 민사소송법, 형사소송법, 민사집행법 등의 절차법은 실체법에 따라 손해배상을 청구, 사기죄가 성립된다면 권리실현과 범죄에 대한 형벌을 주는 절차이다.

최근 10년(2009년부터 2018년까지) 우리나라의 연도별 민사사건 접수대비 민사집행 접수 사건의 비중과 관련하여서는 대한민국 법원 대국민 서비스 사법연감 통계자료에서 연도별 전체 사건별 통계자료를 확인할 수 있는데, 사건 접수내역의 경우 민사집행사건은 2017년도에 비하여 10.6%가 증가[2]하였고 연도별 전체 민

---

1) 손진홍, 「근대 한국 민사집행법의 발전과 전망」, 한국 사법행정학회, 2015, 17면.
2) 대한민국 법원 대국민 서비스, https://www.scourt.go.kr/portal/justicesta/JusticestaListAction.

사사건 접수대비 민사집행 접수사건의 비율을 보면 다음 표와 같다.

표 5 연도별 민사사건 접수대비 민사집행 접수사건의 비율3)

	민사접수합계(A)	집행접수사건(B)	비율(B/A)
2009	4,135,591	699,411	17%
2010	4,236,740	886,371	21%
2011	4,351,411	911,481	21%
2012	4,403,094	771,912	18%
2013	4,632,429	838,922	18%
2014	4,610,899	825,800	18%
2015	4,445,269	819,079	18%
2016	4,735,443	867,365	18%
2017	4,826,944	962,104	20%
2018	4,750,505	1,064,189	22%
평균	4,512,833	864,663	19%

위 표에서 보듯이 2009년부터 2018년 동안 전체 민사사건의 접수 건수는 평균 451만 2,833건이었고 집행접수사건은 86만 4,663건으로 집행접수사건의 비중은 약 20%를 차지하고 있다.

본 연구를 위하여 부실채권의 해소를 위한 실무적 관점에서 민사집행, 외국의 집행관제도와 우리나라의 집행관제도를 살펴본 다음 판례분석을 통한 민사집행 시의 문제점에 대하여 살펴보겠다.

---

work?gubun=10, 2018년 사건 개황 제5장 통계, 568면, 2019. 11. 25. 최종방문.
3) 대한민국 법원 대국민 서비스, https://www.scourt.go.kr/portal/justicesta/JusticestaListAction.
work?gubun=10, 2018년 사건 개황 제5장 통계, 569면, 2019. 11. 25. 최종방문.

제 1 절 | 민사집행의 의의

독일은 판결절차와 함께 민사소송법에서 민사집행 절차를 규정하였다. 반면 일본과 오스트리아는 단행법으로 민사집행을 규정하고, 스위스는 강제집행과 파산을 같이 묶어 규정하는 방식으로 민사집행을 규정하였다.[4]

우리나라는 독일과 같이 민사소송 편에 강제집행편을 두는 입법방식을 취하였으나, 2002년 민사집행법의 단행법 형식의 입법을 취하게 되었다. 이것을 형식적 의미의 민사집행법이라 하여 강제집행, 담보권실행을 위한 경매(임의경매라고 한다), 유치권 등에 의한 경매(넓은 의미의 형식적 경매라고도 한다),[5] 민법, 상법 및 그 밖의 법률의 규정에 의한 경매(좁은 의미의 형식적 경매라고도 한다)[6] 및 보전처분의 절차를 규정하여 제정되었다.

민사집행의 채무자 및 제3자 보호, 주체, 요건, 방법 등에 관련된 법규를 실질적 의미의 민사집행법이라 하여,[7] 배상명령에 의한 강제집행(소송촉진 등에 관한 특례법), 개별적으로 집행권원에 관한 규정(가사소송법 제41조, 형사소송법 제477조, 비송사건절차법 제249조 등), 강제집행의 일반적 금지 또는 중지에 관한 규정(채무자회생법 제44－45조, 제348조), 압류금지에 관한 규정(국민 기초생활 보장법 제35조, 자동차손해배상 보장법 제40조, 공장 및 광업재단 저당법 제14조, 건설산업 기본법 제88조 등) 국제징수법상 조세채권에 대한 강제실현의 절차에 관한 규정들이 있다(국세징수법 제24조).

민사집행법 제1조에 이 법은 강제집행, 담보권실행을 위한 경매, 민법, 상법, 그 밖의 법률의 규정에 의한 경매(이하 "민사집행"이라 한다) 및 보전처분의 절차를 규정함을 목적으로 하고 있으며, 제2조 민사집행은 이 법에 특별한 규정이 없으면 집행관이 실시한다고 명시되어 있다. 또한, 제3조 이 법에서 규정한 집행행위에 관한 법원의 처분이나 그 행위에 관한 법원의 협력 사항을 관할하는 집행법원은 법률에 특별히 지정되어 있지 아니하면 집행 절차를 실시할 곳이나 실시한 곳

---

4) 손진홍, 앞의 논문, 2015, 18면.
5) 김홍업, 『민사집행법(제3판)』, 박영사, 2015, 2면.
6) 김홍업, 앞의 책, 2015, 2면.
7) 손진홍, 앞의 논문, 2015, 18－20면.

을 관할하는 지방법원이 되며, 집행법원의 재판은 변론 없이 할 수 있다고 되어 있다.

민사집행은 채권자와 채무자가 손해를 보지 않도록 하여야 하며 집행기관은 집행 절차가 공정하고 신속하게 그리고 경제의 이상을 실현[8]하여 모두의 권리를 보호하여야 함은 당연하다. 또한, 집행 당사자와 이해관계인은 신의성실의 원칙을 준수하여 업무에 임하여야 한다.

민사집행의 성질에 관하여는 민사집행에 관한 절차도 판결절차와 같이 결국은 소송절차대로 하고 진행되고 있으므로 소송사건으로 보아야 한다는 견해[9]가 있으며, 민사집행 절차는 그 사실적 형성을 그 본질로 하므로 비송사건으로 보아야 한다는 선행 연구자들의 견해[10]가 있다.

이와 관련하여 개인적인 견해로는 민사집행 절차도 법에서 정한 절차대로 진행하고 있고 채권자와 채무자라는 서로 대립하고 있는 당사자의 구조로 되어 있으므로 소송사건으로 보는게 더 적합할 것이라 생각된다. 다음에서는 강제집행에 대하여 알아보도록 하겠다.

I. 강제집행

강제집행이란, 국가의 공권력으로 집행권원이 된 사법상의 청구권을 강제적으로 실현시키기 위한 절차이다.[11] 민사집행법 제24조에 강제집행은 확정된 종국판결이나 가집행의 선고가 있는 종국판결에 기초하여야 한다고 규정하고 있다. 사법에서는 채무 불이행자에 대하여 채권자의 자력구제는 허용되지 않고, 법원에 소송을 제기하여 확정판결을 받거나 집행증서에 의하여 집행기관에 강제집행을 신청하여야 한다.

강제집행의 대상은 채무자의 재산이고, 제3자의 재산을 압류하는 것은 허용되지 않는다. 즉, 채권자는 채무자를 상대로 법원으로부터 소송에 의한 확정판결이

---

8) 정영환, 「민사집행법의 이상에 관한 소고」, 한국 민사집행법학회, 2007, 13-28면.
9) 방순원·김광년, 『민사소송법(하)(제2 전정판)』, 1993, 35면; 이시윤, 앞의 책, 박영사, 2014, 19면.
10) 이영섭, 『신민사소송법(하)(제7개정판)』, 박영사, 1972, 22면.
11) 이시윤, 『신민사집행법(제7개정판)』, 박영사, 2016, 5면.

나 집행력이 있는 공정증서 등의 집행권원을 가지고 집행법원에 집행신청을 하여 강제집행을 실현하는 법률관계를 형성한다.

개인이 집행권원을 바탕으로 집행조치를 취할 것을 국가에 구하는 것을 집행청구권(Vollsrechkungsanspruch)이라 한다.[12] 집행청구권의 요건으로서, 실체법상의 청구권 자체가 존재하여야 한다는 견해인 구체적 집행청구권설이 있지만, 실체법상의 청구권이 존재할 것이라는 고도의 개연성을 나타내는 집행권원만 존재하면 된다는 추상적 집행청구권설이 있다.[13]

강제집행 절차는 민사집행법에 따라 채권자의 신청에 의하여 법에서 규정한대로 집행을 해달라는 것이다.[14] 반대로, 정당한 절차에 의하여 채권자가 집행법원에 강제집행을 신청하였음에도 불구하고 집행기관이 강제집행을 소홀이 하거나 지연시킴으로 인하여 채권자가 금전적인 손해를 입게 된다면 채권자는 국가를 상대로 이에 대한 손해배상 청구를 할 수 있을 것이다.[15]

II. 판결절차와 강제집행 절차

민사집행법의 단일법체계 이전에는 판결절차와 강제집행 절차가 민사소송법에 포함되어 있었다. 현행 민사소송법은 판결절차만을 포함하고 강제집행 절차는 민사집행법에 포함하여 그 절차를 분리하였다. 이렇게 절차적인 분리와 함께 법과 기관의 분리로 이원화하였다.

판결절차와 강제집행 절차를 동일한 기관에서 모두 심리하고 심리한 결과를 실현하기 위한 강제집행까지 한 곳에서 담당하는 것은 자칫 소홀해지거나 혼란을 초래할 수 있기 때문이고 판결절차와 강제집행 절차를 분리함으로써 보다 효율적

---

12) 이시윤, 앞의 책, 2016, 8면.
13) 강대성, 『민사집행법』, 삼영사, 2003, 27면; 이영섭, 『신민사소송법(하)(제7개정판)』, 박영사, 1972, 21면; 방순원·김광년, 『민사소송법(하)(제2전정판)』, 1993, 54면; 이시윤, 앞의 책, 박영사, 2014, 7면.
14) Gaul/Schilken/Becker—Eberhard, Zwangsvollstreckungsrecht, 12. Aufl., §6 Rdnr.2 ; 松本博之,民事執行·保全法, 18면; 이시윤, 앞의 책, 2014, 7면 재인용.
15) 이시윤, 앞의 책, 2014, 6−7면; 대법원 2003. 4. 8. 선고 2000다53038 판결; 박우동, 「불법 집행으로 인한 배상책임」, 인신사고 소송, 1981, 271면.

이고 효과적인 처리를 할 수 있다고 하여 제도적으로 분리시켰다. 그러나 소액사
건의 경우 소액채권자가 그 권리를 실현하고자 할 때에는 판결절차 기관과 강제
집행 절차 기관의 분리로 인하여 추가적인 시간과 비용을 부담해야 하는 부작용
의 경우도 발생하였다.

이를 보완하기 위하여 일본에서는 소액소송채권의 집행 특례를 제도화하고 있
다.16) 판결절차와 강제집행 절차는 절차, 법과 기관이 분리되어 있지만 예를 들
어, 채권자의 권리의 실현을 위해서는 두 절차를 모두 고려해야 채권자의 만족을
얻을 수 있다고 하겠다. 다음 표에서 판결절차와 강제집행 절차의 구별되는 사항
을 알아보도록 하겠다.

표 6   **판결절차와 강제집행 절차의 구별17)**

	판결절차	강제집행 절차
법	민사소송법	민사집행법, 민사소송법 준용
절차 차이	집행권원작성절차	집행권원 내용의 실현절차
담당 기관	수소법원(법관)	집행관, 집행법원, 제1심법원
선·후관계	선 판결	후집행 원칙이나 예외: 판결 없는 집행ㅡ이행권고 결정, 지급명령, 집행증서, 제소전화해·조정조서 등 동시 집행ㅡ가집행선고 선집행ㅡ단행가처분, 만족적가처분
절차개시	소의 제기	채권자의 신청
변론 여부	필요적 변론	임의적 변론(일방신문)
심리원칙	공개·구술· 직접주의· 변론주의 원칙	비공개·서면·간접주의·직권주의원칙
절차보장	쌍방심리주의	일방심리주의ㅡ중단·수계제도 없음
관할	임의관할	전속관할
재판의 고지	판결의 선고ㅡ선고 후에 상소	결정송달ㅡ고지 전에 상소 가능

---

16) 이시윤, 앞의 책, 2014, 8-9면.
17) 이시윤, 앞의 책, 2014, 11면.

불복절차	상급법원 상소	절차상의 하자: 당해 법원 이의신청, 명분이 있을 때 즉시항고(항소이유서·항고 공탁) 실체상의 하자: 청구이의·제3자 이의의 소·배당이의 소
심리방법	청구 원인 및·항변 사실에 본안심리	형식주의(집행권원＋송달＋집행신청서 등 형식심사)

Ⅲ. 강제집행의 종류

민사집행법에는 강제집행에 관하여 금전채권에 기초한 금전채권의 집행과 금전채권 이외의 채권에 기초한 비 금전채권의 집행으로 나누고 있다. 금전채권의 집행은 부동산 집행, 어선, 선박 등 집행, 자동차, 건설기계, 항공기 집행, 동산의 집행 등으로 채권자가 금전채권의 만족을 얻기 위하여 하는 강제집행인데 직접강제, 재산명시절차, 가압류에 의한 보전처분 등을 할 수 있다. 비 금전채권 집행은 물건의 인도를 구하는 청구권의 인도 집행, 작위를 구하는 청구권의 작위집행, 부작위를 구하는 청구권의 부작위집행, 의사표시를 구하는 청구권의 의사표시집행 등이 있다.

예를 들어, 물건의 인도를 구하는 집행은 민사집행법 제257조부터 제259조에 규정하고 있는 판결문에 기초한 인도 집행으로 채무자가 특정한 동산이나 대체물의 일정한 수량을 인도하여야 할 때에는 집행관은 이를 채무자로부터 집행하여 채권자에게 인도하여야 한다는 것이다. 작위를 구하는 청구권의 작위 집행은 가건물 철거를 위한 대체적 작위 채권의 집행과 반론 보도의 게재를 위한 부대체적 작위 채권의 집행을 의미한다. 부작위를 구하는 청구권의 부작위 집행은 특허권침해와 관련하여 중지를 명하는 집행이라 할 수 있으며, 의사표시를 구하는 청구권의 표시집행은 자동집행이라고 부르기도 하는데 예를 들어, 부동산에 관한 소유권이전등기는 판결의 확정으로 집행을 하지 않아도 자동적으로 확정된 것으로 본다.[18]

---

18) 이시윤, 앞의 책, 2014, 12－13면.

Ⅳ. 담보권실행을 위한 임의경매

부동산, 자동차, 건설기계, 선박 등 등기가 되어 있는 물건에 저당권, 근저당권, 가등기 담보권, 질권, 전세권 등의 담보권이 설정되어 있으면 설정된 담보권을 근거로 피담보채권의 만족을 얻는 절차를 임의경매[19] 또는 담보권의 실행(민사집행법 제264조)이라고 한다.

담보권을 실행하기 위해서는 담보권이 있다는 것을 증명하는 서류가 필요한데 예를 들어, 부동산의 경우 부동산 등기사항 전부증명서(舊, 부동산 등기부 등본, 표제부, 갑구, 을구), 자동차의 경우 자동차 등록 원부(갑부, 을부), 건설기계의 경우 건설기계 등록원부(갑부, 을부) 등이다. 부동산, 자동차, 건설기계 등에 담보권이 설정되었다는 것은 소유자가 가지고 있는 물건을 채권자(금융회사, 개인 등)에게 담보로 제공하여 필요한 금액을 빌려 융통을 하는 경우라 할 수 있다. 예를 들어, 소유자(채무자)가 채권자에게 빌린 돈을 갚지 않거나(또는 하거나) 약정한 원리금 등을 정해진 기간 내에 갚지 않을(또는, 못할) 경우 담보권을 설정한 채권자는 집행기관에 담보권의 실행을 신청하여 채권자의 금전적인 만족을 얻게 된다.

채무자 보호와 관련하여서는 부동산을 소유하고 있는 소유자가 금액이 필요하여 금융기관 등에게 부동산을 담보로 부동산 담보대출 등 여신상품을 이용할 경우에는 대부분 금융기관(채권자)에서는 포괄근저당의 개념('통담보'라고 부르기도 하는데 보증채무, 신용카드, 신용대출 등 금융기관과의 거래에서 생기는 모든 채무를 담보하는 근저당)으로 채무자의 부동산에 근저당권을 설정하여 부동산 담보대출 이외의 채무에 대하여 연체 등이 발생하였을 경우 부동산 담보대출 시 채무자(부동산의 소유자)가 제공한 담보권을 실행하여 채권자의 만족을 얻은 경우가 대부분이었다.

이로 인하여 채무자에게는 포괄적인 피해를 감수하고 발생하는 사례가 발생하였고, 금융감독원 등 금융당국은 채무자가 부동산 등의 담보를 제공할 경우에는 포괄근저당권이 아닌 그 상품의 그 채무에 대해서만 근저당권을 설정하면 해당될 수 있도록 한정근저당[20]으로 제한하였다.

---

19) 강대성, 「담보권실행 경매신청에 관하여」, 전남대학교, 법학논총(제31권, 제3호), 2011; 임의경매라는 개념은 적절하지 안다고 주장하였으나, 실무에서는 대부분 임의경매의 개념으로 업무를 하고 있으며, 임의경매라고 부르고 있음.
20) 서울신문, '90조 포괄근저당 가계대출 새달부터 한정근저당 전환', 2012. 6. 26; 금융감독원은

V. 집행 전의 보전처분

본 집행을 위하여 집행력이 있는 약속어음 공정증서나 판결문(결정문) 등의 집행권원을 획득하기 전에 채무자의 재산을 처분하지 못하도록 하는 절차인 보전처분에 관하여 일본은 1989년 12월 22일 민사보전법이라는 단행법으로 입법을 하여 존재하나 우리나라는 민사집행법에 강제집행, 담보권 실행을 위한 경매(임의경매) 등과 함께 보전처분 절차가 규정되어 있다.

민사집행법 제277조 가압류는 이를 하지 아니하면 판결을 집행할 수 없거나 판결을 집행하는 것이 매우 곤란할 염려가 있을 경우에 할 수 있도록 보전의 필요성이 규정되어 있고, 가압류의 목적은 금전채권이나 금전으로 환산할 수 있는 채권에 대하여 동산 또는 부동산에 대한 강제집행을 보전하기 위하여 할 수 있다고 하였다(제276조). 즉, 보전처분은 강제집행의 권리를 실현하고 그 집행을 보전하기 위하여 보조적 수단으로 가압류, 가처분을 하는 것을 말한다.

채권자가 가압류 등 보전처분 후 10년 동안 본안소송을 제기하지 아니한 때에는 채무자 또는 그와 관련한 이해관계인이 그 보전처분의 취소를 신청할 수 있게 하였다(민사소송법 제706조 제2항, 제715조).[21] 이는 보전처분의 목적 및 필요에 맞게 채권자가 채권의 만족을 위하여 강제집행을 보전하기 위하여 하는 것인데, 채권자가 채권·채무에 대하여 채권자의 재산을 과도하게 지키려는 과잉보호[22]를 목적으로 무분별한 가압류, 가처분 등의 보전처분을 하고 있기 때문이다.

이에 보전처분 취소에 대한 제도를 정비함과 동시에 실무적으로는 서울중앙지방법원에서는 보전처분 시 보전처분의 필요성, 목적, 보전처분 후의 소의 제기 등을 기록하여 함께 제출하도록 하고 있으며, 청구채권 1억 이상인 경우 가압류를

2012년 6월 90조 원에 이르는 포괄근저당이 설정된 가계대출을 일괄적으로 한정근저당으로 전환하고 7월2일부터 금융권 가계대출에서는 아예 사라지게 함으로 포괄근저당을 설정하고 주택담보대출을 받은 직장인이 직장인 신용대출을 추가로 받았을 때, 신용대출금을 못 갚았다는 이유로 부동산담보대출 시에 실정한 담보권에 의한 집이 경매되는 일은 없어시게 한 것이다.

21) 손진홍, 앞의 논문, 2015, 32면.
22) 예를 들어, 채권자가 채무자에게 1,000만원을 받지 못하였다고 가정할 경우 채권자는 채무자에게 채권의 만족을 얻기 위해 채무자가 소유한 재산에 1,000만원에 상당한 가압류 등의 보전처분을 하면 되는데 과도하게 그 이상의 3,000만원, 5,000만원 등의 보전처분을 해 놓은 경우라 할 수 있다.

위한 심문기일을 별도로 지정하여 채권자가 채무자에 대하여 가지고 있는 청구채
권 금액의 재확인 및 가압류의 적절성 등에 대하여 판단하고 있다.

다음으로 보전처분의 의의, 가압류의 목적과 집행, 점유 이전금지 가처분과 처
분금지 가처분에 대하여 알아보도록 하겠다.

1. 의의

보전처분은 채권자가 집행력이 있는 공정증서가 없거나 판결을 통한 집행권원
을 획득하기 전에 법원의 명령에 의하여 채무자의 일반재산을 현 상태로 보전하
여 두려는 절차로 민사집행법 제277조에 가압류나 가처분을 하지 아니하면 판결
을 집행할 수 없거나 판결을 집행하는 것이 매우 곤란할 염려가 있을 경우에 할
수 있다고 되어 있다. 보전절차는 잠정성, 부수성, 긴급성, 밀행성, 자유 재량성[23]
에 기초하여야 하고 보전절차가 필요한 이유는 판결 등을 통한 집행권원을 획득
한다고 하여도 그 사이에 채무자가 채권자의 집행 등 추심행위를 피하기 위하여
타인에게 소유권을 이전하거나 재산을 모두 처분할 경우 집행권원은 사문서가 될
뿐 그 가치를 잃게 된다.

2. 가압류의 목적

가압류는 이를 하지 않으면 판결의 집행불능·집행 곤란에 이를 경우에 할 수
있다(민사집행법 제277조). 집행불능 또는 집행 곤란이란 채권자가 가압류를 하지
않고 채무자의 재산을 그대로 놓아두면 장래 금전채권에 기하여 본안 판결에서
승소하더라도 그 집행이 불가능하게 되거나 매우 곤란할 염려가 있는 경우를 말
한다. 채무자가 재산을 낭비하거나 헐값으로 매도 또는 훼손·은닉하거나, 도망이
나 해외이주 또는 재산의 해외도피, 책임재산에 대한 과다한 담보권의 설정 등에
의하여 그 책임재산을 감소시켜 강제집행을 곤란하게 만드는 경우이다. 채무자의
행위가 아닌 타인의 행위나 자연적 사고에 의한 것도 이에 포함된다.

---

23) 이시윤, 앞의 책, 2016, 566-568면.

3. 가압류의 집행

가압류의 집행대상은 부동산, 선박, 동산이다. 부동산 가압류 집행의 경우 법원 사무관 등이 부동산 등기부에 가압류 재판을 한 법원과 가압류 재판에 관한 사항을 기입하고 촉탁하여야 한다(민사집행법 제293조). 선박 가압류 집행은 등기를 할 수 있 는 선박과 할 수 없는 선박으로 나뉘는데 등기를 할 수 있는 선박으로는 총 톤수 20톤 이상의 기선과 범선 그리고 총 톤수 100톤 이상의 부선이다(선박법 제1조의2).

실무상으로는 등기를 할 필요까지는 없고 등기할 수 있는 선박이면 미등기라 도 집행의 대상이 된다.[24] 단 채무자 명의로 즉시 등기할 수 있는 서류를 첨부하 여야 한다. 등기할 수 있는 선박에 대한 경우에는 가압류 등기를 하고 등기를 할 수 없는 선박은 집행관에게 선박국적증서 등을 선장으로부터 받아 집행법원에 제 출하도록 하는 방법이 있다. 등기를 하는 방법은 가압류 명령을 한 법원이 선박국 적증서 등을 받아 제출하도록 하고 선박이 정박하여 있는 곳을 관할하는 지방법 원이 집행법원이 된다. 20톤 미만의 선박처럼 등기를 할 수 없는 선박은 유체동 산으로 취급되어 유체동산 집행의 대상이 된다. 그리고 경매 진행 중 등기가 직권 말소된 선박에 대하여 경매절차를 속행할 수 있는지 여부에 대해서는 새로이 동 산에 대한 경매절차를 밟아 진행하여야 한다고 대법원은 판시하였다.[25]

동산 가압류 집행은 채권가압류 명령을 한 법원이 집행법원이 되고 채권 가압 류는 채권자가 법원에 가압류 신청 시 신청 내역에 제3채무자에 대하여 채무자에 게 그 금액을 지급하여서는 안 된다는 내용을 기재하여야 하고 가압류한 금전은 공탁하여야 한다.

4. 가처분

다툼의 대상에 관한 가처분은 현상이 바뀌면 당사자가 권리를 실행하지 못하 거나 이를 실행하는 것이 매우 곤란할 염려가 있을 경우에 발령하는 가처분이다 (민사집행법 제300조 1항). 피보전권리는 금전채권 이외의 것으로서, 특정급여청구권

---

24) 김일룡, 『민사집행법강의』, 오래, 2014, 363면.
25) 대법원 1978. 2. 1. 자 77마378 결정, 선박경락 허가 결정에 대한 재항고 사건 참조.

의 장래 강제집행을 보전하기 위하여 현상 유지를 명하는 가처분이다. 여기에는
점유이전금지 가처분과 처분금지 가처분이 있다.

점유이전금지 가처분은 특정물의 점유 상태의 현상을 유지 시키는 것을 목적
으로 하는 보전처분이다. 점유이전금지 가처분 후에는 채무자가 제3자에게 점유
를 이전하더라도 그 제3자는 가처분권자에게 대항할 수 없다.

처분금지 가처분은 특정물의 권리 상태의 현상을 유지시키는 것을 목적으로
하는 보전처분이다. 처분금지 가처분은 특정물의 급여 청구권의 집행확보를 목적
으로 하는 것으로서, 목적물의 등기청구권이 피보전권리가 되는 경우가 많다. 처
분금지 가처분은 목적물에 대하여 소유권 이전, 저당권·전세권·임차권의 설정
등의 처분행위를 금지하고자 하는 가처분으로 미등기 건물도 가처분이 가능하다
(부등법 제66). 처분금지 가처분의 집행은 가압류의 집행의 예에 따라 실시하도록
하고 있다(민사집행규칙 제215조 처분금지 가처분의 집행).

부동산의 양도나 저당권 설정 등을 금지하는 처분금지 가처분의 경우에는 가처
분명령을 발한 법원의 법원사무관 등의 촉탁으로 금지 사실을 등기부에 기입하여야
한다. 처분금지 가처분의 집행 후에는 제3자가 채무자로부터 목적물을 양수하더라
도 그 제3자는 가처분권자에게 대항할 수 없다. 즉 제3자는 목적물의 양수로 가처
분권자에게 대항할 수 없다. 다만 동산의 경우에는 선의취득이 인정될 수 있다.

제 2 절 | 민사집행의 원칙

I. 처분권주의

1. 원칙

원칙적으로 처분권주의에 따라 집행의 개시·집행의 종류와 대상 그리고 종료
를 채권자의 처분에 맡긴다(민사집행법 제23조, 민사소송법 제203조). 자기의 권리에
소권을 행사할 것인가가 채권자에게 맡겨졌다면, 강제집행까지 할 것인가는 채권
자의 의사에 맡기는 것이 당연하다.[26] 채권자의 만족을 얻기 위하여 경매신청을
할 것인지, 유채동산 집행을 할 것인지 또는 채권에 대한 압류신청을 할 것인지

그리고 신청을 할 것인지, 신청한 사건을 계속하여 진행할 것인지 아니면 취하할 것인지에 대하여 채권자의 선택 및 결정에 의하여 한다는 것이다.

이와 관련하여 효율적인 집행을 위하여 집행 목적물의 자유 선택을 제한하여야 한다는 의견[26]도 있으나 개인적인 견해로는 집행 목적물에 대하여 자유 선택을 제한하는 것은 바람직하지 않다고 생각한다.

예를 들어, 채권자는 채무자에게 3개월 후에 일시불로 연 5%의 이자를 더하여 갚는 조건으로 현금 1억 원을 빌려주었다. 채무자는 이에 대하여 담보로 소유한 자동차에 근저당권을 설정해 주었다. 그 후 3개월이 지난 시점에 채무자는 생각하지 못한 우발채무로 인하여 채권자와 최초 계약한 대로 채무를 이행하지 못하였다. 이에 채권자는 채무자에게 수개월에 걸쳐 채무상환을 위한 독촉을 하였으나 채무자는 상황이 더욱 악화되어 채무를 불이행하였다.

이에 채권자는 법원에 채권의 만족을 얻기 위하여 채무자 소유의 자동차에 대하여 근저당권에 근거한 담보권 실행을 위한 경매를 신청하였고, 법원으로부터 경매개시 결정문을 득한 후 해당 집행관사무소에 자동차 집행을 위한 집행신청을 하였다. 그 후 채무자는 소유한 자동차가 집행을 당하여 경매절차로 진행되는 것을 원하지 않아 지인으로부터 8,000만원을 빌려 채권자에게 갚은 후 집행취하를 요청하였고, 나머지 2,000만원 및 갚지 못한 이자에 대하여 3개월 후에 갚기로 재계약을 하자고 제안하였다.

이와 관련하여 채권자는 두 가지 선택을 할 수 있을 것이다. 첫째, 원래의 계약대로 집행을 유지하고 경매 배당을 통하여 채권의 만족을 얻는 방법과 둘째, 채무자의 요청대로 담보권실행을 위한 집행 취소를 신청하고 3개월 후에 나머지 원금 및 이자를 받아 채권의 만족을 얻는 방법이다. 어느 방법을 선택하든지 채권자의 처분에 맡기는 것이다.

2. 집행계약

집행계약이란 강제집행과 관련한 처분권주의와 관련하여, 강제집행의 방법과

---

26) 이시윤, 앞의 책, 2016, 43면.
27) Gual/Schilken/Becker－Eberhard, §5 Rdnr.79f; 이시윤, 앞의 책, 2014, 44면 재인용.

범위에 관하여 민사집행 등에서의 규정과 달리 집행이해관계인 사이에 합의를 하는 것을 말한다. 민사소송에서 편의소송은 금지하고 있지만 임의집행은 당사자 간의 합의를 법률상 명문으로 적지 않게 인정한다.[28] 그렇다면, 법률상 명문의 규정이 없는 경우에도 인정할 것인가의 문제가 있다.

집행확장계약은 채권자에게 유리하게 집행의 시기·요건을 완화하거나 집행의 방법·대상의 범위를 확대하는 계약으로 이 경우는 채무자에게 보장하는 최소한의 공익을 침해할 수 있기 때문에 원칙적으로 허용되지 아니하며 무효이다. 이러한 예로는 급료의 1/2이 아닌 전액압류, 야간이나 채무자의 직계혈족에 대해서도 집행할 수 있다는 약정이 이에 해당한다.[29]

집행제한계약은 부집행합의(不執行合意)라고도 하는데, 채무자에게 유리하게 집행의 시기·요건을 완화하거나 집행의 방법·대상의 범위를 확대하는 계약이다. 통설과 판례는 처분권주의 입장에서 가능하다고 본다. 이러한 예로는 일정 기간 집행하지 아니한다. 특정한 재산에는 집행하지 아니한다. 일정한 재산에만 집행한다, 재산명시 선서 신청을 하지 아니한다는 약정, 집행 포기의 약정을 말한다.[30]

집행계약의 성질과 위반 효과로는 집행계약의 성질과 관련하여서는 직접 집행법상의 효력을 생기게 하는 집행법상의 계약이라고 하는 설,[31] 사법상의 채무를 생기게 하는데 그치는 사법상의 채권계약이라고 하는 설,[32] 사법상의 자연채무계약설 등의 주장이 있다. 집행계약 위반의 집행에 대한 채무자의 구제방법에서 각 결론을 달리하고 있다. 집행법상 계약설에 의하면 집행법상의 효과가 발생하여 집행기관을 그대로 따라야 한다는 설이다. 자연채무 계약설에 의하면 법적 구속력이

---

28) 이러한 예로는 집행을 하지 아니하거나 집행신청취하의 합의(민사집행법 제49조 제6호, 제266조 제1항 제4호), 피담보채권을 변제받거나 변제를 미루도록 승낙한다는 합의(민사집행법 제266조 제1항 제4호), 즉시 강제집행 수락의 합의(민사집행법 제56조 제4호), 매각조건변경의 합의(민사집행법 제110조), 배당표 작성에 있어서 이해관계인과 채권자의 합의(민사집행법 제152조 제2항), 매각장소변경의 합의(민사집행법 제203조 제1항단서) 등이 있다.

29) 이시윤, 앞의 책, 2016, 43-44면.

30) 이시윤, 앞의 책, 2016, 43-44면.

31) 황경남, 「집행계약, 재판자료(35)」, 85면 이하; 방순원·김광년, 1993, 231면.

32) 대법원 1993. 12. 10. 선고 93다42979 판결; 이른바 부집행계약은 채권자가 특정의 채권에 관한 채무명의에 기한 강제집행을 실시하지 않는다는 사법상의 계약으로서 채권자가 이에 위반하여 강제집행을 할 경우 채무자가 집행을 저지할 수 있는 사유로 내세울 수 있음에 불과하고 소송 절차에서 이를 주장하여 판결의 집행력을 배제할 사유는 되지 못한다고 하였다.

없어 무효로 한다는 것이다.33)

　명문의 규정이 없는 일반적인 집행제한계약의 경우는 사법상의 채권계약으로
서 직접 집행기관을 구속하는 집행법상의 효력까지는 없다고 볼 것이다.34) 그러
나 만약 이를 무시한 처분을 하면 집행을 어긴 것이 아니므로 위법한 집행의 구
제수단인 집행 이의신청 그리고 즉시항고를 할 수 없다고 할 것이다. 다만 이때에
는 채무자의 구제수단으로서 청구이의의 소(민사집행법 제44조)의 직접 적용이 아
닌 준용을 인정할 것이다. 판례35) 또한 같은 입장을 취하고 있다.

Ⅱ. 직권주의

　민사집행법상 실체적인 문제를 다루고 있는 청구이의의 소(민사집행법 제44조),
제3자 이의의 소(민사집행법 제48조), 배당이의의 소(민사집행법 제154조) 등은 소의
일종이므로 변론주의 원칙에 의하여 소송자료의 제출책임을 당사자가 진다.36) 그
러나 강제집행 절차는 국가의 공권력에 의하여 개시되는 것이므로 강제집행의 개
시요건, 집행개시 이후에도 직권주의에 의하여 직권으로 조사할 수 있다.

　예를 들면, 인수주의와 잉여주의의 선택의 문제37), 무잉여로 인한 경매 취소,
절차상의 문제 등으로 인한 부동산매각 불허가38), 유체동산 압류 시 압류금지 동
산, 채권 등이 있으며 집행 시 집행관은 예견된 상황이든 예견되지 아니한 상황이
든 간에 직권으로 상황에 맞게 선택하여 직권탐지주의39)에 의하여 집행을 실시한다.

---

33) 강대성, 「집행계약에 관한 소고, 민사법학 제6호(1986.12)」, 308-311면.
34) 이시윤, 앞의 책, 2016, 45면.
35) 대법원 1993. 12. 10., 93다42979 판결; 대법원 1996. 7. 26., 95다19072판결 참조.
36) 이시윤, 앞의 책, 2016, 45면.
37) 매각대금으로 집행비용과 압류채권자의 채권에 우선하는 채권에 우선하는 채권을 변제하고 남
　　을 것이 있으면 매각하고, 그에도 부족하면 그 부동산의 매각을 허용하지 아니하는 원칙을 잉
　　여주의(Deck-ungsprinzip)라 한다(민사집행법 제91조 1항, 제102조).
38) 민사집행법 제121조는 매각허가결정에 대한 매각불허가 사유로서 7가지를 규정하고 있다(민사집
　　행법 제121조, 제123조). 구체적으로 강제집행을 허가 속행할 수 없을 때, 최고가 매수신고인의
　　매수 무능력 무자격, 매수자격이 없는 자가 다른 사람을 시켜 최고가 매수신고를 한때, 최고가매
　　수신고인·그 대리인 또는 최고가 매수신고인을 내세워 매수신고를 한 사람이 제108조 각호 중
　　어느 하나에 해당 하는 때, 최저매각가격의 결정, 일괄매각결정 또는 매각 물건명세서의 작성에
　　중대한 흠이나 책임 없는 사유로 인한 부동산의 현저한 훼손 또는 중대한 권리관계의 변동 등.

Ⅲ. 비집중주의

강제집행은 한 군데의 집행기관에서 하는 것이 아니고, 집행의 종류와 대상에 따라 집행기관을 달리하는 것을 말한다.[40] 예를 들어, 부동신 강제집행의 경우는 부동산 목적물의 주소지 관할 집행법원에 집행신청을 해야 하고, 유체동산 압류의 경우는 유체동산이 위치한 주소지를 관할하고 있는 집행관사무소에 집행신청을 해서 채권자의 권리 만족을 얻는 것이다.

자동차 및 건설기계의 집행에 관하여 자동차 등록 원부 및 건설기계 등록 원부상 주소지와 자동차 및 건설기계가 위치해 있는 장소가 상이할 경우가 자주 발생할 수 있다.

이러한 경우는 첫째, 자동차 및 건설기계 등록 원부상 주소지 관할 법원에 경매신청을 하고 경매 결정문(강제경매 또는 임의경매 결정문)을 수령하면 둘째, 자차 및 건설기계가 위치해 있는 목적물의 주소지 관할 집행관 사무실에 집행 접수 하여 집행을 해야 한다. 그 후 집행이 완료되면 처음 경매결정문을 수령한 법원에서 집행을 담당했던 집행관사무소 관할 법원으로 사건을 이송하여 집행법원과 집행관 사무실을 일원화시키고 계속하여 경매절차를 진행한다.

Ⅳ. 형식주의와 서면주의

형식주의는 집행법원 및 집행관사무소는 채권자 및 이해관계자가 제출한 집행권원, 집행문, 신청서 등 집행요건에 해당하는 절차상 그리고 형식적인 사항에 대하여만 판단하도록 하고 있고 제출한 서류의 정당성 및 합리성 등은 판단할 수 없다. 이것을 형식주의라고 한다. 집행기관은 형식적인 요건을 갖추면 진행한다는 것으로, 집행기관은 실체법적인 사유를 조사하지 아니한다는 의미로 받아들이면 된다. 형식주의의 단점을 극복하기 위해 입법자는 소송절차인 별도의 구제책으로

---

39) 직권탐지주의(Untersuchungsgrundsatz, Inquisitoinsmaxime)라 함은 재판에 필요한 사실과 증거의 수집책임을 당사자에게 맡기지 않고 법원이 맡는 주의를 가리킨다. 이것은 변론주의에 반대되는 원칙이다; 정동윤·유병현, 『민사소송법 제3판 보정판』, 박영사, 2010, 336면.
40) 이시윤, 앞의 책, 2016, 45면.

청구이의·제3자 이의의 소 등을 마련해 놓고 있다. 절차의 효율화·신속화를 위한 것이다.[41)]

서면주의는 민사집행 절차 시 집행신청은 서면으로 하여야 한다(민사집행법 제4조)는 것이다.[42)] 집행정지나 취소 시에도 서면으로 제출하여야 하며 배당요구, 보전신청에 의한 신청, 집행신청, 즉시항고, 이의신청, 취소신청 등 모두 서면으로 제출하여야 하고 서면증명이 원칙이다. 이것을 서면주의라고 한다. 소송절차에서는 당사자는 구술주의와 서면주의의 자유로운 방식으로 하여, 법관의 면전에서 구술변론을 하여야 한다(민사소송법 제134조 제1항).

개인적인 견해로는 민사집행을 한다는 의미는 그 절차에 있어서 신속성이 집행의 성공 여부를 좌우하는 매우 중요한 판단요소가 된다고 할 수 있다. 자동차 집행을 위하여 집행신청을 할 경우에 채권자는 우선 해당 목적물인 자동차의 위치를 파악하여 위치를 관할하고 있는 집행관사무소에 집행신청을 할 것이다(강제집행결정문 등 수령 후). 그러나 자동차는 움직이는 목적물로써 채권자가 집행신청 전 파악했던 장소에 해당 목적물인 자동차가 있을 수도 있고 없을 수도 있다. 또한, 채무자(또는 점유자나 유치권자 등)는 채권자가 집행신청을 한 사실을 알게 될 경우에 수단과 방법을 가리지 않고 집행을 당하지 않기 위하여 자동차를 은닉하거나 다른 곳으로 신속히 옮길 것이다. 그렇게 되면 집행신청을 하였더라도 집행 당일 집행 장소에 집행 목적물이 없게 되어 집행불능이 될 것이고 결국에 채권자는 채권의 만족을 얻지 못할 것이다.

이렇게 집행의 신속성이 요구되는 사안에 대하여는 서면주의만을 택하고 있는 현행 제도에 대하여 무언가 보완할 수 있는 방법을 검토할 필요가 있다 할 것이다.

서면주의를 보완하는 방안으로는 절차상 제도를 일부 수정 보완하여 SNS를 통한 제반서류 제출, 유선상 녹취시스템 도입에 의한 구두신청 등을 생각해 볼 수 있다. 이로 인하여 문제가 발생한다면 녹취록 등을 근거로 보완할 수 있을 것이다.

---

41) 이시윤, 앞의 책, 2016, 47면.
42) 독일은 자유 방식으로 민사집행 절차 시 서면 또는 구술에 의하여 신청한다; 이시윤, 앞의 책, 2014, 48면 재인용.

V. 고가매각의 원칙

집행을 통하여 집행한 물건은 고가에 매각되어야 한다는 것이 고가매각의 원 칙이다. 이는 채권자 및 채무자를 보호할 뿐 아니라 집행기관의 투명성과도 연결 이 된다.

고가매각을 위하여 호가경매, 기일입찰제, 기간입찰제, 차순위 매수신고제도, 자동차 매각의 경우 경매, 공매 등을 채택하고 있다. 그러나 여전히 채권자나 채 무자 입장에서는 압류한 물건이 과연 고가에 매각이 되었는지 또는 투명한 절차 에 의하여 매각이 되었는지 의문을 가질 수 있다. 같은 압류 물건이라고 해도 지 역별, 담당자별, 경매에 참가하는 경매 에이전트나 매매와 관련된 사람마다 가격 이 천차만별이고 무엇보다 절차상으로 투명하게 입찰절차를 거쳤는지에 대한 국 민들의 신뢰가 있는지를 살펴보아야 할 것이다.

독일은 지나친 염가매각의 경우 헌법재판소에 의하여 자의 금지원칙의 위배나 재산권의 침해를 가져온다는 이유로 헌법적인 통제를 받고 있다.[43]

영미법에서는 시장의 시스템을 이용하여 고가의 매각을 위하여 시장의 수익관 리인(receiver)나 신탁관리자(trustee)에게 위임하여 사적 현금화 행위를 허용하고 있다. 이와 관련하여 선행 연구자 전병서는 "민사집행법에서의 실효성 확보 연 구"[44]에서 미국의 주법상의 민간 경매의 도입도 입법론상으로 검토하여 볼 일이 라 하였다.[45][46]

---

43) 독일 연방 헌법재판소판결집, 42, 64ff; BVerfGE 46, 325ff; 독일 강제 경매법(ZVG)§85a도 부동 산의 경우에 최고가 매수신고가격이 거래가격의 5/10에 달하지 아니하면 직권 경매 불허가 사 유로 하고, 같은 법 §74도 최고가 매수신고가격이 거래가격의 7/10에 미달하면 이해관계인은 경매 불허 신청을 할 수 있도록 하였다; 이시윤, 앞의 책, 2014, 49면 재인용.
44) 전병서, 「민사집행에서의 실효성 확보 연구」, 민사집행법연구, 2011, 43면.
45) 州法이 경매제도를 정하고 있는 미국에서는 37개주에서 법원경매 뿐만 아니라 비사법 경매가 인정되고 있고, 그 가운데 약 70%인 25개 주에서 신속하고 저렴한 가격으로 높은 가치로 매각 할 수 있는 절차로 주로 민간경매(非司法 경매라고도 한다)가 이용되고 있다고 한다. 미리 채 권자·채무자 사이의 합의로 정한 민간기관이 저당권 실행의 각 단계의 절차를 개시에서 종료 까지 실시하는 방식을 채택하고 있다. 미국의 민간경매제도의 특징은 다음의 3가지이다. ① 채 권자와 채무자의 합의에 의해 경매의 각 단계의 절차에 대하여, 저당권설정계약에 있어서 그 취사 선택을 포함하여 실시주체, 실시방법 등을 자유롭게 정할 수 있는 것, ② 저당권설정계약 에서 지명된 비사법 경매실시자가 절차를 포괄적으로 수탁하여 전체의 진행 관리를 행하는 것, ③ 일반적으로 법원의 관여는 크지 않지만, 방해배제에 대하여 적절히 개입한다; 전병서, 「민사 집행에서의 실효성 확보 연구」, 민사집행법연구, 2011, 43면.
46) 미국의 경우 은행담보권 실행의 경매는 국가 기관인 집행관(sheriff)가 아닌 담보 은행이 실시

제 3 절 | 집행권원과 집행관제도

강제집행을 신청하기 위해서는 집행권원과 집행문이 있어야 한다.[47] 집행권원은 채권자와 채무자 사이의 계약, 약정 및 서로 간의 약속에 의하여 발생한 채권에 대한 증명이자 증명력이 있는 증서로 법원에 소송 등을 통해 확정된 판결문, 지급명령[48]에 의한 결정문, 소액 소송 등에 의한 이행 권고 결정,[49] 화해 권고 결정[50] 등이 있으며 법원에 소송, 신청 등에 의하지 않고 채권자와 채무자가 채

한다. 이에 비해 우리나라는 은행융자 채무가 3개월 연체된 경우에 은행이 NPL채권 추심을 전문으로 하는 신용정보회사, 여신전문 금융회사, 저축은행 등 2금융권에 경매 등의 방법으로 매각하여 자신의 담보채권을 회수하는 절차를 밟는다. 은행이 직접 법원에 경매를 신청하지 않고 담보권을 싼 값으로 팔아 버리는 고가매각과 반대의 고육지책이다. NPL를 매수한 신용정보회사가 이를 재매각하면 NPL이 시중에 나돌게 된다; 이시윤, 앞의 책, 2016, 49면.

47) 이시윤, 앞의 책, 2014, 108면.

48) 지급명령은 금전, 그 밖의 대체물이나 유가증권의 일정한 수량의 지급을 목적으로 하는 청구에 한한다. 이러한 청구는 집행이 용이하고 잘못 집행된 경우에도 원상회복이 가능하기 때문이다. 상인에 대한 금전청구권 외에 국가에 대한 징발보상청구권이나 공법인에 대한 급여청구권도 지급명령의 대상이 된다. 반대급여와 상환으로 지급을 구하는 청구라도 상관없으나, 즉시 집행할 수 없는 조건부 또는 기한부 청구권에 대하여는 허용되지 않는다. 또한, 지급명령은 공시송달에 의하지 아니하고 송달을 할 수 있는 경우에 한한다. 지급명령의 신청에는 성질에 반하지 않는 한 소에 규정이 준용된다(민사소송법 제464조). 따라서 신청은 원칙적으로 서면에 의하여, 신청서에는 당사자, 법정대리인, 청구의 취지 및 원인을 기재하여야 하며(민사소송법 제249조), 그 밖에 준비서면에 기재할 사항을 표시할 수 있다. 다만 신청서 등본은 상대방에게 송달할 필요가 없다. 붙여야 할 인지액은 소장에 붙일 인지액의 10분의 1로 족하다(인지법 제7조 제2항), 소의 병합(민사소송법 제253조 제65조)의 요건에 준하여 여러 개의 청구 또는 여러 사람의 채무자에 대한 청구를 병합하여 신청할 수 있다. 지급명령의 신청에 의하여 관할의 항정(민사소송법 제3조), 중복신청의 금지(민사소송법 제259조)외에 시효중단의 효력이 발생한다(민법 제172조), 다만 지급명령의 신청의 각하 또는 취하의 경우에는 시효중단의 효력이 없다; 정동윤·유병현, 앞의 책, 1011-1012면.

49) 종래의 소액사건의 처리에 있어 당사자 사이에 다툼이 없어서 변론기일에 피고가 결석하고 자백간주가 되어 원고 승소 판결로 종료되는 경우가 많았다. 이를 소액사건 심판법에 반영하여, 법원은 재량에 의하여 변론없이 피고에게 이행 권고 결정을 보내고 이에 대하여 이의신청이 없으면 바로 집행력을 부여하여 강제집행을 할 수 있도록 하였다(소액사건심판법 제5조의 3이하). 피고가 이의신청을 하면 바로 변론을 열어 심리를 진행한다. 이행 권고 결정제도를 도입하는 데에는 지급명령제도와 화해권고 결정제도가 참고가 되었다. 이행 권고 결정은 변론 없이 발하여지는 것이므로 기판력은 인정되지 아니한다; 정동윤·유병현, 앞의 책, 1005면.

50) 화해 권고 결정이란 법원 또는 수명법관 수탁판사가 소송 계속 중 직권으로 화해의 내용을 정하여 당사자에게 결정으로 화해를 권고하고, 당사자가 2주 이내에 이의신청을 하지 아니하면 재판

권·채무 등의 계약 시 공증사무소에 신청으로 발급받을 수 있는 공정증서(약속어음 공정증서, 금전 소비대차계약 공정증서 등) 등도 집행권원이 된다. 집행권원이 있다고 해서 강제집행 신청을 할 수 있는 것은 아니다. 강제집행을 신청하기 위해서는 집행권원을 원인으로 한 집행문[51] 부여를 별도로 신청하여 받아야 한다.

법원에 재판 등으로 얻은 집행권원은 법원에 집행문 부여신청을 하여 신청한 집행권원에 집행력을 부여하는 집행문을 발급받으면 될 것이고, 공증인가 합동법률사무소에서 체결한 공정증서 등은 공정증서를 발급받았던 공증인가 합동법률사무소에 집행문 부여 신청을 하여 발급받으면 될 것이다. 이렇게 집행권원과 집행문이 준비가 되면 그때야 비로소 관할 집행관사무소에 강제집행 신청을 할 수 있는 자격이 주어지게 되는 것이다.

만약, 정당하지 않은 악의의 채권자가 채무자를 상대로 강제집행을 신청하기 위하여 흠내지 결이 있는 집행권원이나 집행문을 가지고 강제집행 신청을 하였을 경우에는 설령 아무런 문제 없이 집행관사무소에 신청 및 강제집행을 완료하였다고 하더라도 신청 단계 시, 강제집행 시 그리고 강제집행 완료 시에 흠결사항이 발견되었다면 집행관은 직권으로 강제집행을 취소하여야 한다.[52] 이는 실체적 정당성도 중요하지만 절차적 정당성도 매우 중요하기 때문이다.

상화해가 성립된 것으로 보는 제도를 말한다(민사소송법 제225조). 새 법에서는 절차를 간이화하여 소송절차 안에서 조정에 갈음하는 결정과 동일한 효력이 있는 화해 권고 결정을 할 수 있도록 함으로써, 화해에 의한 분쟁 해결의 촉진을 꾀하고 있다. 이것은 화해에 관하여 당사자 사이에 미세한 부분에서만 의견의 불일치가 있거나 당사자가 막연하게 화해보다 유리한 재판을 받을 기대로 화해에 불응하는 경우에 효과적으로 이용될 수 있다. 다만 재판상 화해에 기판력을 인정하는 강력한 효력을 인정하는 우리 판례의 태도에 비추어 볼 때, 화해 권고 결정제도가 남용되지 아니하도록 운영에 신중을 기하여야 할 것이다; 정동윤·유병현, 앞의 책, 651면.

51) 집행력의 현존과 집행성숙 그리고 집행 당사자를 공증한 문구로서, 집행권원의 끝에 붙여주는 것이다. 판결이 집행권원이 되는 경우에는 판결문 뒤에 "이 판결정본은 피고 아무개에 대한 강제집행을 실시하기 위하여 원고 아무개에게 준다"고 적고 법원사무관 등이 기명날인하여 내어 주는데 그것이 집행문이다; 이시윤, 앞의 책, 2016, 153면.

52) 대법원 2000. 10. 2. 선고 2000 마 5221 판결 참조.

Ⅰ. 집행권원의 의의

집행권원은 법률상으로는 공신력이 있는 공문서이며, 실체법상으로는 집행 당
사자, 집행 채무자 그리고 청구의 존재와 범위를 확인하고 확정하는 문서이다.[53)
강제집행을 실시하기 위해서는 강제집행의 근거가 있어야 하는데 그게 바로 집행
권원이 되는 것이다. 그 근거로 인하여 집행권원은 집행요건임과 동시에 국가로부
터 집행 권한이 있는 집행의무가 발생하고, 채권자에게는 강제집행의 청구권이 발
생하며, 채무자에게는 채권자로부터의 집행을 감당할 의무가 발생한다.

집행기관은 형식주의를 채택하고 있어 집행권원의 청구표시내용, 채권자, 채무
자 등 진위의 여부, 사실관계, 존재의 여부를 판단하지 않으며 민사집행법 제28조
에서 규정한 강제집행은 집행문이 있는 판결정본[54)이 있는 기본적인 집행권원의
형식만 갖추고 있으면 된다.

만약, 이로 인하여 집행상의 문제가 발생한다면 채무자는 채권자를 대상으로
청구이의의 소를 통하여 사실관계 여부를 증명하면 될 것이다. 집행권원을 통하여
집행 당사자인 채권자 및 채무자가 특정된다.[55) 즉, 집행 신청자의 주장 등에 의
하여 집행권원에 표시가 되어 있지 않은 채권자 또는 채무자는 집행대상이 되지
않는다. 만약, 집행권원상에는 존재하지 않지만, 채권자 또는 채무자의 지위를 제
3자에게 승계하였다면 민사집행법 제31조 제1, 2항에 규정한 집행문은 판결에 표
시된 채권자의 승계인을 위하여 내어 주거나 판결에 표시된 채무자의 승계인에
대한 집행을 위하여 내어 줄 수 있고 명백한 사실일 때에는 이를 집행문에 적어
야 한다고 하여 집행권원에 추가사항이나 승계집행문을 발급받아 제출해야 한다.

집행권원은 집행 당사자인 채권자, 채무자, 청구금액 등의 표시 이외에 집행을
대상할 목적물이 무엇이며 어떻게 집행을 할 것인지에 대하여 강제집행의 내용과
범위도 정해지게 된다.[56) 집행권원을 근거로 강제집행의 내용과 범위를 정함에
있어 공정증서의 경우 공정증서에 표시된 내용대로 정하면 될 것이나 판결, 지급

---

53) 이시윤, 앞의 책, 2014, 108면.
54) 판결정본을 분실하였을 경우에는 법원에 제 증명 신청을 통하여 재발급을 받으면 되고, 공정증
   서일 경우에는 발급받은 공증인가 합동법률사무소에서 재발급을 받으면 된다.
55) 민사집행법 제25조, 집행력의 주관적 범위.
56) 집행력의 객관적 범위.

명령, 이행 권고 결정, 화해조서, 인낙조서 등에 의한 집행권원일 경우에는 판결의 주문 내용을 기준으로 하고 판결 이유를 참고하지만,[57] 그 외의 판결 내용이나 판결 서류 전부를 참고하는 것은 아니다.[58] 개인적인 견해로는 만약 집행기관이 집행권원의 내용과 범위를 정함에 있어 애매모호한 해석이나 명백하지 아니한 해석을 할 경우에는 문제가 발생할 수 있기 때문이다.

이렇게 될 경우에는 민사집행법 제16조에 규정된 집행에 관한 이의신청을 함으로써 권리구제를 받을 수 있도록 하였다. 이렇게 집행권원에는 집행력의 주관적 범위와 객관적 범위로 구분할 수 있는데 문제는 판결문상의 내용을 집행기관이 해석함에 있어 특정할 수 없는 내용이 있는 경우가 있을 수 있다.

예를 들어 ① 대상 목적물이 판단할 수 없도록 애매모호하게 적혀 있는 경우 ② 반대의무의 내용이 특정되지 아니한 상환이행을 명하는 내용의 경우 ③ 철거할 대상인 건물의 구조나 규모가 불명확한 경우 ④ 판결문의 내용상 토지의 위치, 면적 및 평수 등이 특정되어 있었으나 형질변경 또는 면적분할 등으로 판결문상의 목적물과 현재의 목적물이 변경된 경우 등을 생각해 볼 수 있다.

이러한 경우에는 집행기관은 판결주문의 내용이나 판결 이유를 참고하여 해석하더라도 집행 대상물을 특정할 수 없어 결국 강제집행의 기본 문서인 집행권원과 집행문이 있다고 하더라도 집행 대상물을 특정할 수 없어 집행기관은 집행 불능 결정을 내릴 수밖에 없을 것이다. 집행 채권자는 집행대상 목적물의 특정 등을 위하여 두 가지의 경우를 생각하여 판단할 수 있을 것이다.

첫째, 그것이 판결문 등을 작성한 재판부 등의 표현, 표시의 오류라고 한다면 민사소송법 제211조에 규정된 판결에 잘못된 계산이나 기재, 그 밖에 이와 비슷한 잘못이 있음이 분명한 때에는 법원은 직권으로 또는 당사자의 신청에 의하여 경정결정을 할 수 있고 발급받은 경정 결정은 판결의 원본과 정본에 덧붙여 적어야 한다고 규정하고 있으며 만약, 정본에 덧붙여 적을 수 없을 때에는 경정 결정의 정본을 작성하여 당사자에게 송달하여야 한다고 하였다. 이렇게 되면 최초의 집행권원에 경정 결정을 추가하여 다시 강제집행 신청을 통하여 문제없이 집행이

---

57) 대법원 1970. 7. 28. 선고 1970누66 판결 참조.
58) Thomas—Putzo, Vorbem Ⅳ §704; Gaul/Schilken/Becker—Eberhard, §10 Rdnr. 43; 이시윤,
    앞의 책, 2014, 110면 재인용.

이루어 질 것이다.

둘째, 판결주문이나 판결 이유에 대하여 재판부 등의 표현이나 표시의 오류가 아닌 집행대상 목적물의 재 특정을 위해서라면 채무자와의 화해, 조정을 통하여 재 조정조서를 받거나, 법원에 다시 소송 등을 통하여 판결문을 받는 방법을 선택하여야 할 것이다. 이러한 경우에 판례[59]는 기판력에 저촉되지 아니한다고 하였으나 이와 같은 경우라면, 집행 채권자는 집행권원을 확보하기 위하여 법원에 소송 등에 소요되는 시간적, 정신적, 물질적 피해를 고스란히 감당해야 할 것이고 그 후 판결 등을 통하여 집행권원을 확보하였다고 하더라도 채무자가 집행 대상 목적물의 이전, 처분 및 변경 등으로 인하여 그 목적물을 집행할 수 없는 상황이 발생한다고 하면 집행 채권자가 집행을 실시하기 위하여 확보한 집행권원과 집행문 등의 문서는 사용할 수 없는 상태가 되어 사문서(死文書)가 되고 말 것이다.

실무적으로 이러한 상황이 빈번히 발생하고 있는데 이러한 문제점들을 해소하기 위하여 법 경제학 측면으로도 접근하여 살펴볼 필요가 있다고 생각한다. 위에서 살펴본 바와 같이 우리나라 법은 집행권원에 집행 대상 목적물을 특정할 수 없는 경우에는 다시 소송을 제기하여 새로운 판결문 등을 통한 집행권원을 확보해야 하지만 독일의 경우에는 이러한 경우에 ① 집행권원 내용 확인의 소나 ② 집행권원 보충의 소를 제기하여도 무방하다고 했으므로[60] 이 제도를 법 경제학적 측면으로 시간적, 정신적 및 물질적 피해를 조금이나마 단축시키는 제도를 시행하고 있다고 할 것이다.

우리나라도 집행권원상 집행 목적물을 특정할 수 없는 경우에 현재의 방식보다는 독일 등 외국의 집행권원에 대한 법제도를 비교법적으로 살펴보고 보완, 개선해 나가는 방법을 모색해 보는 것도 좋을 것이라 생각한다.

이 외에 하나의 청구권에 수 개의 집행권원이 존재하는 경우가 있을 수 있다. 실무적인 예를 통하여 살펴보면, 채무자(이하 "A"라고 한다.)가 H 여신전문금융회사(이하 "B"라고 한다.)에서 자동차를 구입할 목적으로 B의 여신상품인 자동차 구입자금 대출을 신청하였고 B는 해당 상품의 심사정책 프로세스를 통하여 A의 신용도 및 대출상환능력 예측 등의 심사과정을 거쳐 5,000만원의 자동차 구입자금 대출

---

59) 대법원 2010. 10. 28. 선고 2010다61557 판결 참조.
60) 독일 통상대법원판결집, 36, 11, 14; BGH NJW 1972, 2268; 이시윤, 앞의 책, 2014, 111면 재인용.

을 승인하였다. 대출조건은 대출금액: 5,000만원, 대출기간: 36개월, 상환방식: 원리금 균등분할상환, 약속어음 공정증서: 5,000만원 등이었다.

대출 실행 이후 A는 6개월 동안 매월 정해진 날짜에 대출금을 상환하였으나 그 후 A의 자금 사정이 악화되어 7개월부터 대출금 상환을 할 수 없었고 연체가 되기 시작하였다. A의 자금 사정이 지속적으로 악화되어 대출금 연체는 1개월을 지나 2개월이 넘었고 B의 채권관리 담당자는 B의 채권관리 매뉴얼에 정해진 대로 A를 상대로 채권추심절차를 진행하였다.

A채권의 연체가 장기화되자 정상연체채권에서 기한의 이익이 상실되어 A의 채권은 결국 기한이익 상실채권이 되었다. 이에 B의 채권관리 담당자는 A가 B와 최초의 계약 당시 체결하였던 약속어음 공정증서가 존재하였다는 것을 인지하지 못한 채 관할 법원에 '대여금의 소'를 위한 소송을 제기하였고 소송과정을 통해 최종적으로 법원으로부터 판결문을 득하였다. 그 후 B의 채권관리 담당자는 확정된 판결문에 집행문을 부여받아 A의 재산에 강제집행 신청을 하기에 이르렀다.

이때 B의 채권관리 팀장은 채권관리담당자로부터 A의 재산에 집행력 있는 판결정본을 근거로 집행권원이 확보되어 관할 집행관사무소에 강제집행 신청을 위한 보고를 받고 A의 채권을 검토하던 중 최초의 계약 당시 존재하였던 약속어음 공정증서를 발견하게 되었다. 이때 B의 채권관리 팀장과 채권관리 담당자는 약속어음 공정증서에 집행문을 부여받아 집행력이 있는 최초의 약속어음 공정증서를 원인으로 한 강제집행 신청을 해야 하는지 아니면 법원으로부터 받은 집행력이 있는 판결문을 원인으로 한 강제집행 신청을 해야 하는지의 문제가 발생하게 된다.

요약하면, A의 채권에 대하여 2개의 집행권원이 존재하게 된 경우이다. 이러한 경우 최후에 확보한 집행권원만이 유효하다는 견해[61]도 있으나, 채권자는 최초의 집행권원이든 나중에 확보한 집행권원이든지와 관계없이 채권이 존재하고 흠 내지 결이 있는 집행권원이 아니라면 어느 것을 원인으로 하든지 채권자가 선택하여 집행법원에 강제집행을 신청하면 될 것이다.[62] 집행기관인 집행관사무소에서는 최초의 집행권원인지 최후의 집행권원인지 그 채권으로 인하여 집행권원

---

61) 이영섭, 앞의 책, 1972, 58면.
62) 민일영, 「청구이의의 소에 관한 실무상 문제점」, 재판자료 35집(상), 법원행정처, 1987, 210-211면; 박두환, 『민사집행법』, 법률서원, 2003, 114면.

이 몇 개가 존재하는지에 대하여는 알 수도 없으며 알게 된다고 하더라도 집행 신청 채권자의 신청이 있으면 형식주의를 택하고 있는 집행기관인 집행관사무소 는 형식상의 흠결이 없다면 강제집행 접수를 받아야 한다.

Ⅱ. 집행권원의 종류

집행권원으로는 판결, 확정된 지급명령 결정이나 이행 권고 결정, 화해조서, 인낙조서, 조정조서 등과 공증인이 공증인 법률의 규정에 따라 방법과 절차대로 작성한 공정증서는 공적으로 증명하는 문서이므로 강제집행을 할 수 있는 집행력 이 있는 집행권원의 효력을 가지고 있다.

민사집행법 제24조 강제집행은 확정된 종국판결이나 가집행의 선고가 있는 종 국판결에 기초하여야 하고, 외국법원의 확정판결 또는 이와 동일한 효력이 인정되 는 재판에 기초한 강제집행은 대한민국 법원에서 집행판결로 그 강제집행을 허가 하여야 할 수 있다고 규정하고 있다(제26조).

집행판결은 재판의 옳고 그름을 조사하지 아니하고 하여야 하며, 집행판결을 청구하는 소는 외국법원의 확정재판 등이 확정된 것을 증명하지 아니한 때나 외 국법원의 확정재판 등이 대한민국의 법령 또는 조약에 따른 국제재판관할의 원칙 상 그 외국법원의 국제재판관할권이 인정되고 패소한 피고가 소장 또는 이에 준 하는 서면 및 기일통지서나 명령을 적법한 방식에 따라 방어에 필요한 시간적 여 유를 두고 송달받았거나 송달받지 아니하였더라도 소송에 응하였거나 그 확정재 판 등의 내용 및 소송절차에 비추어 그 확정재판 등의 승인이 대한민국의 선량한 풍속이나 그 밖의 사회질서에 어긋나지 아니할 때(민사소송법 제217조 내용)의 조건 을 갖추지 아니한 때에는 각하하여야 한다고 규정하고 있다(제27조).

또한, 항고로만 불복할 수 있는 재판, 가집행의 선고가 내려진 재판, 확정된 지급명령, 공증인이 일정한 금액의 지급이나 대체물 또는 유가증권의 일정한 수량 의 급여를 목적으로 하는 청구에 관하여 작성한 공정증서로 채무자가 강제집행을 승낙한 취지가 적혀 있는 것과 소송상 화해, 청구의 인낙 등 그 밖의 확정판결과 같은 효력을 가지는 것들을 집행권원으로 규정하고 있다(제56조 내용).

1. 확정된 종국판결

확정된 종국판결[63]은 법원으로부터 받은 확정된 판결을 말하는데 민사소송법 제198조 법원은 소송의 심리를 마치고 나면 종국판결을 해야 한다고 규정하고 있다. 또한, 동 법 제257조에 법원은 원고의 주장에 대하여 피고가 답변서를 제출하지 않음으로 인하여 피고의 주장이 상반되지 않고 원고의 청구 원인이 피고의 무응답으로 인하여 자백을 한 것으로 간주될 경우 법원은 무변론으로 판결을 종결할 수 있다. 다만, 피고가 원고의 청구 취지를 다투는 답변서를 제출한 경우에는 변론을 재개하여 판결해야 한다고 규정하고 있다.[64]

즉, 확정판결은 피고가 판결에 대한 불복으로 인한 상소 등에 의하여 번복할 수 없는 상태에 이르고 형식적으로 확정되면 집행권원이 되는 것이다. 형식적으로 확정된 판결문이 바로 집행권원이 되는 것은 아니고 상고심 판결과 상소의 합의가 있는 경우 등 판결 선고와 동시에 확정이 되는 판결이 있고, 심리불속행이나 상고이유서를 제출하지 않아 상소 기각 판결 등의 경우에는 송달과 동시에 판결이 확정되며, 상소기간의 도과, 상소의 취하, 상소 각하 판결 또는 상소장 각하 명령 등에 의한 상소기간의 만료로 인하여 확정되는 판결, 민사소송법 제394조 항소권의 포기로 확정되는 판결이 있다.[65]

---

63) 판결은 여러 가지 기준에 따라 분류할 수 있다. 어느 심급의 심리를 완결시키느냐의 여부에 따라 종국판결과 중간판결로 나눌 수 있다. 종국판결은 다시 심리를 완결시키는 범위에 따라 전부판결과 일부판결로 나눌 수 있고, 또 판단의 내용에 따라 본안판결과 소송판결로 나눌 수 있다. 본안판결에서는 청구인용 판결과 청구기각판결이 있고, 또 판단의 내용에 따라 본안판결과 소송판결로 나눌 수 있다. 본안판결에는 청구인용 판결과 청구기각 판결이 있고, 청구인용 판결에는 소의 유형에 대응하여 이행판결·확인판결·형성판결이 있다. 청구기각판결은 모두 확인판결이다. 여기서 종국판결(Endurteil)은 상소에 의하여 계속된 사건의 전부 또는 일부를 그 심급으로서 완결시키는 판결을 말한다(민사소송법 제198조).
64) 법원은 소송의 심리를 마치고 나면 종국판결(終局判決)을 한다(민사소송법 제198조). 법원은 피고가 제256조 제1항의 답변서를 제출하지 아니한 때에는 청구의 원인이 된 사실을 자백한 것으로 보고 변론 없이 판결할 수 있다(민사소송법 제257조 변론 없이 하는 판결).
65) 이시윤, 앞의 책, 2014, 113–115면.

2. 집행판결

집행권원의 종류에서 살펴보았듯이 민사집행법 제26조[66] 외국재판의 강제집
행은 외국법원의 확정판결 또는 이와 동일한 효력이 인정되는 재판에 기초한 강
제집행은 대한민국 법원에서 집행판결로 그 적법함을 선고한 때에는[67] 강제집행
을 허가하여야 할 수 있다고 규정하고 있다.[68] 이 규정에 의하여 외국판결에 근

---

[66] 민사집행법 제26조(외국재판의 강제집행) ① 외국법원의 확정판결 또는 이와 동일한 효력이 인
정되는 재판(이하 "확정재판 등"이라 한다)에 기초한 강제집행은 대한민국 법원에서 집행판결
로 그 강제집행을 허가하여야 할 수 있다. ② 집행판결을 청구하는 소(訴)는 채무자의 보통 재
판적이 있는 곳의 지방법원이 관할하며, 보통 재판적이 없는 때에는 민사소송법 제11조의 규정
에 따라 채무자에 대한 소를 관할하는 법원이 관할한다.

[67] 민사소송법 제217조(외국재판의 승인) ① 외국법원의 확정판결 또는 이와 동일한 효력이 인정
되는 재판(이하 "확정재판 등"이라 한다)은 다음 각호의 요건을 모두 갖추어야 승인된다.

  1. 대한민국의 법령 또는 조약에 따른 국제 재판관할의 원칙상 그 외국법원의 국제재판관할권
  이 인정될 것.

  2. 패소한 피고가 소장 또는 이에 준하는 서면 및 기일통지서나 명령을 적법한 방식에 따라 방
  어에 필요한 시간 여유를 두고 송달받았거나(공시송달이나 이와 비슷한 송달에 의한 경우를
  제외한다) 송달받지 아니하였더라도 소송에 응하였을 것.

  3. 그 확정재판등의 내용 및 소송절차에 비추어 그 확정재판 등의 승인이 대한민국의 선량한
  풍속이나 그 밖의 사회질서에 어긋나지 아니할 것.

  4. 상호보증이 있거나 대한민국과 그 외국법원이 속하는 국가에 있어 확정재판 등의 승인요건
  이 현저히 균형을 상실하지 아니하고 중요한 점에서 실질적으로 차이가 없을 것.

  ② 법원은 제1항의 요건이 충족되었는지에 관하여 직권으로 조사하여야 한다.

[68] 중재법 제37조(중재판정의 승인과 집행) ① 중재판정은 제38조 또는 제39조에 따른 승인 거부
사유가 없으면 승인된다. 다만, 당사자의 신청이 있는 경우에는 법원은 중재판정을 승인하는
결정을 할 수 있다. ② 중재판정에 기초한 집행은 당사자의 신청에 따라 법원에서 집행결정으
로 이를 허가하여야 할 수 있다. ③ 중재판정의 승인 또는 집행을 신청하는 당사자는 중재판정
의 정본이나 사본을 제출하여야 한다. 다만, 중재판정이 외국어로 작성되어 있는 경우에는 한
국어 번역문을 첨부하여야 한다. 1. 삭제 <2016. 5. 29.> 2. 삭제 <2016. 5. 29.> ④ 제1항
단서 또는 제2항의 신청이 있는 때에는 법원은 변론기일 또는 당사자 쌍방이 참여할 수 있는
심문기일을 정하고 당사자에게 이를 통지하여야 한다. <신설 2016. 5. 29.> ⑤ 제1항 단서
또는 제2항에 따른 결정은 이유를 적어야 한다. 다만, 변론을 거치지 아니한 경우에는 이유의
요지만을 적을 수 있다. <신설 2016. 5. 29.> ⑥ 제1항 단서 또는 제2항에 따른 결정에 대해
서는 즉시항고를 할 수 있다. <신설 2016. 5. 29.> ⑦ 제6항의 즉시항고는 집행정지의 효력
을 가지지 아니한다. 다만, 항고법원(재판기록이 원심법원에 남아 있을 때에는 원심법원을 말
한다)은 즉시항고에 대한 결정이 있을 때까지 담보를 제공하게 하거나 담보를 제공하게 하지
아니하고 원심재판의 집행을 정지하거나 집행절차의 전부 또는 일부를 정지하도록 명할 수 있
으며, 담보를 제공하게 하고 그 집행을 계속하도록 명할 수 있다. <신설 2016. 5. 29.> ⑧ 제

거하여 강제집행을 신청하거나 중재판정에 근거하여 강제집행을 신청하려면 법원에 집행판결청구의 소를 제기하여야 한다.

집행판결청구의 소의 법적 성질에 관하여는 ① 이행 소송설, ② 확인 소송설, ③ 형성 소송설 및 ④ 구제 소송설의 견해가 있다. 이행 소송설은 실체법상의 청구권에 근거하여 이행 청구를 하는 것이고, 확인 소송설은 집행력 존재의 확인을 구하는 것이고, 형성 소송설은 외국판결이나 중재판정이 대한민국에서 집행력을 부여하는 소송법상의 형성의 소로 보아야 한다는 것이다.

마지막으로 구제 소송설은 그 외국판결이나 중재판정의 확인과 형성기능을 동시에 갖는 판결을 구하는 것이다. 이에 선행 연구자 이시윤과 독일의 통설은 외국판결이나 중재판정이 대한민국에서 집행력을 부여하는 소송법상의 형성의 소로 보아야 한다는 다수설인 형성 소송설[69]이 옳다고 하였다.

개인적인 견해로는 외국판결이나 중재판정으로 대한민국 법원에서 집행력을 부여하는 것은 당연히 실체법상의 청구권에 근거하여 그 이행의 청구를 하는 것이므로 이행소송설로 보아야 한다고 생각한다.

또한, ① 외국판결이나 중재판정이 집행권원이 되는 것인지, 아니면 ② 우리나라에서 집행판결 청구의 소를 통하여 받은 집행판결이 집행권원이 되는 것인지에 관하여는 외국판결이나 중재판정이 최초의 원인이므로 그것에 근거하여야 한다는 외국판결설[70]이라는 견해가 있다.

외국판결이나 중재판정을 받았다고 하더라도 우리나라에서는 집행판결을 받아야 비로소 집행력을 갖추게 되는 것이므로 집행판결에 근거하여야 한다는 집행판결설의 견해가 있으며, 외국판결이 있다고 하더라도 우리나라에서는 그 자체만으로 집행권원이 될 수 없다. 또한, 집행판결은 외국판결이나 중재판정에 근거하여야 하므로 외국판결 및 중재판정은 집행판결과 이원화하여 생각하면 안 된다는 두 판결의 합체설이라는 견해[71]가 있으나 개인적인 견해로는 당연히 두 판결의 합체설로 보아야 한다고 생각한다.

7항 단서에 따른 결정에 대해서는 불복할 수 없다. <신설 2016. 5. 29.>
69) Münchener Komm−ZPO/Gottwald, §722 Rdnr. 2; 이시윤, 앞의 책, 2014, 123면 재인용.
70) 방순원·김광년, 앞의 책, 1993, 68면.
71) Gaul/Schilken/Becker−Eberhard, §12 Rdnr. 5; 서울서부지방법원 2012. 9. 28. 선고 2012가합 3654판결 참조; 이시윤, 앞의 책, 2014, 124면 재인용.

Ⅲ. 집행문 및 종류

1. 집행문의 의의

우리나라는 판결기관과 집행기관이 분리가 되어 있어 판결문 등의 집행권원을 근거로 집행력을 부여받기 위해서는 집행문을 부여받아 집행권원에 추가하여야 한다. 관련 법률을 살펴보면 민사집행법 제29조 집행문은 판결정본의 끝에 덧붙여 적고 집행문에는 "이 정본은 피고 000 또는 원고 000에 대한 강제집행을 실시하기 위하여 원고 000 또는 피고 000에게 준다."라는 글을 명시하고 법원사무관 등의 기명날인을 하여야 한다고 규정하고 있으며 집행문은 판결이 확정되거나 가집행의 선고가 있는 때에만 발급할 수 있게 하였다. 다음으로 집행문의 기능에 대하여 살펴보도록 하겠다.

2. 집행문의 기능

판결을 집행하는 데에 조건이 붙어 있어 그 조건이 성취되었음을 채권자가 증명하여야 하는 때에는 이를 증명하는 서류를 제출하여야만 집행문을 발급해주고 있다(민사집행법 제30조[72]). 만약, 집행권원상 채권·채무의 승계가 발생하였다면 집행문은 판결 시 표시된 채권자의 승계인을 위하여 내어 주거나 판결에 표시된 채무자의 승계인에 대한 집행을 위하여 내어 줄 수 있으나 그 승계가 법원에 명백한 사실이거나 증명서로 승계를 증명한 때에 한한다고 규정하고 있고 또한, 승계가 법원에 명백한 사실인 때에는 이를 집행문에 적어야 한다고 규정하였다(민사집행법 제31조[73]).

이와 같이 집행문을 부여받은 판결정본을 집행력이 있는 정본이라고 한다(민사

---

[72] 제30조(집행문부여) ① 집행문은 판결이 확정되거나 가집행의 선고가 있는 때에만 내어 준다. ② 판결을 집행하는 데에 조건이 붙어 있어 그 조건이 성취되었음을 채권자가 증명하여야 하는 때에는 이를 증명하는 서류를 제출하여야만 집행문을 내어준다. 다만, 판결의 집행이 담보의 제공을 조건으로 하는 때에는 그러하지 아니하다.

[73] 제31조(승계집행문) ① 집행문은 판결에 표시된 채권자의 승계인을 위하여 내어주거나 판결에 표시된 채무자의 승계인에 대한 집행을 위하여 내어 줄 수 있다. 다만, 그 승계가 법원에 명백한 사실이거나, 증명서로 승계를 증명한 때에 한한다. ② 제1항의 승계가 법원에 명백한 사실인 때에는 이를 집행문에 적어야 한다.

집행법 제28조[74]). 판결문 이외에 약속어음 공정증서나 금전 소비대차 공정증서도 집행권원으로써 강제집행을 실시하기 위해서는 공정증서에 덧붙여 집행력의 권한을 부여하는 집행문 부여를 받아서 공정증서 뒷면에 추가하여야만 집행력이 있는 공정증서가 되는 것이다.

강제집행을 신청하기 위해서는 집행권원 원본에 집행력이 있는 집행문을 부여받아야만 신청이 가능하며 강제집행을 실시할 수 있다. 만약, 집행권원 원본을 가지고 있는 채권자가 집행문의 부여를 받지 않고 강제집행 신청을 하였다고 한다면 강제집행 신청은 자동 취소가 되는 것이다. 그럼에도 불구하고, 집행문을 부여받지 않은 집행권원 원본을 가지고 강제집행 신청을 하여 실제로 강제집행 절차에 착수하였고 강제집행이 실시가 되었다면 그 강제집행은 무효[75]이며 취소[76]가 되어야 한다.

이로 인하여 채무자가 피해를 보았다면 민사집행법 제16조[77] 집행법원의 집행 절차에 관한 재판으로써 즉시항고를 할 수 없는 것과 집행관의 집행처분 그 밖의 집행관이 지켜야 할 집행 절차에 대하여서는 법원에 이의를 신청할 수 있도록 규정하고 있으므로 채무자는 집행에 관한 집행이의 신청을 할 수 있다.

3. 실무상의 문제점

이렇게 집행권원에는 집행력이 있는 집행문을 부여받아 강제집행을 신청하고

---

74) 제28조(집행력 있는 정본) ① 강제집행은 집행문이 있는 판결정본(이하 "집행력 있는 정본"이라 한다)이 있어야 할 수 있다. ② 집행문은 신청에 따라 제1심 법원의 법원서기관·법원사무관·법원주사 또는 법원주사보(이하 "법원사무관 등"이라 한다)가 내어주며, 소송기록이 상급심에 있는 때에는 그 법원의 법원사무관 등이 내어준다. ③ 집행문을 내어 달라는 신청은 말로 할 수 있다.

75) 대법원 2012. 3. 15. 선고 2011다73021 판결 참조.

76) Gaul/Schilken/Becker‒Eberhard, §16 Rdnr. 4; 이시윤, 앞의 책, 2014, 148면 재인용.

77) 제16조(집행에 관한 이의신청) ① 집행법원의 집행 절차에 관한 재판으로서 즉시항고를 할 수 없는 것과 집행관의 집행처분, 그 밖에 집행관이 지킬 집행 절차에 대하여서는 법원에 이의를 신청할 수 있다. ② 법원은 제1항의 이의신청에 대한 재판에 앞서, 채무자에게 담보를 제공하게 하거나 제공하게 하지 아니하고 집행을 일시 정지하도록 명하거나, 채권자에게 담보를 제공하게 하고 그 집행을 계속하도록 명하는 등 잠정처분(暫定處分)을 할 수 있다. ③ 집행관이 집행을 위임받기를 거부하거나 집행행위를 지체하는 경우 또는 집행관이 계산한 수수료에 대하여 다툼이 있는 경우에는 법원에 이의를 신청할 수 있다.

실시하는 것이 원칙이나 강제집행의 신속성과 간이성을 이유로 확정된 지급명령
이나 확정된 이행 권고 결정(소액소송사건의 결정문) 그리고 보전소송인 가압류, 가
처분의 명령일 경우에는 집행문을 별도로 부여받을 필요가 없으며 명령 및 결정
문에 집행력이 있는 집행문이 포함되어 있다고 보면 될 것이다.

　실무적으로는 소액사건일 경우 이행 권고 결정에 의한 강제집행을 실시하고
있으며 채무자와의 여신상품 대출 실행 시 채무자의 재무상황의 악화 등으로 인
하여 채권이 연체가 되고 장기화가 되어 기한의 이익이 상실하는 등 부득이하게
강제집행 등의 법적 조치로 인하여 채권자가 채권의 만족을 얻기 위한 목적으로
약속어음 공정증서나 금전소비대차공정증서를 받아 놓는 경우가 많다.

　그 이유는 채권을 보전할 목적도 있지만 추후 채무자의 연체 등으로 법적 조
치로 인하여 채권 회수를 하게 되는 상황이 발생할 경우이다. 법원에 소송의 제기
를 통하여 변론기일에 참석하여야 하고(무변론일 경우는 제외) 판결문을 받을 때까
지의 소요시간 및 비용을 절감하기 위하여 공정증서를 받아 놓으면 법원에 소송
등으로 인한 판결문을 받을 필요가 없다. 공정증서 자체만으로 집행권원이 되기
때문에 공정증서에 집행력이 있는 집행문을 부여받아 강제집행 신청을 할 수가
있기 때문이다.

　이에 더하여, 채무자의 재산이 한 곳이 아닌 여러 지역에 분산이 되어 있는
경우도 생각해 볼 수 있다. 이러한 경우에는 집행 목적물의 주소지를 관할하는 집
행법원도 여러 군데가 되어 공증 정서를 발급받은 공증인가 합동법률사무소에서
약속어음 공정증서를 원인으로 한 수통 부여(하나의 공정증서를 채권자의 요청에 따라
요청 사유가 타당한지 검토를 한 후에 요청 사유가 타당하다면 채권자의 요청대로 2개 이상
의 공정증서를 부여해주는 것) 신청 및 집행문 부여신청을 하면 된다.

　하나의 공정증서를 가지고 2개 이상의 집행법원에 강제집행을 신청하고 채무자
재산이 여러 군데에 위치해 있다고 하더라도 집행을 여러 번 할 수가 있게 된다.

IV. 집행관제도와 감정평가

1. 집행관제도의 내용과 특징

가. 집행관의 의의

집행관은 법원조직법 제55조에 따르면 독립된 단독제의 사법기관이다. 집행관에 대하여 법조문의 내용을 살펴보면 첫째, 법원은 지방법원 및 그 지원에 집행관을 두며, 집행관은 법률에서 정하는 바에 따라 소속 지방법원장이 임면(任免)하고 둘째, 집행관은 법령에서 정하는 바에 따라 재판의 집행과 서류의 송달 그 밖의 사무에 종사해야 하며 셋째, 집행관은 그 직무를 성실히 수행할 것을 보증하기 위하여 소속 지방법원에 보증금을 내야 하고 마지막으로 위 보증금 및 집행관의 수수료에 관한 사항은 대법원 규칙으로 정한다고 규정하고 있다.

현행법상 우리나라 집행기관으로는 집행관(법원조직법 제2조), 집행법원(법원조직법 제3조), 제1심법원(법원조직법 제55조, 제260조, 제261조)의 세 종류가 있다. 민사집행법상 집행관은 집행기관이 된다(민사집행법 제2조).

집행권원에 의한 강제집행이더라도 집행대상의 종류에 따라 집행기관이 달라지는데 동산에 대한 집행에 대한 집행관이 담당하고, 부동산에 대한 집행은 집행기관이 된다.[78]

일본은 집행관과 집행법원으로 이원화하였고, 스위스를 비롯한 오스트리아, 이탈리아, 벨기에 등은 집행법원으로 일원화되고 있다.[79]

나. 집행관의 자격 및 임면

집행관은 법원조직법(법원조직법 제55조 제1항)에 따라 지방법원장이 임명한다. 집행관은 10년 이상의 법원주사보, 등기주사보, 검찰주사보 또는 마약수사주사보 이상의 직에 있던 자 중에서 지방법원장이 임명한다(집행관법 제3조). 집행관의 임기는 4년이고 연임할 수 없다.

---

78) 동일한 집행권원에 의한 집행이라 하더라도 채권자의 선택에 따라 별개의 집행기관이 따로 집행절차를 담당해야 되는데, 이 같은 불합리를 없애기 위하여 집행권원을 하나의 기관으로 집중시키는 것이 적절하다는 주장이 제기되고 있다; 김능환·민일영, 『주석 민사집행법 I』, 2012, 54-55면.
79) 이시윤, 앞의 책, 2014, 50면.

집행관 임명에 관한 예규 제3조는 집행관으로 임명될 수 없는 임명 제외 사유로 ① 재직 중 징계처분을 받은 사람, ② 공무원으로서 불미한 사유로 퇴직한 사람, ③ 정년까지의 잔여기간이 2년 미만이 되는 사람, ④ 당해 지방법원이 속하는 고등법원 관내에서 최근 10년 동안 3년 이상 근무한 경력이 없는 사람, ⑤ 신체상·정신상 장애로 집행관 직무를 감당하기 어렵다고 인정되는 사람, ⑥ 퇴직 후 6개월이 경과한 사람을 규정하고 있다.

집행관으로 임명이 제한되는 자는 집행관 임명에 관한 예규 제4조 제1항 각 호에 의하면 ① 금치산자 또는 한정치산자, ② 파산자로서 복권되지 아니한 자, ③ 금고 이상의 형을 받고 그 집행이 종료되거나 집행을 받지 아니하기로 확정된 날로부터 5년을 경과하지 아니한 자, ④ 금고 이상의 형의 선고유예를 받은 경우에 그 선고 유예기간 중에 있는 자, ⑤ 법원의 판결에 의하여 자격이 상실 또는 정지된 자, ⑥ 파면 처분에 의하여 공무원의 자격을 상실한 경우에는 그때로부터 5년을 경과 하지 아니한 자이다.

집행관 임기가 만료된 자는 원칙적으로 재임명될 수 없으나, 재임명을 희망하는 자 외에 다른 적정한 자가 없는 경우 등과 같이 부득이한 사정이 있는 경우에는 재임명할 수 있다. 지방법원장은 집행관을 임명하기 위하여 집행관 자격심사 위원회를 두고 집행관 임명을 희망하는 자를 심사하도록 한다.

집행관자격심사 위원회는 법원 또는 검찰 공무원 재직 중의 근무성적을 우선적으로 고려하되, 법원 또는 검찰 공무원으로서의 직급 및 서열, 총 재직기간 및 퇴직 당시 직급의 재직기간, 연령의 적정성, 집행관으로서의 업무수행능력 등을 종합적으로 고려하여 엄격하게 심사하고 있다. 집행관의 신분이 완전한 공무원은 아님에도 집행관자격심사위원회의 구성에 외부인의 참여는 철저히 배제되어 문제이다.[80]

다. 집행관의 법적 지위

학설과 판례의 입장을 살펴보면 집행관의 법적 지위를 어떻게 이해할 것인가

---

80) 집행관자격심사위원회 위원회 외부인사를 포함시키지 않은 것은 심사과정 및 심사의 공정성과 객관성을 떨어뜨리는 것이므로 개선이 필요하다; 권혁술, 「집행관제도의 문제와 개선 방향에 관한 연구」, 호서대학교 대학원 박사학위 논문, 2013, 282−283면.

에 대하여 ① 실질적 의미의 공무원 또는 특수직 공무원이라는 견해, ② 채권자
의 대리인이라는 견해, ③ 공무 수탁 사인이라는 견해 등 학설의 다툼이 있다.

판례는 집행관을 실질적 의미의 국가공무원이라 표현하며, 국가배상법의 적용
을 받는 대상으로 보고 있으며 다음과 같이 관련 판례 (1), (2)를 예로 들어 살펴
보겠다.

(1) 판례: 집행관을 국가공무원에 속한다고 본 사례

손해배상 사건의 판결에서 불법행위로 인하여 물건이 소실되었을 경우에는 피
해자는 일반적으로 그 불법행위와 손해와의 사이에 상당한 인과관계가 있는 한도
내에서 소실 당시의 그 물건의 교환가격과 그 이후의 지연이자를 청구할 수 있는
것이고 장래 그 물건을 통상의 방법으로 사용 수익할 수 있는 이익은 위의 교환
가격에 포함되어 있는 것으로 보아야 한다.

집행관이 재판의 집행서류의 송달 기타 법령에 의한 사무에 종사하는 경우에
있어서는 집행관은 실질적 의미에서의 국가공무원에 속한다고 할 것이고 집행관
이 위와 같은 직무를 수행함에 있어서 주의의 의무를 위배함으로써 손해를 가한
경우에는 국가는 그 피해자에 대하여 국가배상법 제2조에 의하여 손해를 배상할
의무가 있다고 할 것이다.

본조에 의하여 집행관에게 제 1차적인 책임이 있다는 규정이 있다하여 동법상
의 국가의 손해배상책임이 배제된다거나 양자의 책임이 양립되지 않는다고는 할
수 없다고 판시[81]하였다.

(2) 판례: 국가배상법의 적용을 받는 대상이라고 본 사례

손해배상 사건의 판결에서 집행관은 강제집행을 함에 있어서 채무자의 재산에
필요 이상의 손해를 발생하지 않도록 할 주의의 의무가 있으며 본조의 규정은 집
행관의 불법행위로 인한 국가의 손해배상책임을 배제하거나 양립되지 않는다는
뜻을 규정한 취지로 해석할 수 없다고 하며, 구 민사소송법(90. 1. 13. 법률 제4201
호로 개정전) 제493조의 규정은 집행관의 직무상의 불법행위로 인한 국가의 손해
배상책임을 배제하거나 그 책임과 양립되지 않는다는 뜻을 규정한 취지로 해석할
수 없다고 판시[82]하였다.

---

81) 대법원 1968. 5. 7. 선고 68다326 판결 참조.
82) 대법원 1966. 7. 26. 선고 66다854 판결 참조.

그러나 안타깝게도 우리나라 집행관은 위 1의 나. 집행관의 자격 및 임면에서 알아보았듯이 법원·검찰 공무원에서 퇴직을 한 후에 개인사업자등록을 마치고 업무를 개시하고, 국가는 집행관에게 봉급을 지급하지 않으며 집행 당사자로부터 수수료를 받아 수입으로 하고 있으며 채권자의 위임을 받아 집행업무를 수행하는 점 등에 비추어 볼 때 집행관을 실질적 의미의 공무원 또는 특수직 공무원이라고 일컫는 것은 법에서 정한 규정에 상반되어 확대 해석으로 인한 무리라는 생각이 들게 한다.

채권자의 대리인설과 관련하여 독일의 학설에 따르면 집행관이 채권자의 위임을 받아, 국가로부터 급료를 받지 않으며, 당사자로부터 수수료를 받도록 하고 있는 점 등을 근거로 채권자의 대리인으로 보고 있다. 한국에서도 집행관이 법정 권한 외 채권자인 위임인과 집행관 간에 특별한 위임에 의하여 일정한 사법관계가 형성된 경우 등 사법상 법률행위를 하는 경우 임의대리인이 될 수 있다는 주장도 있다.[83]

그러나 집행관이 채권자의 대리인으로 볼 수 있는지 여부에 대하여 국내 다수의 학설은 이를 부정하고 있다.[84] 집행관의 업무 중 유체동산에 대한 청구권을 압류하는 경우에는 법원이 제3채무자에 대하여 그 동산을 채권자의 위임을 받은 집행관에게 인도하도록 명하고(민사집행법 제243조), 채무자·소유자 또는 점유자가 인도명령에 따르지 아니할 때에는 매수인 또는 채권자는 집행관에게 그 집행을 위임할 수 있다는 점(민사집행법 제136조 제6항)으로 볼 때, 직접 집행관은 채권자의 대리인의 자격으로 활동을 한다고 해석할 수도 있다.

그러나 개인적인 견해로는 집행관은 국내 다수의 학설에서도 부정하고 있듯이 채권자의 대리인이 아닌 법에서 규정하고 있는 법을 집행하는 집행기관의 하나라 할 것이다.

공무 수탁 사인설과 관련하여서는 집행관에 대하여 공무 수탁 사인이라는 입장이다. 공무 수탁 사인을 취하는 입장은 행정의 분산, 사인의 전문성과 독창성을 활용하여 행정의 효율을 도모하기 위한 것이다. 예를 들어 선박의 선장(선원법 제6조), 민영 교도소의 설치·운영에 관한 법률에 따라 교정업무를 수행하는 교정법인 또는 민영 교도소(민영 교도소 설치·운영에 관한 법률 제3조 제1항) 등을 말한다.

---

83) 이시윤, 앞의 책, 2016, 54면.
84) 김종호, 「집행관제도의 합리화 방안으로서 보수체계의 개혁」, 동아법학(제61호), 동아대학교 법학연구소, 2013, 181면.

법원이 전문성과 독창성을 가진 집행관에게 집행업무의 일정 부분을 분산하여, 전
문성을 활용하고자 하는 것이기 때문에 공무 수탁 사인 제도의 취지에도 잘 부합
한다고 볼 수 있다.

그러나 집행관에 공무 수탁 사인이라는 입장을 취하기 위해서는 법적 근거가
있어야 한다. 집행관은 법원조직법 제55조 제1항과 제2항이 근거가 될 수 있다.

지금까지 살펴본 집행관의 법적 지위에 대하여 정리를 해보면 집행관은 공무
수탁 사인 제도의 취지에 부합하며, 법적 근거도 분명하다. 그러나 집행관은 행정
기관으로부터 공권을 수여 받은 공무 수탁 사인과는 달리 위탁의 주체가 국가가
아니라 사인이라는 점에서 차이가 있을 뿐이다.

집행관법 제5조는 집행관은 당사자의 위임을 받아 다음 각호의 사무를 처리한
다고 하면서, 고지 및 최고, 동산의 경매, 거절증서의 작성 등을 나열하고 있으며
지방법원장의 임명으로 감독을 받고, 국가의 집행기관으로서 직무상 거절금지 의
무가 있다.

그리고 일정한 경우 지방법원장이 직무를 정지시킬 수 있다는 점, 국가배상법
제2조 제1항은 공무원을 공무원 또는 공무를 위탁받은 사인으로 개정하여, 공무
수탁 사인의 국가 책임에 대하여 종전의 학설과 판례에 의존해 오던 것을 입법적
으로 해결한 점을 고려할 때 독립적인 업무수행권이 있는 공무원 수탁 사인으로
서의 성질을 가진다고 볼 수 있다.

집행관의 업무와 관련하여서는 크게 위임사무와 의무적 사무로 나눌 수 있는
데 그 내용은 다음 표와 같다.

표 7   집행관의 업무85)

위임사무	의무적 사무
고지	서류와 물품의 송달
최고(催告)	벌금, 과료, 과태료, 추징 또는 공소에 관한 소송비용의 재판의 집행 및 몰수물의 매각
동산의 경매	영장의 집행
거절증서의 작성	기타 사무

---

85) 집행관법 제5-6조, 위임사무 및 의무적 사무, 전문개정 2010. 3. 31.

2019년 1월 9일 개정된 집행관 인원표에 보면 18개 지방법원 관할 내 집행관 사무소에서 집행관 235명과 41개 지원 관할 내 집행관사무소에서 집행관 215명 총 450명의 집행관이 업무를 하고 있는 것으로 나타났다.

자세한 내용을 살펴보면, 시행일 2019년 7월 1일 수원지방법원 여주지원 1명, 대전지방법원 1명, 같은 법원 홍성지원 1명, 같은 법원 천안지원 1명, 청주지방법원 1명, 울산지방법원 1명, 창원지방법원 1명, 같은 법원 통영지원 1명, 광주지방법원 1명, 같은 법원 목포지원 1명, 같은 법원 순천지원 1명, 전주지방법원 군산지원 1명의 증원에 관한 사항 및 대전지방법원 공주지원 1명, 광주지방법원 해남지원 1명의 감원에 관한 사항이다.

이에 추가적으로 시행일 2020년 1월 1일에 대전지방법원 1명, 같은 법원 서산지원 1명, 같은 법원 천안지원 1명, 청주지방법원 충주지원 1명, 대구지방법원 김천지원 1명, 창원지방법원 통영지원 1명, 광주지방법원 1명, 같은 법원 순천지원 1명을 증원한다고 하였다.

2017년 2월 개정된 집행관 인원표와 비교해 보면 18개 지방법원 관할 내 집행관사무소에서 집행관 228명과 41개 지원 관할 내 집행관사무소에서 집행관 204명 총 432명의 집행관이 업무를 하고 있는 것과 비교해 볼 때 18명의 집행관 인원이 증가한 것으로 나타났다.

이는 <표 5>에서도 살펴보았듯이 연도별 민사사건 접수대비 민사집행 접수사건의 비율이 매년 증가하고 있고, 2012년부터 2016년까지는 전체 민사접수건 대비 집행접수건이 약 77만건에서 87만건으로 10만건이 증가하였고 2017년에는 96만건으로 민사접수대비 집행접수건의 비율이 20%가 넘었으며, 사건이 지속적으로 증가하여 2018년도에는 집행 접수 건수가 처음으로 100만건을 넘어섰고 그 비율도 22%에 달했다.

위 내용에서도 알 수 있듯이 집행 접수 사건이 지속적으로 증가하고 있어 이와 비례하여 집행관의 수도 증가하고 있다.

2019년 1월 9일에 개정된 각 지방법원 및 지원별로 집행관의 수를 나타낸 인원표는 다음 표에서 확인할 수 있다.

표 8   집행관 인원표86)

법원	인원	법원	인원
서울중앙지방법원	16	대구지방법원	13
서울동부지방법원	10	서부지원	6
서울남부지방법원	11	안동지원	2
서울북부지방법원	11	경주지원	3
서울서부지방법원	9	포항지원	4
의정부지방법원	25	김천지원	4
고양지원	19	상주지원	2
인천지방법원	33	의성지원	1
부천지원	13	영덕지원	1
수원지방법원	25	부산지방법원	9
성남지원	12	동부지원	7
여주지원	8	서부지원	7
평택지원	7	울산지방법원	11
안산지원	14	창원지방법원	11
안양지원	8	마산지원	4
춘천지방법원	4	진주지원	5
강릉지원	4	통영지원	6
원주지원	4	밀양지원	2
속초지원	2	거창지원	2
영월지원	3	광주지방법원	14
대전지방법원	11	목포지원	6
홍성지원	5	장흥지원	1
공주지원	2	순천지원	9
논산지원	3	해남지원	2
서산지원	8	전주지방법원	8
천안지원	11	군산지원	7
청주지방법원	9	정읍지원	2
충주지원	5	남원지원	1

---

86) 집행관 인원표, 개정 2019. 1. 9.

제천지원	2	제주지방법원	5
영동지원	1	계	450

2. 감정평가

강제경매는 부동산을 매각의 방법으로 현금화하여 그 매각대금으로 채권자가 만족하게 하는 것을 목적으로 하는 집행방법이다. 경매는 채무자와 경매목적물의 소유자는 물론 매수인과 이해관계인의 이해가 얽힌 중요한 제도이다. 이를 위해 법원은 경매개시결정에서 매각허가결정에 이르기까지 전체 절차를 주재한다.

그 결과 경매 자체에 관하여는 일반 민사소송에서와는 달리 경매목적물의 소유자와 매수인을 비롯한 이해관계인은 수동적인 지위를 가진다. 민사집행법은 경매절차의 흠을 원인으로 하는 감정가격의 재평가, 매각허가에 대한 이의신청과 즉시항고제도를 마련하여 이해관계인의 법적 구제를 두고 있다. 경매는 그 성질에서 매매이므로 최저매각가격의 결정과 매각물건 명세서 등의 작성이 감정평가의 일반적 기준에 합당하게 이루어져야 한다. 그렇지 않으면 매매의 가장 중요한 요소가 되는 가격 결정은 이를 근거로 하는 매수 의사의 형성이 왜곡될 수 있다.

이에 관하여 민사집행법 제121조 제5호는 "최저매각가격의 결정, 일괄매각의 결정 또는 매각물건 명세서의 작성에 중대한 흠이 있는 때"라고 규정하고 있을 뿐이다.

이와 같은 규정으로 경매 실무에서 최저매각가격을 둘러싸고 발생하는 법률문제의 해결이 결코 쉽지 않다. 이러한 이유로 판례 또는 입법으로 '중대한 흠'을 구체화하는 작업이 반드시 이루어져야 할 것이다. 나아가 중대한 흠을 이유로 항고할 때 항고인은 매각대금의 10%에 상당하는 보증금[87]을 납부하여야 한다. 이와 관련하여서는 제4장 제5절에서 감정평가제도의 문제에 대하여 살펴보고 제5장 제5절에서 개선방안을 제시하도록 하겠다.

---

87) 보증금은 최저매각가격이 과다하게 또는 고평가된 때에는 매수인에게 항고의 자유를 제한하는 중대한 사유가 될 수 있으므로 신중하게 재검토할 필요가 있다. 아울러 항고법원의 재판지연도 보증금제도를 위협하는 원인이 될 수 있다; 이진기, 「경매에서 최저매각가격 결정의 하자와 그 법적 구제」, 인하대 법학연구소 법학연구 22권 2호, 2019, 68면.

실비를 지급하여야 한다.[91][92] 그러나 감정인과 달리 채무자와 경매목적 부동산의 소유자, 그리고 매수인을 비롯한 이해관계인은 원칙으로 소극적·수동적 지위만을 가진다.[93] 이러한 차이는 직권결정을 원칙으로 채용하여 가격결정에 대한 이의신청을 허용하면서도 부동산가격평가의 잘못을 이유로 하는 매각허가 또는 매각 불허가의 취소를 불허하는 독일 강제경매법 7a조 제4항 2문과 3문과 달리, 현행 민사집행법이 제121조 이하에서 스스로 매각허가에 대한 이의신청을 유보한 결과이다.

이러한 측면에서 현행 민사집행법에 따른 최저매각가격의 결정은 형식적인 것이라 할 수 있다. 그러나 이러한 사정은 최저매각가격의 결정 주체로서 집행법원의 지위에는 아무런 영향을 미치지 아니한다.

제 4 절 | 금전집행

금전집행은 집행을 한 후에 현금화를 어떠한 방법에 의하여 하는가에 따라 압류의 대상이 된 채무자의 재산이 부동산, 자동차, 건설기계 등의 유체물인지 유체물이 아닌 기타 재산권 등의 무체물인지, 유체물이라면 부동산인지 동산인지에 따라 달라지며 집행 시 압류하여 현금화 배당의 절차를 거쳐 채권의 만족을 얻게 된다.[94]

실무적으로 강제집행 절차는 금전채권에 기초하여 금전의 강제적 실현을 위한 절차가 대부분이며 인도청구권, 작위나 부작위의 청구권이나 의사표시청구권 등의 금전채권 이외의 비금전집행을 위한 절차도 있다.[95] 이렇게 채권자와 채무자

또한 이해관계인에 대한 관계에서 매각부동산 평가에 관한 집행법원의 집행보조자의 법적 지위를 가진다.

91) 감정평가 및 감정평가사에 관한 법률 제23조(수수료 등) ① 감정평가업자는 의뢰인으로부터 업무수행에 따른 수수료와 그에 필요한 실비를 받을 수 있다.

92) 경매의 경우 감정료의 지급은 대법원예규에 따른다.

93) 이와 관련하여 「민사집행법」 제97조 제1항은 집행법원이 직권으로 부동산 가격을 결정하도록 규정한 독일 「강제경매법」 제74a조 제4항과 입법 태도를 달리한다는 지적이 있다; 이시윤, 앞의 책, 2016, 315면.

94) 권혁술, 앞의 논문, 2013, 20면.

95) 이시윤, 앞의 책, 2014, 237면.

사이의 할부, 대출, 리스 등의 계약관계에서 채무자가 기타 여러 가지 사정에 의
하여 채권자에게 돈을 갚지 못하게 될 경우에 채권자는 채무자와 맺었던 계약에
근거하여 채무자를 상대로 금전집행을 위한 강제집행 신청 등을 통하여 채무자의
재산을 압류하고 현금화하여 마지막으로 채권자의 만족을 얻기 위한 배당을 받게
될 것이다.

이때 채무자는 채무자 재산에 대하여 채권자에게 알리지 않고 집행을 당하지
않기 위하여 재산을 숨기거나 은닉하여 채권자로 하여금 채무자 재산에 대하여
쉽게 발견할 수 없도록 최선의 노력을 다할 것이다.

이러한 경우를 대비하여 우리나라에서는 채무자의 재산을 파악하기 위한 제도
를 마련하였는데 다음으로 재산명시절차 및 채무 불이행자 명부 등재 등의 제도
에 대하여 살펴보도록 하겠다.

I. 강제집행 실무

1. 강제집행 실무상의 문제

실무적으로 채권자와 채무자 사이에 맺은 할부, 대출, 리스 등을 원인으로 하
는 채권·채무 관계에 있어서 채무자의 자금 사정 악화 등으로 인하여 채무초과
상태에 빠진 채무자가 자신의 재산을 숨기거나 은닉하여 채권자나 기타 이와 관
련한 이해권자가 그 재산을 쉽게 찾을 수 없도록 하여 채권자로 하여금 집행을
방해할 목적으로 집행을 사전에 차단하여 집행을 하지 못하도록 하는 경우가 빈
번히 발생하고 있다.

이렇게 될 경우에는 예를 들어, 채권자는 채무자를 상대로 대출금의 잔존채권
금액의 회수를 위하여 채무자를 상대로 지급명령, 이행 권고 결정(잔존채권 금액이
3천만원 이하의 소액일 경우), 소송의 제기 등을 통하여 집행권원을 확보하고 이에
집행력이 있는 집행문을 부여받아 채무자 재산에 강제집행 신청을 함으로써 채무
자에게 당연히 받아야 하는 잔존채권 금액의 회수를 위하여 노력할 것이다. 그러
나 채권자가 채무자에 대하여 가지는 잔존채권 금액의 회수를 위하여 집행력이
있는 집행권원을 확보하였다고 하더라도 강제집행 대상인 채무자의 재산(주로 금

전집행)을 찾지 못하였다면 채권자의 노력으로 확보한 집행력이 있는 집행권원은 강제집행을 위하여 사용할 수 없게 될 것이다.

2. 유체동산 압류

채무자가 재산을 숨기거나 은닉하는 경우는 여러 가지 방법이 있을 수 있는데 채권자가 집행력이 있는 집행권원을 확보하게 되면 주로 강제집행을 하게 되는 것이 채무자의 거주지 자택의 유체동산 압류이다.

3. 유체동산 압류의 절차 및 실무사례

유체동산 압류신청과 관련하여 채권자는 채무자의 자택 주소지 관할 집행관사무소에 채무자 자택의 유체동산 압류를 신청하기 전에 주민등록 등본상 채무자가 자택 주소지에 실제로 거주하고 있는지를 확인한 후(채무자의 주소가 주민등록 등본상에 등록이 되어 있다고 하더라도 위장전입이나 주소만 등재해 놓고 실제로 거주하고 있지 않는 경우가 있음) 채무자가 실제로 주민등록 등본상 거주하고 있는 것이 확인이 된 경우에 집행력이 있는 집행권원을 원인으로 집행관사무소에 유체동산 압류를 위한 강제집행 신청을 하게 된다.

그 후 집행관사무소에서 0000년 00월 00일 00시 00분에 채무자의 주소지(채권자가 강제집행을 신청하였을 당시 기재하였던 채무자의 자택 주소지)에서 유체동산 압류를 위한 강제집행을 실시하겠다고 통보를 받은 후 정해진 날짜와 시간에 집행관의 주관하에 유체동산 압류를 위한 강제집행이 실시된다.

실무적으로 채무자가 자택에 있는 경우에는 집행관은 채무자의 신원을 확인한 후에 채무자에게 채권자가 집행력이 있는 집행권원을 원인으로 하는 유체동산 압류를 위한 강제집행 신청이 접수되어 유체동산 압류를 위한 강제집행을 실시한다는 설명을 한 후 유체동산 압류를 위한 집행이 진행된다. 그러나 대부분의 경우에는 채무자 자택에는 채무자 등의 사람이 없고 그로 인하여 문도 잠겨 있는 경우가 대부분이다. 이러한 경우에 집행관은 민사집행법 제5조 유체동산 압류 등 집행을 하기 위하여 필요한 경우에는 채무자의 주거, 창고 그 밖의 장소를 수색하고 잠근 문과 기구를 여는 등 적절한 조치를 취할 수 있다고 규정하고 있다.

유체동산 압류 시 채무자 부재 또는 저항이 예상되는 경우에 위 법률에 근거하여 집행관은 집행하는 데 저항을 받거나 채무자의 주거에서 집행을 실시하는데 채무자나 사리를 분별할 지능이 있는 그 친족 또는 고용인을 만나지 못한 경우에는 성년 두 사람이나 특별시, 광역시의 구 또는 동 직원, 시, 읍, 면의 직원이나 경찰공무원 중 한 사람을 증인으로 참여하게 하여야 한다는 규정대로 참여자의 입회[96]하에 열쇠업자 등에게 채무자 자택의 문을 열게 한다. 그 후에 문이 열리게 되면 집행관은 참여자의 입회하에 자택 안으로 들어가 유체동산 압류를 위한 강제집행 절차를 진행하게 된다.

유체동산 압류 후의 절차에 대하여는 강제집행이 완료되면 집행관은 강제집행을 실시하였다는 사실을 채무자에게 알리기 위하여 자택 안에서 가장 잘 보이는 곳 예를 들어, 거실의 식탁 위나 소파 등에 강제집행을 실시하였다는 안내문을 놓아두고 문을 원래의 상태로 다시 잠근 후에 유체동산 강제집행 절차를 종료하게 된다. 이렇게 집행관의 주관하에 강제집행 절차를 진행하면 될 것이다.

유체동산 압류 시 채무자가 주민등록상의 주소와 실거주지가 불일치하는 경우의 실무사례를 들어 살펴보도록 하겠다.

채권자가 유체동산 압류를 위하여 채무자가 채무자의 주민등록 등본상 주소지에 실제로 거주하고 있는 것을 파악하였다(예를 들어, 서울시 영등포구 여의도동 **아파트 **동 **호 / 50평형 아파트). 채권자는 집행력이 있는 집행권원을 근거로 위의 예에서와 동일하게 강제집행 신청을 하고 난 이후에 집행관과 함께 채무자 주소지에 유체동산 압류를 위한 강제집행을 실시하기 위하여 집행 장소로 갔다. 그러나 채무자가 없는 상태였다. 집행관은 열쇠업자에게 채무자 아파트의 문을 열게 하였고 유체동산 압류를 위한 강제집행을 실시하기 위하여 참여자 2인의 입회하

---

96) 실무에서는 최초 강제집행 시에 채무자가 자택에 없는 경우에는 집행관이 집행불능 결정을 내린다. 그 후 채권자는 집행관사무소에 2차 강제집행 신청을 하게 되며 2차 강제집행 시에도 채무자가 자택에 없는 경우에는 참여자(보통 채권자 회사의 직원 2인)의 입회하에 자택 문을 열게 하고 강제집행 압류절차를 진행한다. 채권자는 강제집행 시에 채무자가 자택에 없는 경우를 대비하여 최초 강제집행 신청 시에 1회 집행불능 결정을 예상하여 2회의 수수료를 미리 납부하는 경우가 있다. 이때에는 집행관이 최초의 강제집행 시에 채무자가 자택에 없는 경우에도 그 자리에서 1회 불능처리를 한 후 바로 자택 문을 열게 한 후 강제집행 절차를 진행하는 경우도 있다.

에 채무자 자택 아파트 안으로 들어가 보니 아파트 안에는 식탁, 소파, 냉장고 등 아무것도 없는 상태였다. 말 그대로 자택 안에는 주거에 필요한 집기류 등이 없었으며 빈집 상태로 안방 바닥에 이불 1채 만이 놓여 있었다.

이 경우에는 채무자가 강제집행 실시 전에 유체동산 압류의 대상물을 숨기거나 은닉하기 위하여 다른 곳으로 이동해 놓은 것이라 할 수 있다. 그로 인하여 집행관은 압류할 물건이 없기에 집행불능 처리를 하였고 이러한 경우는 악의든 악의가 아니든 실무상에서 빈번히 발생하고 있다.

Ⅱ. 재산명시신청

재산명시신청과 관련하여 채권자는 채무자가 자신의 재산을 숨기거나 은닉하여 쉽게 찾을 수 없는 경우에는 법원에 채무자의 재산을 찾을 수 있도록 재산명시 신청[97][98]을 할 수 있다.

재산명시신청의 방법으로는 민사집행법 제61조 재산명시신청에 집행력이 있는 정본과 강제집행을 개시하는데 필요한 문서 즉, 송달증명원, 확정증명원 및 송달료납부서를 첨부서류에 붙여야 하고 금전의 지급을 목적으로 하는 집행권원에 기초하여 강제집행을 개시할 수 있는 채권자는 채무자의 보통 재판적이 있는 곳의 법원에 채무자의 재산명시를 요구하는 신청을 할 수 있다고 규정하고 있다.

민사집행규칙 제25조 재산명시신청에서 재산명시 신청은 채권자 및 채무자와 그 대리인의 표시, 집행권원의 표시 그리고 채권자가 가지고 있는 채무자에 대한 금전 채무 금액, 재산명시 신청을 하는 신청 취지와 신청 사유를 서면으로 기재하여 집행문이 있는 판결정본의 사본을 제출받아 기록에 붙인 후 집행력이 있는 정본을 채권자에게 돌려주어야 한다고 규정하고 있다. 재산명시 신청은 강제집행을 실시하기 위한 보조적 절차가 아니어서[99] 채무자가 자신의 재산을 숨기거나 은닉

---

97) 미국 주법에는 채무자 보유 재산을 공개토록 하는 Supplementary proceeding이 있고, 독일은 1990년 개시 선서제를 도입하여 재산명시절차를 마련하였으며 2002년 감치 제도와 재산조회제도를 추가하였고, 일본은 2003년 재산개시절차를 도입하였다; 이시윤, 앞의 책, 2014, 237면 재인용.
98) 재산명시신청은 부록 양식 참조.

하지 않아 채권자가 채무자의 재산을 이미 파악하고 있거나 채권자의 만족을 얻기 위하여 충분한 변제기에 있을 경우에는 재산명시 신청을 하면 안 된다고 할 것이다.100)

재산명시 신청을 한 채권자가 가지고 있는 집행권원이 채무자로 하여금 이미 변제가 된 집행채권이나 부존재 하다면 채무자는 청구 이의의 소101)를 제기하여 해결해야 한다.102)

재산명시신청의 진행으로 법원에 재산명시 신청 후 재산명시 기일에 대하여 법원은 민사집행법 제64조에 재산명시 명령에 대하여 채무자의 이의신청이 없거나 이의신청을 하였더라도 이를 기각한 때에는 법원은 재산명시를 위한 기일을 정하여 채무자에게 출석하도록 요구103)하여야 하며 이 기일을 채권자에게도 통지하여야 한다고 규정하고 있다. 출석한 채무자는 법정에서 "양심에 따라 사실대로 재산목록을 작성하여 제출하였으며, 만일 숨긴 것이나 거짓 작성한 것이 있으면 처벌을 받기로 맹세합니다." 라고 선서하여야 하고(민사집행법 제65조), 채무자를 대신하여 대리인 등이 선서를 할 수는 없다(선서는 일신전속적 행위104)이므로).

재산목록에는 제64조 제2항105)에 규정한 채무자가 가지고 있는 현재의 재산뿐만이 아니라 재산관계 명시 명령의 송달 전 1년 이내에 채무자가 양도한 부동산이라든지 채무자의 배우자나 직계혈족 및 4촌 이내의 방계혈족 등에게 양도한 재산 등 과거의 재산(채권자취소권을 검토하기 위하여)도 모두 기재106)하여 제출하여야 한다. 재산명시 기일에 채권자가 출석할 의무는 없다. 재산명시 기일의 실시에

99) 김능환,『주석 민사집행법(Ⅱ)』, 한국 사법행정학회, 2012, 379면; 이시윤,「최근의 민소법의 판례 동향과 강제집행법상의 명시 선서절차의 문제점」, 판례월보(12월호), 1990, 15면.
100) Gaul/Schilken/Becker-Eberhard, §60, Rdnr. 17; 이시윤, 앞의 책, 2014, 240면 재인용.
101) 제44조(청구에 관한 이의의 소) ① 채무자가 판결에 따라 확정된 청구에 관하여 이의하려면 제1심 판결법원에 청구에 관한 이의의 소를 제기하여야 한다. ② 제1항의 이의는 그 이유가 변론이 종결된 뒤(변론 없이 한 판결의 경우에는 판결이 선고된 뒤)에 생긴 것이어야 한다. ③ 이의 이유가 여러 가지인 때에는 동시에 주장하여야 한다.
102) Lackmann, Rdnr. 431; Gaul/Schilken/Becker-Eberhard, §60, Rdnr. 36; 이시윤, 앞의 책, 2014, 242면 재인용.
103) Gaul/Schilken/Becker-Eberhard, §60, Rdnr. 25; 이시윤, 앞의 책, 2014, 243면 재인용.
104) 이시윤, 앞의 책, 2014, 243면.
105) 민사집행법 제64조(재산명시기일의 실시) ② 채무자는 제1항의 기일에 강제집행의 대상이 되는 재산과 다음 각호의 사항을 명시한 재산목록을 제출하여야 한다.
106) 대법원 2007. 11. 29. 선고 2007도8153 판결 참조.

있어 일본이나 독일은 비공개[107]로 진행하고 있으나 우리나라는 공개로 진행하고 있다.

Ⅲ. 강제관리

1. 의의

민사집행법 제78조에 따르면 채권자는 채권자의 선택에 따라 강제경매 또는 강제관리의 방법으로 강제집행을 하거나 두 가지 방법을 함께 사용하여 집행할 수도 있고 강제집행은 채권자의 신청에 따라 법원이 한다고 규정하고 있다. 강제관리[108]는 동법 제163조에 제80조 내지 제82조, 제83조 제1항, 3항 내지 5항, 제85조, 89조, 94조 내지 96조의 규정을 준용한다.

2. 강제관리 개시 결정과 관리인

강제관리를 개시하는 결정에는 채무자에게 관리 사무에 관하여 간섭하여서는 안 되고 부동산의 수익을 처분하여서도 안 된다고 명하여야 하며, 수익을 채무자에게 지급할 제3자에게는 관리인에게 이를 지급하도록 명하여야 한다고 되어 있다.[109] 또한, 동법 163조에서 166조는 강제관리의 관리인은 법원이 임명하지만 채권자가 직접 적당한 사람을 관리인으로 추천할 수도 있다. 강제관리인이 관리와 수익을 위하여 부동산을 점유하게 될 시에는 타인 또는 이해관계인에게 저항을 받으면 집행관에게 도움을 요청할 수 있다고 규정하고 있다.

3. 강제관리 실무상의 이용 부진

강제집행으로서의 관리(강제관리)는 실무적으로 거의 이용되지 않고 있다. 그

---

107) Thomas−Putzo, §900, Rdnr.26; 이시윤, 앞의 책, 2014, 243면 재인용.
108) 제78조(집행방법) 2항 강제집행은 다음 각호의 방법으로 한다.
109) 권혁술, 앞의 논문, 2013, 18면.

이유는 담보권이 없는 일반 채권자가 관리를 신청하여도 아마도 그 수익에서 자신들이 받을 수 있는 배당을 기대하기 어렵다는 점에서 경매보다도 실익이 없기 때문일 수 있다.[110] 강제관리제도에는 나름대로 경매보다 유리한 점이 있다. 강제관리제도는 부동산의 현상을 유지할 수 있고, 매각이 되기 쉽도록 부동산의 이용가치를 높일 수 있기 때문이다. 강제관리제도는 관리인의 역량에 따라 그 성공 여부가 달려 있다. 생각건데, 부동산 집행에 있어서 담보권의 실행방법으로 관리(수익)집행을 인정하여야 한다고 생각한다. 그리고 양질의 강제관리인을 육성할 수 있게 하는 제도가 마련되면 무분별한 집행보다 강제관리 제도를 통하여 채권자나 채무자 서로에게 이익이 될 것이라 생각한다.

제 5 절 | 부동산 집행

　이번 절에서는 필자가 본 논문에서 논하고자 하는 자동차, 임차인, 유치권 그리고 집행관제도 등을 깊이 있게 다루기 위한 선행연구로 부동산 집행에 대하여 살펴보도록 하고 필자가 연구과제를 도출하는데 반드시 알아야 할 부분으로 필요한 부분인 부동산 집행에 대하여 집중적으로 연구하여 알아보도록 하겠다.

　부동산 집행은 민사집행법 제78조부터 제171조까지 규정되어 있는데 크게 강제경매와 강제관리 이렇게 두 가지로 분류되어 있다. 강제경매는 제80조부터 제162조까지 규정되어 있고 강제관리는 제163조부터 171조까지 규정하고 있다.[111] 부동산에 대한 강제집행은 채권자의 신청에 의하여 법원이 실시하고(제78조 집행방법), 강제집행의 목적은 채권자는 채무자의 주택, 아파트 등의 소유 부동산을 매각하여 그 매각대금을 현금화하고 채권자가 채권의 만족을 얻는 것이며, 강제관리는 강제집행을 하기 전에 부동산을 관리하여 관리 수익으로 채권의 만족을 얻는 것이 다른 점이라 할 수 있으며 강제경매나 강제관리의 집행기관은 해당 집행법원으로 동일하다.[112]

---

110) 김상수, 「부동산 집행의 문제와 개선방안」, 토지법학(제29-1호), 2013, 298면.
111) 이시윤, 앞의 책, 2014, 12면.

    법원에서 발표한 2018년도 사법연감 통계자료에 보면 경매사건 종류별·연도
별 접수 추이[113]에서 2014년부터 2018년까지 민사사건 전체 경매 접수사건 대비
부동산 경매 접수 비율을 확인할 수 있다.

    경매접수 중 5년 평균 전체 강제경매는 3만 4,735건이었고, 담보권실행 등으
로 인한 경매접수는 5만 8,448건임을 확인할 수 있다. 그 중 부동산 경매가 차지
하는 비율은 강제경매는 94%였고 담보권실행 등으로 인한 비율은 71%에 달했다.
다음 표에서 자세히 알아볼 수 있듯이 민사 경매사건 중 부동산 경매가 차지하는
비중이 대부분이며 그만큼 중요하다고 하겠다.

표 9 경매 접수사건 대비 부동산 경매 접수 비율(%)

	경매접수 합계		부동산 경매접수		비율	
	강제(A)	담보권 실행 등 (B)	강제(C)	담보권 실행 등 (D)	강제 (C/A)	담보권 실행 등 (D/B)
2014	36,336	69,240	33,975	55,955	94%	81%
2015	36,875	59,524	34,479	42,665	94%	72%
2016	34,660	52,589	32,643	36,452	94%	69%
2017	33,387	52,375	31,473	35,094	94%	67%
2018	32,416	58,513	30,602	38,199	94%	65%
평균	34,735	58,448	32,634	41,673	94%	71%

*법원 사법연감, 통계자료, 제5장 통계 제1절 사건의 개황, 경매사건 종류별 연도별 접수 추이, 2018.

I. 부동산 집행의 의의

    부동산 집행은 채권자가 채무자의 재산인 토지, 건물, 주택, 아파트 등의 소유
부동산을 압류하여 법원에 강제집행 신청 등의 방법으로 매각하여 현금화하고 그

---

112) 이시윤, 앞의 책, 2014, 12면.
113) 대한민국 법원 대국민 서비스, https://www.scourt.go.kr/portal/justicesta/JusticestaListAction.
    work?gubun=10, 2018년 사건 개황 제5장 통계, 586면, 2019. 11. 25. 최종방문.

돈으로 채권의 만족을 얻는 방법과 그 부동산을 관리하여 관리 수익으로 인하여 발생하는 수익금으로 채권의 만족을 얻어가는 방법이라 할 수 있다.114) 이렇게 두 가지 방법 중 어느 한 가지 방법을 선택하여 채권의 만족을 얻을 수 있지만 경우에 따라서는 두 가지 방법을 함께 사용하여 집행하게 할 수도 있다고 법에서 규정하고 있다(민사집행법 제78조 집행방법). 결국, 부동산 집행의 목적은 다른 집행과 마찬가지로 압류하여 현금화하고 마지막으로 채권의 만족을 얻기 위함이다.115)

부동산은 등기가 되고 움직이지 않는 물건으로 채권자 입장에서는 가장 안전한 담보 중에 하나라 생각할 수 있으며 매각 등으로 인해 금전적인 가치도 높다고 할 수 있다. 현행 민사집행법은 구 민사소송법과는 달리 부동산에 대한 강제집행을 가장 중요시 생각하여 강제집행 규정에서도 앞부분에 규정하였고 부동산 강제집행을 자동차, 선박 등의 동산적 성격을 가지고 있는 물건에도 이 규정을 준용하도록 하고 있다. 이에 부동산 집행은 우리 법에서 규정하고 있는 강제집행 절차의 기본이고 핵심이라 할 수 있다.

그러나 부동산이라고 모두 채권자에게 담보로 제공하거나 또는 바로 집행이 가능하다고는 할 수 없다. 왜냐하면, 부동산 중에는 담보로 제공할 수 없도록 기타 다른 법률로 제한한 것들이 있는데 종교적인 부동산 즉, 전통적으로 내려오는 사찰의 소유에 속하는 토지 및 건축물116)이나 학교법인에 속해 있고 학교 교육에 직접 사용되는 재산117)이나 향교에 속한 대지나 건물 등은 부동산118)이라고 하여도 강제집행이 되지 않는다. 이러한 부동산에 대한 압류는 허용되지 않기 때문이다.

그리고 농지와 같이 소재지의 관청이나 주무관청의 허락을 받아야만 처분할 수 있는 부동산은 강제집행이 가능하지만, 그 전에 주무관청의 허가나 인가를 받아야지만 매각허가결정이 내려진다는 점에 주의하여야 한다.119)

다음으로 부동산 강제경매를 주관하고 행사하는 곳을 알아보면, 2005년 7월부터 부동산 강제경매는 사법보좌관이 법관의 감독을 받아 담당하도록 하고 있다.120) 이는 부동산 강제집행을 주관하고 행사하는 곳은 사법보좌관이며 그 법률

---

114) 오시영, 『민사집행법』, 학현사, 2007, 354-355면.
115) 김홍엽, 앞의 책, 2015, 138면.
116) 전통사찰보존법 제10조.
117) 사립학교법 제28조.
118) 향교재산법 제12조.
119) 농지법 제8조.

적 근거는 사법보좌관 규칙에서 규정하고 있다. 그러나 민사집행법 제136조 부동
산의 인도명령 등에 의한 부동산 인도명령이나 관리명령, 제86조 경매개시결정에
대한 이의신청에서 경매개시결정에 대해 이의신청이 있는 재판은 원래대로 집행
법원이 담당하도록 규정하고 있다.[121]

다음으로 부동산 집행의 대상이 되는 물건에는 어떤 것들이 있는지 이에 대하
여 알아보도록 하겠다.

1. 부동산 집행대상 물건

부동산은 크게 토지, 건물, 집합건물(대표적인 예가 아파트임)로 구분할 수 있는
데 해당 주소지를 알면 누구든지 국가에서 제공하는 대한민국 대법원 인터넷 등
기소(www.iros.go.kr)에서 일정한 수수료를 지불하면 부동산 등기부 등본[122]을 열
람 및 발급할 수 있다.[123] 부동산 등기부 등본은 다음과 같이 세 가지로 구성이
되어 있으며 부동산 집행에 있어서 가장 기본이 되는 서류이므로 예시와 설명 그
리고 표를 보면서 각 구성에 대하여 알아보도록 하겠다. 부동산 등기부 등본은 표
제부, 갑구, 을구로 구성이 되어 있다.

첫째, 표제부에는 해당 부동산의 지번, 지목, 구조, 면적 등과 같은 부동산의
현재 상황을 확인할 수 있으며(토지의 경우는 토지의 표시, 건물의 경우는 건물의 표시
그리고 집합건물의 표시는 *동의 건물의 표시 등으로 표기되어 있으며) 소재지 및 등기
원인 등이 표시되어 있다. 위 세 가지 표제부 중 집합건물의 표제부를 다음과 같
이 표를 보면서 알아보도록 하겠다.

---

120) 오시영, 앞의 책, 2007, 355면.
121) 오시영, 앞의 책, 2007, 355면.
122) 2018.7월부터 부동산 등기부 등본은 "부동산 등기사항 증명서"로 용어가 변경되었으나 일반인
들 사이에서는 아직도 부동산 등기부 등본이라는 용어로 통용되고 있어 부동산 등기부 등본이
라 하겠다.
123) 대한민국 법원 인터넷 등기소에서 해당 목적물의 주소지를 알면 누구나 열람 및 발급이 가능
하다(http://www.iros.go.kr/PMainJ.jsp).

표 10   부동산 등기부 등본 [표제부]

[집합건물] 서울시 영등포구 ** **동 제1층 제102호   고유번호 1221－1111－****

[표 제 부] (1동의 건물의 표시)				
표시번호	접수	소재 지번	건물 내역	등기원인 및 기타사항
1	2018년 2월 2일	서울시 영등포구** 제1동 [도로명주소] 서울시 영등포구**	철근콘크리트조 (철근)콘크리트 (경사지붕)지붕 지상10층공동 주택 지1층158.11m	

(대지권의 목적인 토지의 표시)				
표시번호	소재지번	지목	면적	등기원인 및 기타사항
1	1. 서울시 영등포구 **	대	644m	2018년 2월 2일

(전유부분의 건물의 표시)				
표시번호	접수	건물 번호	건물 내역	등기원인 및 기타사항
1	2018년 2월 2일	제1층 제102호	철근콘크리트 구조 56.1m	

(대지권의 표시)			
표시번호	대지권 종류	대지권 비율	등기원인 및 기타사항
1	소유권 대지권	644분의 56.1m	2018년 1월 24일 대지권 2018년 2월 2일 등기

　　둘째, 갑구에는 소유권에 관한 사항을 볼 수 있는데 기본적으로 부동산이 처음 부동산 등기부 등본에 기재될 당시의 소유자를 나타내는 소유권보존등기, 접수번호와 등기원인, 권리자 및 기타사항과 함께 순위번호 1번에 기록되어 있으며 그 후에 부동산의 매매 등이 발생하면 소유권을 이전받은 자를 나타내는 소유권 이전등기가 다음 순서대로 등기가 된다. 갑구에서 중요하게 보아야 할 내용은 소유권이 매매 등으로 이전되었다고 한다면 접수일, 등기 원인란에 소유권 이전일과 소유자(또는, 공유지분이면 공유자)가 누군지 확인하는 것이다. 접수일, 등기날짜와

소유자는 부동산 집행 시 권리자의 우선순위와의 권리관계 및 권리분석 시에 매우 중요한 부분이기 때문이다. 또한 갑구에는 소유권에 대한 가등기, 가처분, 압류, 가압류 및 경매개시결정 등의 등기에 대한 사항도 표시가 되어 있어 이 부분을 해석하면 부동산 소유자와 이해관계인들과의 권리관계를 한눈에 확인할 수 있을 것이다.

부동산 권리분석에 대하여 다음과 같이 표를 보면서 예를 들어 알아보도록 하겠다.

표 11 **부동산 등기부 등본 [갑구]**

[갑구] (소유권에 관한 사항)

순위번호	등기목적	접수	등기원인	관리자 및 기타사항
1	소유권보존	2010년 7월 22일		소유자 이** 서울시 영등포구***
2	소유권이전	2018년 11월 13일 제201811호	2018년 9월 2일 매매	소유자 송** 서울시 송파구***

위 갑구에서는 접수 및 등기 년·월·일, 등기원인 및 부동산 매매를 원인으로 소유권이 이전된 최종소유자가 누구인지 확인할 수 있다.

임차인(이하 "A")가 건물을 2018년 12월 1일에 임차한 후 압류, 가압류, 근저당권자 등 담보권자들과의 강제집행 등으로 인하여 부동산이 경매될 경우 임차인이 보증금 등을 우선으로 받을 수 있도록 바로 대항요건을 갖추었는데 만약, 집주인 송**(이하 "B")가 자금이 필요하여 2018년 11월 21일에 부동산담보대출 상품을 취급하는 여신전문금융회사로부터 위 부동산을 담보로 제공하고 근저당권을 2018년 11월 25일에 설정했다고 하면 임차인 "A"는 이후 발생 된 부동산 경매절차에서 낙찰인으로부터 임차금을 보호받지 못하지만(근저당권 설정 일자가 "A"가 임차하여 대항요건을 갖춘 날보다 먼저이기 때문에) 근저당권의 설정 일자가 "A"가 대항력을 갖춘 이후인 2018년 12월 2일 이후라면 "A"는 임차금을 보호받게 된다.

여기에서 추가적으로 더 알아두어야 할 점은 권리자의 순위는 등기원인 일자를 기준으로 하는 것이 아니라 접수 일자를 기준으로 한다. 이 경우는 실무상으로 드문 일이기는 하나 부동산 소유자이면서 채권·채무 관계가 복잡한 채무자일 경우 등기 원인 일자가 순번으로 같은 날 발생할 수 있어 그 경우에는 접수 일자를 기준으로 보는 것은 당연하다 할 것이다.

마지막으로, 을구에는 소유권 이외의 권리에 대한 사항이 기재되어 있는데 주로 (근)저당권, 지상권, 전세권 등의 담보권을 확인할 수 있다. 갑구에서도 알아보 았듯이 을구에서도 마찬가지로 접수 일자 및 등기 원인을 확인하고 권리관계자 및 기타사항도 확인해야만 한다.

전세권 설정 등기가 되었다는 것은 일반적으로 채권적 전세를 의미하고 만약 부동산 등기부 등본에 전세금반환채권을 담보하기 위하여 전세권을 설정한 경우에는 이를 물권적 전세라고 기입한다.

다음 표에서도 보는 바와 같이 (근)저당권과 같은 담보권은 을구에서 기재되기 때문에 을구란에 기록된 사항이 많이 있다면 그 권리관계 및 우선순위를 잘 파악해야 한다. 왜냐하면, 부동산 집행 시 배당절차에서 배당 우선순위에 의하여 배당금이 정해지게 되므로 각별한 주의를 기울여야 할 것이다. 그리고 부동산 등기부 등본을 열람 또는 발급받았을 경우에 을구가 없다면 당황하지 말고 그 부동산에는 소유권 이외의 권리에 대한 사항이 없다는 것으로 해석하면 될 것이다.

표 12   부동산 등기부 등본 [을구]

[갑구] (소유권 이외에 권리에 관한 사항)

순위번호	등기목적	접수	등기원인	관리자 및 기타사항
1	근저당권 설정	2014년 5월 6일 제432호	2014년 5월 4일 설정계약	채권최고액 금 일억원정 채무자송** 서울영등포구*** 근저당권자주식회사** 은행 서울특별시중구** (**지점)

				전세금 금 70,000,000원
2	전세권설정	2017년 10월 13일 제2041호	2017년 10월 11일 설정계약	범위위부동산전부 존속기간 2017년 10월 11일부터 2019년 10월 10일까지 전세권자이** 서울특별시 ***

다음으로 토지에 대하여 알아보도록 하겠다. 부동산 집행대상 물건 중 가장 대표적인 부동산이 토지다. 토지를 소유하고 있다면 토지의 지번 내에 있는 지표면과 지상과 지하가 포함되고 이에 대한 강제집행의 효력은 당연히 미친다고 할 것이다.[124] 이는 민법 제212조 토지소유권의 범위에서 규정하고 있다. 이렇게 토지는 집행대상 물건이나 토지에 결합 되어 있는 지하수, 수도관, 도랑이나 돌담, 토지에서 수확하고 있는 과실이나 농작물, 그리고 공장을 구성하고 있는 건설기계 같은 것들은 토지에 대한 부동산 집행 시 토지에 부속에 있는 정착물 내지 부속물로써 포함하여 강제집행의 대상이 되는지에 대한 의문이 있을 것이다.

이는 민법, 민사집행법, 공장 및 광업재단 저당법(약칭: 공장저당법)에서 그 방법을 찾을 수 있을 것이다. 하나씩 살펴보면, 민법 제256조 부동산에의 부합에 보면 부동산 소유자는 부동산에 부합한 물건(위에서 예로 제시한 지하수, 수도관, 도랑이나 돌담 등)의 소유권을 취득하나 타인의 권원에 의하여 부속된 것은 그러하지 아니하다고 규정하고 있다.

다음으로 민사집행법 제189조에 채무자가 점유하고 있는 물건의 압류에 보면 첫째, 등기할 수 없는 토지의 정착물로서 독립하여 거래의 객체가 될 수 있는 것과 둘째, 토지에서 분리하기 전의 과실로서 1개월 이내에 수확할 수 있는 물건은 이 법에서 유체동산으로 본다고 규정하고 있어 등기되어 있지 않은 과실이나 농작물을 강제집행 할 경우에는 토지의 정착물 내지 부속물로 취급하여 이 법에서 규정하고 있는 유체동산으로 보고 강제집행을 실시하면 된다 할 것이다.

---

124) 오시영, 앞의 책, 2007, 355면.

그러나 선행 연구자들은 이에 대하여 4가지 설을 주장하고 있는데 유체동산 집행설, 권리집행설, 부동산 집행설 및 절충설로 견해가 나뉘고 있으나 권리집행설이 많은 지지를 받고 있다고 한다.125)

필자의 개인적인 생각으로는 위에서 살펴보았듯이 민사집행법에서 규정하고 있듯이 유체동산에 준하여 강제집행을 실시하면 되므로 유체동산 집행설에 좀 더 가깝다고 생각한다. 위의 4가지 설과 관련하여서는 본 필자가 이 논문을 구성하고 있는 실무적인 관점과는 조금 거리가 있는 이론적인 것이어서 깊게 다루지는 않고 추후에 기회가 된다면 좀 더 이론적인 면을 연구하여 정리하도록 하겠다.

공장저당과 관련하여서는 공장저당법 제14조에 공장재단 구성물의 양도 등 금지에 보면 공장재단의 구성물은 공장재단과 분리하여 양도하거나 소유권 이외의 권리, 압류, 가압류 또는 가처분의 목적으로 권리를 행사하지 못하고 저당권자가 동의한 경우에는 임대차의 목적물로서 권리를 행사할 수 있다고 규정하고 있다.

이에 공장재단을 구성하고 있는 공장 건설기계나 관련 부속 기계들은 동산이지만 동산 집행에 의할 것이 아니라 부동산 집행 방법에 의하여 강제집행을 실시하면 될 것이다. 공장재단에 대한 부동산 집행에 대하여 필자가 여신전문금융회사에서 채권관리 업무로 근무할 당시에 경험을 소개하면 부동산등기부등본 및 그와 관련된 집행서류를 해당 목적지 관할 법원에 신청하면서 공장재단에 대한 세부사항이 나와 있는 공장재단 목록을 함께 제출하면 되고 관할 등기소에서 부동산등기부등본 열람 및 발급 시에는 공장재단 목록을 함께 신청하면 정확한 정보를 확인할 수 있다.

이와 관련하여서는 공장 및 광업재단 저당등기 규칙 제32조 등기사항증명서의 발급과 등기기록의 열람에 규정되어 있는데 그 내용으로는 공장재단목록과 공장도면은 등기사항증명서의 발급신청서에 그 사항의 증명도 함께 신청하는 뜻을 적은 경우에만 등기사항 증명서에 이를 포함하여 발급하고 등기기록의 열람도 할 수 있다고 되어 있다. 만약, 공장재단 집행 시에 공장재단목록이 나와 있지 않은 지번만 나와 있는 부동산 등기부 등본을 제출하였을 경우에는 공장재단목록이 표시되어 있는 세부사항을 제출하라는 보정명령이 나오므로 주의하기 바란다.

위 부동산 집행대상 물건에서 알 수 있듯이 건물은 토지와 결합되어 있음에도

125) 오시영, 앞의 책, 2007, 356면.

불구하고 별개로 분리하여 등기를 하도록 되어 있다. 이에 대한 법률적 근거는 부동산등기법 제3장 등기부 등 제14조 등기부의 종류 등에서 규정하고 있는데 그 내용을 살펴보면 등기부 등본은 토지등기부와 건물등기부로 구분하고 등기부는 영구히 보존하여야 하며, 등기부는 대법원 규칙으로 정하는 장소에 보관·관리하여야 하고, 전쟁이나 천재지변 그리고 그 밖에 이에 준하는 사태를 피하기 위한 경우 외에는 그 장소 밖으로 옮기지 못한다고 되어 있다.

경매신청 시의 유의점에 대하여 예를 들어 알아보면, 아파트 등의 집합건물을 제외하고는 주택의 경우에 부동산 등기부 등본상 토지와 건물 등기가 별개로 되어 있으나 부동산 소유자가 자금이 필요하여 금융회사 등에서 부동산담보대출을 받을 경우 부동산 소유자는 토지와 건물을 모두 담보로 제공하고 채권자인 금융회사에서도 마찬가지로 토지와 건물에 모두 (근)저당권을 설정하고 대출을 실행시킨다. 그 후 채무자의 재무상황 등의 악화로 대출금을 상환하지 못할 경우 연체가 지속된다면 채권자는 채권의 만족을 얻기 위하여 (근)저당권에 기한 부동산 집행 신청을 할 것이다.

부동산 집행 신청시 당연히 토지와 건물에 대해 함께 집행신청을 해야 하지만 채권자의 실수든 실수가 아니든지에 관계없이 토지만 또는 건물만을 대상으로 집행신청을 하였다면 집행법원에서는 채권자가 신청한 신청 목록에 대해서만 집행을 실시할 것이다. 그렇게 될 경우에 채권자 입장에서는 추가로 신청하지 않은 목록에 대해서 부동산 집행 신청을 해야 하고 이렇게 될 경우 시간적, 물질적인 피해는 고스란히 채권자가 부담해야 할 것이다. 물론 이에 대하여 경매지연이나 대출채권의 연체이자 증가로 인한 채무자의 부담도 증가할 것이다. 필자의 요지는 부동산 집행신청 시에는 신중을 기하고 집합건물을 제외한 부동산은 토지와 건물 등기가 별개로 되어 있다는 점을 다시 한번 강조하기 위함이다.

미등기 건물 등의 문제와 관련하여 건물등기부 등본이 존재함에도 건물 등기가 되어 있지 않은 미등기 건물과 건축이 끝나지 않은 건축물 또는 해당 지자체에서 승인받은 건축물 대장의 설계대로 지어지지 않은 소위 불법 건축물(등기를 할 수 없는)에 대하여는 강제집행을 할 수 있는가의 문제를 생각해 볼 수 있다. 더 세분화하여 살펴보면 건물로 볼 수 있을 정도로 지어진 건물[126]인지 아니면 아직은

---

126) 남동현, 「건축 중인 건물의 부동산 강제집행 가능성」, 민사집행법연구 1권, 2005, 191–230면.

시작단계에 있어 건물로 보기에는 무리가 있다고 보는 건물도 생각해 볼 수 있다.

이와 관련하여 위에서 살펴본 민사집행법 제4절 동산에 대한 강제집행 제2관 유체동산에 대한 강제집행 편 제189조 채무자가 점유하고 있는 물건의 압류에서 등기할 수 없는 토지의 정착물로서 독립하여 거래의 객체가 될 수 있는 것은 유체동산으로 본다. 채무자가 점유하고 있는 유체동산의 압류는 집행관이 그 물건을 점유함으로써 한다고 규정하고 있으므로 사회통념상 건물로 볼 수 없는 단계에 있는 상태의 건물이라면 동산으로 취급하여 유체동산 집행을 하면 될 것이다.

또한, 사회통념상 건물로 볼 수 있는 무허가 건물이나 준공허가가 아직 나지는 않았지만 공사가 마무리 된 건물일 경우에는 민사집행법 제2절 부동산에 대한 강제집행 제81조 첨부서류에 보면 채무자의 소유로 등기가 되지 않은 부동산에 대하여는 즉시, 채무자의 명의로 등기할 수 있다는 것을 첨부 서류로 증명하여야 한다.

하지만 그 부동산이 등기되지 아니한 건물인 경우에는 그 건물이 채무자의 소유임을 증명할 서류와 그 건물의 지번, 구조 및 면적을 증명할 서류와 그 건물에 관한 건축허가 또는 건축 신고를 증명할 서류를 강제집행신청서에 집행력 있는 정본과 함께 첨부하여야 한다고 규정하고 있다.

이로써, 강제경매가 진행되면 법원은 집행관에게 그 조사를 하게 하여야 한다고 되어 있다. 즉, 건물 등기는 되어 있지 않지만 건물로 볼 수 있는 건축물은 부동산 강제집행의 대상이 된다는 것이다. 위의 내용과 관련하여서는 다음 판례에서 살펴보도록 하겠다.

첫째, 독립된 부동산으로서의 건물의 요건에 대한 지상권설정 등기절차 이행 및 임료 등에 대한 사건[127]에 대하여 주된 요지는 두 가지로 그 내용을 살펴보면 첫째, 독립된 부동산으로서의 건물이라고 하기 위해서는 최소한의 기둥과 지붕 그리고 주벽이 이루어지면 되고[128] 둘째, 신축 건물이 경매로 인하여 낙찰받은 대금납부 당시 이미 지하 1층부터 지하 3층까지 기둥, 주벽 및 천장 슬라브 공사가 완료된 상태이었을 뿐만 아니라 지하 1층의 일부 점포가 일반에 분양되기까지 하였다면 비록 토지가 경매로 인하여 낙찰이 되었을 당시에 신축 건물의 지상층 부

---

127) 대법원 2003. 5. 30. 선고 2002다21592·21608 판결 참조.
128) 대법원 2001. 1. 16. 선고 2000다51872 판결 참조.

분이 골조공사만 이루어진 채 벽이나 지붕 등이 설치된 바가 없다 하더라도, 지하
층 부분만으로도 구분소유권의 대상이 될 수 있는 구조라는 점에서 신축 건물은
경매로 인하여 낙찰이 되었을 당시에 미완성의 상태이기는 하지만 독립된 건물로
서의 요건을 갖추었다고[129) 보는 것이 상당하다고 판단한 사례이다.

둘째, 이 사건은 건물이 완성되었으나 준공검사를 받지 않아 건물등기부 등기
상 등기가 안 되어 있는 건물이 유체동산 집행의 대상이 되는지에 대하여 집행에
관한 이의 사건[130]으로 이 사건에 대하여 판결 요지를 살펴보면 건물이 이미 완
성되었으나 준공검사를 받지 않아 그 보존등기를 경료하지 못한 상태에 있다면
위와 같이 완성된 건물은 부동산등기법상 당연히 등기 적격이 있다고 할 것이고,
비록 준공검사를 마치지 아니함으로써 부동산등기법상 보존등기 신청시에 필요한
서류를 교부 받지 못하여 아직 등기를 마치지 못하고 있는 경우라고 하더라도 그
와 같은 사정만으로 위 완성된 건물이 민사집행법 제189조 제2항 제1호에 근거한
등기할 수 없는 토지의 정착물로서 독립하여 거래의 객체가 될 수 있는 것에 해
당하여 유체동산 집행의 대상이 되는 것이라고 할 수 없다고 판시하였다.

셋째, 유체동산 집행의 대상이 되는 등기할 수 없는 토지의 정착물의 의미에
대한 집행불능 처분에 대한 이의 사건[131]으로 이 사건의 판결 요지는 두 가지인
데 민사집행법 제189조 제2항 제1호(구. 민사소송법 제527조 제2항 제1호) 소정의 유
체동산 집행의 대상이 되는 등기할 수 없는 토지의 정착물은 토지에의 정착성은
있으나 환가한 후 토지로부터 분리하는 것을 전제로 하여 거래의 대상으로서의
가치를 가지는 것이라고 보아야 하는 것과 지하 1층에서 지상 15층짜리 아파트에
서 9층까지 골조공사가 되어 있는 미완성의 철근콘크리트조 아파트 건물이 위의
유체동산 집행의 대상이 될 수 없다고 본 사례이다. 그 이유는 이 사건 건물이 등
기할 수 없는 토지의 정착물인 점은 인정하나 여기에서 말하는 유체동산 집행의
대상이 되는 정착물은 토지에의 정착성은 있으나 환가한 후 토지로부터 분리하는
것을 전제로 하여 거래의 대상으로서의 가치를 가지는 것이라고 보아야 할 것이
므로, 결국 이 사건 건물은 독립하여 거래의 객체가 될 수 있는 것이라고는 볼 수

129) 정영환, 「신축 중의 건물의 집행법상의 지위」, 민사집행법연구 1권, 2005, 158-190면.
130) 대법원 1994. 4. 12. 자 93마1933 결정 참조.
131) 대법원 1995. 11. 27. 자 95마820 결정 참조.

없다고 할 것이다 라고 판시하였다. 위 판례를 살펴보면 건물 등기부등본상 등기가 되어 있지 아니하다고 하더라도 누가 보더라도 건물로 볼 수 있을 정도로 공사가 진행된 건축물에 대해서는 부동산으로 보아 부동산 집행이 타당[132]하다는 것을 알 수 있다.

위에서 살펴본 토지와 건물 및 집합건물 외에 부동산 집행에 대상이 되는 또는 부동산으로 취급되는 재산에는 어떠한 것들이 있는지에 대하여 다음 5가지를 해당 법률 조항과 함께 알아보도록 하겠다.

첫째, 민사집행 규칙상 지상권과 공유지분에 관한 사항으로 민사집행규칙 제2절 부동산에 대한 강제집행 제40조 지상권에 대한 강제집행에서 금전채권에 기초한 강제집행에서 지상권과 그 공유지분은 부동산으로 본다. 동조 제41조는 집행법원은 법률 또는 이 규칙에 따라 부동산으로 보거나 부동산에 관한 규정이 준용되는 것에 대한 강제집행은 그 등기 또는 등록을 하는 곳의 지방법원이 관할 한다고 규정하고 있다.[133]

둘째, 광업권, 탐사권 및 채굴권으로 광업법은 제11조 광업권의 처분 제한에 탐사권은 상속, 양도, 체납처분 또는 강제집행의 경우 외에는 권리의 목적으로 하거나 타인이 행사하게 할 수 없고, 채굴권은 상속, 양도, 조광권·저당권의 설정, 체납처분 또는 강제집행의 경우 외에는 권리의 목적으로 하거나 타인이 행사하게 할 수 없다. 그래서 제12조 광업권의 존속기간에서 광업의 탐사권의 존속기간은 7년을 넘을 수 없고 채굴권의 존속기간은 20년을 넘을 수 없다고 규정하고 있다. 또한, 채굴권자는 채굴권의 존속기간이 끝나기 전에 채굴권의 존속기간을 연장할 수 있는데 이 경우 연장할 때마다 그 연장 기간은 20년을 넘을 수 없다고 되어 있다.

셋째, 조광권이다. 광업법 제47조 조광권은 물권으로 하고, 이 법에서 따로 정한 경우 외에는 부동산에 관한 민법과 그 밖의 법령의 규정을 준용한다. 그리고 조광권은 상속이나 그 밖의 일반 승계의 경우 외에는 권리의 목적으로 하거나 타인이 행사하게 할 수 없다고 규정하고 있다.

넷째, 수산업법상 어업권으로 수산업법 제26조 어업권의 경매는 어업의 면허를 취소한 경우 그 어업권의 저당권자로 등록된 자는 제36조[134]에 따른 통지를

---

132) 오시영, 앞의 책, 2007, 356－358면.
133) 오시영, 앞의 책, 2007, 358－359면.

받은 다음 날부터 계산하기 시작하여 30일 이내에 어업권의 경매를 신청할 수 있고, 이에 대하여 경매를 신청한 경우에는 해당 어업권은 면허를 취소한 날부터 경매절차가 끝난 날까지 경매의 목적의 범위에서 존속하는 것으로 본다. 그리고 경매에 따른 경매대금 중 경매비용과 위의 권리자에 대한 채무를 변제하고 남은 금액은 국고에 귀속한다. 마지막으로 경매 낙찰자는 경매대금을 완납한 때에는 어업면허의 취소는 그 효력이 발생하지 아니한 것으로 본다고 하였다.

다섯째, 공장 및 광업재단 저당법상 광업권인데 공장 및 광업재단 저당법 제57조 미설립 법인의 경매 참가에서 경매의 목적이 된 광업권을 목적으로 하여 대한민국의 법률에 따라 법인을 설립하려는 자가 그 경매에 참가하는 경우에는 경매 신청과 동시에 그 뜻을 집행법원에 신고하여야 한다. 이 경매에 참가하는 자는 경매 신청에 관하여 연대책임을 진다. 동조 제58조 3항에 매수인이 설립한 법인은 매각대금을 지급한 때에 경매의 목적물인 광업재단의 소유권을 취득한다고 규정하고 있다.

이 외에도 부동산 집행에 해당하는 재산들이 추가적으로 더 있을 것이라 생각되나 차후에 기회가 주어진다면 연구를 계속해 나가기로 하고, 위에서 살펴본 부동산 강제집행의 의의 및 일반적인 사항들을 토대로 실무상 반드시 알아야 할 부동산 강제경매에 대해서 하나씩 알아보도록 하겠다. 특히나 필자가 본 논문에서 주요하게 다루게 될 자동차 집행이 부동산에 관한 강제경매의 규정을 따르도록135) 되어 있어 자세히 알아보도록 하겠다.

Ⅱ. 강제경매

1. 강제경매의 신청

부동산 강제경매를 하기 위해서는 강제경매에 관한 신청136)과 강제경매 절차에서의 이해관계인에 대하여 알아야 한다. 강제경매에 관한 신청은 민사집행법 제

---

134) 수산업법 제36조(어업권의 취소 통지) 시장·군수·구청장은 어업의 면허를 취소한 때에는 지체 없이 그 어업권을 등록한 권리자에게 그 사실을 알려야 한다.
135) 민사집행규칙 제108조.
136) 부동산 강제경매신청서는 부록 양식 참조.

80조 강제경매 신청서에 규정되어 있는데 강제경매의 신청 시 신청서에는 채권자 및 채무자를 표시하고 관할 법원과 해당 목적물의 부동산을 표시해야 하며 경매의 이유가 된 일정한 채권과 집행할 수 있는 일정한 집행권원(예를 들면, 약속어음 공정증서나 판결문, 결정문 등이다)을 기재하여 신청해야 한다.[137)]

2. 강제경매의 이해관계인

강제경매의 이해관계인[138)]으로는 동법 제90조 경매절차의 이해관계인에서 압류채권자와 집행력이 있는 정본에 의하여 배당을 요구한 채권자, 채무자 및 소유자, 등기부에 기입되어 있는 부동산 위의 권리자와 부동산 위의 권리자로서 그 권리를 증명한 사람을 경매절차에서의 이해관계인으로 규정하고 있다. 물론 동법 제18조에서 규정하고 있듯이 경매 신청을 하는 때에는 신청하는 채권자가 법원이 정해놓은 민사집행에 필요한 집행비용을 미리 예납해야 한다. 만약, 집행비용을 미리 예납하지 않으면 법원은 그 신청을 각하하거나 집행 절차를 취소하는 결정을 할 수 있다고 되어 있다.

부동산 강제경매 진행 절차는 다음 표에서 보는 것과 같이 7가지 순서[139)]에 의하여 진행이 된다.

표 13 부동산 강제경매 진행 절차

순서	진행 절차
1	부동산 강제경매의 개시
2	부동산 매각준비
3	부동산 매각기일 및 매각결정기일의 공고
4	부동산 매각실시
5	대금납부
6	부동산 인도명령
7	배당절차

---

137) 김홍엽, 앞의 책, 2015, 157면.
138) 오시영, 앞의 책, 2007, 362면.
139) 이시윤, 앞의 책, 2014. 279면.

3. 부동산 강제경매의 개시

강제경매 개시신청의 의미는 앞에서도 살펴보았듯이 채권자 등의 이해관계인이 채무자 소유의 부동산에 강제경매를 신청하면 사법보좌관[140]이 판단하여 그 신청서나 경매비용의 예납 등이 민사집행법에서 규정하고 있는 대로 문제가 없다면[141] 부동산 강제경매의 개시 결정을 하고 그와 동시에 해당 부동산에 압류를 명해야 한다. 이는 민사집행법 제83조 경매개시결정 등 1항에서 규정하고 있으며 다시 말해 부동산 강제경매가 개시되었다는 것은 그 부동산이 압류되었다는 의미로 해석[142]하면 될 것이다.

부동산 강제경매 개시 결정의 송달과 촉탁에서 부동산 강제경매의 개시 결정은 법원사무관 등이 채무자에게 송달하여야 하고 부동산 등기부 등본에 기입을 하도록 해당 등기소 등기관에게 촉탁하여야 한다. 만약, 채무자에게 부동산 강제경매의 개시 결정에 대하여 송달이 되지 않았다면 경매절차는 진행할 수 없고 채무자에게 송달이 되지 않은 상태에서 경매절차가 그대로 진행이 되었다면 그 절차는 무효가 된다. 이에 더하여 채무자가 법원으로부터 경매개시결정을 송달받지 아니하고 다른 경로로 진행 사실을 알았다면 그 또한 문제가 된다고 보아야 할 것이다. 위의 내용을 요약해 본다면 부동산 강제경매 시에는 부동산 소유자인 채무자에게 반드시 송달을 하여 그 사실을 알려야 한다는 것이다. 이어서 송달과 관련한 판례를 보도록 하겠다.

부동산 경락허가 결정에 관한 사건[143]으로 본 결정에 대한 주된 내용 중 송달에 관한 내용만 살펴보면 경매개시결정의 고지 없이 유효하게 경매절차를 속행할 수 있는지에 대하여 경매개시결정은 비단 압류의 효력을 발생시키는 것일 뿐만 아니라 경매절차의 기초가 되는 재판이어서 그것이 당사자에게 고지되지 않으면 효력이 있다고 할 수 없고 따라서, 따로 압류의 효력이 발생하였는지 여부에 관계

---

140) 사법보좌관 규칙 제2조에서 규정하고 있는 업무 범위 중 7호에 의하여 부동산에 대한 강제경매절차를 개시한다.
141) 법원 직원들은 법원 실무를 위하여 법원행정처에서 자체 발행한 법원실무제요를 바탕으로 업무를 하고 있으며 민사집행과 관련하여서는 총 4권으로 구성이 되어 있고 부동산에 대한 집행은 2권에 수록되어 있어 사기업에서의 업무 매뉴얼 정도로 이해하면 될 것이다.
142) 이시윤, 앞의 책, 2014, 283면.
143) 대법원 1991. 12. 16. 자 91마239 결정 참조.

없이 경매개시결정의 고지 없이는 유효하게 경매절차를 속행할 수 없다고 판시하였다.

다음 관련 판례는 적법한 강제경매 개시 결정의 송달과 관련한 사건[144]으로 본 결정을 요약하면 강제경매개시결정은 채무자에게 적법하게 송달되어야 효력이 발생한다는 것이다. 그러한 경매개시결정의 적법한 송달이 없이는 유효하게 절차를 진행할 수 없고, 채무자가 아닌 이해관계인도 채무자에 대한 경매개시결정이 적법하게 송달되지 않았다고 주장하여 이 절차에 대한 항고를 제기할 수 있다. 또한, 판례 역시 매각 절차가 진행 중에 채권자와의 기일 연기를 위한 협의를 통해서나 또는 이중경매개시가 결정된 다른 경매사건에 대한 경매개시결정 정본의 송달을 통해서 채무자가 경매의 진행 사실을 알았다고 하더라도 적법한 개시 결정의 송달로 볼 수 없다라고 하여 적법한 강제경매개시결정의 송달로 볼 수 없다고 판시하였다.

위의 내용과 판례에서도 알아보았듯이 채무자의 소유 부동산에 대한 강제경매는 채무자에게는 소중한 재산이기 때문에 반드시 그 사실에 대하여 송달해야 하고 알려야 한다는 데 목적이 있다고 생각한다. 그러나 안타깝게도 실무에서는 채무자를 보호하고 채무자에 대한 알 권리를 강화하는데 이러한 법적 요건에 대하여 근본 취지와는 다르게 정확히 알고 있는 몇몇 악성 채무자들은 소유 부동산의 강제경매를 지연시킬 목적으로 또는 강제집행을 방해할 목적으로 일부러 송달을 받지 않고 악용하는 사례를 볼 수 있어 안타깝다. 다음으로는 부동산 강제경매 진행 절차 중 두 번째 단계인 부동산 매각준비에 대하여 알아보도록 하겠다.

4. 부동산 매각준비

부동산 매각준비는 실질적으로 매각에 선행하여 이루어지는 절차로 다음의 6가지로 분류하여 설명하도록 하겠다.

첫째, 배당요구 종기의 결정과 공고 및 채권신고의 최고이다. 배당요구 종기의 결정과 공고에 대하여 부동산 강제경매에의 개시 결정에 따라 그 부동산에 대한 압류의 효력이 발생하였을 경우 관할 집행법원은 배당요구 종기의 결정과 공

---

144) 대법원 2006. 3. 27. 선고 2005마912 결정 참조.

고145)를 하여야 하고(실무상으로 배당요구 종기는 예를 들면, 채권자의 병합 등으로 인하여 다툰다거나 그 외 특별한 사정이 없는 한 개시결정일로부터 2-3개월 이하의 범위에서) 정한다146).

채권신고는 보전처분 이외에 채권신고의 최고와 관련한 서류를 작성하여야 하며 법원 내에 정해진 장소에 비치하고 열람하게 하여야 한다. 민사집행법 제84조 배당요구의 종기 결정 및 공고에 보면 집행법원은 경매개시결정 절차에 필요한 기간을 감안하여 배당요구를 할 수 있는 종기를 첫 매각기일 이전으로 정한다고 규정하고 있는데 배당요구의 종기 결정 및 공고는 경매개시결정에 따른 압류의 효력이 발생한 때부터 1주 이내에 하여야 한다고 되어 있다. 그리고 채권신고의 최고와 관련하여 4항에 채권자 및 조세 채권자 그리고 공과금을 주관하는 공공기관에 대하여는 채권의 유무 및 그 원인과 원금, 이자, 비용 그 밖의 부대 채권을 포함한 전체 액수를 배당요구의 종기까지 법원에 신고하고 최고하여야 한다고 되어 있다.

5항에는 그럼에도 불구하고 최고에 대한 신고를 하지 아니하면 그 채권자가 가지고 있는 채권액은 등기사항증명서 등의 집행기록에 있는 그대로 계산하고 추가적인 채권액은 추가하지 못하도록 하고 있다. 이와 관련하여 혹시 모른 상황에 대비하여 법원이 특별히 필요하다고 인정하는 때에는 배당요구의 종기를 연기할 수도 있게 하였다. 배당요구의 종기와 연기를 할 수 있도록 한 위의 규정들은 채권자의 권리가 침해된다고 볼 수 없다고 하였다.147)

둘째, 부동산가격 유지를 위한 조치로는 부동산을 집행당한 채무자는 부동산 강제경매절차가 끝날 때까지 선량한 관리자의 주의의무를 다하여야 한다. 그러나 채무자 입장에서는 자신의 소유 부동산이 경매에 넘어갔으므로 소유 부동산을 오히려 훼손하거나 자포자기하여 방치해 놓거나 그 주의를 다하지 못하게 될 것이다. 이에 민사집행법 제83조에 압류는 부동산에 대한 채무자의 관리 및 이용에 영향을 미치지 아니하며 법원은 직권으로 또는 기타 이해관계인의 신청에 따라 부동산에 대하여 침해행위를 방지하기 위하여 필요한 조치를 할 수 있도록 하였

---

145) 공고는 누구라도 쉽게 찾아볼 수 있도록 법원게시판 또는 대한민국 법원 법원경매정보사이트 (https://www.courtauction.go.kr)에 게시한다, 2019. 11. 17. 최종확인.

146) 김홍엽, 앞의 책, 2015, 183면.

147) 대법원 2007. 11. 29. 자 2007그62 결정 참조.

고 민사집행 규칙에 명시하여 그 내용을 좀 더 자세하게 구체화하였다. 내용을 살펴보도록 하겠다.

부동산 침해행위 방지 조치와 관련하여서는 민사집행규칙 제44조 부동산 침해행위 방지를 위한 조치를 규정하고 있다. 작위명령[148]은 채무자와 소유자 또는 부동산의 점유자는 부동산의 가격을 현저히 감소시키거나 훼손하거나 감소 및 훼손시킬 우려가 있는 행위를 한 경우에는 법원은 압류채권자 또는 최고가매수 신고인의 신청에 따라 매각허가결정이 있을 때까지 담보를 제공하게 하거나 담보를 제공하게 하지 아니하고 그 행위를 하는 사람에 대하여 가격 감소 행위 등을 금지하는 명령을 하거나 일정한 행위를 할 것을 명할 수 있도록 하였다.

집행관 보관 명령[149]으로는 부동산을 점유하는 채무자나 소유자 또는 부동산의 점유자로서 그 점유권을 가압류권자나 압류권자 혹은 소멸되는 권리를 갖는 사람에 대하여 대항할 수 없는 사람이 위의 규정에 따른 명령에 위반한 때 또는 가격 감소 행위 등을 하는 경우에 위의 규정에 따른 명령으로는 부동산 가격의 현저한 감소를 방지할 수 없다고 인정되는 특별한 사정이 있는 때에는, 법원은 압류채권자 또는 최고가매수신고인의 신청에 따라 매각허가결정이 있을 때까지 담보를 제공하게 하고 그 명령에 위반한 사람 또는 그 행위를 한 사람에 대하여는 부동산의 점유를 풀고 집행관에게 보관하게 할 것을 명할 수 있도록 하였다. 위의 규칙 조항에서 살펴보았듯이 부동산가격 유지를 위한 조치는 바로 부동산에 대한 보전적인 처분을 해 놓은 것이라 하겠다.

강제집행 중인 부동산의 미지급 지료 등에 대한 문제에 대하여는 민사집행규칙 제45조는 건물에 대한 경매개시결정이 있는 때에 그 건물의 소유를 목적으로 하는 지상권 또는 임차권에 관하여 채무자(부동산의 소유자)가 지료나 차임을 지급하지 아니하는 때에는, 압류채권자는 부동산의 가격 감소 행위 등에 대한 보전으로 법원의 허가를 받아 채무자를 대신하여 미지급된 지료 또는 차임을 변제할 수 있도록 하였고 채무자를 대신하여 변제한 금액은 경매 배당절차에서 집행비용으로 산정하여 최우선[150]으로 변제받을 수 있도록 하였다.

---

148) 김홍엽, 앞의 책, 2015, 187면; 이시윤, 앞의 책, 2014, 297면.
149) 김홍엽, 앞의 책, 2015, 187면; 이시윤, 앞의 책, 2014, 297면.
150) 이시윤, 앞의 책, 2014, 298면.

셋째, 집행관에 의한 현황조사이다. 부동산에 대한 현황조사는 법원의 명령으로 집행관이 실시한다(민사집행법 제85조 현황조사)고 규정하고 있다. 제도적인 의의로는 집행관은 집행 부동산의 현황을 파악하여 부동산 소유자인 채무자나 부동산을 낙찰받게 될 매수 희망자에게 부동산에 대한 현재 당시의 사실관계에 기초한 실제적이고 정확한 현황과 이와 관련된 이해관계인과의 권리관계를 파악하고 알림으로써 미래의 매수인이 필요한 정보를 확실히 얻을 수 있도록 한다. 그리하여 불측의 손해를 방지[151]하고자 하는데 그 목적이 있으므로 이것은 채권자나 채무자 모두에게 손해를 끼치지 않는 결과를 가져올 것이다. 집행관이 조사한 현황보고서는 매각물건 명세서 작성에 있어 가장 기초적이고 중요한 자료[152]가 되는 것에는 틀림이 없다고 할 것이다. 현황조사 보고서 내용을 토대로 최저매각 가격을 판단하고 임대차 관계에서 임차인의 우선변제권이나 대항력의 유무를 정하며 물적 부담에 대한 매각조건을 결정하게 된다.

현황조사의 방법과 문제점에 대하여 집행관은 그 부동산 주소지에 직접 방문·실사하여 전체적인 현황을 조사하게 되는데 그 내용은 점유의 관계 조사, 임차인이 있는지, 임차인이 존재한다면 임차금이나 보증금의 금액 기타 그 밖의 현황에 대하여 조사를 실시하고 그 내용을 정확하고 충실히 기재[153]하여 집행법원에 제출하고 공시한다. 만약, 집행관이 해당 부동산에 대한 현황조사를 한 보고서에 중대한 과실이 있는 경우에는 국가가 손해배상에 대한 책임을 져야 한다.[154] 필자가 집행관에 의한 현황조사와 관련하여서는 위에서도 살펴보았듯이 부동산 강제경매 뿐 아니라 자동차 강제경매 및 기타 경매에 있어서도 가장 기초적이고 기본이 되면서도 중요한 부분이기에 본 논문의 핵심이라고 할 수 있는 4장과 5장에서 제도적인 문제로 인하여 현황조사가 부실하거나 제대로 이루어지지 않고 있는 경

---

151) 대법원 2004. 11. 9. 2004마94 결정; 경매절차에 있어서 부동산 현황조사 및 입찰물건명세서의 작성은 입찰대상 부동산의 현황을 되도록 정확히 파악하여 일반인에게 그 현황과 권리관계를 공시함으로써 매수 희망자가 입찰대상 물건에 필요한 정보를 쉽게 얻을 수 있게 하여 예측하지 못한 손해를 입는 것을 방지하고자 함에 있다.
152) 이창한, 「현황조사 보고서 등의 작성 시 임대차 관련 내용의 충실한 기재」, 부동산입찰제도 실무상의 제문제, 1997, 309면 이하.
153) 이경춘, 「현황조사 보고서, 감정평가서 및 입찰물건명세서의 개선」, 부동산입찰제도 실무상의 제문제, 1997, 51면 이하.
154) 대법원 2008. 11. 13. 선고 2008다43976 판결 참조.

우가 실무적으로 많이 발생하고 있어 그 문제에 대한 문제점을 제시하고 해결책 까지 제시하도록 할 것이다.

넷째, 감정인의 평가 및 최저매각 가격의 결정에서 감정인의 평가는 부동산 감정인의 평가와 최저매각 가격의 결정에 관하여 민사집행법 제97조에 법원은 부 동산 감정인에게 부동산의 평가와 평가한 금액을 참고하여 최저매각 가격을 결정 하여야 하며, 필요시 감정인은 법원의 허가를 얻어 집행관의 원조를 요구할 수 있 다고 규정하고 있다. 부동산 감정인의 선정 절차는 부동산 감정인은 집행법원이 선임하는데 실무적으로 보통 감정평가사 자격이 있는 감정인을 선임하고 있으나 반드시 자격이 있는 감정평가사를 선임해야 된다는 규정을 두고 있지는 않으므로 부동산을 감정할 능력이 있는 사람이면 누구나 감정을 평가할 수 있도록[155] 하고 있다.

감정인의 사무로는 선임된 부동산 감정인은 민사집행규칙 제51조에서 규정하 고 있는 사항을 평가서에 기재하여 제출하여야 한다. 그 사항들로는 부동산 강제 경매 사건의 표시, 해당 부동산의 표시, 부동산의 평가액과 평가일, 부동산이 있 는 곳의 환경, 토지의 경우에는 지적 및 법에서 정한 규제나 제한의 유무가 있다 면 그 내용과 나라에서 정한 공시지가 등을 기록하고, 건물의 경우에는 건물의 종 류, 구조, 평면적 등 기타 그 밖에 추정할 수 있는 잔존 내구연수 등을 평가하여 야 한다. 그리고 평가액 산출의 과정과 추가적으로 법원이 명한 사항에 대하여 평 가서에 기록하여야 하며 마지막으로 부동산의 모습과 그 주변의 환경을 알 수 있 는 도면과 사진[156] 등을 추가하여 법원에서 정한 날까지 평가서를 제출해야 한다.

감정인의 사무처리 원칙과 관련하여 선임된 감정인은 신의성실의 원칙에 의하 여 업무에 최선을 다하겠다는 등의 선서는 할 필요가 없다.[157]

감정평가서의 경매절차서상의 의의를 보면 위에서 살펴본 매각물건 명세서는 현황조사 보고서에 기초하여 작성하고 최저매각 가격의 결정은 감정인이 감정한 감정평가서에 기초하여 결정하여야 한다. 이는 시세보다 현저하게 낮은 가격을 책 정하거나 부당한 가격책정을 방지하고 부동산 입찰을 원하는 미래의 매수인에게

---

155) 김충섭, 「집달관의 경매부동산 감정평가」, 국민과 사법, 1999, 662쪽 이하.
156) 실무적으로는 인터넷 사이트에서 제공하는 로드뷰 등을 활용하여 추가하고 좀 더 자세히 기록 을 하고 있다.
157) 이시윤, 앞의 책, 2014, 301면.

최저매각 가격을 제시함으로써 가격 형평이나 공정하게 하려는 것이라 생각한다. 실무적으로도 부동산 경매사건의 열람 등을 통하여 감정인이 평가한 감정평가 금액과 최저매각 가격은 거의 일치하고 있다.

다섯째, 매각물건 명세서의 작성과 비치와 관련하여서는 민사집행법 제105조에서 규정하고 있는데 매각물건 명세서에는 부동산의 표시와 부동산의 점유자와 점유의 권원 및 점유할 수 있는 기간과 차임 또는 보증금에 관한 관계인의 진술 등을 작성158)하여야 한다. 또한, 민사집행규칙 제55조 매각물건 명세서 사본 등의 비치에서 규정하고 있듯이 매각물건 명세서와 현황조사 보고서 및 감정평가서는 입찰기일이나 매각기일마다 그 일주일 전까지 사본을 각각 법원에 비치하여 그 서류를 보기를 원하는 사람은 누구든지 볼 수 있도록 비치하여야 한다. 그러나 법원은 전자통신매체에 공시함으로 그 사본의 비치에 갈음할 수 있다고도 하였다. 위 법과 규칙에서 정하고 있는 의미는 집행법원이 매각물건 명세서를 작성하고 그 기록들을 매수 희망자나 입찰에 참여하고 싶은 누구나에게 볼 수 있도록 한 것은 그 부동산에 대한 매각 금액이나 권리관계 등을 정확히 파악하고 좀 더 자세한 정보를 얻음으로 투명한 경매절차에 참가하고 혹시 모를 손해에 대하여 예방을 하기 위함159)이라 하겠다.

마지막으로 부동산 강제경매에서 실익이 없는 경우를 생각해 볼 수 있다. 부동산 강제경매에서 압류한 채권자에 대한 실익이 없는 경우와 관련하여 민사집행법 제91조 인수주의와 잉여주의의 선택에서 법원은 최저매각 가격으로 압류채권자의 채권에 우선하는 채권에 대하여 부동산의 부담을 매수인에게 인수하게 하거나, 매각대금으로 그 부담을 변제하는데 부족하지 아니하다는 것이 인정된 경우가 아니면 그 부동산은 매각하지 못하다고 규정하고 있다. 또한, 동법 제102조에서도 경매로 인하여 부동산의 모든 부담과 절차비용을 변제하고 남은 것이 없어 압류채권자의 실익이 없는 경우에는 압류권자인 채권자에게 이를 통지하고 경매를 취소해야 한다고 되어 있다. 이는 법원이 압류채권자인 채권자의 권리를 방해하려는 목적이 아니라 실익이 없는 경매 진행으로 인하여 추가적인 비용의 발생을 피하고 부당한 결과를 방지하고자 하는데 그 의미를 두어 압류채권자를 보호하기 위

---

158) 대법원 2010. 11. 30. 자 2010마1291. 결정 참조.
159) 대법원 2004. 11. 9. 자 2004마94. 결정 참조.

한 것으로 해석하면 될 것이다.[160]

다음으로 부동산의 매각기일 및 매각결정기일의 지정, 공고 그리고 통지에 대하여 알아보도록 하겠다.

5. 부동산 매각기일 및 매각결정기일의 지정, 공고 그리고 통지

용어의 정의를 먼저 살펴보면, 관할 집행법원이 매각할 부동산에 대하여 매각을 실시하는 기일을 매각기일이라 하고, 정해진 매각기일에 매각이 되어 최고가 매수신고인이 있을 경우에 법원이 매각허가의 여부를 결정하여 선고하는 기일을 매각결정기일이라고 한다. 부동산을 매각하기 위해서는 매각기일과 매각결정기일을 지정하고 공고하여야 하는데 이와 관련하여서는 민사집행법 제104조에 집행법원은 최저매각 가격으로 전 단락에서 살펴본 해당 부동산에 대한 모든 부담과 비용을 변제하고도 남은 금액이 있을 것으로 인정하거나, 압류채권자가 그 통지를 받은 날부터 일주일 이내에 위의 비용을 변제하고도 남을 만한 가격을 정하여야 한다. 그리고 그 가격에 맞는 매수신고가 없을 경우에는 압류채권자 본인이 그 가격으로 매수하겠다고 집행법원에 신청을 하면서 이에 충분한 보증을 제공한 경우에는 법원이 직권으로 매각기일과 매각결정기일을 지정하고 대법원 규칙이 정하는 방법으로 공고[161]하여야 하며 이해관계인에게 통지하여야 한다고 규정하고 있다.

실무적으로 집행법원에서는 부동산에 대한 유찰이나 혹시 모를 상황에 대하여 매각기일과 매각결정기일을 3회 내지 4회 정도[162]로 정하여 진행하고 있으며 이렇게 하는 것이 절차상 편리하고 또한, 채권자나 채무자 그리고 매수를 희망하는 사람들 입장에서도 앞으로의 일정을 미리 알고 계획할 수 있어 서로에게 좋은 결과를 가져다 줄 것이라 생각한다.

지금까지 살펴본 내용이 부동산 강제경매 절차에서 실질적으로 부동산을 매각하기 위한 준비절차였다면 이하에서는 부동산 강제경매 절차의 근본 목적인 부동

---

160) 이효종, 「부동산 강제경매에 있어서 잉여주의에 위반한 사유로 인한 채무자의 항고」, 대법원 판례해설 1호, 1981, 243쪽 이하.
161) 공고는 법원 게시판에 게시, 관보 및 공보 또는 신문에 게재, 전자통신매체를 이용한 공고 가운데 하나의 방법에 의하면 된다; 민사집행규칙 11조 내용 요약.
162) 김흥엽, 앞의 책, 2015, 196면.

산을 매각하고 그 후 대금납부와 부동산에 대한 인도명령 그리고 마지막 순서인 배당절차까지 알아보도록 하겠다.

6. 부동산 매각실시

부동산의 매각과 관련하여서는 민사집행법 제112조 매각기일의 진행에서 정한 규정대로 집행관의 주재[163]하에 기일입찰 또는 호가경매에 의한 방법으로 매각기일에는 매각기일에 출석한 부동산 경매사건과 관련한 이해관계인과 입찰에 참여하여 매수를 희망하는 자에게 매각물건 명세서와 집행관이 조사한 현황조사보고서 그리고 집행법원이 정한 부동산 감정인이 평가한 부동산 감정평가서의 사본을 볼 수 있게 하여야 한다. 그 외 특별한 매각조건이 있는 경우에는 이를 고지하여야 하며 법원이 정한 매각방법에 따라 매수가격을 신고하도록 최고하여야 한다.

입찰기일의 절차에 관하여는 민사집행규칙 제65조 입찰기일의 절차에서 집행관이 주재하여 입찰을 최고 하는 때에는 입찰 마감시각과 개찰시각을 입찰에 참여한 사람들 누구나 알 수 있도록[164] 고지하여야 한다. 그러나 입찰표의 제출을 최고한 후 1시간 동안은 입찰을 마감하여서는 안 되고 기다려야 한다.

집행관이 입찰표를 개봉할 때에는 입찰에 참여한 사람들을 참여시켜야 한다. 혹시라도 입찰을 한 사람이 없거나 아무도 참여하지 아니하는 경우가 있거나 할 때에는 적당하다고 인정되는 사람을 참여시켜야 한다. 마지막으로 입찰표를 개봉할 때에 집행관은 입찰목적물, 입찰자의 이름과 입찰가격을 불러야 한다고 규정하고 있다.

부동산의 매각은 집행법원이 정한 매각방법에 따르도록 민사집행법 제103조에서 규정하고 있다. 그 방법에는 3가지의 경우를 생각해 볼 수 있는데 첫째는 경매기일에 입찰을 희망하는 매수인이 매수신청 금액을 올려가며 매각 금액을 정하는 호가경매가 있고, 둘째는 경매기일 당일에 입찰을 받아 개찰하여 보증금 10%와 함께 투찰을 하는 기일입찰이 있으며, 마지막으로 일주일 이상부터 한 달 이내

---

163) 이시윤, 앞의 책, 2014, 315면.
164) 선행 연구자 이시윤은 입찰의 개시를 알리는 방법으로 종을 울린다고 하였으며 필자가 실무에서 부동산 강제경매에 대한 경매법정 입찰에 참여하였을 때에도 집행관이 종을 울리고 시작하였다.

의 기간 안에 입찰 기간을 정하여 입찰 기간 후 일주일 안에 개찰하는 기간입
찰165)의 방법을 생각해 볼 수 있다.

　　이때 기간입찰의 보증금은 서울보증보험회사 등에서 발급하는 보증서로도 대
체할 수 있다. 필자의 실무적인 경험으로 비추어볼 때 부동산 강제경매의 사건에
서는 집행법원은 위의 3가지 매각방법 중 기일입찰을 택하고 있는 경우를 가장
많이 봐왔다. 이에 대하여 법에서 정하고 있듯이 입찰자나 매수 희망자는 집행법
원이 정한 매각방법대로 따르면 된다.

　　그러나 이와 관련하여 어느 방법으로 부동산을 매각하는 것이 채권자나 채무
자 그리고 입찰자와 매수 희망자에게 가장 적합할지에 대한 견해가 나뉠 수 있으
나 필자의 개인적인 견해는 입찰기일 당시에 호가경매의 방법에 의해 매각을 실
시하게 되면 법정이 혼란해질 수 있으며 순수한 입찰자나 매수 희망자 이외의 소
위 몇몇이 짜고 매각 금액을 터무니없이 올리거나 또는 내리거나 하는 방법을 취
할 수 있어 선의의 피해자가 발생할 수 있다고 생각한다.

　　또한, 일정한 기간을 두고 입찰을 하는 기간입찰의 방법을 택한다면 그만큼의
매각 일정이 지연되어 채무자나 채권자에게 다소 불리한 결과가 초래할 수도 있
다고 생각되므로 본 필자는 기일입찰이 부동산 경매(강제경매든 임의경매든지에 관계
없이 부동산 경매의 매각 시)에서의 매각방법으로는 가장 적합하다166)고 생각한다.

　　이 외에 부동산 매각실시와 관련하여 최고가매수 신고인의 결정, 매각장소와
집행관의 질서유지, 매수신청, 공유물지분 등에 대한 경매에 있어서 우선매수권에
기한 매수신고, 매각결정 절차에서 매각결정 기일에서의 진술이나 이의신청, 매각
허가나 불허가 결정 등 좀 더 구체적인 내용에 대하여는 차후에 별도로 연구를
하도록 하겠다.

---

165) 박영호, 「기간입찰제 시행에 대한 평가와 전망」, 한국 민사소송법학회지, 12권 1호, 2008, 416면.
166) 선행 연구자 김홍엽도 기일입찰이 일반적으로 시행되고 있다고 하였다; 김홍엽, 앞의 책,
　　　2015, 204면.

7. 대금납부

부동산 매각허가결정이 확정된 이후에 법원은 대금의 납부와 관련하여 납부기한을 정하고 매수인과 차순위 매수신고인에게 통지하여야 한다고 민사집행법 제142조에 명시하고 있다. 다시 말해 매각허가결정 전에 대금납부의 기한을 정하여서는 안 된다.[167)

이에 따라 매수인은 대금 납부의 기한까지는 당연히 매각대금을 지급하여야하고 매수신청의 보증으로 금전이 제공된 경우(통상적으로 입찰금액의 10%에 해당하는 금액)에는 그 금액을 매각대금에 포함하여야 한다. 또한, 매수신청의 보증으로 금전 외의 것이 제공된 경우에 매수인은 매각대금 중 보증금액을 뺀 나머지 금액만을 납부한 경우에는 법원은 보증을 현금화하여 그 비용을 뺀 금액을 보증액에 해당하는 금액 및 이에 대한 이자에 충당하고 부족한 금액이 있다면 재차 대금지급 기한을 정하여 매수인으로 하여금 부족한 금액을 납부하게 하여야 한다.

매수인이 정해진 대금 납부기한 안에 납부 금액을 전액 지급하였다면 차순위 매수신고인은 매수의 책임에서 벗어나게 되어 매수신청에서 보증금으로 납부했던 보증금액을 다시 상환하여 줄 것을 법원에 요구할 수 있다고 하였다.

대금 지급 기한에 대하여 민사집행규칙 제78조에서는 대금 지급 기한은 매각허가결정이 확정된 날부터 1월 안의 날로 정하여야 하고 경매사건 기록이 상소법원에 있는 때에는 그 기록을 송부받은 날부터 1개월 안의 날로 정하여야 대급 지급 기한을 정해야 한다고 되어 있다. 그러나 실무상으로는 통상적으로 매각허가결정이 확정된 날이나 상소법원에서 기록을 송부받은 날부터 3일 안에 재판예규에 따라 대금납부 기한을 정하고 있으며,[168) 매각대금 납부는 일시불 현금으로 납부[169)하여야 한다.

매수인이 매각대금 납부기한 안에 대금을 전액 납부하였을 경우에는 제144조 매각대금 지급 뒤의 조치 규정에 따라 법원사무관 등은 매각허가결정의 등본을 추가하여 매수인 앞으로 소유권을 이전하는 등기와 매수인이 인수하지 아니한 부

---

167) 대법원 1992. 2. 14. 선고 91다40160 판결 참조.
168) 김홍엽, 앞의 책, 2015, 229면.
169) 이시윤, 앞의 책, 2014, 341면.

동산의 부담에 관한 기입을 말소하는 등기를 촉탁하여야 한다. 그 외 경매개시 결정등기를 말소하는 등기도 촉탁하여야 한다. 이와 관련하여 등기에 드는 비용은 매수인이 전액 부담하도록 하고 있다.

8. 부동산의 인도명령과 관리명령

위에서 살펴본 바와 같이 대금납부가 완료된 이후에 매수인 앞으로 소유권을 이전하는 등기가 촉탁되었다고 한다면 집행법원은 6개월 이내에 민사집행법 제136조에 근거하여 집행법원에 부동산의 인도명령 신청[170]을 하게 되면 기존의 부동산 소유자(또는 채무자)나 부동산을 점유하고 있는 점유자에 대하여 매수인은 부동산의 인도 및 명도의 강제집행을 실시할 수 있다.[171] 그럼에도 불구하고 기존 부동산의 소유자나 점유자가 그 인도의 명령을 거부하거나 따르지 아니할 경우에는 매수인은 집행관에게 부동산의 인도명령[172]에 대하여 도움을 요청할 수 있고 그 집행을 위임할 수 있다. 그러나 점유권을 가지고 있는 점유자는 매수인 또는 집행관이 점유자를 상대로 심문 등의 방법으로 매수인에게 대항할 수 있는 권원에 의하여 점유를 하고 있는 것으로 인정되는 경우에는 그러하지 아니한다.

이어서 부동산의 관리명령에 대하여 매수인(또는 채권자)이 법원에 관리명령을 신청하면 매각허가가 결정된 후에 부동산을 인도할 때까지 관리인으로 하여금 부동산을 관리할 수 있도록 관리명령을 내릴 수 있고 그 부동산의 관리를 위하여 필요하다면 매수인은 법원에 신청하여 담보를 제공하게 하거나 부동산을 매수인에게 인도하도록 명할 수 있다고 민사집행법 제136조에서 규정하고 있다.

Ⅲ. 배당절차

압류채권자를 비롯하여 이와 관계된 이해관계자들은 부동산 강제경매를 통하

---

170) 사법보좌관 규칙 제2조 업무 범위에서 부동산의 인도명령 및 관리명령은 사법보좌관의 사무를 제외하여 집행법원 판사의 사무가 된다.
171) 이시윤, 앞의 책, 2014, 348면.
172) 민사집행법 제258조 1항 참조.

여 결국에는 배당을 통해 채권의 만족을 얻기 위함일 것이다. 부동산이 낙찰되고 낙찰받은 매수인이 부동산 매각대금을 전액 납부하면 매수인은 해당 부동산에 대한 소유권을 취득하고 인도받으면 절차가 종료되지만 강제경매에서의 마지막 절차인 배당금액(매수인이 납부한 매각 금액 등)을 어떠한 순서대로 배당해주느냐의 문제만을 남겨 놓게 된다. 이렇게 배당절차가 종료되어야 강제집행 절차는 실질적으로 종료가 될 것이다. 이에 본격적으로 배당절차에 대하여 알아보도록 하겠다.

배당금액과 관련하여 민사집행법 제145조에 보면 매각대금이 전액 납부되면 법원은 배당절차를 밟아 매각대금의 배당을 하여야 한다고 규정하였다. 그리고 배당에 참가한 모든 채권자나 이해관계자들을 매각대금으로 모두 만족시킬 수 없는 경우에는 집행법원은 우리법에서 정하고 있는 배당 우선순위에 의하여 배당을 하여야 한다. 배당금액에 대하여는 기본적으로 매각대금과 매각대금 납부의 기한이 지난 뒤부터 대금납부 시까지 발생한 지연이자, 항고의 보증 또는 전 매수인의 매수신청에 의한 보증 등을 포함한다.

배당기일의 지정 및 통지와 계산서 제출의 최고와 관련하여서는 제146조 배당기일에서 법원은 배당에 관하여 배당을 실시할 기일을 지정하고 채권자 및 이해관계자에게 이를 통지하여야 한다고 규정하고 있다. 이때 법원사무관 등은 압류채권자나 이해관계인에게 채권의 원금과 배당기일 지정일까지의 이자 기타 부대채권 비용 및 집행비용을 작성한 계산서를 일주일 내에 집행법원에 제출해 줄 것을 최고[173]하여야 한다. 이는 법원에서 각 채권자와 이해관계자가 제출한 계산서에 기초하여 배당표를 작성하게 된다.

배당표 작성과 비치와 관련하여 집행법원은 배당표의 확정과 관련하여 배당기일 3일 전에 배당표 원안을 작성하여 채권자와 채무자 또는 이해관계자에게 미리 보여 주기 위하여 법원에 비치해야 한다. 배당표에는 매각대금, 채권자나 이해관계자의 원금, 이자, 비용, 배당의 우선순위와 배당의 비율을 적어야 한다. 그 후에는 배당을 요구한 채권자와 이해관계자를 대상으로 심문하여 배당표를 확정하여야 한다(제149조 배당표의 확정). 배당표에는 배당할 총금액에 대하여 채권자의 우선순위대로 나열하고 배당의 비율을 적는다. 실무적 경험으로 본 필자가 여신전문금융회사에 근무 당시의 경험을 말하자면 만약, 모든 채권자가 만족하지 못하는

---

173) 민사집행규칙 제81조 계산서 제출의 최고 참조.

배당금이 책정될 경우를 자주 볼 수 있는데(이 경우에는 매각대금 등의 배당금액보다 채무자가 신청 채권자에게 상환해야 할 금액이 많은 경우라 할 수 있다), 신청 채권자가 목록에 없고 마지막 순위의 채권자에 대한 배당 비율이 0%로 기재되어 있다면 배당표가 잘 못 작성된 것이 아니라 배당표 목록에 기재되어 있지 않은 신청 채권자는 후순위권자로 밀려 배당(금)을 받지 못하는 경우로 해석하면 될 것이다.

배당순위와 관련하여서는 배당과 관련한 모든 준비가 끝나면 배당순위와 관련하여 매각대금 등의 총배당금으로 배당에 참가한 모든 채권자를 만족하게 할 수 없는 경우에 법원은 민법, 상법 그 밖의 법률에 의하여 배당 우선순위에 따라 배당을 하여야 한다(민사집행법 제145조 매각대금의 배당)고 규정하고 있다. 배당순위는 위에서도 살펴보았듯이 국세기본법 제36조, 지방세기본법 제101조와 특별법에서 정하고 있는 우선변제청구권 등 여러 가지 규정을 종합적으로 판단[174]하여 정하여야 한다. 즉, 배당에 참가한 채권자의 배당청구 성격에 따라 배당순위가 달라질 수 있으므로 다음 표에서 일반적인 배당순위에 대하여 알아보도록 하겠다.

표 14 **부동산 경매 후의 배당순위[175]**

1순위	집행비용
2순위	최종 3개월분 임금과 재해보상금, 최종 3년간 퇴직금, 임차 주택의 소액보증금, 임차상가건물의 소액보증금
3순위	조세 중 당해 부동산에 부과된 세금
4순위	담보권에 앞서는 일반 조세 및 공과금
5순위	조세 등에 뒤지는 담보권(저당권, 전세권, 가등기담보권 등)
6순위	임금, 퇴직금, 재해보상금, 기타 근로관계 채권
7순위	저당권, 전세권의 설정일보다 이후에 발생 된 일반 조세
8순위	국민건강보험료, 국민연금보험료, 고용보험료, 산업재해보험료
9순위	담보권이 없는 일반채권

---

174) 이시윤, 앞의 책, 2014, 361면.
175) 김홍엽, 앞의 책, 2015, 255－270면 요약; 이시윤, 앞의 책, 2014, 361－367면 요약.

집행법원은 위의 배당순위에 의하여 배당표를 작성하여야 하고 배당기일에 배당받을 채권자의 신분과 관련 서류 등을 확인한 후 이상이 없으면 채권자에게 법원보관금 출급(환급)명령서를 주게 된다. 채권자는 이 서류를 가지고 법원 보관금계에 신분증과 함께 제시하면 보관금 출급(환급)지지서를 받아 은행에 가서 배당금을 수령하면 된다.

실무상 경험에 비추어보면 배당기일 당일에 배당표가 배당 우선순위에 따라 잘 작성이 되었는지 확인하는 경우가 많은데 압류채권, 임금채권, 소액임차인, 소액보증금, 국세 등 이해관계인이 많은 배당사건의 경우에는 간혹 1. 배당 우선순위에 따라 작성이 되지 않았다거나 2. 당연히 배당받아야 할 채권자를 빼고 작성이 되었거나 3. 배당순위에 밀려 배당을 받을 수 없는 채권자가 다른 선 순위 채권자와 순서가 바뀌어서 배당을 받도록 작성이 된 경우가 있으므로 가능하면 미리 확인을 하면 좋을 것이다. 만약, 위의 3가지 경우에서 본 것처럼 배당기일 이전에 배당표가 잘 못 작성이 되었다는 것을 알았을 경우에는 배당이의의 사유가 되므로 집행법원에 이 사실을 알리고 배당표를 재작성하도록 요청하면 될 것이고, 배당기일에 알았다면 배당이의 또는 배당이의의 소[176]를 제기하여 배당권자의 권리를 찾으면 될 것이다.

IV. 유치권과 임차인

1. 유치권의 의의 및 법적 성질

가. 개념 및 인정 근거

민법 제320조 제1항에 따르면 타인의 물건(物件) 또는 유가증권(有價證券)을 점유(占有)한 자(者)는 그 물건이나 유가증권에 관하여 생긴 채권(債權)이 변제기(辨濟期)에 있는 경우에는 변제를 받을 때까지 그 물건 또는 유가증권을 유치할 권리가 있다고 규정하고 있고 이러한 권리를 유치권이라 한다. 유치권은 법률로 인정되는 법정담보물권으로 유치권은 물권적 인도거절권으로 경매에서의 매수인을 포함하

---

176) 대법원 2006. 1. 26. 선고 2003다29456 판결 참조.

여 그 누구에게도 대항할 수 있는 강력한 힘의 기능을 한다.[177]

나. 유치권과 동시이행 항변권

유치권과 유사한 것으로 민법 제536조에 동시이행의 항변권이 있다. 규정하고 있는 내용을 보면 1항. 쌍무계약의 당사자 일방은 상대방이 그 채무·이행을 제공할 때까지 자기의 채무·이행을 거절할 수 있으나 상대방의 채무가 변제기에 있지 아니하는 때에는 그러하지 아니하고 2항. 당사자 일방이 상대방에게 먼저 이행하여야 할 경우에는 상대방의 이행이 곤란하고 현저한 상황이나 사유가 있는 때에는 1항의 내용과 같다고 하였다.

예를 들어, 동산매매에서 매도인은 매매대금의 제공이 있을 때까지 목적물의 인도를 거절할 수 있다는 점에서 유치권을 주장하는 경우와 다르지 않다.[178] 첫째, 공통점으로는 유치권과 동시이행의 항변권은 공평의 원칙에 근거하여 부여한다는 점과 성립요건으로 견련관계(牽連關係)와 변제기의 경과를 요구하는 점이고 상대방 이행의 청구에 대하여 권리를 행사하면 상환급부 판결이 내려진다는 점에서 유사하다.

둘째, 차이점으로는 공평의 원칙을 요구하는 근거가 다르다. 유치권에서 하나의 물건에 관하여 그 반환 채무와 그 물건으로부터 발생한 채무가 서로 대립함에 그 근거가 있다. 따라서 채권의 발생원인은 묻지 않는다. 동시이행의 항변권은 채권·채무가 원칙적으로 하나의 쌍무계약으로부터 발생하여 서로 대가 관계를 이루면서 대립함에 근거가 있다.

셋째, 제도의 목적이 다르다. 유치권은 유치권자의 채권담보를 목적으로 하는 반면, 동시이행의 항변권은 당사자 일방만의 선 이행 요구를 거절토록 함을 목적으로 한다.

넷째, 법적 성질이 상이하다. 유치권은 독립한 물권인 반면, 동시이행의 항변권은 특정의 채무자가 가지는 단순한 거절 권능에 불과하다.

다섯째, 그 밖에 거절 급부의 종류, 거절의 대상 및 범위 발생원인과 행사의 상대방, 경매권 인정 여부 및 소멸 사유 등에서 차이가 있다.

177) 지원림, 앞의 책, 2019, 731면.
178) 지원림, 앞의 책, 2019, 732면.

다음으로 양자의 병존과 관련하여 유치권은 채권이 변제되지 않는 한 소멸하지 않기 때문에, 동시이행의 항변권이 존재하는 동시에 유치권도 존재할 수 있다. 그리고 양자의 병존을 인정하더라도 유치권을 행사하면 상대방은 선 이행의무를 지므로 동시이행의 항변권의 존재는 무의미하다 할 것이다.179)

다. 물권

유치권자는 채권의 변제를 받을 때까지 채무자뿐만 아니라 물건의 소유자, 양수인, 경매에서의 매수인을 포함하여 누구에 대해서든 목적물을 유치하여 인도를 거절할 수 있다. 그러나 타인의 물건을 점유하고 있음에 기초하여 인정되는 권리이므로, 점유의 상실에 의하여 당연히 소멸하며(민법 제328조), 추급효(追及效)를 가지지 않을 뿐 아니라 부동산의 경우에도 등기를 요하지 않는다는 점에서 그 특색이 있다 할 것이다.

라. 담보 물권

담보 물권에 대하여는 다음과 같이 3가지로 알아보도록 하겠다. 첫째, 법정성인데 유치권은 일정한 요건이 갖추어지면 법률상 당연히 성립하는 법정 담보 물권이다. 이러한 점에서 원칙적으로 약정 담보 물권인 질권 및 저당권과는 차이가 있다. 둘째, 담보 물권성이다. 담보 물권으로써 유치권은 채권의 변제를 받을 때까지 목적물을 유치하는 유치적 권능을 가질 뿐 우선 변제적 권능을 가지지 않는다. 다만 유치물로부터 생기는 과실에 대해서는 우선 변제권(민법 제323조 과실수취권에 대하여 좀 더 자세히 살펴보면 1항 유치권자는 유치물의 과실을 수취하여 다른 채권자보다 먼저 그 채권의 변제에 충당할 수 있으나 과실이 금전이 아닌 때에는 경매를 통해 변제에 충당해야 한다고 하고 있으며 2항에는 과실로 인한 금전의 처리는 먼저 채권의 이자에 충당하고 그 잉여가 있을 경우에는 원금에 충당한다고 규정되어 있다)을 행사할 수 있다. 셋째, 담보 물권의 통유성의 수정으로 유치권은 목적물과 채권 사이의 견련관계180)를 요건으로 하는 법정 담보물권이므로 특히 부종성이 강하다.

---

179) 지원림, 앞의 책, 2019, 733면.
180) 대법원 2011. 12. 22. 선고 2011다84298 판결, 유치권 부존재 확인 사건; 유치권은 목적물의 소유자와 채권자와의 사이의 계약에 의하여 설정되는 것이 아니라 법이 정하는 일정한 객관적 요건(민법 제320조 제1항, 상법 제58조, 제91조, 제111조, 제120조, 제147조 등 참조)을 갖춤

그리고 유치권의 수반성도 인정된다. 따라서 채권과 함께 목적물의 점유가 이전되어야 하지만 등기나 배서는 필요로 하지 않는다. 또한, 유치권에서도 불가분성이 인정된다(민법 제321조). 유치물은 각 부분으로써 피담보채권의 전부를 담보하며 이와 같은 유치권의 불가분성은 그 목적물이 분할 가능하거나 수개의 물건인 경우에도 적용된다. 다만 타담보 제공에 의한 유치권의 소멸청구에 의하여 불가분성이 완화된다. 마지막으로 유치권자는 경매청구권을 가지지만, 매각대금으로부터 우선변제를 받을 권능을 가지지는 않는다. 따라서 물상대위성을 인정할 여지는 없다 할 것이다.

2. 유치권의 성립과 효력

가. 성립요건

적법하게 점유하는 타인 소유의 물건 또는 유가증권에 대하여 알아보면 유치권의 대상인 물건 또는 유가증권은 채무자의 소유여야만 하는 것은 아니다(유치권에 대하여는 민법 제320조 유치권의 내용에 명시되어 있는데 첫째, 타인의 물건 또는 유가증권을 점유한 자는 그 물건이나 유가증권에 관하여 생긴 채권이 변제기에 있는 경우에는 변제를 받을 때까지 그 물건 또는 유가증권을 유치할 권리가 있으며, 그 점유가 불법행위로 인한 경우에는 적용하지 아니한다고 규정하고 있다).

또한, 유치권자가 물건 또는 유가증권이 채무자 소유에 속하지 않음을 알았더라도 문제가 되지는 않는다고 하고 이 점은 상법에서 규정하고 있는 상사유치권

으로써 발생하는 이른바 법정담보물권이다. 법이 유치권 제도를 마련하여 위와 같은 거래상의 부담을 감수하는 것은 유치권에 의하여 우선적으로 만족을 확보하여 주려는 그 피담보채권에 특별한 보호 가치가 있다는 것에 바탕을 둔 것으로서, 그러한 보호 가치는 예를 들어 민법 제320조 이하의 민사유치권의 경우에는 객관적으로 점유자의 채권과 그 목적물 사이에 특수한 관계(민법 제320조 제1항의 문언에 의하면 "그 물건에 관한 생긴 채권"일 것, 즉 이른바 '물건과 채권과의 견련관계'가 있는 것)가 있는 것에서 인정된다. 나아가 상법 제58조에서 정하는 상사유치권은 단지 상인 간의 상행위에 기하여 채권을 가지는 사람이 채무자와의 상행위(그 상행위가 채권 발생의 원인이 된 상행위일 것이 요구되지 아니한다)에 기하여 채무자 소유의 물건을 점유하는 것만으로 바로 성립하는 것으로서, 피담보채권의 보호 가치라는 측면에서 보면 위와 같이 목적물과 피담보채권 사이의 이른바 견련관계를 요구하는 민사유치권보다 그 인정 범위가 현저하게 광범위하다.

과는 구별이 된다. 상사유치권은 채무자 소유의 물건만을 대상으로 한다(상법 제58
조 상사유치권을 보면 상인(商人)간의 상행위로 인하여 채권이 변제기에 있는 때에는 채권자
는 그 변제를 받을 때까지 채무자에 대한 상행위로 인하여 유치권자가 점유하고 있는 채무자
소유의 물건 또는 유가증권을 유치할 수 있다. 그러나 당사자 간에 다른 약정이 있으면 그러
하지 아니하다고 규정하고 있다).

　물건 또는 유가증권에 대하여 유치권의 대상인 물건은 동산이나 부동산이나
상관이 없다. 즉, 부동산도 유치권의 목적물이 될 수 있다. 법정담보물권으로써
유치권은 점유에 의하여 공시가 되기 때문에 등기를 필요로 하지는 않는다. 담보
되는 채권의 양도와 목적물의 점유 이전이 있으면 수반성에 의하여 이전되므로
민법이 규정하고 있는 단서도 적용되지 않는다(민법 제187조에 등기를 필요로 하지
아니하는 부동산 물권취득에 보면 상속, 공용징수, 판결 및 경매 기타 법률의 규정에 의한 부
동산에 관한 물권의 취득은 등기를 필요로 하지 아니한다고 되어 있다). 그러나 등기를 하
지 아니하면 이를 처분하지 못하는 것은 당연하다. 그리고 물건의 일부에 대한 유
치권도 성립할 수 있다는 대법원 판례가 있는데 그 내용을 요약하여 알아보면 타
인이 임야의 일부를 개간한 자가 그 개간 부분에 대하여 유치권을 항변하였는데
거래상 개간 부분과는 다른 부분과의 분할이 가능함이 용이하게 되는 경우에는
그 유치권의 객체는 임야 중 개간부분에 한하는 것이었다고 할 것임에도 불구하
고 인도청구 전부를 배척한 것은 위법이다고 판시하였다.[181]

　유치권은 반드시 점유가 필요하고 계속[182])되어야 하며 유치권자가 점유를 잃
으면 유치권은 소멸한다(민법 제192조 점유권의 취득과 소멸에 보면 물건을 사실상 지배
하는 자는 점유권이 있고 점유자가 물건에 대한 사실상의 지배를 상실한 때에는 점유권이 소
멸한다고 되어 있으나 동법 제204조 점유의 회수에 점유자가 점유의 침탈을 당한 때에는 그
물건의 반환 및 손해의 배상을 청구할 수 있다는 규정에 의하여 점유를 회수한 때에는 그러
하지 아니하다고 되어 있다). 그러나 점유가 침탈되었더라도 침탈된 점유를 회복한다
면 그 점유는 소멸하지 않은 것으로 간주되어(민법 192조 제2항 단서) 유치권은 소
멸되지 않는다.

---

181) 대판 1968. 3. 5. 선고 67다2786 제2부 판결 참조.
182) 윤진수, 「유치권 및 저당권 설정 청구권에 관한 민법개정안」, 민사법학 제63−1호, 한국민사
　　법학회, 2013, 142면.

이와 관련하여 대법원 판례를 통하여 좀 더 구체적인 사례를 알아보면 "갑" 주식회사가 건물신축 공사대금 일부를 지급받지 못하자 건물을 점유하면서 유치권을 행사해 왔는데 그 후 "을"이 경매절차에서 건물 중 일부의 상가를 매수하여 소유권 이전 등기를 마친 다음 "갑" 회사의 점유를 침탈하여 "병"에게 임대한 사안에서 "을"의 점유침탈로 인하여 "갑" 주식회사가 점유를 상실한 이상 유치권은 소멸하고 "갑" 주식회사가 점유 회수의 소를 제기하여 승소 판결을 받아 점유를 회복한다면 점유를 상실하지 않았던 것으로 되어 유치권은 다시 되살아나지만 위와 같은 방법으로 점유를 회복하기 전에는 유치권이 되살아나는 것이 아님에도 "갑" 주식회사가 상가에 대한 점유를 회복하였는지를 심리하지 아니한 채 점유 회수의 소를 제기하여 점유를 회복할 수 있다는 사정만으로는 "갑" 회사의 유치권은 소멸하지 않았다고 본 원심판결에 점유상실로 인한 유치권 소멸에 관한 법리오해의 위법이 있다고 한 사례다.[183]

적법한 점유일 경우에 대하여 점유가 불법행위로 인한 경우에는 유치권은 성립하지 않는다고 민법 제320조 제2항에 규정하고 있다. 예를 들어, 불법행위로 인하여 점유를 취득한 후 적법한 권원을 취득한 경우에도 처음에 불법행위로 인하여 점유를 취득하였기 때문에 그 유치권은 부정되며 불법행위가 당사자가 아닌 제3자에 대하여 행하여진 경우에도 유치권이 성립하지 않는다고 하였다.

이와 관련하여 다음과 같이 대법원 판례를 통하여 살펴보도록 하겠다. 건물철거는 그 소유권의 종국적 처분에 해당하는 사실행위이므로 원칙으로는 그 소유자에게만 그 철거처분권이 있으나 미등기 건물을 그 소유권의 원시 취득자로부터 양도받아 점유를 하고 있는 자는 비록 소유권 취득 등기를 하지 못하였다고 하더라도 그 권리의 범위 내에서는 점유 중인 건물을 법률상 또는 실제로 처분할 수 있는 지위에 있으므로 그 건물의 존재로 불법 점유를 당하고 있는 토지 소유자는 위와 같은 건물점유자에게 그 철거를 구할 수 있다. 위의 건물점유자가 건물의 원시 취득자에게 그 건물에 관한 유치권이 있다고 하더라도 그 건물의 존재와 점유가 토지 소유자에게 불법행위가 되고 있다면 그 유치권으로 토지 소유자에게 대항할 수 없다고 판시하였다.[184]

---

183) 대법원 2012. 2. 9. 선고 2011다72189 판결 참조.
184) 대법원 1989. 2. 14. 선고 87다카3073 판결 참조.

다음으로 점유가 불법행위로 개시되었다는 점에 대한 증명책임은 반환청구자
에게 있다는 대법원 판례를 들어 알아보도록 하겠다.

첫째, 건물명도 사건에서 제3자에게 가지는 건물에 관한 유치권으로 건물철거
청구권을 갖는 대지 소유자에게 대항할 수 있는지 여부에 대하여 건물철거는 그
소유권의 종국적 처분에 해당하는 사실행위이므로 원칙으로는 그 소유자에게만
그 철거처분권이 있으나 미등기 건물을 그 소유권의 원시 취득자로부터 양도받아
점유 중에 있는 자는 비록 소유권취득등기를 하지 못하였다고 하더라도 그 권리
의 범위 내에서는 점유 중인 건물을 법률상 또는 사실상 처분할 수 있는 지위에
있으므로 그 건물의 존재로 불법 점유를 당하고 있는 토지 소유자는 위와 같은
건물점유자에게 그 철거를 구할 수 있다. 위의 건물점유자가 건물의 원시 취득자
에게 그 건물에 관한 유치권이 있다고 하더라도 그 건물의 존재와 점유가 토지
소유자에게 불법행위가 되고 있다면 그 유치권으로 토지 소유자에게 대항할 수
없다고 판시하였다.185)

둘째, 임야인도 사건에서 점유권의 추정규정을 잘못 해석한 사례인데 그 내용
을 살펴보면 어떠한 물건을 점유하는 자는 소유의 의사로써 선의 평온 및 공연하
게 점유한 것으로 추정될 뿐만 아니라 점유자가 점유물에 대하여 행사하는 권리
는 적법하게 보유하는 것으로 추정되므로 점유물에 대한 유익비 상환 청구권을
기초로 하는 유치권의 주장을 배척하려면 적어도 그 점유가 불법행위로 인하여
개시되었거나 유익비지출 당시 이를 점유할 권원이 없음을 알았거나 이를 알지
못함이 중대한 과실에 기인하였다고 인정할만한 사유의 상대방 당사자의 주장 입
증이 있어야 한다고 판시186)하였다.

나. 변제기에 있는 채권

채권의 존재에 대하여 점유자가 채권을 가지고 있어야 하고 채권 발생의 원인
은 문제가 되지 않으며 유치권 행사 도중에 취득한 채권도 포함한다는 관련 사례
인 유치권 부존재 확인에 대한 대법원 판례를 소개하고 그 내용을 알아보도록 하
겠다.

---

185) 대법원 1989. 2. 14. 선고 87다카3073 판결 참조.
186) 대법원 1966. 6. 7. 선고 66다600·601 판결 참조.

첫째, 거래당사자가 유치권을 고의적으로 기존에 있는 사물 혹은 사건의 사실이나 실체를 그대로 드러내거나 가져온 것이 아닌 사실과 다르게 꾸미거나 변형시켜 유치권의 최우선 순위 담보권으로써의 지위를 부당하게 이용하는 등 신의성실의 원칙에 반하는 유치권 행사가 허용되는지 여부에 대해서는 소극적이라고 판시하였다.

둘째, 저당권 등 담보 물권이 설정된 후 목적물에 관한 점유를 취득한 채권자가 민사유치권을 저당권자 등에게 주장할 수 있는지 여부에 대해서는 원칙적 적극이라고 판시하였다.

셋째, "갑" 주식회사 등이 "을"과 호텔신축 공사계약을 체결하고 공사를 완료하였으나 "을"이 공사대금을 완제하지 못하고 있는 상황에서 "병" 주식회사가 "을"에게 금전을 대여하면서 위 호텔에 관하여 근저당권설정등기를 마쳤고 그 후 "갑" 회사 등이 "을"로부터 호텔을 인도받아 점유하고 있던 중 "병" 회사가 신청한 임의경매 절차에서 유치권 행사를 주장한 사안에서 "갑" 회사 등이 "병" 회사의 신청에 의하여 임의경매 절차가 곧 개시되리라는 점을 인식하면서 "을"로부터 호텔을 인도받았다는 사정만으로 "갑" 회사 등의 유치권 행사가 신의성실의 원칙에 위반된다고 본 원심판결에 대한 법리오해 등의 위법이 있다고 판시하였다.[187]

변제기의 도래와 관련하여 채권의 변제기 도래는 일반적으로 담보권을 실행하기 위한 요건이지만 유치권의 경우에 변제기의 도래는 성립의 요건이다. 따라서 채권의 변제기가 도래하지 않은 동안에는 유치권이 성립하지 않는다. 그러나 기한을 정하지 않은 채권의 경우에 채권자는 언제든지 이행 청구를 할 수 있으므로 채권 성립과 동시에 유치권이 성립할 수 있다. 법원은 유익비 상환 청구에 대하여 상당한 상환 기간을 허락할 수 있는데 이러한 경우에는 그 유익비 상환 청구에 관하여 유치권은 소멸한다.

다. 채권과 물건 사이의 견련관계

채권과 해당 목적물의 점유 사이에는 견련관계가 요구되지 않는다는 것이 다수설과 판례의 입장이고 채권이 반드시 해당 목적물의 점유 중에 생겨야 하는 것은 아니다. 관련 판례를 살펴보면 가옥명도 및 손해배상 사건에서 유치권자가 유

---

187) 대법원 2014. 12. 11. 선고 2014다53462 판결 참조.

치물을 점유하기 전에 발생된 채권(이 사건에서는 건축비 채권)이라도 그 후 그 물건
(건물)의 점유를 취득하였다면 유치권은 당연히 성립한다고 판시[188]하였다.

라. 유치권의 성립을 배제하는 특약의 부존재

유치권의 성립을 배제하는 특약의 부존재는 당사자 사이의 계약 시에 서로 합
의하여 특약사항으로 유치권을 포기 또는 배제하는 특약을 명시하면 그 특약은
유효하며 유치권이 성립한 이후에도 유치권을 포기 또는 배제하는 특약도 유효하
다는 것이다.

이와 관련하여 대법원판결을 살펴보면 공사 완료 전에 도급인과 수급인 사이
에 공사대금의 지급을 1년 이상 지체할 경우 토지 및 건물에 관하여 수급인에게
소유권을 이전하기로 하는 내용으로 계약상 약정을 하고 그 후에 수급인이 공사
를 완료한 후 해당 건물을 도급인에게 인도하였다. 그 후 건물이 경매에 넘어갔고
경매절차에 의해 낙찰받은 경락인은 수급인이 도급인에게 건물을 인도하였으므로
수급인은 유치권을 포기한 것이라고 주장하였다.

이에 대하여 대법원은 위 약정은 수급인의 공사대금 채권의 확보수단으로 체
결된 것으로 그 후 수급인이 도급인에게 건물을 인도하였다는 사정만으로 수급인
이 건물에 관한 유치권을 포기하였다거나 권리행사를 하지 아니하기로 약정하였
다고 볼 수는 없다고 판시[189]하였다.

마. 유치권의 성립을 배제하는 특약의 유효성과 그 인적 범위

유치권에 대하여는 위 제4장 제1절 1.에서도 살펴보았듯이 타인의 물건 또는
유가증권의 적법한 점유와 채권과 물건의 견련성, 채권의 변제기 도래 및 유치권
배제특약의 부존재가 기본적인 성립요건[190]이다. 다시 말해 위의 요건들을 모두
충족해야만 유치권의 성립이 인정된다 할 것이고 추가적인 제한 요건의 충족도
필요하다고 본 판례가 있다.

관련 판례를 보면 압류 등기 후에 점유를 취득함으로써 유치권을 취득하는 경

---

188) 대법원 1965. 3. 30. 선고 64다1977 판결 참조.
189) 대법원 2005. 1. 13 선고 2004다50853 판결 참조.
190) 대법원 2011. 5. 13. 자 2010마1544 결정 참조.

우에는 압류의 처분금지효에 반하므로 낙찰자에게 대항할 수 없다고 하여 유치권의 성립요건을 사실상 제한한다고 판시[191]하였다.

위에서 살펴보았듯이 유치권 배제 특약의 부존재가 기본적인 성립요건이므로 예를 들어, 임대인과 임차인 사이에 부동산 임대차계약을 맺을 경우에 부동산 임대차 계약서상의 원상회복이나 원상복구의 약정 등이 유치권의 배제 특약이 되며 이렇게 유치권의 배제 특약이 존재한다면 유치권은 그 자체만으로 성립할 수 없게 된다.

또한, 건물을 임차한 임차인이 임대차 기간이 만료되어 임대인과의 임대차 관계가 종료되면 통상적으로 건물을 임차하기 전의 원래대로 원상 복구하여 임대인에게 명도하기로 부동산임대차 계약서상 특약사항으로 기재한 것은 건물에 지출한 각종 경비의 상환 청구권을 포기한 취지의 특약사항으로 볼 수 있어 임차인은 임대차에 대한 문제 발생 시 유치권을 주장할 수 없다는 취지의 대법원 판례[192]가 있다.

이 판결의 취지대로라면 현실적으로 임대차 관계에서 거의 대부분의 임차인은 원상복구라는 특약에 의해 유치권 배제 특약을 맺고 있어 유치권자로서의 필요비 내지 유익비를 주장할 없게 된다. 그렇다면 유치권 배제의 특약이 직접 당사자인 임대인과 임차인 사이에 한정될 것인지 아니면 제3자에게도 해당되는지에 대하여 의문을 가질 수 있을 것이다.

이에 대하여 판례[193]는 유치권의 기본적인 성립요건을 근거로 유치권의 배제 특약에 대하여 특약 당사자 이외의 제3자에게도 유치권의 배제 특약이 미친다는 판시를 하였는데 주된 내용으로는 유치권을 사전에 포기한 경우에는 유치권이 발생하지 않는 것과 마찬가지로 사후에 유치권을 포기한 경우에도 유치권은 소멸하고 유치권의 소멸은 포기한 당사자 이외의 제3자에게도 주장할 수 있다는 것이다.

바. 유치권자의 권리

목적물을 유치할 권리에 대하여 유치의 의미를 먼저 살펴보면 유치권자는 그

---

191) 대법원 2005. 8. 19. 선고 2005다22688 판결 참조.
192) 대법원 1975. 4. 22. 선고 73다2010 판결 참조.
193) 대법원 2016. 5. 12. 선고 2014다52087 판결 참조.

의 채권을 변제받을 때까지 목적물을 유치할 수 있다. 여기서 유치란 점유를 계속하고 인도를 거절함을 의미한다. 인도거절의 상대방에 대하여는 유치권은 물권이기 때문에 채무자 뿐만 아니라 이와 관련된 채권자 등 모든 이해관계자에 대하여 유치권을 행사할 수 있다. 즉 목적물의 양수인은 물론 경매에서의 매수인에 대해서도 채권의 변제가 있을 때까지 인도를 거절할 수 있다. 이는 민사집행법 제91조 인수주의와 잉여주의의 선택 제5항에 매수인은 유치권자에게 그 유치권으로 담보하는 채권을 변제할 책임이 있다고 규정해 놓았다.

유치권 행사의 효과는 상환 급부판결(相換給付判決)로 소유자인 원고가 목적물 인도의 소송에 대하여 점유자인 피고가 유치권을 행사한 경우에 유치권이 물권인 점에 비추어 이론적으로 원고 패소의 판결을 해야 하지만 소송 경제상 상환 급부판결(일부판결)에 의하면 무방하고 실제로 이러한 판결이 선고되었는데 그 내용을 보면 축마인도에 관한 사건에서 물건의 인도를 청구하는 소송에 있어서 피고의 유치권 항변이 인용되는 경우에는 그 물건에 관하여 생긴 채권의 변제와 상환으로 그 물건의 인도를 명하여야 한다고 판시[194]하였다.

경매권과 우선 변제권에 대하여 알아보면 경매권의 현금화 방법으로는 유치권자는 그 채권의 변제를 받기 위하여 목적물을 현금화 할 수 있다. 현금화의 방법은 경매에 의하는 것이 원칙이지만 특별한 경우에는 감정인의 평가에 의한 현금화도 가능하다고 법에 명시되어 있는데 법조문을 살펴보면 민법 제322조 경매 및 간이변제충당에서 유치권자는 채권의 변제를 받기 위하여 유치물을 경매할 수 있으며 정당한 이유가 있는 때에는 유치권자는 감정인의 평가에 의하여 유치물로 직접 변제에 충당할 것을 법원에 청구할 수 있으며 이 경우에는 유치권자는 미리 채무자에게 알리고 통지해야 한다고 되어 있으며 민사집행법 제214조 특별한 현금화 방법에는 법원은 필요하다고 인정이 되면 직권으로 또는 압류채권자, 배당을 요구한 채권자 또는 채무자의 신청에 따라 일반 현금화의 규정에 의하지 아니하고 다른 방법이나 다른 장소에서 압류물을 매각하게 할 수 있으며 집행관에게 위임하지 아니하고 다른 사람에게 매각하도록 할 수도 있다고 했다.

경매는 담보권 실행을 위한 경매의 예에 따라 실시하는데 이때는 소멸주의를 원칙으로 한다. 민법 제322조 제2항은 평가에 의한 현금화를 하려면 미리 채무자

---

194) 대법원 1969. 11. 25. 선고 69다1592 판결 참조.

에게 통지해야 한다고 규정하는데 동법 제327조의 취지에 비추어 경매의 경우에도 채무자에게 목적물을 되찾을 기회를 주기 위하여 마찬가지로 채무자에게 통지를 해야 할 것이다. 유치권에 기한 경매에서 매각대금이 지급된 경우에 우선 변제권이 없는 유치권자가 배당을 받을 수 없지만 매각대금을 교부 받으면 충당 또는 상계의 법리에 의하여 사실상 우선변제를 받는다.

간이변제충당에 대하여 경매에는 복잡한 절차와 적지 않은 비용이 소요되므로 언제나 경매에 의할 것을 요구하는 것은 소액의 채권을 담보하기 위한 유치권 등에서 부적절할 수 있다. 그래서 법은 유치물로써 직접 변제에 충당하는 방법인 간이변제충당을 인정하고 있다(위의 현금화 방법에서 알아본 민법 제322조 제2항 내용). 간이변제충당의 요건으로는 ① 정당한 이유가 있을 것, ② 법원에 청구할 것, ③ 감정인의 평가, ④ 채무자에게 사전통지해야 하며 이러한 요건이 충족되면 유치물의 소유권을 취득하는데 법률의 규정에 의한 물권변동으로 등기를 필요로 하지는 않는다.

우선 변제권은 민법 제322조에 의하여 유치물로 직접 변제에 충당하는 경우와 유치물로부터 생기는 과실을 수취하여 이를 우선적으로 변제에 충당하는 경우에는 그 범위에서 유치권자가 우선변제권을 가진다.

과실수취권은 유치권자는 유치물의 과실을 수취하여 다른 채권자보다 먼저 그 채권의 변제에 충당할 수 있으나 과실이 금전이 아닌 경우에는 경매하여야 한다고 민법 제323조 제1항에서 규정하고 있다.

유치물의 사용권과 관련하여 유치권은 채권담보를 위하여 목적물을 점유하는 권리이므로 유치권자는 원칙적으로 유치물을 사용할 수 없지만 유치물의 보존에 필요한 범위 안에서 채무자의 승낙이 없더라도 목적물을 사용할 수 있다. 보존에 필요한 사용인지 여부는 개인의 경우에 구체적으로 판단하여야 한다. 또한, 채무자의 승낙이 있으면 유치권자는 유치물을 사용·수익할 수 있다. 그리고 사용으로 인한 차임 등의 수익은 우선적으로 채권의 변제에 충당하게 된다.

비용상환 청구권에 대하여는 유치권자가 유치물에 관하여 비용을 지출한 경우에는 민법 제325조에 따라 그 상환 청구를 할 수 있다. 이때 주의할 것은 비용상환 청구의 상대방이 유치물의 소유자라는 점이다.

3. 임차인 및 보호 조항

임차인은 임대차계약에서 임대 목적물을 사용 및 수익하기 위하여 빌리는 측이다. 임차인에 관하여는 민법 제652조에서 규정하고 있는데 이 조항은 강행규정으로 다음 조항의 규정에 위반하는 약정으로는 임차인이나 전차인에게 불리한 것은 효력이 없다고 임대인으로부터 보호하고 있다. 임차인의 보호 조항에 대하여 살펴보면 제627조 일부 멸실 등과 감액청구, 해지권에서 임차물의 일부가 임차인의 과실 없이 멸실 기타 사유로 인하여 사용, 수익할 수 없는 때에는 임차인은 그 부분의 비율에 의한 차임의 감액을 청구할 수 있고 그 잔존 부분으로 임차의 목적을 달성할 수 없는 때에는 임차인은 계약을 해지할 수 있다. 제628조 차임증감청구권에서 임대물에 대한 공과 부담의 증감 기타 경제 사정의 변동으로 인하여 약정한 차임이 상당하지 아니하게 된 때에는 당사자는 장래에 대한 차임의 증감을 청구할 수 있다. 제631조 전차인의 권리 확정에서 임차인이 임대인의 동의를 얻어 임차물을 전대한 경우에는 임대인과 임차인의 합의로 계약을 종료한 때에도 전차인의 권리는 소멸하지 아니한다. 제635조 기간의 약정 없는 임대차의 해지·통고에서 임대차 기간의 약정이 없는 때에는 당사자는 언제든지 계약해지의 통고를 할 수 있고 상대방이 전항의 통고를 받은 날로부터 다음 각호의 기간이 경과하면 해지의 효력이 생긴다.

토지, 건물 기타 공작물에 대하여는 임대인이 해지를 통고한 경우에는 6개월이고 임차인이 해지를 통고한 경우에는 1개월이며 동산에 대하여는 5일이다. 제638조 해지·통고의 전차인에 대한 통지에서 임대차계약이 해지의 통고로 인하여 종료된 경우에 그 임대물이 적법하게 전대되었을 때에는 임대인은 전차인에 대하여 그 사유를 통지하지 아니하면 해지로써 전차인에게 대항하지 못한다. 제640조 차임연체와 해지에서 건물 기타 공작물의 임대차에는 임차인의 차임연체액이 2기의 차임액에 달하는 때에는 임대인은 계약을 해지할 수 있다. 제641조 동전에서 건물 기타 공작물의 소유 또는 식목, 채염, 목축을 목적으로 한 토지 임대차의 경우에도 전조의 규정을 준용한다. 제643조 임차인의 갱신청구권, 매수청구권에서 건물 기타 공작물의 소유 또는 식목, 채염, 목축을 목적으로 한 토지임대차의 기간이 만료한 경우에 건물, 수목 기타 지상시설이 현존한 때에는 제283조 지상권

자의 갱신청구권, 매수청구권의 규정을 준용하도록 하고 있다. 마지막으로 제647
조 전차인의 부속물매수청구권에서 건물 기타 공작물의 임차인이 적법하게 전대
한 경우에 전차인이 그 사용의 편익을 위하여 임대인의 동의를 얻어 이에 부속한
물건이 있는 때에는 전대차의 종료 시에 임대인에 대하여 그 부속물의 매수를 청
구할 수 있고 임대인으로부터 매수하였거나 그 동의를 얻어 임차인으로부터 매수
한 부속물에 대하여도 전항과 같다고 규정하고 있다.

위에서 살펴보았듯이 우리 법은 임차인을 임대인 등으로부터 보호하기 위하여
강행규정으로 여러 가지 조항을 명시하고 있다.

제 6 절 | 동산 집행과 자동차 집행

Ⅰ. 유체동산 집행

유체동산 집행은 채권자가 관할 집행관 사무실에 유체동산 등 집행을 신청하
여 담당 집행관으로부터 집행기일과 시간을 통보받아 집행을 실시하게 되는데 집
행한 유체동산은 집행관이 준비해온 스티커를 부착하여 표시하고 집행서류에 집
행한 동산의 목록을 기록한다. 이때 집행 장소의 상황에 따라 집행관은 민사집행
법 제5조 집행을 하기 위하여 필요한 경우에는 채무자의 주거, 창고 그 밖의 장소
를 수색하고, 잠근 문과 기구를 여는 등 적절한 조치를 취할 수 있다.

Ⅱ. 압류, 보관 및 압류의 효력

압류는 채권자의 만족을 얻기 위하여 채무자의 특정 재산에 대하여 사실상 또
는 법률상의 처분을 금지하는 집행기관의 강제적 행위이다. 금전인지 동산인지 유
체물 또는 무체물인지의 목적물 대상에 따라 압류의 방식이 다르다. 유체동산의
경우 압류의 주체는 집행관이고, 그 밖의 재산권 등의 무체물인 경우 압류의 주체
는 집행법원이다.

　　압류의 방식은 유체물에 대한 집행에 있어서는 권리이전의 등기, 등록, 점유 등 성립요건을 강제적으로 실현하는 형태로 행하여진다. 부동산, 자동차, 건설기계, 굴삭기 등에 관하여는 채무자의 동의 없이 압류의 취지를 등기 또는 등록하는 방법으로 압류가 행하여지고, 유체동산에 대하여는 관할 집행관사무소에 집행신청을 한 후 집행관이 집행하는 방법으로 행하여진다. 그러나 재산권 등 외형적인 표시가 존재하지 않은 무체재산에 대하여는 채무자에게 그 권리의 행사를 금지하고 제3채무자에 대하여는 변제를 금지하는 재판을 법원에 요청하여 압류의 목적을 달성하는 방법으로 행한다.[195]

　　민사집행법 제189조 채무자가 점유하고 있는 물건의 압류에 있어서 압류물의 보관은 운반이 곤란하거나 채권자의 승낙이 있을 시 압류 물건에 대한 표시를 명확히 하여 채무자에게 보관시킬 수 있고, 동법 제194조 압류가 된 이후 압류물에서 생기는 천연물에도 미친다. 만약, 채무자가 압류한 물건을 채권자나 법원의 동의 없이 임의로 처분할 경우에는 그에 따른 법적 손해 내지 처벌을 받게 된다.

Ⅲ. 현금화

　　유체동산 집행을 통하여 압류한 물건을 현금으로 만드는 것을 현금화라고 한다. 압류물이 유체물의 경우 집행기관이 매각공고를 내고 매각을 통하여 호가경매 등의 방법으로 최고가매수인에게 대상물을 매각하여 매각대금을 받는 형태로 현금화한다. 집행관은 입찰기일에 압류한 매각물건명세서 및 평가서 등을 입찰에 관심이 있는 자는 누구나 볼 수 있도록 집행관 사무실 내에 비치하고 있다.

　　민사집행법 제112조에 특별한 매각조건이 있으면 이를 고지하도록 하고 있다. 4차 산업혁명 시대를 맞이하는 오늘날 이렇게 아날로그식 방식으로 입찰과 매각을 하고 있는 것에 대해 전자소송의 도입과 같은 인터넷이나 모바일 등의 전자입찰이나 전자 경매의 도입을 고려해 볼 필요가 있다. 이러한 방식은 입찰이나 경매의 기간을 단축시킬 수 있을 뿐 아니라 채권자나 채무자가 부담해야 할 비용도 상당 부분 절감을 시킬 수 있을 것이다.

---

195) 권혁술, 앞의 논문, 2013, 20면.

또한, 매수에 관심 있는 불특정 다수로부터 인터넷을 통한 경매에 참여시킨다면 현금화 과정의 투명성 제고 뿐만이 아니라 현재 방식의 매각 금액보다는 더 높은 가격으로 압류 물건을 매각할 수 있어 채권자 및 채무자의 이익을 가져다 줄 것이고 투명한 경쟁을 통한 방식으로 집행법원 및 집행관의 신뢰도는 높아갈 것이다.

한 예로 조달청은 2000년에 지방자치단체에 정부투자 기관 등은 2002년에 국가종합전자조달시스템인 나라장터에 입찰공고를 게시하도록 의무화하여 처리하고 있으며,196) 무체물일 경우에는 채권자가 법원에 전부 명령 등의 방법으로 현금화를 하고 있다.197)

Ⅳ. 자동차 집행

1. 자동차 집행

자동차는 움직이는 물건으로 민법상 동산으로 보고 있지만, 자동차 등록증과 자동차 등록원부 상에 등록이 되는 물건으로 부동산등기부등본과 유사한 소유권의 표시, 물건의 형식, 연식, 저당권 등 이해관계자의 표시 등을 기록한 자동차 등록증과 자동차등록원부(갑부에는 소유권에 관한 표시, 을부에는 저당권 등 이해관계자에 대한 표시)가 존재한다.

자동차와 부동산은 동산과 부동산이라는 차이점은 있지만 이렇게 증명력이 있는 등기등록이 되고 표시가 되므로 자동차에 대한 강제집행은 민사집행규칙에 별다른 규정이 없으면 부동산에 관한 강제집행의 규정을 준용하도록 하고 있다(민사집행규칙 제108조).

자동차관리법 제5조는 자동차를 등록하지 않으면 운행할 수 없고, 제6조 자동차의 소유자를 등록하여야만 효력이 생기고 소유자의 변경 등이 발생할 경우에는 변경 등록을 하도록 규정하고 있어 부동산의 권리변동, 공시주의의 원칙198) 등과

---

196) 권혁술, 앞의 논문, 2013, 34−35면.
197) 권혁술, 앞의 논문, 2013, 21면.
198) 권혁재외 6명 공동연구자, 「자동차 집행의 실효성 확보방안」, 여신금융협회 연구용역, 2015, 91면.

거의 유사하다고 할 수 있다. 자동차에 대한 강제집행은 기본적으로 자동차등록원부에 기재된 사용 본거지 주소를 관할하는 법원이 집행법원이 된다(민사집행규칙 제109조 1항).

그러나 자동차의 위치나 집행 장소 등이 자동차등록원부에 기재된 사용 본거지 주소와 다를 경우가 있는데 이때에 관할 법원은 사용 본거지 주소가 되지만 집행하는 집행관사무소는 자동차가 위치해 있는 주소지 관할 집행관사무소에 집행 접수를 해야 한다. 즉, 경매법원과 집행법원이 상이할 경우 자동차를 집행한 주소지를 관할하는 지방법원도 집행법원으로 한다고 규정하고 있다(제109조 2항).

이것이 부동산 집행과는 다른 점이라 하겠다. 부동산은 판결문이나 집행력이 있는 공정증서, 기타 집행권원에 의한 강제경매든, 부동산등기부등본상 저당권, 전세권 등을 원인으로 한 담보권 실행에 의한 경매든 주소지 관할 집행법원에 경매접수를 하면 경매절차가 진행된다(부동산은 움직이지 않으므로).

하지만, 자동차는 자동차등록원부상에 등록된 사용 본거지 주소로 경매신청을 하면 계속적으로 경매절차가 진행되는 것이 아니고(자동차는 움직이는 물건이므로) 경매결정문을 득한 후 자동차가 위치해 있는 주소지 관할 집행관사무소에 집행 접수를 하고 반드시 자동차 점유를 확보한 상태[199]에서 집행관에게 목적물인 자동차를 집행하고 인도함으로써 경매절차가 진행된다. 이것은 부동산 집행과 다른 점이라 하겠다.

2. 자동차 인도명령 집행

앞에서 살펴보았듯이 자동차 집행은 다른 법률에 특별한 규정이 없으면 부동산의 강제경매절차를 준용하는 방식으로 집행을 하고 있다. 그런데 집행관에 의한 집행 시 다른 부분이라면 부동산에 대한 강제경매신청은 집행법원에 판결문 등 집행권원을 원인으로 신청을 하면 집행법원은 경매개시결정과 더불어 압류를 명한다(민사집행법 제83조 경매개시 결정 등).

이때에는 법원에서 경매개시결정에 대한 등기를 촉탁함으로써 확인할 수 있으

---

199) 권혁재,「민사집행 절차상 자동차 인도명령집행에 있어서의 문제점」, 법학논고 제49집, 경북 대학교 법학연구원, 2015, 355면.

며 부동산의 점유자가 누군지에 관하여는 관계없이 강제경매절차가 진행된다. 그러나 자동차에 대한 강제경매 신청은 법원에 경매개시결정으로 진행되기 전에 자동차가 위치해 있는 주소지 관할 집행관사무소에 강제집행 신청을 하여 집행관에게 집행대상 물건인 자동차를 집행하고 유치권자나 점유자 등으로부터 자동차를 인도받아 집행관이 보관하게 되면 경매개시결정에 의한 강제경매절차가 시작된다.

자동차는 동산이지만 움직이는 부동산이라 생각하면 될 것이다. 이와 같이 자동차는 민법상 동산으로 취급하고 있지만 자동차등록증상에 등록, 소유권에 대한 표시 등을 하고 있어 이 점에서는 부동산 등기부등본상의 표시와 비슷하다고 할 것이다.

그 외 건설기계, 선박 또는 항공기에 대한 강제집행을 생각해 볼 수 있는데 덤프트럭, 굴삭기, 트레일러와 같은 건설기계는 건설기계등록원부가 존재하여 자동차와 같이 건설기계 등록원부상에 건설기계를 등록하고 소유권의 표시 등으로 자동차와 등록 및 표기 방법 등이 유사하여 그 집행도 유사한 방법으로 하면 될 것이다.

이때에는 자동차나 건설기계는 비교적 이동성이 자유로워 채권자 등 이해관계자의 신청에 의한 집행을 방해할 목적으로 집행대상 목적물을 숨겨 놓을 수도 있다.

지금까지 민사집행 과정상의 문제점과 해결방안을 제시하기 위한 기본 이론 및 실무적인 사항에 대하여 살펴보았다. 민사집행의 일반적인 개념과 강제집행, 판결절차와 강제집행 절차에 대하여 비교해서 알아보고 강제집행의 종류에 대하여도 알아보았다. 그 후 담보권 실행을 위한 임의경매와 집행 전의 보전처분에 대하여 살펴보았다. 또한, 민사집행의 원칙에 대하여 알아보고 집행 시 반드시 필요한 문서인 집행권원과 집행문, 집행관제도와 감정평가에 대한 일반론을 알아보고 채권자가 채권의 만족을 얻기 위하여 실시하는 금전집행, 부동산 집행, 유치권과 임차인, 동산 집행과 자동차 집행에 대하여 알아보았다. 이것을 토대로 제4장에서는 본론으로 민사집행 과정상의 문제점에 대하여 살펴보도록 하겠다.

제4장

민사집행 과정상의 문제점

제4장

민사집행 과정상의 문제점

　이번 장에서는 민사집행 과정에서 문제가 발생하고 있는 허위·가장 유치권,[1] 허위·가장 임차인,[2] 자동차의 인도명령과 점유권 그리고 우리나라 집행관제도와 부동산·동산의 감정평가 제도에 대한 문제점에 대하여 알아보고자 한다.

　제1절에서는 허위·가장 유치권의 문제점을 알아보기 위하여 제3장 제5절에서 살펴본 유치권의 의의, 유치권의 법적 성질, 유치권의 성립과 유치권의 효력에 대한 일반이론을 바탕으로 유치권자의 의무, 유치권의 소멸에 대하여 살펴본 후 허위·가장 유치권의 문제점 및 그에 관한 실무적인 사례를 들어 알아보도록 하겠다.

　제2절에서는 허위·가장 임차인의 문제점을 알아보기 위하여 제3장 제5절에서 임차인과 임대인으로부터 임차인을 보호하고 있는 조항에 대하여 살펴본 내용을 바탕으로 실무적으로 경험한 사례를 소개하고자 한다. 그 후 필자가 소개한 사례 및 문제점의 심각성을 좀 더 객관적으로 살펴보고자 2000년 3월에 00지검 반부

---

[1] 단행본, 연구논문 및 판례 등에서 허위·가장 유치권의 용어에 대하여 허위 유치권, 가장 유치권, 허위 가장유치권 등을 혼용하여 사용하고 있어 필자는 본 논문에서 허위·가장 유치권이라고 통일하여 표기하도록 하겠다.

[2] 허위·가장 임차인의 용어도 허위 임차인, 가장 임차인, 허위 가장임차인 등을 혼용하여 사용하고 있으므로 필자는 본 논문에서 허위·가장 임차인으로 통일하여 표기하도록 하겠다.

특별 수사부에서 발표한 가장 임차인에 대한 수사결과보고를 소개하고자 한다.

제3절에서는 자동차 집행의 문제점에 대하여 알아보기 위하여 제3장 제6절에서 자동차 집행의 일반 법리를 살펴본 내용을 바탕으로 자동차 인도명령 집행, 대포차와 대포차 점유에 대하여 알아보고 마지막으로 자동차 집행제도의 비교법적 연구를 통하여 문제점을 제시하도록 하겠다.

제4절에서는 민사집행시 가장 중요한 부분인 우리나라 집행관제도의 문제점에 대하여 자세히 살펴보고자 제3장 제3절에서 우리나라 집행관법에 근거한 집행관제도에 대하여 알아보았듯이 집행관의 법적 지위에 대한 학설과 판례의 입장을 살펴보았고 집행관의 업무 및 법원별(각 지방법원 및 지원 전체 포함) 집행관 인원에 대하여도 자세히 알아본 내용을 바탕으로 외국의 집행관제도에 대하여 좀 더 폭넓게 알아본 후 우리나라 집행관제도의 개혁 방법론을 제시하고 결론적으로 집행관제도의 문제점에 대하여 알아보도록 하겠다.

제5절에서는 감정평가제도의 문제점을 알아보기 위하여 제3장 제3절에서 살펴본 일반론을 바탕으로 감정인의 의무, 최저경매가격의 결정에 중대한 하자와 이의신청 및 즉시항고에 대하여 살펴본 후 동산담보물의 평가에 대하여 살펴보도록 하겠다.

제 1 절 | 허위 · 가장 유치권 문제

I. 유치권자의 의무 및 유치권의 소멸

1. 의무의 내용

유치권의 의무에 대한 관련 법을 살펴보면 유치권자는 선량한 관리자의 주의로 유치물을 점유해야 한다(민법 제324조 유치권자의 선관주의의 의무 제1항). 그리고 유치권자는 채무자의 승낙 없이 유치물의 사용, 대여 또는 담보 제공을 하지 못한다(민법 제324조 제2항). 만약, 위 의무를 위반한 경우에 소유자는 유치권의 소멸을 청구할 수 있다(민법 제324조 제3항). 이 청구는 물권적 단독행위이지만 유치권 등기가 불가능하므로 목적물이 부동산인 경우에도 등기 없이 효력이 발생하여 반환

청구를 할 수 있다고 규정하고 있다.

2. 일반적 소멸 사유

유치권의 일반적인 소멸 사유에 대하여 유치권은 멸실, 혼동, 포기 등 물권에 공통된 소멸 사유에 의하여 소멸한다. 그 밖에 유치권은 담보 물권에 공통적인 소멸 사유인 피담보채권의 소멸에 의하여 소멸한다. 다만 채권자가 유치권을 행사하더라도 피담보채권의 소멸시효가 진행되는 것을 막지는 못한다고 민법 제326조에서 규정하고 있다.

3. 유치권에 특유한 소멸 사유

유치권자가 선관주의를 위반한 경우에는 채무자의 소멸청구에 의하여 소멸(민법 제324조의 제3항)하고 타 담보 제공에 따른 유치권 소멸(민법 제327조)에 대하여는 채무자는 상당한 담보를 제공하여 유치권의 소멸을 청구할 수 있다. 왜냐하면 유치권은 공평의 원칙에 근거하고 있기 때문이다. 그렇다면, 민법 제327조 타담보 제공과 유치권의 소멸에서 "채무자"라고만 규정하고 있지만 채무자에는 소유자도 포함하고 있는 것으로 보아야 할 것이며 소멸청구를 할 수 있다고 할 것이다. 그리고 다른 담보의 종류는 불문한다. 제공하는 담보가 상당한지는 담보의 가치가 채권의 담보로서 상당한지 유치물에 의하였던 담보력을 저하시키지는 않는지 등을 종합하여 판단해야 하는바 유치물의 가격이 채권액에 비하여 과다한 경우에 채권액 상당의 가치가 있는 담보를 제공하면 족하고 한편, 당해 유치물에 관하여 이해관계를 가지고 있는 자 즉, 채무자인 유치물의 소유자는 상당한 담보가 제공된 이상 유치권의 소멸청구에 의사표시를 할 수 있다고 판시[3]하였다.

점유의 상실로 인한 소멸에 관하여 법 조항을 보면 물건의 유치를 본체로 하는 권리인 유치권은 점유가 상실이 되면 소멸한다(민법 제328조 점유 상실과 유치권 소멸)고 규정하고 있다. 그런데 간접점유도 점유에 포함된다. 그러나 점유 매개 관계의 설정에 의해서는 소멸하지 않는다.

---

3) 대법원 2001. 12. 11. 선고 2001다59866 판결 참조.

Ⅱ. 유치권의 문제점

허위·가장 유치권이란 민법 제320조에서 제328조에 정의한 유치권을 악용하여 유치권을 주장하는 자 곧, 유치권을 가장(피담보채권액을 실제 채권액 보다 부풀리는 경우 등)하거나 허위(실체가 없는 경우 등)로 유치권을 주장하는 자라 할 수 있다.

이러한 이유로 경매과정에서 토지나 건물에 유치권을 행사하는 것만으로 그 권리관계가 복잡하여 유치권자로서 진성인지 아닌지의 문제로 경매과정에 참석을 하지 않거나 기피하는 현상이 일어난다. 이로 인해 유찰 등으로 발생하는 경매물건 가격의 하락으로 인한 채권자나 채무자가 불측의 손해 및 그 피해가 발생하는 악순환의 사례가 많이 발생하고 있다.

이는 민법 제320조 유치권의 견련성 및 인정 범위의 불명확성과 민사집행법 제91조 경매절차에서 부동산 유치권을 배당으로 소멸시키지 않고 경매로 인한 매수인으로 하여금 인수하게 하는 인수주의, 집행관의 형식적인 현황조사와 감정평가사의 형식적(현장조사를 통하여 성실하게 감정평가를 수행하는 경우도 있으나, 서류만으로 또는 인터넷상의 정보에 의존하여 형식적인 감정평가를 하는 경우가 있음) 감정평가로 인한 비효율성 그리고 유치권의 절대적인 지위로 인하여 발생하는 문제점 등을 말한다.

이러한 제도적인 문제점들로 인하여 집행관의 현황조사나 경매·물건을 매수하고자 하는 매수인이 사전에 유치권 관계가 허위·가장되었는지 아니면 확실한 유치권인지 확인하는 것이 현실적으로 어렵고 가능하지 않는 경우가 많다.

이로 인한 피해는 채권자, 채무자 및 이해 관계자가 고스란히 감당해야 하는 실정이다.[4)]

Ⅲ. 실무사례와 문제점 제시

허위·가장 유치권의 사례는 부동산 경매뿐만 아니라 자동차나 건설기계를 경매할 경우에도 마찬가지인데 필자가 실무에서 경험한 사례를 들어 설명한 후 문

---

4) 김용수, 앞의 논문, 2014, 12면.

제점을 제시하도록 하겠다.

1. 기초 사실관계 : 여신전문금융회사의 할부금융 상품을 이용하여 덤프트럭을 구매

① 건설회사에 필요한 건설자재나 모래 등을 운반할 목적으로 덤프트럭이 필요한 고객(이하 "A"라고 한다.)이 있다고 하자. A는 2억원 상당의 덤프트럭을 현금으로 구매할 수가 없는 상황이었으므로 해당 차량을 할부로 구매할 목적으로 S社인 여신전문금융회사(이하 "B"라고 한다.)에 덤프트럭 구매자금 할부대출을 신청하였다. 할부조건은 할부금 2억 원, 할부기간 72개월, 결제일 매월 20일, 결제형태 A의 CMS 자동이체통장, 해당 덤프트럭에 근저당 100%설정 등이다.

② 이에 A는 공급자로부터 덤프트럭을 제공 받아 운행을 하면서 매월 할부금을 납부하였다. 그렇게 6개월이 지난 어느 날 건설자재를 운반하던 중 빗길에 미끄러져 덤프트럭이 파손되는 상황이 발생하였다. 이에 A는 덤프트럭 수리 전문업체(이하 "C"라고 한다.)에 수리를 맡겼고 그 후로부터 3주가 경과하였으며 수리비 3,500만원이 A에게 청구되었다. 그 동안 A는 덤프트럭 수리로 인하여 거래하던 건설현장(이하 "D"라고 한다.)에서 일을 못하게 되었고 D는 계속적인 현장 운영을 위하여 다른 차주(덤프트럭을 소유한 자)와 업무 계약을 맺고 일을 시작하였다.

③ 그로 인해 A는 또 다른 건설현장을 찾아야 했고, 수리비용을 지불하지 못해 수리가 완료된 덤프트럭을 찾아오지 못했다. 그 사이 A는 일도 못하고 기존에 일했던 매출처에서 수금이 되지 않아 재정상태가 악화되었고, 덤프트럭 구입자금 대출의 할부금도 연체하기에 이르렀다. 시간이 흘러 A는 할부금을 2회 연속 납부하지 못하여 B사 채권관리 담당자로부터 할부금 납입안내, 연체로 인한 연체이자의 발생 등 유선, SMS, 일반우편 그리고 내용증명 등의 방법으로 납부독촉을 받았다. A는 할부금 연체안내, 수리비용 납입을 위하여 노력하였으나 결국 해결하지 못하는 상황에 이르렀다.

2. 허위 · 가장 유치권 : 수리비 업체 및 제2, 3의 허위 · 가장 유치권 주장

① 이에 B의 채권은 연체가 지속되어 정상연체채권에서 기한이익 상실채권으로 일시불을 청구하기에 이르렀고 채권관리 담당자는 고객에게 내용증명으로 내용을 통지한 후 자택실사, 근무지 현장실사 등을 통하여 B의 담보차량(덤프트럭 구입자금 대출 시 근저당권 100% 설정하였음.)을 찾고자 노력하였고, C가 차량을 보관하고 있다는 사실을 알게 되었다.

② 이에 채권관리 담당자는 법원에 담보권실행을 위한 경매를 신청한 후 임의경매 결정문을 수령하여 C의 관할 법원 집행관사무소에 덤프트럭 집행을 위한 집행신청을 하였다. 그 후 집행관사무소로부터 집행날짜 및 시간을 통보받고 집행관 및 사무원(실무에서는 과장 또는 계장이라 불리는 자)과 함께 집행을 하기 위하여 덤프트럭이 위치해 있는 C의 장소로 갔다.

③ 집행관이 C의 담당자에게 B(채권자)로부터 담보권실행을 위한 경매를 원인으로 해당 목적물에 대한 집행신청이 접수되었다는 설명을 하였고, 이때 C는 덤프트럭 수리로 인한 수리비용을 A로부터 지급받지 못하였다고 하여 유치권을 주장하였다. B의 채권관리 담당자는 집행관의 도움을 얻어 수리비용이 얼마인지 C에게 문의하였고 C는 5,000만원이 나왔다고 주장을 하였다. 그때 C와 친분이 있는 또 다른 수리비 업체 직원(이하 "E"라고 한다.)이 나타나서 E도 유치권을 주장하며 덤프트럭 수리에 필요한 물품을 제공한 후 그 비용을 받지 못했다며 비용이 500만원이라고 주장하였다.

④ 이 사실을 알게 된 채권관리 담당자는 A (B의 채무자이자 수리 완료된 덤프트럭 소유자)에게 연락하여 사실유무를 파악하려고 시도하였으나 A는 다중채무(2개 이상의 금융회사에 채무가 있는 상태)로 인하여 연락이 두절된 상태였다. 그 후에도 사실관계를 위하여 통화를 시도하였으나 연락이 되지 않았다.

⑤ 예시에서 보듯 이러한 경우가 실무적으로 빈번하게 발생하고 있다. 수리비용이 3,500만원인데 차주가 연락이 안 되고 여신전문금융회사의 연체차량임을 알게 된 C는 수리비용을 과대하게 부풀려 5,000만원을 주장하고 있다. C는 허위 · 가장 유치권자이다. 그리고 C와 친분이 있는 E는 덤프트럭 수리에 필요한 물품을 제공한 사실이 없음에도 불구하고 C와 공모하여 발생한 사실도 없는 500만원의

비용을 주장하고 있다. 역시 E도 허위·가장 유치권자이다.

⑥ 혹자는 이렇게 말할 수 있다. C와 E에게 덤프트럭 수리를 위해 발생한 수리비 내역서 등을 요구하고 검증을 하면 사실관계를 밝힐 수 있을 것이라고 생각하는 사람도 있을 것이다. 물론, 덤프트럭에 대한 해박한 지식이 있거나 차량 수리에 대한 전문가라면 수리비 내역서 등을 보고 비교분석을 할 수 있을 것이다.

⑦ 그러나 현실은 그렇지가 않다. 우선 일반적인 사고 차량(채권·채무로 인한 경매가 진행 중인 차량이 아닌 차량)의 경우는 수리를 하고 나서 대부분 수리비용을 지불하고 차량을 찾아오지만, 경매가 진행되는 차량의 경우는 채무자가 대부분 연락이 두절되거나 채무자 본인이 채무에 대하여 자포자기한 상태로 채권자가 공정증서, 판결문 등 집행권원을 획득한 후 강제경매를 원인으로 집행신청을 하여 차량을 회수하거나 해당 목적물에 근저당권 설정이 되어 있다면 담보권실행을 위한 임의경매 신청을 원인으로 집행신청을 하여 차량 회수를 위해 노력하고 있다. 경매 집행 시에 이렇게 허위·가장 유치권자가 유치권을 주장하는 사례가 증가하고 있으며 이것이 유치권의 문제이자 현실이다.

제 2 절 | 허위 · 가장 임차인 문제

I . 임차인

임차인은 임대인과의 임대차계약에서 임차금의 지급을 대가로 임대 목적물을 사용 및 수익하기 위하여 빌려주는 측을 임대인이라 하고 임대 목적물을 빌리는 측을 임차인이라 한다.[5]

---

[5] 조상용, 「가장임차인 배척을 위한 효율적 방안에 관한 연구」, 건국대학교 부동산대학원 석사학위 논문, 2012, 22면.

Ⅱ. 허위·가장 임차인

민법 제618조 임대인은 임차인에 대하여 임대 목적물을 사용, 수익하게 할 것을 약정하고 상대방이 이에 대하여 차임을 지급할 것을 약정함으로써 그 효력이 생기고, 민법 제623조 임대인은 목적물을 임차인에게 인도하고 계약 존속 중 그 사용, 수익에 필요한 상태를 유지하게 할 의무를 부담한다고 하였으며, 아파트나 빌라 등 주택을 임차하는 경우에 임차인은 주택임대차보호법에 의하여 보호를 받게 된다. 주택임대차보호법이나 상가건물 임대차보호법은 임차인을 보호하고 있지만, 채권·채무 등의 문제가 발생할 경우에 주택임대차보호법을 악용하기도 한다.

이와 관련하여 필자가 금융회사에 채권관리 업무로 근무할 당시에 실무에서 경험한 사례를 살펴보고 위의 제4장 민사집행 과정상의 문제점에서 언급한 2000년 3월에 00지검 반부패 특별 수사부에서 발표한 허위·가장 임차인에 대한 수사 결과보고를 소개하도록 하겠다.

Ⅲ. 실무사례와 문제점 제시

1. 실무사례 : 허위·가장 임차인 등을 내세워 악용한 사례

① 부동산 경매 진행 시 허위·가장 임차인 등을 내세워 악용하는 경우를 종종 볼 수 있다. 아파트를 소유하고 있는 소유자(이하 "A"라 한다)가 여신전문금융회사(이하 "B"라 한다)로부터 부동산을 담보로 3억 원의 부동산담보대출을 받았다. 대출조건은 소유 부동산인 아파트에 3억 6천만원의 근저당권 설정을 하는 조건이었고, 60개월 원리금 균등상환 방식으로 매월 25일에 원리금을 납부하는 방식이었다.

② 그 후 A(부동산 소유자 및 채무자)는 8개월간 B에게 A의 가상계좌로 매월 25일에 원리금을 잘 납부하였으나, 자금 상황의 악화로 9개월부터 원리금을 납부하지 못하고 연체를 하기 시작하였다. 그 후 연체가 지속되어 A의 부동산담보대출 채권은 정상채권에서 연체채권으로 그리고 기한이익 상실채권으로 전환되었다.

③ B는 A의 부동산담보대출 채권을 회수하기 위해 A에게 사전안내(할부금 등 결제일이 도래하기 전에 고객에게 전화하여 결제일, 결제금액, 계좌 정보, 연락처 정보 등을

재확인하고 미리 알려주는 것으로 대부분의 금융회사에서 일종의 서비스 차원으로 시행하고 있음), 문자 및 단기 채권센터를 통해 회수를 위한 독촉을 하기 시작하였다. 이러한 조치에도 연체가 되자 최고서, 기한이익상실 통지 등을 내용증명으로 발송하였다. 그 시기에 채무자는 B 이외의 여러 금융사로부터 채무독촉에 시달려 유·무선상의 전화를 회피하고 채권자들에게 아무런 대응을 하지 않았다.

④ 연체가 장기화되어 B는 A의 채권 회수를 위하여 대출 당시 근저당권을 설정한 A의 소유 부동산에 담보권 실행을 위한 경매신청을 하였다. A의 부동산은 33평형 아파트이며 방 3개, 화장실 1개의 구조였고 시세는 3억 원이었다.

⑤ 이에 경매개시절차가 진행되었고 배당요구 종기 일에 이르렀다. A는 1순위 근저당권자이므로 잔존 대출금 전액을 회수하는데 아무런 문제가 되지 않을 것이라 예상하였고 배당요구 종기일 전에 채권신고를 하였으며 그 외 채권자 및 이해관계자들도 채권신고를 하였다. 배당요구 종기가 끝나고 A는 해당 법원 경매계에 관련서류 열람·복사 신청을 하였다. 서류를 열람하는데 임차인 C, D가 각각 임차권 신고를 한 것이었다.

⑥ 여기서 임차권 신고를 한 임차인 C, D는 과연 진성의 임차인이라 할 수 있는가의 문제이다. 누가 보아도 허위·가장 임차인으로밖에 볼 수 없을 것이다.

⑦ 이에 A는 배당기일이 도래하기 전에 채무자 B에게 임차인 C, D가 진성인지 허위·가장 임차인인지 의문을 제기하였다. B의 답변은 예상대로 진성의 임차인이라고 하며 임대차 계약서 등을 증거로 제시하였다. 또한, 방 1개는 채무자가 사용을 하고 나머지 방 2개를 임차해 주었다는 것이다.

⑧ 위의 예시는 현재 경매법정에서 빈번히 발생하고 있다. 이렇게 채권·채무 관계로 소유한 부동산이 경매절차에 들어간 부동산의 소유자가 채권자를 해하게 됨을 알고서도 가족, 친척, 친구나 지인들을 동원하여 경매로 인한 배당에서 최우선변제권[6]이 있는 소액임차인의 형식을 갖추는 방법으로 경매 배당에서 최우선변제를 받고 있는 정당하지 못한 일들이 현실적으로 끊임없이 시도되고 있다.

그리고 채권자의 지위에 있는 금융회사 등은 임대차계약에 있어 주변 사정에 의문이 드는 경우에는 경매법원에 배당요구 종기 일에 배당표 작성에 앞서 허위·가장 임차인(예를 들어, 1,000만원에 임차를 하고 있는데 2,000만원에 임차를 하고 있다고

---

6) 주택임대차보호법 제8조.

보증금액 등을 과대하게 부풀려 신고하거나, 실질적으로 임차를 하지 않았음에도 불구하고
경매 배당절차에서 소액임차인으로 인한 최우선변제권을 악용하여 법에서 정한 최우선변제
금액을 받기 위하여 부동산의 소유자이자 채무자가 가족, 친구, 지인 등에게 서류 위조 등을
통하여 임차했다고 주장하는 경우)인지의 여러 가지 의문을 제기하면서 사전에 배당
절차에서 배제하여 달라는 서면을 경매법정에 제출하기도 한다.

⑨ 일부 경매법원은 과거와는 달리 소액임차인임을 주장하는 배당요구자에 대
하여 채권자의 주장이 일리가 있다고 판단되는 경우에는 임차인에게 임대차계약
사실을 알 수 있을 만한 최소한의 객관적 자료 등의 제출을 요구하고 임차인으로
부터 별다른 반응이 없거나 제출 자료 등이 부족하다고 판단되는 경우에는 배당
에서 제외시키는 정도로 바뀌고 있는 점은 위법을 악용하려는 사람들에 대한 적
절한 대응 수단으로 보여진다.

⑩ 그러나 근래에 소액 임차인의 형식을 갖추는 것 외에도 임대차보증금의 지
급 사실까지도 허위로 사전에 치밀하게 준비하거나 실제로도 경제적으로 궁핍한
임대차 수요자들을 상대로 허위로 시세보다 저렴한 임차권을 설정하는 일이 급속
히 증가하고 있으며, 이 경우에 채권자로서는 허위·가장 임차인이라고 주장하는
이유를 전혀 증명하지 못하게 되거나 현실적으로 임차한 임차인들에게는 증명책
임의 한계가 있어 달리 대응할 방법을 찾지 못하고 있는 것이 현실이다. 즉, 채권
자들은 알고도 당하는 일들이 빈번히 발생하고 있다.

지금까지 실생활에서 일어나고 있는 허위·가장 임차인 등을 내세워 악용한
사례를 자세히 살펴보았다. 이에 뒷받침하는 대검찰청 보도자료인 가장 임차인[7]
에 대한 수사결과를 소개하도록 하겠다.

2. 가장 임차인에 대한 수사결과

가. 사건 개요와 수사 경위 및 결과

00지방검찰청 반부패 특별수사부는 채권자 등이 주택임대차보호법상 주택의
인도와 주민등록 전입신고의 대항요건을 갖춘 소액임차인은 해당 목적물 부동산
이 경매에 넘어 갈 경우에 선순위 담보권자를 포함한 기타 다른 채권자보다 우선

---

7) 대검찰청 보도자료는 "가장 임차인"으로 표기되어 그대로 사용하겠다.

하여 주택임대차보호법상 소액임차인에게 보호하고 있는 일정액을 우선하여 변제
받을 수 있는 권리(예를 들면, 광역시: 3,000만원 이하의 임차 보증금 중 1,200만원을 보
호)가 있다는 점을 악용하였다.

    채권자 등은 친·인척 및 지인 등의 가장 임차인을 내세워 경매법원에 배당요
구를 하는 등 경매질서를 문란하게 한 경매 부동산의 소유주 및 가장 임차인 등
을 수사하였다. 그 결과, 도00씨(여, 38세) 등 5명의 가장 임차인을 내세워 9,600
만원을 배당요구하였다가 경매법원으로부터 배당이 제외되어 뜻을 이루지 못한
최00씨(남, 46세)를 사기미수 혐의로 구속영장을 청구하고, 15명을 불구속 입건하
였다.

표 15   **대검찰청 보도자료 가장 임차인 수사결과 현황**[8]

순번	임대인	가장 임차인	가장 임차금액	가장 임차인 관계	가장 임차 부분	비 고
1	최○○	도○○	1,300만원	채권자	3층 방1칸	채무변제목적
	도○○	1,300만원	채권자	3층 방1칸	채무변제목적	
	최○○	3,000만원	누나	3층 방1칸	채무변제목적	
	우○○	1,000만원	조카	1층 방1칸	채무변제목적	
	강○○	3,000만원	실제 임차인	1층	실제임차보증금 1,000만원을 3,000만원으로 과장하여 신고	
2	이○○	오○○	1,500만원	채권자	방1칸	채무변제 목적
3	안○○	류○○	1,400만원	채권자	방1칸	채무변제 목적
4	이○○	양○○	2,000만원	채권자	전체	채무변제 목적
5		박○○	500만원	채권자	방1칸	채무변제 목적
6	김○○	신○○	2,800만원	고부간	아파트 전체	재산을 건질 목적
7	지○○	이○○	1,000만원	지인	아파트 방1칸	재산을 건질 목적
8		김○○	2,500만원	아들	1층 방2칸	재산을 건질 목적
9	김○○	김○○	800만원	타인	방1칸	채무변제 목적

---

8) 대검찰청, 가장임차인 수사결과 보고, 2000. 3. 29.

나. 범행 수법

가장 임차인의 범행 수법은 다음의 3가지가 대표적인 사례이다.

첫째, 은행 및 여신전문금융회사 등의 금융기관에서 주택·아파트 등에 담보를 제공하여 해당 목적물에 근저당권을 설정하고 필요 자금의 대출을 받은 다음 자금 사정의 악화 등으로 인하여 대출금을 정해진 기간 안에 변제하지 못해 연체가 지속되어 여신전문금융회사 등의 채권자가 경매신청을 할 것이 임박해지면 채무자는 채무자의 지인 및 친·인척의 명의로 가장 임대차 계약서를 작성하고 주민등록 전입신고를 한 후에 법원에 배당요구를 한 사례

둘째, 채권자가 곧 경매에 넘어갈 부동산 소유자(채무자)에 대한 채권을 확보하기 위해 가장 임대차 계약서를 요구하여 받은 임대차 계약서를 가지고 주민등록 전입신고를 한 후에 법원에 배당요구를 한 사례

셋째, 기존의 실제 임차보증금을 부풀려 새로운 임대차 계약서를 허위로 작성하여 법원에 배당요구를 한 사례

그러나 최근 채무초과 상태에서 설정한 임차권은 취소의 대상이 된다는 판례가 형성된 후 채권자인 각 금융기관들은 종전의 배당이의의 단순한 소송에서 벗어나 채권자취소권을 병행하는 배당표의 경정과 함께 임대차계약의 취소를 구하는 방법으로 채권자가 당연히 가지고 지켜야 할 권리가 이와 같은 방법으로 점차 확대되고 있다는 대법원 판례도 있다.9)

다. 사건의 의의

부동산 담보대출 후에 사업실패로 인한 자금 사정의 악화로 인하여 대출에 대한 채무를 변제하지 못하거나 보증 등으로 소유 부동산에 근저당권이 설정되어 있는 경우에 그 부동산이 경매에 넘어가게 되면 소유자는 일정 금액이라도 건져 보겠다는 심정으로 지인이나 친·인척 등을 가장 임차인으로 내세우고 있다.

그러면 가장 임차인들은 실제 임차인인 것처럼 경매가 된 부동산을 비워주지 않아 경매에서 낙찰을 받은 자와 마찰을 빚을 뿐만 아니라 경매법원에서 배당을 해주지 않는다고 소란을 피우는 등 경매질서를 문란하게 하고 있으며 가장 임차

---

9) 대법원 2005. 5. 13. 선고 2003다50771 판결 참조.

인을 내세워 배당을 받는 것이 곧 선의의 채권자들에게 피해를 주는 것이라고 생각하지 않고, 아무런 죄책감도 느끼지 못하여 이번 수사를 통하여 경매 부동산의 가장 임차인에 대한 경종을 울려 경매질서를 바로잡는 계기가 되었으므로 지속적인 단속을 통하여 가장 임차인을 근절하도록 하겠다고 대검찰청은 보도하였다.

제 3 절 | 자동차 집행의 문제

제3장 5절에서 부동산 집행에 대하여 자세히 알아보았지만, 현행 우리나라는 자동차 집행에 있어서 부동산과 유사한 점이 많아 자동차 집행은 부동산에 관한 강제집행의 방법을 따르도록 하고 있다.[10]

자동차(건설기계포함)경매와 관련하여 법원에서 발표한 2018년도 사법연감 통계자료에 보면 경매사건 종류별·연도별 접수 추이에서 2014년부터 2018년까지 민사사건 전체 경매 접수사건 대비 자동차(건설기계포함) 경매접수가 차지하는 비중을 확인[11]할 수 있다.

경매접수 중 5년 평균 전체 강제경매는 3만 4,735건이었고, 담보권 실행 등으로 인한 경매접수는 5만 8,448건임을 확인할 수 있다. 그 중 자동차(건설기계포함) 경매가 차지하는 비율은 전체 민사사건 경매접수 대비 강제경매는 6%였고 담보권 실행 등으로 인한 비율은 27%로 나타났다. 다음 표에서 자세히 알 수 있다.

---

10) 이진한, 「자동차의 강제집행 및 개선방향에 관한 연구」, 고려대학교 석사학위 논문, 2007, 70면.
11) 대한민국 법원 대국민 서비스, https://www.scourt.go.kr/portal/justicesta/JusticestaListAction.work?gubun=10,
2018년 사건 개황 제5장 통계, 586면, 2019. 11. 25. 최종방문.

| 표 16 | 경매 접수사건 대비 자동차(건설기계 포함) 경매접수 비율(%) |

	경매접수 합계		자동차(건설기계포함)경매 접수		비율	
	강제 (A)	담보권실행 등(B)	강제 (C)	담보권실행 등(D)	강제 (C/A)	담보권실행 등(D/B)
2014	36,336	69,240	2,266	12,369	6%	18%
2015	36,875	59,524	2,271	15,800	6%	27%
2016	34,660	52,589	1,909	14,900	6%	28%
2017	33,387	52,375	1,817	15,922	5%	30%
2018	32,416	58,513	1,713	18,779	5%	32%
평균	34,735	58,448	1,995	15,554	6%	27%

*법원 사법연감, 통계자료, 제5장 통계 제1절 사건의 개황, 경매사건 종류별 연도별 접수 추이, 2018.

이와 관련하여 제3장 제6절에서 알아본 자동차 집행 및 자동차 인도명령 집행에 대한 일반 법리를 바탕으로 자동차 인도명령 집행 시 진행상의 문제점, 대포차와 대포차 점유 및 자동차 집행제도의 비교법적 연구를 통하여 자동차 집행상의 문제점에 대하여 알아보도록 하겠다.

Ⅰ. 자동차 인도명령 집행 시 진행상의 문제점

채권자나 담보권자 등 이해관계자가 자동차 인도명령을 신청하기 위해서는 집행법원에 자동차 인도명령 신청을 먼저 하지 않고 집행 대상인 자동차를 먼저 찾고 그 위치를 확보한 다음 채무자(자동차 등록원부 상 소유자)가 자동차를 점유하고 있는지 아니면 유치권자나 제3자가 점유하고 있는지를 파악한 후 집행법원에 자동차 인도명령 신청을 한다.

자동차의 위치를 파악하는 과정은 우선 채무자의 자택 주소지 주변이나 직장 주소지 주변 또는 사채업자 등 점유권자, 유치권자 등을 파악하거나 수소문하여 자동차를 찾는 일을 하게 되는데 주로 늦은 밤이나 새벽에 이루어진다. 이러한 과정을 거쳐 자동차의 위치를 파악한 후 채권자가 집행법원에 자동차 인도명령 신청12)을 하고 결정문을 수령한 후 즉시 자동차가 위치해 있는 주소지 관할 집행관 사무소에 집행 접수를 한다.

그 후 담당 집행관으로부터 집행날짜 및 시간을 배정받는데, 예를 들면, "○○ ○○년 ○○월 ○○일 오전 10시 00분에 집행 장소인 ○○○○○○에서 집행을 하겠습니다."라고 연락을 받으면 채권자는 전날 밤 또는 당일 이른 새벽부터 자동차가 있는 장소에 가서 집행대상 목적물인 자동차를 재차 확인 후 자동차가 이동하지 못하도록 그 경로를 사전에 차단하여 집행시간에 집행관이 올 때까지 자동차를 확보하고 있게 된다.

이러한 이유로 자동차를 집행하러 갈 때에는 채권자가 혼자서 이동하지 않고 최소 2명 이상이 함께 하며 또한, 집행시간 전에 채무자나 점유자로부터 예기치 못한 저항이나 자동차의 집행을 방해하기 위해 일방적으로 또는 무력을 이용하여 자동차를 움직이려는 일이 빈번히 발생하게 된다. 만약, 집행시간이 오전이 아닌 오후 5시경에 배정을 받았다고 하면 자동차를 확보하고 있는 시간에 채무자나 점유자로부터 상당히 곤란한 상황들이 발생할 수 있다. 이러한 일련의 과정을 통해 자동차 집행을 하게 된다. 이렇게 움직이는 자동차의 특성상 집행 절차는 접수 후 최대한 빠르게 진행13)하여야 한다.

점유관계에 있어서도 일정 부분 정당하지 못한 유치권자나 점유권자의 대항으로 인하여 집행 절차를 방해하는 것을 배제하지 못할 것이다(이렇게 될 경우에는 정당한 절차에 의하여 자동차 인도명령을 신청하였다 하더라도 집행관으로부터 배정 받은 집행날짜와 시간에 집행 대상물인 자동차가 집행 장소에 없거나14) 자동차 인도명령 신청 시 소유자 또는 점유자 등을 파악하여 접수할 당시 점유권자 등을 기록했다고 하더라도 집행 당일 자동차를 점유하고 있는 자가 상이할 경우 자동차 인도명령은 정상적으로 이루어지지 않고 불능처가 되고 말 것이다).

이렇게 되면 자동차 인도명령은 신청 후 2주 이내에 집행까지 완료하여야 하는 기간이 정해져 있으므로 채권자는 불능처리가 된 이후에 또 다시 집행대상인 자동차(건설기계 집행도 동일)를 찾아야 하는 절차를 거쳐야 하며 그 사이 유치권자

---

12) 김인범, 앞의 논문, 2018, 188-190면.
13) 이진한, 앞의 논문, 2007, 5면.
14) 자동차 인도명령의 불능 사유 중 '집행대상 자동차를 찾지 못하여 불능'처리가 되는 경우가 대략 20-30%정도를 차지하고 있다고 한다; 권혁재외 6명 공동연구자, 앞의 논문, 2015, 49면.

또는 점유하고 있는 자의 변동사항이 있는지의 여부를 다시 확인하여 집행관사무
소에 2차 자동차 인도명령 집행신청을 하여야 한다.

만약, 그 기간이 2주가 경과하면 또 다시 집행법원에 자동차 인도명령 신청을
하고, 그 후에 자동차 인도명령 결정문을 근거로 자동차가 위치해 있는 주소지 관
할 집행관사무소에 집행신청을 해야만 한다. 집행신청 후 집행 당일에 채무자나
점유자 등이 자동차를 다시 숨기거나 점유자가 상이함을 주장한다면 자동차 인도명
령은 다시 불능처리가 될 것이고 집행 목적물이 바로 앞에 있다고 하더라도 결국에
는 집행을 못하게 되어 집행을 위해 준비했던 집행문서는 사문서가 될 것이다.

이렇게 자동차 집행은 집행신청과 더불어 집행 목적물을 찾아 집행을 한 후
집행관에게 인도까지 해야되는 특징이 있다.

이에 비해 선박과 항공기에 대한 강제집행은 선박의 경우 운행에 관련된 일정
이 대부분 미리 계획되어 있고 항공기의 경우도 운항에 필요한 일정이 별다른 사
항이 없는 한 미리 계획되어 있어 선박이나 항공기를 보유한 회사 등으로부터 운
행 및 운항에 관한 일정표를 확보하여 운항금지 등의 결정을 받으면 자동차나 건
설기계와 같이 집행 목적물을 숨기거나 그 집행을 방해할 염려가 적어 집행을 하
는 데에 큰 어려움은 없을 것이라 하겠다.[15]

이와 같이 자동차는 움직이는 동산이자 등기등록이 되는 부동산의 성격을 가
지고 있어 집행 당시 집행관에게 자동차를 점유하고 있는(정당하게 점유하고 있거나
정당하지 못한 방법 등으로 점유하고 있거나) 점유자로부터 인도가 되어 집행관이 점
유하게 되는 시점이 강제경매의 실질적인 시작이라고 할 수 있다.

이에 자동차 집행 시 "자동차의 인도"에 관한 여러 가지 문제점이 발생하고
있어 자동차의 특성을 충분히 인식한 후 이 인도 부분에 대하여 본 필자는 어떠
한 문제점들이 발생하고 있고 그로 인하여 어떠한 해결방안을 제시할 수 있는지
에 대한 실질적인 검토가 이루어져야 할 것이라 생각하는[16] 문제의식을 제시한
선행 연구자와 더불어 그에 대한 해결방안을 5장에서 제시하도록 하겠다.

---

15) 법원행정처, 『법원실무제요 민사집행[Ⅲ]』, 동산·채권 등 집행, 2014, 88–89면.
16) 권혁재외 6명 공동연구자, 앞의 논문, 2015, 8면.

Ⅱ. 대포차와 대포차 점유

1. 의의

대포차는 법률적 정의가 아니다.[17) 대포차는 자동차 등록증(자동차등록원부 포함)상의 소유권을 고의적으로 이전하지 아니하고 자동차를 점유하고 있어[18) 개인간(자동차의 소유자와 대포업자 간)에 자동차 시세(Market Value)보다 저렴한 가격으로 자동차를 매매하여 자동차 양도·양수 증명서, 자동차 매매계약서 및 자동차 소유권의 이전에 필요한 서류를 원래의 자동차 소유자에게 건네받고 자동차를 넘겨받아 운행하는 자동차를 말한다.

2. 발생원인

대포차가 발생하는 이유는 예를 들어, 자동차를 구입할 목적으로 또는 현금을 융통할 목적으로 여신전문금융회사 등의 금융회사로부터 자동차 구입자금 대출을 목적으로 한 대출, 할부, 론(Loan), 리스 등의 여신금융상품을 이용하여 자동차를 취득한 후 약정한 대출금(대출상품은 대출금, 할부상품은 할부금, 리스상품은 리스료 등)을 모두 상환하지 않고 중간에 위의 방법을 이용하여 정상적인 자동차를 대포차로 둔갑시키고 있다.

금융회사의 대출, 할부, 론, 리스 등의 상품은 대부분 자동차 구입 자금의 상품 실행 시 해당 자동차에 실행금액만큼 또는 고객의 신용도에 따라 차등하게 적용하여 실행금액의 20 − 100%(우량한 신용등급을 보유한 고객은 설정 면제) 등의 방법으로 근저당권을 설정하고, 해당 상품의 연체 등으로 인한 부실이 발생할 경우를 대비하여 그 목적물에 담보를 설정하고 있다.

선 순위 또는 후 순위 담보가 설정이 되어 있는 자동차는 가압류, 근저당권 설정 등의 권리관계를 완전히 해소하지 못할 경우에는 정상적인 매매가 이루어질 수 없어서 자동차 소유자는 현금의 융통을 위한 목적으로 또는 채무상환 능력의

---

17) 김인범, 앞의 논문, 2018. 1면.
18) 권혁재, 「자동차에 대한 민사집행 절차에 있어서 효율적 점유확보방안」, 사법발전재단, 2016, 185면.

부족으로(이렇게 될 경우 가압류권자나 근저당권 설정자인 채권자의 채무상환 독촉이 심할 것이므로) 정상적인 자동차를 운행 및 관리하지 못해 불법적으로(또는 음성적으로) 시세보다 저렴한 가격으로 사채업자 등을 통하여 자동차를 매매하고 그 매매된 자동차는 대포차 등으로 융통19)시키고 있다. 이렇게 대포차를 운행하는 자를 대포업자라고 부른다.

민사집행법 제191조 채무자(자동차 등록증 상 소유자) 이외의 사람(점유자, 대포업자 등)이 점유하고 있는 물건의 압류에 대하여 채권자 또는 물건(자동차 등)의 제출을 거부하지 아니하는 제3자가 점유하고 있는 물건은 동법 제189조(채무자가 점유하고 있는 물건 압류) 규정을 준용하여 압류할 수 있다.

그러나 대포업자가 대포차를 점유하고 있는 경우에 그 대포차가 채권자의 압류 물건이라고 한다면 위 규정을 다시 해석하여 보면 채무자 이외의 사람(대포업자 등)이 점유하고 있는 물건의 압류에 대하여 채권자 또는 물건의 제출을 거부하는 제3자가 점유하고 있는 물건은 동조 제189조 채무자가 점유하고 있는 물건 압류의 규정을 준용하여 압류할 수 없다고 할 것이다.

왜냐하면, 대포차를 운행하는 대포업자가 채권자의 노력으로 인하여 채권자의 압류물건인 대포차량을 찾아 판결문 등의 집행권원으로 인한 강제집행이든 담보권의 실행으로 인한 임의경매이든 대포차가 위치해 있는 주소지 관할 집행관사무소에 집행 접수 후 집행관과 함께 집행 당일에 대포업자가 점유하고 있는 대포차를 법적으로 압류하려고 하여도 법적으로 보호를 받을 수 없는20) 대포업자는 대포차 점유의 이전에 관한 자동차매매계약서, 자동차명의 이전서류나 채무자(자동차의 원소유자)로부터 건네받은 자동차 포기각서 등을 집행관에게 제시하고 아무런 문제가 없다고 주장하여 점유의 이전을 거부할 것이기 때문이다.

이는 타인이 권원 없이 물건의 목적물을 점유하여 강제집행 등의 물건의 행사를 방해하고 있는 경우에 물권적 반환청구권이 인정된다는 자동차 소유자의 물권적 반환청구권의 판단을 함에 있어서도 그 판단이 쉽지 않을 것이다.

---

19) 권혁재, 「자동차에 대한 민사집행 절차에 있어서 효율적 점유확보방안」, 2016, 185면.
20) 권혁재, 「자동차에 대한 민사집행 절차에 있어서 효율적 점유확보방안」, 2016, 186면.

3. 실무 예

실무에서도 이러한 일들이 빈번히 발생하고 있는 대포업자가 대포차의 점유의
이전을 거부하여 집행관으로부터 최종적으로 강제집행의 불성립으로 인한 불능처
리가 된다고 하면 채권자는 당연히 담보권의 실행으로 인한 임의경매 등을 통하
여 채권자의 만족을 얻어야 함에도 불구하고 그렇게 하지 못할 것이다. 그리고 불
법적으로 점유하고 있는 채권자의 목적물인 자동차를 확보하고도 대포업자가 가
지고 있는 정당하지 못한 여러 가지 증빙자료를 이유로 강제집행을 하지 못하게
되면 채권자는 채권확보를 하지 못하게 될 뿐만 아니라 대포차는 정상적이지 않
은 방법으로 운행되어 불법적인 수단으로 활용될 가능성이 크므로 큰 문제가 아
닐 수 없고 이를 법적 테두리 안에서 해결해야 하는 문제점도 생각해 보지 않을
수 없다.

Ⅲ. 자동차 집행제도의 비교법적 연구

자동차 집행제도에 대하여 외국의 제도와 우리나라의 제도를 비교법적 연구를
통하여 살펴보도록 하겠다.

1. 독일의 자동차 집행제도

독일의 자동차 집행제도는 우리나라와는 달리 유체동산으로 분류되어 유체동
산 집행 절차에 따라 집행을 시행하고 있다.

유체동산 압류절차는 채무자가 점유하고 있는 물건의 점유를 집행관이 점유하
는 것을 말하는데 그 절차는 강제집행에 관한 일반규정을 따르고 있고 그 내용은
다음과 같다. ① 적절한 시간[21]에 ② 적절한 장소[22]에서 ③ 적절한 방법[23]에 의

---

21) 독일민사소송법 제758조의a, 제4항.
22) 독일민사소송법 제808조, 제809조, 제739조.
23) 독일민사소송법 제758조 이하, 제806b조, 제808조.

해 ④ 적절한 범위[24] 내에서 실시되어져야 한다고 독일 민사소송법에서 규정하고 있다. 그러나 선박과 항공기는 우리나라와 같이 부동산 강제집행 절차를 준용하여 강제 경매법에 의하여 시행하고 있다.

우리나라는 독일의 집행법을 계수하였지만 자동차 집행제도는 독일의 집행법이 아닌 일본의 집행법을 계수하였다.[25]

독일에서의 집행관할은 자동차를 집행하기 위하여 자동차가 위치해 있는 관할의 집행관(Gerichtsvollzieher)이 집행기관이 되며, 관할이 다르거나 위반하였을 경우에는 채무자에 의한 집행이의의 사유가 된다.

2009년 11월 29일 독일 민사소송법 제753조 제3항에 의하여 연방 법무부가 연방 참의원의 동의에 의하여 제정된 법규명령(Rechtsordnung)에 의한 서식제도(Formular Process)를 도입하였는데 이 제도는 직접 신청하거나 전자집행 위임을 할 때에도 같은 서식을 사용하게 하였고, 강제집행에서의 사건해명(Sachaufklärung) 개혁에 관한 법률에서 도입되어 표준화되었다.[26] 독일의 집행 위임서식 및 기재할 내용을 살펴보면 다음과 같다.

① 채권자, 채무자 등 당사자, ② 집행권원, ③ 집행관계, ④ 소송 등 관련내역, ⑤ 청구금액의 원리금, ⑥ 집행비용, ⑦ 재산조회 관계, ⑧ 감치명령, ⑨ 지급합의 ⑩ 주소관계의 순서대로 되어 있다. 주목할 것은 독일에서는 자동차 집행신청을 하게 되면 자동차 집행에 그치는 게 아니라 채무자에 대한 재산 조회를 할 수 있고 감치명령 및 지급합의까지 이루어진다는 것이다.

우리나라의 경우 자동차 집행신청을 하기 위해서는 관할 집행관사무소에 강제집행신청서를 작성하여 제출하는데 그 내용 및 기재 사항을 살펴보면 다음과 같다.

① 채권자, 채무자 등 당사자, ② 집행 목적물 소재지, ③ 집행권원, ④ 집행의 목적물 및 집행방법(동산압류, 동산 가압류, 동산 가처분, 부동산 점유이전 금지가처분, 철거, 부동산 인도, 자동차 인도, 기타), ⑤ 청구금액 , ⑥ 특약사항(집행비용 예납잔금 환급 등을 위한 채권자 예금계좌)의 순서대로 되어 있으며 ④번 집행의 목적물 및 집행방법에 "자동차 인도 집행"으로 표시하여 신청을 하였다면 자동차 인도 집행

---

24) 독일민사소송법 제803조, 제811조.
25) 권혁재외 6명, 앞의 논문, 2015, 121 - 122면.
26) 권혁재외 6명, 앞의 논문, 2015, 122면.

에 관한 것으로 마무리가 된다.

그 후 채권자가 채무자로부터 자동차 인도 집행을 하였지만 그것만으로도 채권자의 만족을 얻지 못하였다면 또 다시 채무자에 대한 재산명시 신청이나 채무불이행자 명부등재 등의 신청을 개별적으로 하여야 하며 계속적인 신청과 그에 따른 법적 절차비용의 지불 등 법 경제학적인 관점에서 보면 시간적, 물질적인 피해가 발생하고 있는 것이 우리나라 집행제도의 현실이다.

독일은 집행신청을 위한 위임에 있어서 서면 신청뿐만 아니라 전자나 유선상의 구술로도 신청을 할 수 있도록 하였다. 채무자가 자동차를 숨기거나 또는 기타의 다른 사정에 의하여 집행을 할 수 없는 경우에는 집행관 직권의 재산조회권을 행사하여 채무자가 숨기고 있는 재산을 찾아낼 수 있도록 하였다.[27] 그리고 채무자가 재산조회 기일에 출석하지 아니하면 집행관이 직접 집행법원에 감치 신청까지 신청할 수 있도록 포괄적으로 권한을 부여하였다.[28]

자동차는 등기등록물건인 부동산과 같은 성격과 움직이는 물권이기 때문에 유체동산과 같은 성격을 동시에 가지고 있어 우리나라의 경우 자동차 강제집행을 신청하고 집행을 완료하기까지 자동차 위치 파악을 하기가 쉽지 않다. 따라서 집행불능으로 그치는 경우가 50%나 된다.[29] 집행불능이 되면 채권자가 신청한 자동차 강제집행 신청 사건은 종결되고 집행불능 이후 절차는 처음부터 다시 신청하여야 한다.

채권자가 이에 그치지 않고 집행불능 후에 집행 목적물인 채무자의 차량을 찾아 위치를 파악하거나 채무자의 다른 재산을 발견하거나 알아보고 싶은 경우에는 별건으로 해서 다시 목적물이 위치해 있는 관할 집행관사무소에 자동차 인도 강제집행 신청을 하거나 재산명시신청 등의 제2, 3, 4의 신청을 하여야 그 신청을 근거로 절차를 진행하게 된다.

우리나라는 2010년 3월 31일에 집행관법이 시행되었고, 대법원 규칙으로 집행관규칙 및 집행관수수료규칙에 근거하여 집행관으로서 업무를 하고 있다. 독일의 집행관 업무와 관련하여서는 위에서 언급하였듯이, 독일의 자동차 집행에 대하여는 민사

---

27) 2013년 1월 1일부터 ZPO 802C.
28) ZPO 802C Ⅱ Nr.2.
29) 권혁재외 6명 공동연구자, 앞의 논문, 2015, 122 – 123면.

소송법의 하위 법규인 집행관의 업무지침(Geschäftsanweisung für Gerichtsvollzieher. 약칭"GVGA", 이하 GVGA라 한다.)에 자세하게 규정하고 있다.

GVGA와 비슷한 우리나라 집행관 규칙은 목적, 집행관의 정원, 관할, 보증금 납부, 업무감사, 징계, 사무원의 채용 등을 내용으로 하는 총 34조로 규정되어 있는 반면, GVGA는 독일 민사소송법의 하위 법규로 총 200조[30]로 규정되어 있고 그 주요 내용들을 살펴보면 크게 자동차 압류, 자동차 경매, 배당절차 등 집행에 대한 실무적인 부분들을 상세히 규정하고 있는데 주목할 만한 내용들을 살펴보도록 하겠다.

자동차 집행의 경우 집행관이 집행의 목적물인 자동차를 채권자가 작성한 강제집행 신청서상의 목적물이 위치해 있는 주소지 장소에서 채무자로부터 받거나 또는 채무자가 없는 경우 강제(자동차 문이 잠겨 있는 경우 자동차 문을 강제로 열 수 있도록 열쇠업자를 부르거나, 자동차를 집행관이 지정하는 주차장으로 옮기기 위하여 렉카차량을 용하는 등)로 이전하여 집행하는 것이 일반적이다.

강제집행 신청서상의 목적물의 주소지가 아닌 길 위에서 자동차를 발견한다면 그 곳에서 자동차를 압류할 수도 있고[31] 자동차를 소지하고 있는 자의 소지증서를 압류한 경우[32]도 있다. 경매시에는 유체동산 경매의 방식으로 행해지는데 경매의 목적물인 자동차를 압류하고 4주[33]가 지나면 경매 매각 절차가 개시된다. 이때에는 우리나라에서와 같이 목적물의 제조회사, 차대번호, 차량번호 등 상세한 내역을 기재하여 구매자가 알 수 있도록 하고 있다.

2. 프랑스의 자동차 집행제도

프랑스는 자동차 집행에 관하여 프랑스민법에 규정을 두고 있다. 독일과 마찬가지로 자동차를 유체동산으로 분류하고 있으며, 자동차를 질권의 대상으로 보고

---

30) 권혁재외 6명 공동연구자, 앞의 논문, 2015, 129면.
31) Gaul/Schliken, Becker—Eberhard, Zwangsvollstreckungsrecht, 12. Auflage, C.H. Beck München, 2010, §26. Rn. 30., p.514; 권혁재외 6명 공동연구자, 앞의 논문, 2015, 130면 재인용.
32) AG Flensburg DGVZ 1995, 60; Gaul/Schliken, Becker—Eberhard, Zwangsvollstreckungsrecht, 12. Auflage, C.H. Beck München, 2010, §26. Rn. 70., p.526; 권혁재외 6명 공동연구자, 앞의 논문, 2015, 130면 재인용.
33) 권혁재외 6명 공동연구자, 앞의 논문, 2015, 136면 재인용.

있다. 자동차에 대한 질권에 관하여는 프랑스 민법전 제2장 제2절[34])에서 규정하고 있다.

이렇게 자동차에 질권이 설정되어 있다면 프랑스민법 시행령에 명시된 요건에 의해 제3자에게 대항력이 생긴다. 이처럼 프랑스에서는 자동차를 질권의 대상으로 보고 있으므로 채무자가 채권자에게 채무를 변제하지 못하게 될 경우에는 채권자는 법원에 채무자 자동차에 설정되어 있는 질권의 실행을 위하여 법원에 신청하게 된다. 프랑스의 민사집행 절차와 관련하여서는 민사집행절차법전으로 명문화하고 있다. 프랑스의 경우 동산에 대한 민사집행 절차를 민사집행절차법전에 규정하고 있다.

우리나라는 경매절차에 있어서 저당권 등 담보권 실행을 위한 경매, 즉 임의경매와 담보권이 없는 물건의 경매를 하기 위해 법원의 명령, 판결 등 집행권원을 득한 후에 그것에 근거하여 실행되는 강제경매절차를 두고 있으나 프랑스의 민사집행절차법전에서는 저당권이 설정된 물건의 경매를 위해서도 강제집행 절차와 같이 지급명령, 판결문 등의 집행권원이 있어야만 경매절차를 신청할 수가 있도록 하고 있다. 특히, 프랑스의 민사집행 절차에 있어서 주목할 점은 강제집행 절차에 대한 최소한의 절차 내지 규정만 준수하고 강제매각 이전에 임의 매각을 먼저 할 수 있도록 하고 있다. 임의 매각이 안 되었을 경우에 강제매각을 하도록 하고 있다는 점[35])에서 절차적인 정당성보다는 실질적이고 결과 중심에 초점을 두고 있다.

프랑스 민사집행 절차에서와 같이 우리나라도 민사집행 절차에 관한 접근과 더불어 실리적으로의 접근도 고려해 볼 필요가 있다. 다시 말해 민사집행 절차 후 매각 절차를 최소화하고 집행 후 강제매각 전 일정한 기간(프랑스에서는 1개월 이내) 이내에 채권자나 채무자의 동의 또는 요청 등의 상호보완절차를 마련할 필요가 있다. 이렇게 함으로써 경매로 인한 법적 비용의 최소화 및 적어도 시세와 동일한 가격에 매각하거나 그보다 높은 가격에 매각이 될 수 있는 임의매각 절차를 도입하는 것을 고려해 볼 필요가 있다고 생각한다.

---

34) 프랑스민법 제2장 제2절 제2351조 내지 제2353조; 권혁재외 6명 공동연구자, 앞의 논문, 2015, 159면 재인용.
35) 권혁재외 6명 공동연구자, 앞의 논문, 2015, 161면.

Ⅳ. 자동차 집행상의 문제점

우리나라의 자동차 집행의 경우에는 위의 독일과 프랑스의 자동차 집행에 관하여 함께 알아보았으므로, 자동차 집행에 대하여 실무적으로 경험한 문제점을 사례를 들어 살펴보도록 하겠다.

1. 문제 제기 : 집행대상 자동차가 집행법원의 관할 경계선상에 있을 경우

채권자가 채무자의 자동차를 집행할 경우 집행대상 자동차가 2개의 집행법원의 관할 경계선상에 있을 경우를 생각해 볼 수 있다. 자동차 집행법원의 관할은 자동차등록원부상에 등록된 사용 본거지의 주소지 관할 법원이 집행법원이 된다. 또한, 기타 법률에 특별히 지정되어 있지 아니하면 집행관이 자동차를 실질적으로 인도받거나 집행한 주소지 관할 법원이 집행법원이라고 법에서 규정하고 있다(민사집행법 제3조, 민사집행규칙 제109조). 문제는 자동차가 2개의 지방법원 또는 지원 등의 관할 경계선상에 위치해 있는 경우이다. 이러한 경우 집행 채권자 입장에서는 집행법원을 어디로 해야 할지가 문제된다. 다음 사례들을 통하여 구체적으로 알아보겠다.

2. 사례 ①: 집행대상 목적물인 자동차가 2개의 집행법원의 관할 경계선상에 있을 경우

① 자동차를 필요로하는 고객(이하 "A"라 한다)이 H캐피탈 주식회사라는 여신전문금융회사(이하 "B"라고 한다)에서 자동차를 구입할 목적으로 자동차 구입자금 대출 5천만 원을 신청하였다. 여신조건은 자동차에 근저당권 설정 100%(대출금 5천 만원), 36개월 원리금 균등 분할 상환방식, 매월 25일 결제, 이율 5%, 연체이자율 15%, 대출금 CMS 자동이체 방식이었다. 이에 A는 대출 실행 후 4개월 동안 자동차를 운행하면서 매월 25일에 B에게 아무런 문제 없이 대출금을 상환하였다.

② 이후, 채무자는 자금 사정의 악화로 인하여 급히 돈이 필요하게 되었고 자동차를 맡기고 돈을 빌려주는 상품을 취급하는 소위 자동차담보대출을 해주는 개

인사무실(통상적으로 "사채업자" 사무실이라고 한다. 이하 "C"라 한다)을 방문하여 자동
차를 맡기는 조건으로 5백만 원을 차용하였다.

③ 이후 A는 자금 사정이 더욱더 악화되어 B의 대출금 상환이 불이행되었고
이에 더하여 C의 대출금 상환도 연체가 되기 시작하였다. 그로 인하여 B의 자동
차 구입자금 대출은 연체가 장기화되어 정상연체채권에서 기한이익 상실채권이
되었다.

④ B의 채권관리담당자는 담보권 실행을 위해 자동차등록원부상 사용 본거지
관할 지방법원에 경매신청을 하였다. 이후 지방법원으로부터 담보권 실행을 위한
경매 결정문을 수령하였다.

⑤ B의 채권관리담당자는 자동차 집행을 위하여 채무자 A의 집 주변, 직장
주변 등 현장실사를 통하여 자동차를 찾기 위해 노력하였다. 그러는 사이 C의 채
권관리담당자는 B의 채권관리담당자가 자동차를 집행하기 위하여 해당 자동차를
찾고 있다는 예기를 듣게 되었다.

⑥ 이에 C의 채권관리담당자는 자동차 집행을 방해할 목적으로 해당 목적물
인 자동차를 인천지방법원과 부천지원 관할에 있는 경기도 김포시의 경계선상에
차량을 숨겨 놓았다. B의 채권관리담당자는 수소문 끝에 해당 차량을 찾게 되었
고 자동차의 집행을 위하여 주소지(지번 포함)관할인 인천지방법원 집행관사무소에
집행 신청을 하였다.

⑦ 자동차 집행을 신청하기 위하여 경매결정문, 강제집행 신청서, 자동차가 위
치해 있는 장소의 사진을 첨부하였다. 집행날짜와 시간이 정해졌고 집행관과 같이
자동차가 위치해 있는 장소에 집행을 위하여 방문하였으나 해당 차량은 인천지방
법원과 부천지원 관할의 경계선상, 더 정확히 말하면 지번상으로는 인천지방법원
관할인데 실질적인 지도상으로는 부천지원 관할인 경계 지점에 위치해 있었다.

⑧ 이에 집행관은 지번상으로는 인천지방법원이 맞는데 현장에 와보니 부천지
원 관할이라 집행이 안 된다고 하여 집행불능 처리를 하였다. 집행 장소에는 C의
채권관리담당자가 있었고 집행관에게 관할에 대한 이의를 제기하였다. 채권관리
담당자 B는 하는 수 없이 부천지원 집행관사무소에 자동차 집행을 위한 집행신청
을 하게 되었다.

⑨ 그러나 부천지원 집행관사무소에서는 주소지 관할이 아니라는 이유로 집행

신청 접수를 받지 않았다.

⑩ 그 후 B의 채권관리담당자는 자동차의 위치를 다시 확인하기 위하여 김포에 위치해 있는 장소를 방문하였으나 자동차는 사라진 상태였다.

3. 사례 ②: 한명의 소유자가 2대의 자동차 구입자금을 대출 한 경우

① 앞의 사례 1과 같은 상황에서 A는 B로부터 2대의 자동차 구입자금 대출을 신청하여 2대의 자동차를 운행하였다.

② 자동차의 구분을 위하여 1번 자동차와 2번 자동차로 명명하기로 한다. B의 채권관리담당자는 A의 장기연체로 인하여 담보권 실행을 위한 경매신청 전에 자동차의 위치를 파악하였다.

③ 1번 자동차는 인천지방법원 관할에 위치해 있었고, 경계선을 기준으로 2번 자동차는 부천지원 관할에 위치해 있었다. B의 채권관리 담당자는 하는 수 없이 1번 자동차는 인천지방법원 집행관사무소에 집행 접수를 신청하였고, 2번 자동차는 부천지원 집행관사무소에 집행 접수를 하였다.

④ 집행 결과는 다음과 같이 3가지로 예상할 수 있다.

첫째, 인천지방법원과 부천지원 집행관사무소의 집행날짜 및 시간이 같을 수 없다. B는 1, 2번 자동차 중 하나의 자동차를 집행할 수 있을 것이다.

둘째, 집행날짜에 집행관과 현장에 가보니 1번 자동차와 2번 자동차의 위치가 변경되어 있었다. 이에 집행 접수 시 서류상 내용과 자동차의 위치 및 관할이 다르다는 이유로 집행불능이 될 수 있다.

셋째, 집행 당일에 현장에서 1, 2번 자동차는 어디에도 찾을 수가 없었다. 이에 집행 목적물이 없어 집행불능이 되었다.

위의 사례에서 살펴보았듯이 집행의 목적물인 자동차가 2개의 관할 경계선상에 있을 경우 자동차 집행에 있어 문제가 발생하고 있다.

제 4 절 | 집행관제도의 문제

민사집행 절차는 개인의 권리를 실현하는 마지막 절차이다. 민법, 상법의 실체법이 권리를 규정해 놓더라도, 권리를 회복하는 제도인 절차법 규정이 제 역할을 하지 못하면 실체적 권리를 실현하기에는 많은 어려움이 있다. 이중 집행관제도는 민사집행의 최종점에 위치한다. 그러나 집행관제도는 이러한 중요성이 있음에도 그동안 연구가 많이 없었으며, 집행 실무에서 집행관제도의 개선을 요구하고 있는 상황이다.

이 절에서는 3장 3절에서 우리나라 집행관제도의 내용과 특징에 대하여 살펴본 내용을 바탕으로 외국의 집행관제도를 비교 검토하여 살펴보도록 하겠다.

I. 외국의 집행관제도

우리나라 집행관에 관하여는 법원조직법 제55조에 규정되어 있다. 집행관은 민사집행법상의 집행을 실시한다(민사집행법 제2조). 집행관법에 따르면 집행관은 법원 공무원이 아닌 10년 이상 법원주사, 등기주사보, 검찰주사보 또는 마약수사 주사보 이상의 직급으로 근무하였던 사람 중에서 지방법원장이 임명하며(집행관법 제3조), 집행관의 임기는 단임 4년으로 연임할 수 없으며, 정년은 61세다(집행관법 제4조).

법제화되어 있는 현행집행관 제도를 외국의 집행관제도와 비교법적인 검토를 통하여 살펴본 후에 선행 연구자 이시윤(변호사, 전 헌법재판관)이 2014년 한국 민사집행법 학회에서 "한국 민사집행법학회 창립 10주년의 회고와 앞으로의 전망·과제"에서 논의했던 집행관의 임기가 4년 단임제로 소명의식을 갖기에 부족하고 이로 인한 전문지식의 축적을 저해하고 있다는 문제점, 이와 관련한 추가적인 문제점과 더불어 개선에 관한 사항에 대하여 알아보겠다.[36]

---

36) 이시윤, 「한국 민사집행법학회 창립 10주년의 회고와 앞으로의 전망·과제」, 한국 민사집행법학회, 민사집행법연구, 2014, 24면.

1. 미국의 집행관제도

가. 집행관의 임면

미국에서 집행관의 역할은 법원 문서의 송달 및 집행을 실시하기 때문에 우리나라와 별로 다르지 않다. 미국의 집행관은 Marshal과 Sheriff로 분류한다. Marshal은 연방 집행을 담당하는 집행관이고, Sheriff는 주(State) 집행을 담당하는 집행관이다. 즉 미국은 연방제를 채용하고 있기 때문이다. Marshal은 상원의 승인을 얻어 대통령이 임명하고, 임기는 우리나라와 같은 4년이나 연방법원, 항소법원, 관세법원에 속한 공무원으로서의 법적 지위를 가지며 우리나라와 영국과는 다르게 고정적으로 급여를 받는다.[37]

미국의 집행관은 각 카운티(County)의 주민들의 투표로 선출되며 행정관 및 사법집행관으로서 역할을 담당한다. Sheriff는 치안을 유지하고 형법을 집행할 경우 우리의 경찰(Police)과 같은 권한을 가지며 소환장 발부, 영장 집행을 하고 Sheriff 고유의 업무인 경매나 공매의 집행을 수행한다.[38] 이외에도 송달과 동산 압류, 부동산 경매 등의 업무도 수행한다.[39]

특이한 점은 집행관의 업무 집행 시 채무자에게 손해가 발생할 것을 대비해 각 주의 법률이나 조례에 정해진 일정한 재력을 가진 자를 자격 요건으로 하고 있으며 Sheriff의 선출은 각 County의 법률이나 조례에 의하고 정해져 있지 않은 경우에는 주지사가 선출되는 선거에서 함께 선출된다.[40] 마찬가지로 각 주의 헌법이나 법률 또는 조례에 의해 집행관을 해임할 수 있으며 특별히 정한 바가 없으면 주의 법률에서 이를 정하고, 집행관의 업무상 부정부패, 직무 불이행, 보증제공의무의 불이행 등의 사유에 해당이 되면 사법절차에 따라 해임하거나 주지사가 해임한다.[41] 미국의 Sheriff는 영국의 Bailiff에서 유래되었다.[42]

---

37) 김종호, 「집행관제도의 합리화 방안으로서 보수체계의 개혁」, 동아법학(제61호), 동아대학교 법학연구소, 2013, 156면.
38) 김종호, 「현행 집행관자격 부여제도의 적정성에 관한 고찰」, 중앙법학(15집 3호), 중앙법학회, 2013, 7면.
39) 김종호, 「집행관제도의 합리화 방안으로서 보수체계의 개혁」, 2013, 158면.
40) 김종호, 「현행 집행관자격 부여제도의 적정성에 관한 고찰」, 2013, 7면.
41) 김종호, 「현행 집행관자격 부여제도의 적정성에 관한 고찰」, 2013, 8면.
42) 추신영, 「집행관의 법적 지위」, 한국 민사집행법학회, 민사집행법연구, 2014, 181면.

나. 미국 집행관의 권한

연방 집행관은 연방법원의 결정을 집행하고 군 보안관은 주 이하의 지방법원
의 결정을 집행한다. 주 집행관은 군의 수석집행관으로서 소송서류의 송달 및 강
제집행, 부동산·동산의 압류, 그리고 경매 등의 권한은 갖고 있다. 그렇지만 집행
관과 같은 채권 기타 재산권에 대한 강제집행권은 없다.

미국의 통일 법전(연방 통일상법전이라고도 함)에 제28의 제37장 제566조에 정해
져 있는 집행관의 임무로는 ① 도망자의 체포, ② 재산의 관리와 매각, ③ 연방판
사 및 연방법원의 보호, ④ 죄수의 이송관리, ⑤ 증인보호, ⑥ 법원문서의 송달
등이다.

다. 미국 집행관제도의 특징

집행관은 카운티에서 투표로 선출되어 선출직 공무원으로서 지위를 가지고 있
다. 미국의 집행관 업무는 형사와 민사 등에 걸쳐 광범위하다. 지방에서는 집행관
이 경찰관 역할을 수행하기도 한다.

2. 영국의 집행관제도

영국의 집행관제도는 대륙법계인 독일이나 프랑스보다 역사가 앞서고 그 권한
도 광범위한 것이 특징이라 할 수 있다.[43] 그 이유는 영국의 집행관제도는 일찍
이 로마법에서 계승하였다는 설이 있는데, 그 설에 의하면 서기 800년대에 알프
레드 대왕이 영국을 통치할 당시 만든 제도로서 앵글로색슨 왕이 영국을 통치하
면서 지방분권을 통제하는 방법으로 제도화하였고, 업무 범위는 사법 및 행정에
이르기까지 광범위하게 권한을 부여하였다.[44] 좀 더 자세히 알아보기 위하여 집
행관의 임면과 집행관의 권한과 법적 지위 그리고 집행관제도의 특징으로 나눠서
알아보도록 하겠다.

---

43) 권혁술, 앞의 논문, 2013, 65면 재인용.
44) Theodore Frank Thomas Plucknett, A Concise of History of Common Law, 1956, P.101.; 권
    혁술, 앞의 논문, 2013, 66면 재인용.

가. 집행관의 임면

영국 집행관의 명칭에 대하여 알아보면, 지방권력자인 지방집행관(Kings Reeve)을 집행관 또는 지방분원 집행관(Shire Reeve)이라고 하였다. 영국에서 집행관은 각 주마다 1명씩 임명되며 임명 후보자는 사법관회의[45]에서 제출되는 후보자 명부에서 주의 국왕이나 황태자가 임명하고 있다.[46] 또한, 미납벌금의 추심 업무와 체포영장의 집행을 실시하는 집행관은 Her Majesty's Courts와 Tribunals Service가 임명한다.[47]

나. 집행관의 권한과 법적 지위

오늘날 영국의 Bailiff는 벌금과 Bailiff 수수료 규칙에 의하여 징수한 벌금액에 일정액과 집행 당사자가 집행을 위해 납부한 비용에서 수당 및 수수료를 받고 있으며 법원으로부터 일정한 월급은 받지 않는다.[48]

담당업무는 재판과 선거 등 소송에서 판사를 보조하거나 영장집행 업무를 수행하며, 재판을 위한 배심원의 명단을 준비하고, 죄수들의 안전을 지키는 교도관의 역할을 하기도 한다. 그리고 우리나라 집행관과 같은 강제집행 절차에서 유체동산 압류 및 경매, 동산이나 부동산 인도 집행의 업무를 담당한다.

영국의 집행관은 징수한 벌금의 일정액과 집행 당사자로부터 받는 비용액 에서 수당(일종의 인센티브) 및 수수료를 받지만, 집행관의 신분은 공무원으로서의 법적 지위를 가지고 있으며 집행관의 고유한 업무인 유체동산 압류, 경매 또는 동산과 부동산에 대한 인도 집행을 하고 더불어 형사상의 업무도 담당하고 있다.[49]

집행관은 강제집행 등의 집행 시 채무자 또는 제3자가 그 집행을 방해할 시 강제력을 행사할 수 있는데 방해자를 포인 등의 방법으로 문책할 수도 있다.[50]

---

45) 사법관회의 구성원은 다음과 같다. 대법관, 대장 대신, 추밀원 의장, 수석판사 등이다; 권혁술, 앞의 논문, 2013, 67면 재인용.
46) The Sheriff Act 1887 제6조.
47) http://www.justice.gov.uk/about/hmcts 참조.
48) 이재영, 앞의 논문, 1984, 204면.
49) 추신영, 「집행관의 법적 지위」, 민사집행법연구, 한국 민사집행법학회지 제10권(2014), 181면 재인용.
50) The Sheriff Act, 1887, 제8조 제2항.

또한, 영국의 집행관은 미납벌금 추심과 체포영장의 집행을 실시한다. 그 외 순회 재판과 선거소송에서 판사를 보조하고, 영장을 집행하며, 재판에 참여하여 순회재 판을 위한 배심원 명단을 준비하여 배심원을 소집하고, 죄수들의 안전을 지키며, 선 거관리 위원의 일을 하기도 한다. 그리고 강제집행 절차에서 채무자의 유체동산을 경매하고 동산이나 부동산에 대한 인도 집행 등 집행관 고유의 업무를 수행한다.

다. 영국 집행관제도의 특징

집행관의 고유한 업무라고도 할 수 있는 유체동산의 경매 또는 부동산에 대한 인도 집행 등은 우리나라 집행관 업무와 유사하나, 집행관이 공무원 신분이면서 일정한 봉급을 받지 않고 벌금 또는 수수료 규칙에 의하여 징수한 벌금액에서 일 정액과 당사자로부터 받는 비용에서 수당 및 수수료를 받는다는 점이 우리와는 다른 특징이라 할 수 있다.

3. 일본의 집행관제도

가. 집행관제도

일본의 민사집행법은 법률 제4호로 소화54(1979)년 3월 30일에 공포되었으며, 2018년 6월 8일 개정되었다.[51] 이 민사집행법은 강제집행, 담보권의 실행으로서 의 경매, 환가를 위한 경매, 채무자의 재산 개시에 관한 절차에 대하여 규정하고 있으며, 총 5장 207조로 이루어져 있고, 보전처분에 관하여는 민사보전법으로 분 리 되었다. 민사집행제도에 이어서 일본의 집행관 제도를 살펴보겠다.

일본은 명치 19년에 칙령 제40호로 집행관 제도를 법제화하였는데 근본은 메 이지시대에 프랑스의 집행관제도와 독일의 집행관제도를 모델로 하여 탄생하게 되었다.[52] 그 제도에 따르면 집행관을 判任(판임)이라 하였다. 집행관은 치안재판 소의 관할구역을 담당하며, 담당업무는 송달, 재판 명령을 집행하고 소송법과 치 제법 및 기타 법률이 정하는 바에 의하여 집행하도록 규정하였다.[53] 이렇게 탄생

---

51) 세계법제정보센터, http://world.moleg.go.kr/web/main/index.do , 일본 민사집행법, 요약본, 2019. 11. 13. 최종확인.
52) 추신영, 앞의 논문, 2014, 189면.
53) 일본, 칙령 제40호 제39조.

한 집행관제도는 집행관 규칙 및 수수료 규칙 등 제정 후 개정작업을 거쳐 지금 의 집행관제도로 정착되었다.[54)]

나. 집행관의 자격조건

일본에서 집행관이 되려면 행정직 봉급표에 규정된 직무등급 5등급 이상 또는 이에 준하는 직책을 가진 자[55)] 중에서 最高裁判所(최고재판소)가 정한 기준에 해당 하는 자이며, 우리나라와는 달리 필기 및 면접시험을 거친 후 선발된 인원 중에서 집행관을 임명한다. 좀 더 자세히 살펴보면 공무원의 일정직급 이상인 자와 공무 원이 아닌 자 중에서 일정 자격 요건을 갖추고 있는 자이다.

첫째, 국가직 공무원 중 행정직 봉급표에 규정된 직무등급 5등급 이상의 직은 국가공무원 5급 이상, 세무직공무원 5급 이상, 공안직 공무원 5급 이상(봉급표 2) 또는 6급 이상(봉급표 1)의 직책을 가진 자와 지방직 공무원 중에서 국가직 공무 원의 직급 이상의 직에 있었던 자를 말한다.

둘째, 이에 좀 더 포괄적으로 이에 상응하는 법률에 대한 실무를 10년 이상 경험한 경력자도 포함하고 있다.[56)]

다. 대상

자격요건을 갖추고 있는 대상자는 앞서 살펴본 자격요건을 갖춘 국가직, 지방 직 공무원과 변호사 또는 변호사 사무실에 근무한 자, 법무사 또는 법무사 사무실 에 근무한 자, 회계사, 세무사, 건축사 등이며 일반회사에서 채권관리업무 경험이 있는 채권관리사, 금융회사인 은행, 증권회사, 보험회사, 신용은행, 상공종합중앙 금고, 신용협동조합과 집행관 사무실에 근무한 자 등이다.[57)]

라. 시험과목

시험과목은 1차 선택형 시험, 2차 논술형 시험, 3차 면접시험으로 구성되어 있다. 1차 시험은 헌법, 민법, 형법 등 실체법과 민사소송법, 민사집행법, 민사보

---

54) 추신영, 앞의 논문, 2014, 189면.
55) 일본, 일반직 직원의 급여에 관한 법률 제6호 제1항.
56) 추신영, 앞의 논문, 2014, 189면.
57) 김종호, 앞의 논문, 2013, 14면.

전법, 집행관법 등 절차법이며 선택형으로 이루어져 있다. 2차 시험은 논술형으로 민법, 민사소송법, 민사집행법 이상 3과목으로 이루어져 있다. 3차 면접시험은 개별적으로 실시한다.[58]

마. 임명

집행관의 임명은 최종 시험에 합격한 자 중에서 집행관 채용 선발 위원회의 심사를 거쳐 지방재판소가 집행관을 임명한 후 일정한 연수를 받아 집행관이 된다.[59][60]

바. 신분

일본의 집행관은 특수직 공무원으로 각 지방재판소에 설치된 재판소(우리나라의 집행관사무소)의 직원이다.[61]

사. 급여

특수직 공무원이지만 국가공무원법의 적용을 받지 않고 봉급도 받지 않는다.[62] 급여는 우리나라와 비슷하게 집행관 업무 중 일정한 수수료를 받는다. 일본 집행관법을 살펴보면 제13조 집행관은 업무의 대가로 수수료를 받는다. 제15조 집행관의 신청에 의해 당사자로부터 집행비용을 미리 예납할 수 있고 신청할 수 있다. 제21조 집행의 수수료가 일정액을 미달한 때에는 국고로부터 이를 지급받을 수 있다(우리나라의 경우 집행 수수료가 일정액에 미달할 때에는 보정명령과 같이 가 수수료를 납부하지 않으면 집행 절차를 더 이상 진행하지 못한다).

제17조 집행기록은 집행관사무소에 보관하며 집행 당사자나 이해관계인이 집행기록이 필요한 경우 일정한 수수료를 지급하고 집행관사무소에 열람 신청을 하여 열람할 수 있다(우리나라의 경우도 집행 당사자나 이해관계인이 집행기록이 필요한 경우 일정한 수수료를 지급하고 집행관사무소에 열람 및 복사 신청을 할 수 있다). 제20조 집

---

58) 김종호, 앞의 논문, 2013, 14면.
59) 일본, 집행규칙 제3조.
60) 이재영, 「집달관에 대한 제도적 고찰과 개혁에 관한 소고」, 사법연구자료 제11집, 1984, 207면.
61) 추신영, 앞의 논문, 2014, 190면.
62) 이재영, 앞의 논문, 1984, 207면.

행관이 업무를 수행할 수 없는 경우 직무를 대행하게 할 수 있다.

아. 업무 범위

일본 집행관법 제2조 집행관에 대한 업무 범위는 소속 지방재판소가 정한다. 단, 민사집행법의 규정에 의하여 민간집행 기타 사법상의 권리를 실현하거나 그 권리를 보전하기 위하여 물건의 보관, 관리 기타 사항으로 재판에 의해 집행관이 취급하는 업무를 담당하게 한다.

자. 권한

집행관의 권한으로는 집행관 고유의 업무인 채권자 등의 집행신청에 의한 강제집행이다. 강제집행에 필요한 채무자와 목적물의 확인, 대상물을 파악하기 위한 강제권을 행사하고 필요시 채무자의 주거, 창고와 금고 등을 수색할 수 있다.[63] 일본 집행관법 제6조 집행관 이외의 자가 집행재판소의 명령으로 직무를 수행하다가 저항을 받을 경우에 집행관에게 원조를 구할 수 있고, 제19조 집행관은 직무상 필요한 경우 소속 지방재판소의 허가를 받아 다른 집행관에게 원조를 구할 수 있다고 규정되어 있어 집행 시 채무자나 제3자로부터의 저항을 막을 수 있다.[64]

4. 독일의 집행관제도

독일에서 집행관은 화해적 해결제도의 권한이 있고[65], 2013년부터 시행된 사건해명권을 부여해 집행관이 집행개시 단계에서부터 현대적 기술을 활용하여 채무자의 재산정보를 모두 파악할 수 있는 권한을 주었다.[66] 집행관의 주요업무는 다음과 같다. 독일 민사소송법 제66조 제1항 송달, 제753조 제1항 강제집행, 제909조 동산의 인도 및 부동산의 명도집행 제892조 채무자가 용인해야 할 행위에 대하여 저항할 경우 그 저항의 제거집행 제909조 명도집행을 거부하는 채무자에 대한 구류집행 제916조 가압류와 가처분의 집행 등으로 채권자의 신청에 의하여

---

63) 三ケ月章, 民事執行法, 弘文堂, 1981, 37－38면; 추신영, 앞의 논문, 2014, 191면 재인용.
64) 추신영, 앞의 논문, 2014, 191면.
65) 독일 민사소송법 802a－b; 이시윤, 앞의 논문, 2014, 24－25면 재인용.
66) 독일 민사소송법 802e－h; 이시윤, 앞의 논문, 2014, 25면 재인용.

직무를 집행하고 법원의 감독을 받을 뿐 업무에 대한 지시는 받지 않는다.[67]

　　이처럼 독일에서는 집행관이 법원의 보조기관이 아닌 독립된 하나의 기관으로 보는 것이 통설이다.[68] 만약, 우리나라에도 입법을 거쳐 이러한 제도가 도입된다면 특정인(또는 특정채무자)의 집행에 있어 절차적 간소화로 인한 One－Stop 재산정보 파악과 동시에 보다 효과적이고 효율적인 집행을 할 수 있을 것이다. 이는 집행권원을 득한 후 채권자가 법원에 채무자에 대한 재산명시 신청을 하여 채무자의 재산을 파악하는 것도 유사하다고 할 수 있다.

가. 집행관의 임면

　　독일의 집행관제도는 프랑스의 영향을 받았으나 주마다 권한과 법적 지위가 다르다.[69] 법원조직법 제154조는 송달, 소환 및 집행업무를 담당하는 공무원으로서 집행관의 복무에 대하여 정하고 있는데, 연방법원에 관해서는 연방 법무장관이 집행관의 복무를 정하고 주 법원에 관해서는 주의 사법행정청이 집행관의 복무를 정한다.[70] 연방법원 조직법의 규정에 따라 연방 법무부는 집행관 규칙과 업무지침을 주에 대하여 통일적인 연방 법규로서 기능을 하고 있다.[71]

　　집행관은 독일 국적이면서 집행관의 직무에 적합한 자격 및 전문적인 능력을 가진 자 중에서 시험으로 선발한다.[72] 집행관의 직무에 적합한 자격 및 전문적인 능력이란 사법 학교 또는 집행관학술원에서 12개월 이상의 실무 교육을 이행하고 2년 이상의 교육을 이수한 뒤 집행관 자격시험에 합격해야 한다.[73]

　　집행관은 집행관 회의의 청문회를 거쳐 권한 위임증명서를 교부받음으로써 란트 사법행정부에 의하여 임명되고 집행관의 직무에 관한 종료의 사유로는 법 제38조의 규정에 따라 정년의 도달, 사망이나 면직에 의하여 종료하게 되고 형사법원의 유죄판결에 의한 실질이나 해직으로 징계법원의 판결에 의한 면직이나 일시

---

67) 권혁술, 앞의 논문, 2013, 134－135면 재인용.
68) Rosenberg/Schwab/Gottwald, ZPO, 9. Aufl. (1961) S.102; 권혁술, 앞의 논문, 2013, 135면 재인용.
69) 추신영, 앞의 논문, 2014, 186면.
70) 추신영, 앞의 논문, 2014, 186면.
71) 김종호, 「집행관제도의 합리화 방안으로서 보수체계의 개혁」, 2013, 162면.
72) 마상열, 「우리나라 집행관제도의 개선방안에 관한 연구」, 동아대학교, 박사학위 논문, 2018, 103면.
73) 마상열, 앞의 논문, 2018, 103면.

적 사직으로 종료하게 된다.74)

나. 집행관의 직무

독일 민사소송법에는 집행관의 직무에 대하여 규정하고 있는데 그 직무의 내용을 살펴보면 송달, 강제집행과 관련한 업무, 동산에 대한 인도나 부동산의 명도, 가압류나 가처분의 집행, 부동산의 명도 거부 시 실시하는 채무자에 관한 구류집행 등이다.75) 집행관은 당사자의 신청에 의하여 송달 업무를 수행하고 소송 외에서 의사표시의 송달, 기타 어음이나 수표증서의 수령 등의 권한을 가지며, 유산분쟁 등에서 재산목록의 수령 권한도 가지고 있다.76) 그러나 집행관의 본질적인 업무는 금전채권 집행에 있어서 유체동산 집행에 관한 것이고 채권 등의 재산권이나 부동산에 대한 집행은 직무의 주된 영역은 아니라고 한다.77) 집행관은 직무집행과 관련하여 자신의 책임하에 업무를 처리하며 업무에 관한 법원의 구체적인 지시는 받지 않고 감독은 받는 독립된 행정기관이다.78)79)

다. 집행관제도의 특징

독일의 집행관은 국가공무원으로서의 법적 지위를 갖는다는 점이 특징이다.80) 소관청은 집행관이 업무를 수행하고 있는 곳의 구법원에 있고, 직접적인 관리 · 감독권은 구법원의 감독 판사에게 있다. 집행관은 강제집행의 신청에 대하여 전적으로 자기 책임하에 직무를 수행하여야 한다. 주된 업무는 유체동산에 대한 강제집행, 부동산 인도나 명도를 위한 강제집행, 퇴거 집행 등으로 우리나라와 비슷하다.81)

라. 집행관제도의 개혁논의

독일은 기존의 독일 집행관시스템을 전면 재검토하여 어떻게 하면 집행의 효

---

74) 마상열, 앞의 논문, 2018, 103 – 104면.
75) 추신영, 앞의 논문, 2014, 186면.
76) 추신영, 앞의 논문, 2014, 187면.
77) 추신영, 앞의 논문, 2014, 187면.
78) 김종호, 「현행 집행관자격 부여제도의 적정성에 관한 고찰」, 2013, 8면.
79) 마상열, 앞의 논문, 2018, 118 – 119면.
80) 추신영, 앞의 논문, 2014, 187면.
81) 추신영, 앞의 논문, 2014, 188면.

율성을 확보할 수 있는지의 여부에 관심을 두고 개혁을 논의하고 있다.[82] 논의 배경에는 사법부 공무원으로서 국가로부터 기본적인 급여를 지급받고 구법원에 소속되어 해당 관할 구역내의 업무만을 처리하며[83] 직무상 상급자의 직무 감독을 받는 체계에서 각 주 정부는 집행관 사무실 운영비용의 보상 등으로 과다한 재정적 지출을 하고 있으나 집행관들의 실천 소득은 오히려 감소하고 집행 서비스에 대한 시민들이 만족도는 계속 낮아졌다는 점에 있다.[84]

1997년 제2차 강제집행법의 개정으로 집행관들은 그들의 업무 범위가 확대되었음에도 불구하고 급여체계에 대한 아무런 변화가 없어 이에 대한 불만을 제기하였다.[85] 그리하여 집행관들은 업무능력과 직무 의욕을 향상시키기 위해서는 기존의 급여체계인 급여제 대신에 집행비용 등에 대한 수수료로 급여를 받는 전환이 필요하다고 주장하였는데 이렇게 생각하게 된 배경과 집행관들의 주장이 제도의 개혁과 법규의 개정에 관하여 좀 더 나은 방향으로의 논의를 촉발하게 된 것이다.[86]

5. 프랑스의 집행관제도

프랑스의 집행관제도는 법원의 업무 중 송달이나 집행·사무 등의 업무를 경감시켜주기 위하여 집행관의 업무를 법정 집행관(Huisser)[87]이라는 기관에게 위탁하고 법정 집행관(Huisser)은 집행의 당사자 즉, 채권자에게 수수료를 통하여 급여를 받는 시스템을 일본을 통하여 들여왔다.[88]

가. 집행관의 임명

프랑스에서 집행관의 역사는 법의 존재만큼이나 오래되었고 판사만큼이나 중요하고 필수적인 존재라고 말하기도 한다.[89] 프랑스에서 집행관이 되기 위한 조

---

82) 권혁술, 앞의 논문, 2013, 147−149면.
83) 권혁술, 앞의 논문, 2013, 141−142면.
84) 마상열, 앞의 논문, 2018, 100면.
85) 마상열, 앞의 논문, 2018, 100−101면.
86) 마상열, 앞의 논문, 2018, 100−101면.
87) 권혁술, 앞의 논문, 2013, 236면.
88) 추신영, 앞의 논문, 2014, 192면.
89) 이점인, 「현행집행관 제도에 대한 비판적 검토」, 동아법학 82호, 2019, 148면.

건은 만 25세 이상인 자 중에서 일정 기간의 실무연수를 이수한 후에 집행관 시험에 합격하여 선발하게 된다.[90] 집행관은 당사자의 위임을 받아서 업무를 수행하고 수수료를 통하여 보수에 충당하고 있으며 국가로부터 별도의 급여는 받지 않는다. 최근에는 94-299의 법규명령의 시행으로 집행관의 자격 요건으로 법학 석사나 이와 동등한 자격이 있는 정도의 학위 소지자일 것과 2년간의 실무 교육 후 집행관 시험에 합격해야 한다.[91]

나. 집행관의 직무와 법적 지위

집행관은 집행 채권자의 대리인으로서의 법적 지위를 가지고 있는 것으로 보고 있다.[92] 집행관은 집행 채권자 명의로 집행 절차를 수행한다는 것을 의미한다. 즉, 집행과 행위의 효과는 의뢰인인 집행 채권자에게 미치고 대리행위에 대한 책임은 대리인으로서 책임을 지는 것이며 과실이 있는 경우에는 의뢰인인 집행 채권자가 책임을 지게 된다.[93]

집행관은 당사자의 위임을 받아 업무를 수행하기 때문에 국가로부터 급료를 받지 않고 수수료를 통해 보수를 받게 된다.[94] 프랑스의 집행관 업무는 집행 관계 문서나 재판 외 문서의 송달, 동산압류, 채권압류, 동산경매 등 강제집행을 담당하여 처리하는 자유 전문직업인이다. 집행관의 업무는 공무로서 보호되고 경찰의 원조를 받을 수 있으며, 파산관재인, 재산관리인 청산인, 강제관리인 등도 맡을 수 있다. 프랑스 집행관은 자신이 질병 등의 사유로 업무를 수행할 수 없는 경우 보조집행관을 둘 수 있으며 이런 보조집행관은 송달 사무 등의 업무를 수행하게 된다.[95]

다. 프랑스 집행관제도의 특징

집행관은 공무원이 아니나 정부의 승인하에 문서나 재판 외 문서의 송달, 동산압류, 채권압류, 동산경매 등 강제집행업무를 담당하여 처리하는 공증인과 같은

---

90) 추신영, 앞의 논문, 2014, 183면.
91) 추신영, 앞의 논문, 2014, 184-185면.
92) 이점인, 앞의 논문, 2019, 149면.
93) 추신영, 앞의 논문, 2014, 184면.
94) 권혁술, 앞의 논문, 2013, 213면.
95) 추신영, 앞의 논문, 2014, 185면.

법적 지위를 갖는 자유 전문직업이라고 할 수 있다.[96] 그러나 선발 과정이 대학의 프로그램에 따라 직업교육을 받고 시험을 통해 선발된다는 점에서 우리나라와 큰 차이가 있다. 특히, 집행관이 되기 위해서는 법학석사 학위나 동등하게 인정되는 학위 소지자일 것과 법과 대학에서 개설하는 각 과목을 이수함으로써 기본적 요건을 갖추도록 하는 등 집행관에게 실무적 전문성뿐만 아니라 학문적 전문성까지도 요구함으로써 직업에 대한 자부심과 전문가 집단으로서의 위상도 고려한 것으로 보인다.[97]

II. 집행관제도 개혁 방법론

현행의 집행관제도가 많은 문제점을 가지고 있다는 점에 대해서는 필자와 견해가 일치하고 있으나 이를 어떻게 개선할 것인지 여부에 대하여는 견해가 나뉜다.

이것은 강제집행의 성질을 소송으로 볼 것인가 아니면 비송사건으로 볼 것인가 하는 문제이나 집행관의 법적 지위를 어떻게 규정지을 것인가 하는 문제와 관련이 있다. 집행관 제도의 개혁의 방법론은 다음과 같다.

① 집행의 권한을 집행법원에 일원화하고 집중하여 집행관은 그 하부 보조 기관으로서 명령에 의해서 집행하는 방법으로 1931년 독일 민사소송법 개정안, 오스트리아 강제 집행법이 이에 해당한다.[98]

② 집행관을 법원 내로 편입하여 집행 권한을 집행국장에게 일원적으로 집중하게 하고 집행국장의 책임하에 집행관을 관리하여 집행하는 방법으로 예를 들면, 영국과 미국의 집행관(Sheriff) 제도 등이 이에 해당한다.[99]

③ 집행 권한을 집행법원과 집행관으로 분배하는 이원적인 방법으로 현재의 우리나라 및 일본 등과 같이 하는 방법이 이에 해당한다.[100]

④ 끝으로 민사집행의 원칙적인 실시자로서 많은 권한을 가지고 중심적인 역

---

96) 추신영, 앞의 논문, 2014, 185면.
97) 추신영, 앞의 논문, 2014, 185면.
98) 권혁술, 앞의 논문, 2013, 311면.
99) 권혁술, 앞의 논문, 2013, 311면.
100) 권혁술, 앞의 논문, 2013, 311면.

할을 수행하는 권한을 위임받은 개인 자격사로서의 프랑스의 법정 집행관(huissier)
제도를 도입하는 방법 등을 들 수 있다.

⑤ 집행관 선발 방식을 임명제에서 시험방식으로 전환하는 방법이다.101)

Ⅲ. 집행관제도의 문제점

1. 임명 방식상의 문제

우리나라는 집행관의 임명에 있어 경력 임명제에 의해 운영되고 있다. 현행법
상 집행관은 10년 이상의 법원주사보·등기주사보·검찰주사보 또는 마약 주사보
이상의 직에 있던 자 중에서 지방법원장이 임명하도록 되어 있다(집행관법 제3조).
이는 외국에서는 유례를 찾아볼 수 없는 우리나라에서만 시행하고 있는 방법으로,
특히 등기주사보나 마약 주사보는 집행업무와는 아무런 관련이 없음에도 임명되
고 있어 그 전문성을 도외시하고 있다는 비판을 받고 있다.102)

집행관들이 전직인 법원·검찰 공무원으로 오랫동안 근무하면서 관료주의에 온
전히 길들여져 있어 이들은 의뢰인보다는 조직에 충성하는 경향이 강하고 관료적
경직성으로 인하여 환경변화에 민첩하게 대응하지 못하고 의사결정이 지연되며 지
나치게 권위적이고 비효율적으로 운영되고 있다는 단점이 지적되고 있다.103)

특히, 실제 임명되는 집행관은 지역적인 편중성을 벗어나지 못하고 있다. 이로
인하여 집행관이 없는 지역의 채권자 및 채무자에 대한 경제적 부담을 가중시키
는 문제가 발생하고 있다.104) 이는 사건 수와 인구중심으로 보직 관리를 하지 않
고 집행관의 수입 보장에 초점을 맞추고 있기 때문이므로 처음부터 집행관의 적
정 수 문제를 다시 결정해야 할 필요가 있다.105)

현행법상 집행관은 임기 4년으로 연임할 수 없고(집행관법 제4조 제2항), 집행관

---

101) 마상열, 앞의 논문, 2018, 165면.
102) 이시윤, 앞의 책, 2014, 52-53면.
103) 김종호, 「법원 내부로의 조직편입을 통한 집행관제도 개혁방안」, 법학논고44, 경북대 법학연
     구원, 2013, 282면.
104) 이영구·정재호, 「부동산 경매 집행관자격의 개선방안 연구」, 한국 부동산 분석학회 학술발표
     논문집, 2014, 60-61면.
105) 김종호, 「법원 내부로의 조직편입을 통한 집행관제도 개혁방안」, 2013, 282면.

근무를 마치고 퇴직한 사람은 다시 집행관으로 다시 임명될 수도 없다(집행관 임명
에 관한 예규 제4조). 또한, 집행관의 정년은 61세로 되어 있다(집행관법 제4조 제3항).

　영국이나 미국과 같이 집행관을 주민들의 선거로 선출하는 것도 아닌데 임기
제로 하는 것은 전문성을 무시하는 것이라는 비판이 있고, 4년 단임의 임기제는
전문적인 강제 집행법 지식의 축적을 어렵게 하며, 임기 동안 적당히 하다가 물러
간다는 생각 때문에 책임감이 결여될 수 밖에 없다.

　일본의 경우 법률 실무경험자에게 시험 응시 자격을 부여하여 필기와 구술고
사로 선발하되, 법원의 서기관직 경력자에게는 필기시험의 전부 또는 일부를 면제
할 수 있게 되어 있을 뿐이다. 비교법적 검토에서 살펴본 바와 같이 대부분의 선
진국에서는 시험을 거쳐 채용하는 나라들이 많다. 집행관이라는 전문가적 직업이
법원에서 오랫동안 근무한 법원 공무원들의 전관예우 차원의 하나의 직(職)이 아
닌 공개적이고 보다 전문적인 인재를 선발하기 위하여 관련 분야에서 업무와 경
험이 풍부하고, 투명한 공개 채용절차를 마련하여 전문적인 직업으로의 제도를 운
영하기 위하여 사법개혁의 차원에서라도 반드시 개선되지 않으면 안 될 것이다.

2. 집행기관 분산으로 인한 업무처리의 비효율 문제

　우리나라의 집행기관에는 관할 사항을 달리하는 집행관, 집행법원, 제1심 법
원 등이 있는데, 이처럼 집행기관을 여러 기관에 분산하여 규정한 현행법의 태도
는 입법론상 의문이 있다. 오스트리아·이탈리아·벨기에·스위스 등은 집행법원
으로 일원화했다.[106] 한편, 국세 체납처분의 예에 따른 압류재산의 공매는 한국
자산관리 공사로 하여금 대행할 수 있게 하였다(국세징수법 제61조). 그리하여 민사
집행의 부동산 경매도 한국 자산관리공사 등 집행대행 기관으로 일원화해야 된다
는 주장도 있다.[107]

　우리나라는 세금·공과금 등 체납자들이 유난히 많기 때문에 법원경매에 못지
않게 한국 자산관리 공사의 공매가 활발하게 진행되고 있다. 한국 자산관리 공사
에서 진행하고 있는 공매는 온라인상의 전자공매에 의하므로 온비드(Onbid)공매

---

106) 이시윤, 앞의 책, 2014, 50면.
107) 이시윤, 앞의 책, 2014, 50면.

라 한다. 공매의 대상은 부동산뿐만이 아니라 유체동산, 유가증권, 채권, 무체재산권 등에 이르는데 한국 자산관리 공사 한 기관으로 집중하여 시행하고 있다. 법원에서 하는 경매는 매각기일에 경매법정에 출석하여야 하는데, 온비드 공매는 어느 장소에서 어느 때나 시간과 공간에 구애됨이 없이 온비드 인터넷(www.onbid.co.kr)에 접속하면 누구나 진행 상황을 투명하게 볼 수 있으며 채권자·채무자 및 이해관계자는 이것을 실시간으로 활용하면 된다.

문제는 조세도 체납하고 법원의 강제집행도 당할 입장에 있는 채무자가 있는 경우 강제집행 절차와 체납처분 절차 등 두 절차가 경합하는 경우에는 양 절차를 조정하는 입법이 바람직하나 우리나라는 이를 조정하는 규정이 없다.

우리나라의 강제집행 절차는 평등주의인데 반하여 국세징수법 등을 통한 공매는 우선주의에 의하는 법제인 데다가, 한쪽이 다른 쪽을 반드시 준용하는 관계도 아니므로 양 절차를 규정하는 조정이 필요하다고 생각한다.

3. 집행관의 강제력 사용권상의 문제

집행관의 부동산 현황조사 시 채무자의 폐문부재, 집행관에 대한 폭행 협박 등 조사방해에 대한 효과적인 방어 수단이 없어 이러한 것이 현황조사의 부실로 연결되어 매각물건명세서에 매수인이 인수하여야 할 권리관계가 불명확해 짐으로써 현황 조사서, 매각물건명세서의 공신력에 대한 문제가 생길 수 있다.

제 5 절 | 감정평가제도의 문제

I. 감정인의 의무

감정평가사는 타인의 의뢰를 받아 토지 등을 감정하는 것을 직무로 한다(감정평가법 제4조[108]). 집행법원과 감정인의 관계는 위임과 같은 법률관계에 있다. 따라

---

108) 감정평가사는 타인의 의뢰를 받아 토지 등을 감정평가하는 것을 그 직무로 한다.

서 감정인은 민법 제681조[109])에 따라 선량한 관리자의 주의로 업무를 하여야 한다.

감정인이 감정평가 당시의 적정가격과 현저한 차이가 나도록 감정평가를 하거나 감정평가 서류에 거짓을 기록하여 의뢰인 또는 선의의 제3자에게 손해를 입힌 감정평가사의 민사책임은 감정평가법 제28조 제1항에 규정되어 있다.[110])

이밖에 대법원은 또한 감정평가인의 부실감정으로 손해를 입은 의뢰인 또는 선의의 제3자는 민법 제750조의 요건이 충족된 때에는 불법행위로 인한 손해배상책임을 물을 수 있다고 판시하고 있다.[111]) 그런데 감정평가법 제28조 제1항은 이미 그 자체로 민법 제750조의 특별규정이므로 제3자에게 추가로 불법행위청구권을 부여하는 실익은 민법 제750조 피해자의 선의를 요구하지 않는다는 점이다.

민사집행법은 중대한 흠이 있는 최저매각가격의 결정을 바로잡고 감정평가법에 따른 감정인의 손해배상책임과 함께 또는 이를 갈음하여 매수인 등을 구제하기 위하여 이의신청과 즉시항고를 할 수 있도록 규정하고 있다.[112])

Ⅱ. 최저경매가격의 결정에 중대한 하자와 이의신청 및 즉시항고

감정평가의 재평가에서 이의신청과 즉시항고로 이어지는 구제수단은 집행법원에게는 자기의 잘못을 바로잡는 일종의 자기 보정의 행위로써 경매절차에서 수동적인 지위에 처한 이해관계인에게는 자기의 구제수단으로 정의된다. 민사집행법 제97조 제1항은 이를 명확히 한다. 최저매각가격 결정의 중대한 흠은 매각 불허가 사유가 되고(민사집행법 제121조 제5호, 제123조 제2항). 1차 매각기일에 그 이상

---

109) 수임인은 위임의 본지에 따라 선량한 관리자의 주의로써 위임사무를 처리하여야 한다.
110) 감정평가 및 감정평가사에 관한 법률 제28조(손해배상책임) ① 감정평가업자가 감정평가를 하면서 고의 또는 과실로 감정평가 당시의 적정가격과 현저한 차이가 있게 감정평가를 하거나 감정평가 서류에 거짓을 기록함으로써 감정평가 의뢰인이나 선의의 제3자에게 손해를 발생하게 하였을 때에는 감정평가업자는 그 손해를 배상할 책임이 있다.
111) 1997. 9. 12. 선고 97다740 판결; 대법원 1998. 9. 22. 선고 97다36293 판결 참조.
112) 재평가에서 이의신청과 즉시항고로 이어지는 구제수단은 집행법원에게는 자기의 잘못을 바로잡는 일종의 자기 보정 행위로서 경매절차에서 수동적인 지위에 처한 이해관계인에게는 자기구제 수단으로 정의된다.

의 매수 신고가 없어 새로이 매각할 때에는 종전 최저매각가격에서 20-30% 낮
춘 금액을 2차 이후의 매각 절차에서 최저매각가격으로 정하고 있다.

매각허가에 대한 이의는 그 결정 전에 하는 의견 진술이며, 즉시항고는 매각
허가결정 후의 불복방법이고, 이들은 모두 매수인 등을 순차적으로 구제하는 수단
이다. 그런데 매각허가결정에 대하여 항고하려는 사람은 보증금으로 매각대금의
10분의 1에 해당하는 금전을 공탁하여야 하며, 이를 하지 않은 때에는 원심법원
은 항고장을 받은 날로부터 1주 이내에 결정으로 이를 각하하여야 한다(민사집행
법 제130조 제3항과 제4항).

채무자와 소유자는 그가 제기한 항고가 기각된 때에는 보증금의 반환을 청구
할 수 없고, 매수인 등 그 이외의 사람은 그가 한 항고가 기각된 때에는 보증으로
제공한 금전 또는 유가증권을 현금화한 금액에서 항고한 날부터 기각결정이 확정
된 날까지 대법원 규칙으로 정하는 매각대금에 대한 이율로 산정된 금액에 대하
여는 그 반환을 청구하지 못한다고 민사집행법 제130조 제6항과 제7항에 규정하
고 있다. 또한, 민사집행규칙 제75조는 민사집행법 제130조 제7항의 이율을 연
15%로 구체화하고 있다.

대법원 1995. 7. 12. 자 95마453 결정 등은 최저경매가격의 결정에 중대한 하
자 여부의 판단을 위한 기준으로 그 결정이 법이 정한 절차에 위반하여 이루어지
거나 감정인의 자격 또는 평가방법에 위법사유가 있어 이에 기초한 결정이 위법
한 것으로 되는 등의 사정이 있는 경우와 감정에 의하여 산정된 평가액이 감정평
가의 일반적 기준에 현저하게 반한다거나 사회 통념상 현저하게 부당하다고 인정
되는 경우를 제시한다. 이들은 먼저 기본요건을 두고, 일단 객관적 사실의 존재가
증명될 때에는 그로부터 필요한 결론을 연역하여 중대한 하자를 추정하는 이단의
구성을 보인다. 이러한 구성방식은 객관적 사해행위의 존재에서 주관적 사해 의사
를 추정하는 대법원 1997. 5. 9. 선고 96다2606 판결과 폭리행위에서 폭리의 의
사를 이끌어내는 대법원 1977. 12. 13. 선고 76다2179 판결과 대법원 1992. 4.
14. 선고 91다23660 판결 등 일련의 대법원판결들과 흐름을 같이 하는 것으로 이
해된다.

여기에서 "감정평가액이 감정평가의 일반적 기준에 현저하게 반하거나 사회
통념상 현저하게 부당하다고 인정되는 경우"에는 객관적으로 확인될 수 있는 사

실로서 최저경매가격 결정의 중대한 하자를 판단하는 결정적인 징표가 된다고 할 것이다.

대법원도 이러한 사유가 있으면 "감정평가는 객관적으로 보아 현저히 부당한 것"이라고 하여 객관적 판단의 방법을 채택하였다. 이처럼 산정한 감정평가액이 감정평가의 일반적 기준에 현저하게 반하거나 사회 통념상 현저하게 부당하다고 인정될 때에는 경매가격 결정의 중대한 하자가 추정되어야 한다. 최저매각가격의 결정에 중대한 하자가 있는 경우로는 건물을 현 상태로 평가하지 아니하고 등기부상의 표시에만 의존한 감정평가를 근거로 최저매각가격을 결정한 경우 또는 근저당권의 채권최고액이 부동산의 시가에 미치지 못함이 일반적임에도 감정평가액이 이에 미치지 못하고 개별공시지가에 따라 계산한 토지가격이 감정평가액의 수배에 이르고 실제 매매사례 또한 그 감정평가액을 훨씬 초과함에도 저평가된 최저매각가격을 결정한 경우 등을 들 수 있다.

Ⅲ. 동산담보물의 평가

민사집행규칙 제144조 제1항은 민사집행법 제200조에 규정된 경우 외에도 집행관이 필요하다고 인정하는 때에는 적당한 감정인을 선임하여 압류물을 평가하게 할 수 있도록 하고 있다. 이는 압류물이 적정한 가격에 매각될 수 있도록 하기 위해서이다. 민사집행규칙 제144조 제1항에서 "필요하다고 인정하는 때"라 함은 값비싼 물건이 아니더라도 압류물이 특수한 품목이거나 일반적으로 잘 거래되지 않는 희귀한 물건이기 때문에 평가가 곤란한 경우 고가의 동산에 해당하는지 아닌지의 여부에 관하여 의심이 드는 경우 압류물의 가액에 관한 이해관계인의 의견이 서로 다투어지고 있는 경우 등이 해당할 수 있다.[113]

이때 감정인은 집행관이 선임하게 되는데 목적물의 객관적 거래가격을 평가하기에 족한 정도의 지식과 경험을 가진 사람이면 되므로 고도의 전문적 지식이나 경험을 가진 사람으로 한정하고 있지는 않다.[114]

---

113) 문성진, 「동산·채권 등의 담보권실행에 관한 연구」, 고려대학교 법무대학원 석사학위 논문, 2014, 75면.

동산담보권 실행에서 현금화 절차의 하나인 담보목적물에 대한 감정평가 제도
는 동산담보권의 활성화에 아주 중요한 문제이다.[115] 현재의 유체동산 감정 규정
은 일반적으로 동산의 가격이 낮다는 점을 고려하여 부동산 집행에서와 같은 최
저매각제도가 없으며 집행관이 압류물을 적정한 가격으로 매각하면 된다.

압류 단계에서 감정에 비전문가인 집행관이 1차 감정평가를 하고 (민사집행법
제134조 제2항) 값비싼 물건이 있을 때(민사집행법 제200조)에는 2차적으로 매각 전
에 집행관이 선임하는 감정인으로 하여금 반드시 평가하도록 하고 있다. 값비싼
물건 이외의 압류물에 대하여는 민사집행규칙 제144조 1항에 의해 집행관이 필요
하다고 인정될 때에는 적당한 감정인을 선임하여 압류물을 평가하게 할 수 있도
록 하고 있다. 그때 감정인의 자격요건으로 목적물의 객관적 거래가격을 평가하기
에 족한 정도의 지식과 경험을 가진 사람이면 족하고 고도의 전문적 지식이나 경
험을 가진 사람으로 한정되지 않아도 된다고 하였다.

그러나 새로운 동산담보법의 현금화 절차에 대한 유체동산 감정규정인 민사집
행법 제200조와 민사집행규칙 제144조 1항을 동산담보법에 그대로 준용하도록
하기에는 매우 불합리한 면이 있다.

왜냐하면, 유체동산 감정규정인 민사집행법 제200조와 민사집행규칙 제144조
1항을 적용하는 경우에는 일반적으로 유체동산의 가격이 비교적 낮다는 점을 고
려하고 집행관이 참고하여 적정한 가격으로 매각하도록 하였으나 동산담보법의
시행으로 인하여 담보목적 압류물의 고가화와 담보금액의 고액화(2013년도 기준 담
보목적물의 채권최고액이 1억 이상 5억 미만인 전체등기건수 중 46.2%)가 추세인 점을 감
안할 때, 현재의 동산 감정평가의 법규에 따르면 고도의 감정전문가가 아닌 목적
물의 객관적 거래가격을 평가하기에 족한 정도의 지식과 경험을 갖고 있는 적당
한 감정인(민집규 제144조 1항)에 의하여 감정평가를 할 수 있도록 하고 있는데 이
는 좀 더 생각해 볼 필요가 있다고 하겠다.[116]

그 이유는, 감정평가액에 대한 객관적인 검증이 되지 않을 뿐더러 공정성의
문제로 인한 당사자들로부터의 불신을 초래할 개연성이 크다고 할 수 있기 때문

---

114) 이경호, 「동산담보권의 문제점과 활성화 방안」, 대구대학교 석사학위 논문, 2015, 58면.
115) 문성진, 앞의 논문, 2014, 74면.
116) 문성진, 앞의 논문. 2014, 75면.

이다. 고가의 값비싼 물건에 대한 감정인의 평가액은 부동산 경매의 경우와 같이 최저매각가격으로서의 매각조건이 되는 것은 아니라 할 수 있다. 집행법원이 민사집행법 제214조 1항의 규정에 따라 이를 최저매각가격으로 하는 특별현금화를 명한 경우를 제외하고는 단순히 매각의 참고자료가 됨에 불과하고 평가액이 지나치게 낮은 가격이 아니라면 위법은 아니라고 하였으나 이것 역시 동산담보물 감정평가에 그대로 준용하는 데에는 한계가 있을 것이라 하겠다.

우선 동산 담보목적물의 가액이 일반 유체동산에 비하여 현저히 차이가 나는 고가이거나 전문가가 아닌 일반인이 평가할 수 없는 담보목적물도 있을 수 있고 동산은 시간이 경과 함에 의하여 가격 등의 가치가 수시로 변하는 점을 감안하여 볼 때 동산 담보권자가 정확한 감정평가를 받지 못한다면 그 손실을 입을 우려가 크며 동산 담보제도의 활성화에도 걸림돌이 될 것이므로 부동산 경매에 준하여 동산 전문 감정인에 의한 정교한 감정평가가 이루어지도록 관련 법규를 보완할 필요성이 있다고 보고 이를 문제점으로 제기하고자 한다.

제5장

민사집행 과정상의 해결방안

제5장

민사집행 과정상의 해결방안

제4장에서는 민사집행 과정상의 문제점에 대하여 알아보았다. 이러한 문제점을 가지고 이번 장에서는 그에 대한 해결방안(또는, 개선방안)을 제시해 보도록 하겠다.

제 1 절 | 허위·가장 유치권의 해결방안

제4장 제1절 허위·가장 유치권의 문제점 및 사례에서 살펴보았듯이 허위·가장 유치권자로 인한 유치권 남용의 문제[1]를 근본적으로 해결할 방법은 없는 것인가에 대하여 다음과 같이 4가지 해결방안을 제시해 보고자 한다.

---

1) 이시윤, 앞의 논문, 2014, 17-18면.

I. 유치권 등기제도 및 법정 저당권의 도입

선행 연구자 이정민, 이점인은 「허위·가장 유치권의 문제와 유치권 등기의 필요성2)」에서 그리고 김인유는 「부동산 유치권의 개선방안에 관한 연구3)」에서 입법례 및 부동산 유치권의 문제점을 살펴본 후 필자와 견해를 같이하는 부동산 유치권에 관하여 실체법 및 절차법상의 문제점에 대하여 살펴보았다.

그 후 부동산 유치권의 존치를 전제로 한 개선방안에서 유치권 등기제도의 도입을 논하였고 필자도 허위·가장 유치권을 근본적으로 해결하기 위해서는 유치권의 등기제도 도입이 필요할 것으로 생각한다.

현행의 부동산등기법 제2조가 등기할 수 있는 권리에서 유치권을 배제하고 있으므로 민법 제187조를 적용하기에는 어려움이 있으며, 부동산등기법 제2조를 개정하여 유치권도 등기할 수 있는 권리로 규정하는 것이 타당하다는 논리이다.

등기제도를 바탕으로 하여 유치권자, 채무자, 선 순위 채권자 등 제3자의 이해관계를 명확히 하는 것이 부동산등기의 공시 제도에 부합하고, 물권변동에 대한 성립요건 주의를 취하고 있는 입법 체계에도 부합한다고 볼 수 있다.

유치권의 법정 저당권의 도입과 관련하여서는 유치권의 법정담보 물권성을 고려한 법정 저당권을 도입하자는 견해이다. 즉, 토지·건물 기타 공작물의 임대인이 지상의 동산 또는 부동산을 압류한 때에는 저당권 혹은 질권을 설정한 것과 동일한 효력을 법적으로 인정하고자 하는 제도이다.

유치권자가 목적물 부동산에 대하여 압류하였을 경우에 법정 질권 혹은 법정 저당권의 효력을 인정하는 제도를 입법화할 필요성이 있다는 것으로 선행 연구자 오시영도 「민법개정 시안 중 유치권에 대한 대안 제시」에서 부동산 유치권자의 저당권 설정 청구권과 부동산 유치권자가 아닌 자의 저당권 설정 청구권에 대하여 검토4)한 바 있다.

그리고 김인유는 부동산 유치권의 폐지를 전제로 유치권의 법정 저당권과 저

---

2) 이정민·이점인, 「허위·가장유치권 문제와 유치권 등기의 필요성에 대한 검토」, 민사법이론과 실무 18권 1호, 2014, 185-214면.
3) 김인유, 「부동산 유치권의 개선방안에 관한 연구」, 토지법학 28-1호, 2012, 91-118면.
4) 오시영, 「법무부 민법개정 시안 중 유치권에 대한 대안 제시 Ⅲ」, 법학 논총 제33집 제1호, 2013, 69-98면.

당권설정청구 등에 대하여 일찍이 개선방안5)을 제시하였다. 이 경우 법정 저당권
으로 되기 위해서는 당해 부동산을 압류해야 하는 부담이 있으나 유치권자의 경
우 점유를 계속하여야 하는 점유 의무를 없애고 매수인 등은 채권이 확정된 상태
에서 매각 절차에 참여할 수 있으므로 유치권의 법정 저당권화를 하는 방안도 검
토해 볼 필요가 있을 것이다.

Ⅱ. 유치권자의 권리신고 의무화 및 집행관법 일부개정을 통한 현황조사의 실제화

유치권자의 권리신고를 의무화6)하는 방안의 도입이 필요하다. 유치권은 등기
할 수 있는 권리도 아니고 경매절차에서 배당을 받을 수 있는 권리도 아니지만
배당요구 종기까지 권리신고를 의무화하여 신청 채권자를 비롯한 경매절차의 이
해관계인들과 매수 희망자들에게 불측의 손해를 미연에 방지하면서 매각하는 것
이 효율적이다.

법원이라는 국가 기관이 관여하는 매각 절차인 경매절차에 대한 신뢰도를 제
고시키는 방안이기도 하다. 권리신고 의무 제도를 도입함으로써 유치권자에게 귀
속된 권리를 침해하는 것이 아닌가 하는 지적이 있을 수 있지만 유치권자의 이익
과 경매절차의 이해관계인 등의 이익을 비교하여 본다면 그 도입의 당위성은 충
분하다고 본다.

또한, 본 연구 논문에서 살펴보았던 집행관 제도의 비교법적 검토 내용 중 미
국, 일본, 독일, 프랑스, 영국의 집행관 제도의 자격조건, 대상, 임명, 신분 등을
우리나라 집행관 제도와 견주어 신중히 검토해 볼 필요가 있다.7)

선행 연구자 추신영은 「집행관의 법적 지위」(한국 민사 집행법학회, 2014, 민사 집
행법연구)에서 우리나라 집행관의 법적 지위에 대하여 우리나라 집행관은 공무원

---

5) 김인유, 앞의 논문, 2012, 91-118면.
6) 김인유, 앞의 논문, 2012, 91-118면; 부동산 유치권의 존치를 전제로 하여 유치권의 신고 의무
   화 및 추가로 집행법원의 적극적 관여, 유치권자의 공탁과 소멸주의 도입에 대한 개선방안을
   검토하였음.
7) 이시윤, 앞의 논문, 2014, 24-25면.

인가, 채권자의 대리인인가가 아니면 공무 수탁 사인가에 대하여 논한 바가 있고,8)
권혁술은 「집행관 제도의 문제와 개선 방향에 관한 연구」(호서대학교, 박사학위 논
문, 2013.)에서 집행관 제도의 바람직한 방향으로 민원 서비스의 혁신방안, 전자입
찰제도의 도입, 집행관 업무의 난이도에 따른 수수료 조정과 임기의 단축, 집행관
선발심사 강화 및 사무원 평정의 실질화 등에 대하여도 논한 바가 있다.9)

또한, 이재도는 그의 연구논문 「부동산경매 절차에서 허위 유치권에 관한 문
제와 개선방안」에서 부동산 경매 절차상 현황조사의 부실에 대하여 문제점과 집
행법원의 소극적인 대응을 지적하였고 부동산 경매 절차상에서 실질적인 현황조
사, 매각물건명세서의 충실화, 유치권의 신고 시 심사강화, 유치권 신고서류 양식
의 개선과 부동산 매각전 유치권 관련 서류의 공개에 대하는 집행법원의 적극적
인 역할에 대한 개선방안을 제시10)한 바 있다.

이러한 선행연구가 이루어지는 이유는 바로 우리나라 집행관 제도를 개선할
필요가 있다고 생각하기 때문이다. 허위·가장 유치권을 배제하기 위해서도 집행관
의 신분을 미국·영국·독일과 같이 법원 공무원으로 하거나 일본과 같은 법원 특
수직 공무원 등의 형태로 편입시켜 강제경매 등의 집행 시 집행관의 신분을 명확히
하여 공권력에 대한 허위·가장 유치권자들이 대항하지 못하도록 하여야 한다.

즉, 집행관법 제3조 집행관의 임명을 "집행관의 임명 및 신분"이라고 개정하
거나 제3조와 제4조 집행관의 정원 사이에 별도의 "집행관의 신분"에 관한 조항
을 추가하여 규정화하면 될 것이다. 여기에 제3조 임명, 제4조 정원 등도 수정 보
완해야 한다고 생각한다. 이렇게 법 개정을 통하여 집행관법상 규정화가 된다면
민사집행법 제85조 공무원의 신분이자 공권력을 제대로 갖춘 집행관은 부동산의
현상, 점유 관계, 차임 또는 보증금의 액수 및 그 밖의 현황에 관하여 지금보다
좀 더 전문화된 철저한 조사를 하게 될 것이다.

집행과 관련된 조사를 할 때에는 그 부동산에 대한 제82조 집행관의 권한에
규정된 적절한 처분을 할 수 있게 될 것이다. 또한, 민사 집행규칙 제46조 2항 현
황조사 보고서에는 조사의 목적이 된 부동산의 현황을 좀 더 자세히 알 수 있도

8) 추신영, 앞의 논문, 2014, 197-204면.
9) 권혁술, 앞의 논문, 2013, 63면.
10) 이재도, 「부동산경매 절차에서 허위 유치권에 관한 문제와 개선방안」, 민사집행법연구, 한국 민
사집행법학회지 8권, 2012, 212-261면.

록 도면, 사진 등을 붙여야 한다는 조항이 있다.

개인적인 생각으로는 위 조항을 좀 더 구체적으로 일부 보완하여 "부동산의 현황조사를 할 때에는 유치권 등이 존재할 경우에는 허위 · 가장의 유치권자가 있는지의 여부를 확인하고 조사한 내용(그러한 유치권을 뒷받침할 수 있는 내역서 등)을 상세히 기록하여야 한다."라는 식으로 좀 더 자세하게 민사 집행규칙을 개정하여 규정화해야 한다고 생각한다. 이렇게 된다면 집행관은 실질적인 집행을 주관하는 자로서 집행을 당하는 자 즉, 채무자나 그와 관련한 이해관계자 등으로부터도 신분상 떳떳하고 투명해질 뿐 아니라 형식적인 현황조사가 되지는 않을 것이고, 모든 사건에 대하여 완벽하게 근본적으로 해결을 하지는 못할 지라도 지금의 상황보다는 일정 부분 개선이 되리라 생각한다.

집행관의 현황조사가 형식적인 절차가 아닌 실질적인 절차를 수행할 수 있도록 제도적 장치를 마련(위의 경매준비 6단계 중 3단계 개선 의견과 같은 제도적 장치)하여 집행법원에서 유치권이 진실로 존재하는지의 여부를 판단할 수 있도록 실사하는 것이 가장 기초적이고 중요하다고 생각한다.

부동산의 현황조사는 입찰대상 부동산의 현황을 정확히 파악하여 그 현황과 권리 관계를 공시하여 예측하지 못한 손해를 미연에 방지하는 것이 그 목적이므로 기초에 충실한 현황조사로 허위 · 가장 유치권 신고의 상당 부분을 방지할 수 있을 것이다.

이것을 바탕으로 집행법원에서 유치권에 대한 진의여부를 결정함으로써 경매절차에서 유치권으로 둘러싼 분쟁의 상당 부분을 해결할 수 있을 것이라고 생각한다. 유치권자의 권리 신고서를 개선하고 유치권자 및 신청 채권자를 심문하는 제도(보전처분에서 가압류 신청 진술서가 좋은 예이다)도 활용하여 진의여부를 명확히 판단한 후 범위를 정하여 결정을 내리는 것이다.

Ⅲ. 피담보채권의 실질적 조사를 위한 집행법원의 역할

1. 집행법원의 유치권 신고시의 실무

유치권을 신고할 때에 집행법원에서 진행하고 있는 실무는 채권자가 유치권을 신고하는 경우에는 유치권의 피담보채권을 조사하지 않고, 형식적으로 매각물건명세서에 "00으로부터, 000, 00자 유치권 신고(공사대금:***,***,**)가 있으나 성립여부는 불분명"이라고 기재하고 있으며 이 상태에서 매각을 진행하고 있어 유치권에 대한 부담을 매수인에게 부담시키고 있다.

<그림 1>에서 실질적으로 유치권이 신고된 매각물건명세서를 보면 확인할 수 있는데 매각물건명세서에 내용을 보면 2019년 9월 5일자로 작성이 되었고 00지방법원 2018타경2274 부동산 임의경매사건으로 비고란에 보면 유치권에 대한 신고내역이 기록되어 있으며 마지막 부분에 "위 각 유치권 신고가 있으나 성립여부는 불분명"하다고 기재가 되어 있는 것을 볼 수 있다.

그림 1 유치권 신고된 매각물건명세서 예시

매 각 물 건 명 세 서

사건	2018타경2274 부동산임의경매	매각물건번호	1	담임법관(사법보좌관)	
작성일자	2019.09.05	최선순위 설정일자	2016.10.25. 근저당		
부동산 및 감정평가액 최저매각가격의 표시	부동산표시목록 참조	배당요구종기	2018.09.27		

점유자의 성명	점유부분	정보출처 구분	점유의 권원	임대차 기간 (점유기간)	보증금	차임	전입신고일자,사업자 등록신청일자	확정일자	배당요구 여부 (배당요구일자)
주식회사 올바른한우 대표이사 김상욱	단층소매점 83.64㎡ 및 80.36㎡	현황조사	사무실 및 창고 임차인	2016년 5월 경부터					
주식회사 헌터미트 대표이사 오복남		현황조사	점유자						

<비고>
주식회사 헌터미트 대표이사 오복남 : 위 점유자 주식회사 헌터미트는 실제 상가건물 임대차 현황서상 등록자임.

※ 등기된 부동산에 관한 권리 또는 가처분으로서 매각으로 그 효력이 소멸되지 아니하는 것

해당사항 없음

※ 매각에 따라 설정된 것으로 보는 지상권의 개요

해당사항 없음

※ 비고란

일괄매각. 제시외 조경수, 건물 포함(2-1번), 제시외 컨테이너2동 매각제외, 2번 강파이프구조 판넬지붕 소매점 13.95㎡는 멸실됨,유치권신고내역: 1. 한국후지냉기 주식회사[18.9.7.자 신고, 공사대금(금 165,000,000원)], 2.김창연[18.9.7.자 신고, 공사대금(금 220,000,000원)], 3. 우영환[18.9.7.자 신고, 공사대금(금 480,700,000원)], 4. 주식회사 성웅[18.9.7.자 신고, 공사대금(금 125,400,000원)] 위 각 유치권신고가 있으나 성립여부는 불분명함

※ 최선순위 설정일자보다 대항요건을 먼저 갖춘 주택.상가건물 임차인의 임차보증금은 매수인에게 인수되는 경우가 발생할 수 있고, 대항력과 우선 변제권이 있는 주택.상가건물 임차인이 배당요구를 하였으나 보증금 전액에 관하여 배당을 받지 아니한 경우에는 배당받지 못한 잔액이 매수인에게 인수되게 됨을 주의하시기 바랍니다.

2. 해결방안

위와 같은 물건의 상태에서 해당 물건에 대하여 매수를 희망하자는 자는 추가적인 권리관계 등의 리스크 위험을 회피하기 위하여 유치권이 진정으로 성립된 것으로 간주하여 매수가격을 정할 수밖에 없다. 이렇게 되면 곧 매각 금액의 하락으로 이어지는 요인이 된다.

이와 같은 경우에 생각해 볼 수 있는 것이, 집행법원이 유치권에 의한 형식적 경매의 경우처럼 최소한 유치권의 존재에 관한 확인판결, 공정증서, 기타 유치권의 존재를 증명할 수 있는 서류를 제출하도록 하여야 하고 이에 불응하는 경우에는 그 사실도 매각물건명세서에 기재하도록 한다면 어떨까 한다. 또한, 공사계약 관련 계약서와 세금계산서, 거래가 소명될 수 있는 입금 내역서, 계약이행 보증서 등을 증빙자료로 제출하도록 하는 방안을 함께 생각해 볼 수 있다.

Ⅳ. 허위·가장 유치권자에 대한 형사고발

허위·가장 유치권을 예방하고 방지하는 방안으로는 형사적으로도 접근하여 관련 법 조항인 형법 제315조 경매 또는 입찰의 방해에서 위계 또는 위력이나 기타 방법으로 경매 또는 입찰의 공정을 방해하거나 해한 자는 2년 이하의 징역 또는 700만원 이하의 벌금에 처한다는 규정을 적용하여 경매 또는 입찰 방해죄로 처벌하는 것도 가능하다고 생각한다. 그러나 실무상 허위·가장 유치권으로 처벌되는 경우는 드물어 보인다. 법원행정처에서 발행한 2017년 사법연감에 따르면 신용·업무와 경매에 관한 죄로 기소된 사건수가 7,212건, 징역형으로 처벌된 경우가 1,185건, 징역형으로서 집행유예가 된 것이 1,651건이다. 이 통계는 형법 34장의 신용, 업무와 경매에 관한 죄로 기소된 모든 죄를 합한 것으로서 경매 또는 입찰방해죄로 처벌받은 사건만을 파악하기에는 한계가 있다.

형사소송법에 따르면 공무원은 직무를 행함에 있어 범죄가 있다고 사료하는 경우에는 고발하여야 한다(형사소송법 제234조 제2항 고발에 공무원은 그 직무를 수행함에 있어 범죄가 있다고 사료하는 때에는 고발하여야 한다)고 규정하고 있다. 따라서 집행법원의 공무원은 허위·가장 유치권자가 발견되면 매수자 등의 선의의 피해자가 발생하지 않도록 형사고발을 하여 적극적으로 대처하는 방안을 고려해 볼 수 있다.

제 2 절 | 허위·가장 임차인의 해결방안

I. 문제의 제기

허위·가장 임차인을 둘러싼 배당이의 소송 및 사해행위취소 소송은 지속적으로 증가하고 있다. 금융, 부동산 등 재산에 관련된 정보의 취득이 쉬워짐에 따라 채무자들은 채무초과 상태의 발생 등을 앞두고 자신이 가지고 있는 재산을 지키기 위해 불법적으로 소유 재산을 숨기기 위한 수법들이 나날이 정교화해 가고 있다.

반면, 채권자들 역시 그러한 채무자들이 가지고 있는 숨겨놓은 재산을 추적하고 회수하기 위한 수단들을 발전시키지 않을 수 없게 되었다. 초기에는 채무초과 상태에 있는 채무자가 자신의 유일한 책임재산인 부동산을 제3자에게 매도하는 형식을 취하는 게 일반적이었다(전형적인 사해행위취소의 예).

그러나 이 경우 매도 시기의 급박성, 채무자와 임차인과의 관계, 자금의 출처 및 그 경위 등과 관련하여 수익자인 임차인이 자신의 선의를 증명하는 것이 쉽지 않아 사해행위취소 소송의 위험을 피하는 일이 여의치 않을 뿐만 아니라 대개는 이미 소유 부동산의 가치에 상응하는 정도의 담보 물권이 설정되어 있는 상태이기 때문에 실제로 채권자를 해하면서까지 재산을 회수하려는 원래의 목적을 달성하기란 쉽지 않다.

최근에는 채무초과 상태의 채무자가 자신의 소유 부동산에 대한 경매개시 절차가 개시되기 직전에 주택임대차보호법 제8조가 정한 소액 임차보증금의 범위 안에서 금액을 임대차보증금으로 정한 채 최우선변제권이 있는 소액임차인을 설정해 주는 경우가 현실적으로 많이 발생하고 있다.

채무자로서는 마지막 남은 재산이 전부 채권자들의 손에 넘어가기 전에 선 순위 담보권자들보다도 앞서 주택의 가액에서 최소의 보증금 상당액을 회수할 수 있고 임차인 역시 전입신고, 부동산 인도 등의 요건을 제대로 갖추기만 하면 경매 절차를 통하여 최소한 이 법에서 보장하는 최소한의 임차보증금은 배당받을 수 있기 때문이다.[11]

이에 대해 선 순위 담보권자들과 일반 채권자들로서는 채무초과 상태의 채무자가 주택임대차보호법상의 소액임차권을 설정해 주는 행위 자체가 사해행위취소의 대상이 된다고 주장하기에 이르렀다. 그러나 만약, 채무초과 상태에 있는 채무자인 부동산 소유자가 소액임차권을 설정해 준 행위를 사해행위로 보게 된다면 사실상 바로 그와 같은 상태에 놓인 부동산의 소액임차인을 보호하기 위하여 보증금 중 일정액의 회수를 보장하자는 취지에서 만들어진 주택임대차보호법 제8조의 규정 자체가 유명무실해질 우려가 있다.

결국, 이 문제는 민법 제406조 채권자취소권 제도의 취지와 주택임대차보호법 제8조(보증금 중 일정액의 보호) 소액보증금 최우선변제권 제도의 취지 자체가 충동할 수밖에 없는 상황에 놓여 있다고 할 것이다.

Ⅱ. 현황조사 등 경매 절차적 해결방안

허위·가장 임차인[12]이 경매 배당에 원천적으로 참여를 하지 못하도록 경매의 준비단계를 일부 수정 보완하여 개선할 필요가 있다. 실무상 진행되고 있는 내용

---

11) 김웅조, 「소액임차인과 사해행위」, 경영법무 BUSINESS LAW 71, 한국경영법무연구소, 2000, 43면.

12) 대법원 2001. 3. 23. 선고 2000다53397 판결 참조; 우선변제권 있는 소액임차인에 해당하는 것으로 보기에 의심스러운 사정이 있다고 한 배당이의 사례에서 판결 요지를 보면 임대건물의 구조상 5세대의 임차인이 있기는 어려운 점과 임차인의 전입신고가 임대인이 대출연체로 그 채권자로부터 법적 조치를 취하겠다는 최고장을 받은 이후 경매개시 전에 집중되어 있는 점 그리고, 협의이혼하여 따로 살고 있던 부부가 같은 날 전입신고하면서 따로 각 방 1개씩을 임차하였다고 주장하는 점, 건물을 모두 임대하고 다른 곳에 거주한다는 임대인 부부가 경매개시결정 정본 및 배당기일 소환장을 같은 건물에서 받았고 채권자의 직원이 방문하였을 때에 임대인의 처가 위 건물에서 잠을 자고 있었던 점, 임차인 가족이 거주한다는 방에 침대 1개 및 옷 몇 벌만 있었던 점 등에 비추어 이들을 우선변제권 있는 소액임차인으로 보기에 의심스러운 사정이 있다고 한 사례이다.

을 살펴보면 경매준비단계는 총 6단계로 구성되어 있는데 1단계 경매개시 결정등
기의 기입, 2단계 채무자에게 경매개시 결정정본 송달 및 압류의 효력 발생, 3단
계 매각부동산의 현황조사, 4단계 감정평가사로부터 목적물을 평가하여 최저매각
가격을 정함, 5단계 최저매각가격과 우선채권자의 변제금액상 무잉여인지 분석(민
사집행법 제102조), 6단계 무잉여일 것이 예상되는 경우 직권으로 매각기일과 매각
결정 기일을 지정, 공고 및 통지하고 절차를 진행13)하고 있다.

　이 중 3단계 매각부동산의 현황조사는 민사집행법 제85조 제1항 법원은 경매
개시결정을 한 후 즉시 집행관에게 부동산의 현상, 점유 관계, 차임 또는 보증인
의 액수, 그 밖의 현황에 관하여 조사하도록 명하고 집행관은 제81조 4항(법원은
집행관에게 그 조사를 하게 하여야 한다) 및 제82조 1항(집행관은 조사를 위하여 건물에
출입할 수 있고, 채무자 또는 건물을 점유하는 제3자에게 질문하거나 문서를 제시하도록 요
구할 수 있다). 2항(집행관은 제1항의 규정에 따라 건물에 출입하기 위하여 필요한 때에는
잠긴 문을 여는 등 적절한 처분을 할 수 있다)이다.

　이 규정에 근거하여 현황조사를 하고 제105조 2항에 의해 현황조사보고서 및
평가서 등의 사본을 법원 집행관사무소에 비치하여 누구든지 볼 수 있도록 하고
있는데 집행관이 현황조사 시 임차인에 관한 조사를 철저히 하도록 실무를 수정
보완하고 또한 현황조사 시 의심이 가는 임차인이 있을 경우 보증금내역서 등의
확인 이외에 실제로 거주하고 있는지의 여부(예를 들어, 아파트에 임차하고 있다고 주
장하는 경우 집행관이 직접 살고 있는 방 등을 확인하고 임차인 명의로 된 우편물, 물건 등
확인) 등을 확인하여 현황조사 명세서에 사진 또는 보고서 형식으로 첨부하도록
하면 될 것이다.

　그렇게 하고서라도 허위·가장 임차인으로 생각되는 소액임차인에게 관련 증
명자료의 제출을 촉구하고 또한, 채권자가 배당기일에 소액임차인에게 소액보증
금을 우선 배당한 배당표에 대하여 이의가 있을 경우에는 배당이의의 소송을 통
하여 진위여부를 판단하면 기존보다는 허위·가장 임차인의 수가 현저히 줄어들
고 개선될 거라 생각한다. 위의 내용을 요약·정리해보면 다음 표와 같다.

---

13) 법원행정처, 『법원실무제요 민사집행[Ⅱ]』, 부동산 집행, 2014, 110면.

| 표 17 | **현행 경매준비 6단계 및 개선 의견** |

	경매준비 6단계	개선 의견
1단계	경매개시 결정등기의 기입	
2단계	경매개시 결정정본 송달 및 압류의 효력발생	
3단계	매각 부동산의 현황조사	현황조사[14]시 점유 관계 및 임차인에 관한 철저한 조사 *허위·가장 임차인 선별 목적
4단계	최저 매각가격 정함	
5단계	최저 매각 가격과 우선채권자의 변제금액상 무잉여 판단 및 분석	
6단계	무잉여로 예상될 경우 직권으로 매각기일과 매각결정기일을 지정, 공고 및 통지	
	경매절차 진행	

이와 관련하여 선행 연구자 민일영은 「주택 경매에 있어서 임차인 보호에 관한 연구」 논문에서도 경매 진행단계에서 필자의 견해와 마찬가지로 임대차 조사의 철저,[15] 입찰물건명세서의 정확한 작성, 최저 입찰가격의 결정과 임대차 및 임대차에 관한 공고에 관하여 임차인 보호를 둘러싼 문제점을 살펴보았다.

또한, 경매 종결 단계에서 대항력, 우선변제권, 대항력과 우선변제권의 관계 및 주택의 인도명령과 임차인에 대하여도 임차인 보호를 둘러싼 문제점을 살펴보았다.

---

14) 대법원 2010. 6. 24. 선고 2009다40790 판결 중 2번 참조; 집행관이나 경매 담당 공무원이 현황조사 시 매각물건명세서에 매각대상 부동산의 현황과 권리관계에 관한 사항을 제출된 자료와 다르게 작성하거나 불분명한 사항에 관하여 잘못된 정보를 제공함으로써 매수인의 매수신고가격 결정에 영향을 미쳐 매수인으로 하여금 불측의 손해를 입게 하였다면, 국가는 이로 인하여 매수인에게 발생한 손해에 대한 국가가 배상책임을 져야 한다고 판시한 손해배상 사례이다.

15) 민일영, 「주택 경매에 있어서 임차인 보호에 관한 연구」, 민사집행법연구 1권, 2005, 315-358면.

III. 형사적 해결방안

민법 제2조에 보면 신의성실의 원칙에 권리의 행사와 의무의 이행은 신의에 좇아 성실히 하여야 하며 권리는 남용하지 못한다고 규정하고 있다.

허위·가장 임차인은 경매 배당절차에서 위 법의 질서를 무너뜨리고 채권자와 이해관계자들에게 금전적인 손해 등 피해를 끼치고 있는 신의성실의 원칙을 위반하고 있는 자들이다. 이에 본 필자의 개인적인 견해로 배당기일 또는 배당 후 배당이의의 소송 등을 통하여 허위·가장 임차인임이 밝혀지게 된다면 민사상 손해배상뿐만 아니라, 형사적인 책임까지도 검토해야 한다고 생각한다.

그러나 이에 반대하거나 민사사건이므로 배당이의의 소송 등 민사는 민사로 해결하면 될 것임에도 추가적으로 형사적인 책임으로까지 전가하는 것은 너무 가혹한 것이 아닌가하는 견해도 있을 수 있으며 또한, 채무자는 보호하지 않고 너무 채권자만을 보호하는 입장에서 주장하는 것은 아닌가 하고 반론을 제기할 수도 있을 것이다.

필자가 이렇게까지 주장하는 이유에 대해서 제4장 민사집행 과정상의 문제점 제2절 허위·가장 임차인 문제에서 가장 임차인에 대한 대검찰청의 수사결과 보고[16]에서도 여실히 살펴보았듯이 허위·가장 임차인만의 문제가 아닌 그로 인하여 발생하는 재산상의 피해를 보는 수없이 많은 채권자와 이해관계자도 보호해야 한다는 견해이다.

이는 형법에도 규정하고 있는 제347조 사기죄[17]와도 연관되어 있어 이 법 조항을 적용하여 살펴보면 제1항에 사람(즉, 채권자나 이해관계자 등)을 기망하여 재물의 교부를 받거나 재산상의 이익을 취득한 자는 10년 이하의 징역 또는 2천 만원 이하의 벌금에 처하고 제2항에 전항의 방법으로 제3자로 하여금 재물의 교부를 받게 하거나 재산상의 이익을 취득하게 한 때에도 전항의 형과 같다고 명백히 규정하고 있으므로 허위·가장 임차인에게 위 법 조항을 근거하여 적용한다면 형사상으로도 그 죄를 묻기에 전혀 문제가 되지 않을 것이다.

---

16) 대검찰청, 위의 수사결과 보고, 2000. 3. 29.
17) 실무적으로도 정당하지 못한 권리행사를 하는 채무자에 대하여는 사기죄를 적용하여 형사고소를 진행하고 있다.

이로 인하여 엄벌에 처한다면 허위·가장 임차인으로 인한 채권자나 이해관계자 등의 손해와 피해가 현저히 줄어들 것이며 더욱 중요하게 생각해야 할 것은 더 이상 법원을 기망하지 않고 법질서를 무너뜨리는 것을 방지하고 해결할 수 있을 것이라 확신한다.

제 3 절 | 자동차 집행의 해결방안

Ⅰ. 경매신청 전 자동차 인도명령

자동차에 대한 점유 확보를 하지 못한다면 자동차 강제경매 결정문(또는, 자동차 임의경매 신청)을 원인 증서로 집행관사무소에 자동차 강제경매(또는, 임의경매 신청) 집행 접수가 되었다고 하더라도 그 자동차 강제집행 절차는 진행되기 어렵다. 이건 자동차 집행에서 가장 기본이 되는 내용이다.

그런데 문제는 법원으로부터 자동차 강제경매신청 전 자동차 인도명령 결정문을 받고도 민사집행규칙 제113조 1항에서 규정하고 있는 내용 때문에 집행이 사실상 쉽지 않다는 것이다. 그 내용을 보면 강제경매신청 전에 자동차를 집행관에게 인도하지 아니하면 강제집행이 매우 곤란할 염려가 있는 때에는 "그 자동차가 있는 곳을 관할하는 지방법원은 채권자의 신청에 따라 채무자에게 자동차를 집행관에게 인도할 것을 명할 수 있다"고 되어 있는데 이 조항은 움직이는 자동차를 집행하는 실무와는 거리가 있다는 것이다.

이와 관련하여 선행 연구자 김인범은「자동차 금융의 법적 문제에 관한 연구」에서 자동차의 소재지 관할 법원에서만 경매신청 전 인도명령 신청을 할 수 있고 집행과 관련하여서는 인도명령 결정을 받은 법원의 집행관사무소에만 집행신청을 할 수 있도록 한 것은 위 조항의 내용을 충실히 이행하였다는 것에서는 문제가 없으나 자동차는 실시간으로 움직이는 물건으로 자동차 인도명령의 본질과는 동떨어져 있고 심지어는 법원의 장벽을 높이며 법원의 갑질이라고까지 표현[18]을 하

---

18) 권혁재, 앞의 논문, 2015, 367면.

였다.19)

이에 필자도 선행 연구자와 견해를 같이 하여 자동차 인도명령의 본질을 파악하고 현실적인 자동차 인도명령이 되기 위해서는 다음 표와 같이 조문 내용을 개선하여야 한다는 견해이다.

표 18 민사집행규칙 일부 개정안 내용

현 행	개 정 안
제113조(강제경매신청 전의 자동차 인도명령) ① 강제경매신청 전에 자동차를 집행관에게 인도하지 아니하면 강제집행이 매우 곤란할 염려가 있는 때에는 <u>그 자동차가 있는 곳을 관할하는 지방법원은 신청에 따라 채무자에게 자동차를 집행관에게 인도할 것을 명할 수 있다.</u>	제113조(강제경매신청 전의 자동차 인도명령) ① 강제경매신청 전에 자동차를 집행관에게 인도하지 아니하면 강제집행이 매우 곤란할 염려가 있는 때에는 <u>전국지방법원20)</u>에 <u>채권자의 신청에 따라 채무자에게 자동차를 집행관에게 인도할 것을 명할 수 있다.</u>

자동차 집행 중 특히 가장 명의 자동차에 대한 집행에 있어서 집행법원에 의한 신속한 인도명령 결정과 자동차가 위치해 있는 전국의 지방법원 집행관의 역할이 매우 큰 것에 착안하여 위와 같이 민사집행규칙을 현실에 맞게 일부 개정하여 집행관은 현재 점유자의 집행권원에 대하여 적극적인 조사를 하고 이를 반영하여 집행을 하는 등 집행관에게 적극적 작위의무를 부여하면 될 것이다.

Ⅱ. 민사집행법 제191조 개정안

2017년 7월 5일 추미애 의원 등 13인은 민사집행법 제191조에 대한 일부 개정 법률안21)을 발의하였다.22) 발의한 내용은 채권자 또는 물건의 제출을 거부하

---

19) 김인범, 앞의 논문, 2018, 199−200면.
20) 김인범, 앞의 논문, 2018, 199−200면.
21) 추미애 의원 대표발의, 의안번호 7786, 발의자: 추미애, 민홍철, 서형수, 심기준, 박용진, 신창현, 강창일, 박재호, 임종성, 김정우, 이용득, 김철민, 김해영 의원(이상 13인), 2017. 7. 5.
22) 법률신문, 리걸헤럴드, http://legalherald.co.kr/archives/11872, 2019. 10. 12. 최종확인.

지 아니하는 제3자가 점유하고 있는 물건은 제189조의 규정을 준용하여 압류할
수 있다고 규정하고 있다.

이는 채무자 이외의 사람이 점유하고 있는 물건의 압류 규정에 대하여 자동차
집행의 경우에는 유체동산 압류에 의한 방법이나 부동산에 대한 강제경매의 규정
을 준용하여 따르기에는 일정 부분 포함되는 사항이 있는 반면, 자동차라는 특수
성으로 인하여 집행을 하지 못하는 경우가 빈번히 발생하고 있기 때문이다.

이에 제안 이유 및 주된 내용은 현행법으로는 집행관이 공권력에 의하더라도
집행대상 물건인 자동차를 불법으로 점유하고 있는 점유자에 대한 강제집행을 실
시하기에 한계가 있다. 실무적으로 불법 점유가 발생하는 경우는 자동차 소유자가
여신전문금융회사 등 자동차할부금융회사로부터 자동차를 구입할 목적으로 대출
을 발생시킨 후(자동차에 근저당권 설정 조건) 바로 현금 융통 등의 목적으로 시세보
다 저렴[23]하게 사채업자 등에게 대포차로 매매하는 경우가 대표적이다.

또는 자동차 소유자가 개인 간의 채권·채무에 의하여 차량을 빼앗기는 경우
등도 생각해 볼 수 있다.

대포차는 위의 3. 대포차와 대포차 점유에서 대포차의 의의에 대해서도 살펴
보았듯이, 자동차의 소유자가 아닌 제3자가 자동차 등록증상의 소유권 이전 등록
을 마치지 않은 채 원래의 소유자 명의로 운행하는 차를 말하며 할부금융사나 개
인 채권자로부터 가압류나 근저당권이 설정되어 있어 저당권 등 이해관계자의 채
권·채무 관계를 만족시키지 못하는 등으로 인하여 담보권이 그대로 존재하게 되
어 일반적인 매매를 할 수가 없는 차량을 말한다. 대포차는 통상적으로 시장에서
자동차 시세(Market Value)의 30 − 50%에 불법적(음성적 또는 합법적이지 않은 방법)
으로 거래되고 있다.

대포업자에게 자동차와 소유권 이전에 필요한 서류를 전달하면 거래는 성사된
다. 이렇게 불법으로 점유하고 있는 악의의 점유자 또는 대포업자를 상대로 채권
자의 권리 보호와 자동차 집행의 법적 지위를 확보하기 위하여 집행대상 물건이
자동차인 경우에는 제3자가 점유하고 그 인도를 거부하는 경우에도 정당한 권
원[24]이 있는 경우를 제외하고는 자동차를 압류할 수 있도록 제191조 제2항을 신

---

23) 예를 들어, A자동차의 시세가 1,000만원인데 300 − 500만원에 불법으로 매매하는 경우이다.
24) 1. 제3자가 자동차에 대하여 유치권을 행사하는 자로 그 사실에 대해 소명한 경우, 2. 제3자가

설하는 법안을 발의하였다. 법안의 의의는 자동차만의 특수성을 인정하고 정당하지 못한 점유자로부터 대항하여 효율적으로 자동차 집행업무를 할 수 있도록 개선했다는 점에서 그 의미를 찾아볼 수가 있다.

Ⅲ. 개정안에 대한 견해

실무적 관점에서 민사집행법 개정안 제191조의 신설로 인하여 일정 부분 실효적인 대포차 제재 및 자동차 집행업무의 효율성을 확보할 수는 있다. 그러나 근본적인 해결을 위해서는 다음과 같은 사례연구를 통하여 추가적으로 개선방안을 생각해 보아야 한다.

대포업자는 정당하지 못한 방법으로 대포차를 구입할 때 원래의 자동차 소유자로부터 대포차와 함께 형식상 만들어 놓은 소유권 이전에 필요한 서류, 저당권설정 계약서, 매매계약서, 채권·채무 계약서, 약정서, 수리비 내역서 등(대부분 허위로 작성된 문서)을 받아 대포차와 함께 가지고 다닌다. 그 이유는 대포차에 근저당권 등 담보권이 설정되어 있는 할부 금융회사 등의 채권자로부터 담보권실행을 위한 경매신청후 예기치 않은 상황에서 자동차 집행을 당할 경우를 대비하기 위해서이다.

채권자는 집행관과 함께 자동차 집행을 하게 된 경우에 집행 목적물인 자동차를 점유하고 있는 점유권자(또는 대포업자)가 자동차의 정당한 점유를 주장하면서 그 근거 서류로 가지고 있던 소유권 이전에 필요한 서류, 저당권 설정 계약서나 수리비 내역서 등을 제시하여 자동차의 집행을 방해하거나 자동차의 인도를 거부할 것이다.

정당하지 못한 점유자 등에 대항하기 위하여 점유자가 제시하는 문서의 진위 여부, 검증 등의 추가적인 확인 절차의 개선안과 더불어 공권력을 가진 집행관의 법적 지위에 대항하지 못하는 규정을 개정하여 개선안을 도출해야 할 것으로 생각한다.

자동차관리법 제7조에 따른 자동차등록원부에 소유권이전등록 또는 채권자에 선행하는 저당권 설정등록을 마친 경우.

Ⅳ. 민사집행규칙 제109조 개정 검토

위의 제4장 제3절 4.에서 자동차 집행의 문제점에 대하여 집행대상의 목적물인 자동차가 2개 관할의 경계선상에 위치해 있을 경우, 자동차를 점유하고 있는 채무자나 사채업자와 같은 점유자 또는 유치권자 등이 집행을 방해할 목적으로 고의적으로 또는 고의적이 아니더라도 자동차를 2개 관할의 경계선상에 위치해 있으면 채권자는 강제경매나 담보권 실행을 위한 경매에서 채권자의 만족을 얻기 위한 자동차 집행에 있어 관할의 문제로 집행 불능 등의 곤란한 상황이 발생할 것이다.

이에 민사집행규칙 제109조를 좀 더 구체화하여 명확히 할 필요가 있다고 생각한다. 방법으로는 1, 2항에 이어 3항을 신설하여 "자동차가 있는 곳이 2개 관할의 경계선 상에 위치해 있을 경우 그 사유를 기재하여 집행신청을 할 경우에는 주소지 소재 지번 관할이나 실질적인 자동차가 위치해 있는 장소 관할의 지방법원(지원 포함)도 집행법원으로 한다."라는 내용을 명시하여 입법을 통한 법 개정을 하여 관할을 확장한다면 자동차 집행 시 불필요한 시간적, 경제적 이익을 추구할 뿐 아니라 채권자가 가지는 법적 지위의 보호와 기타 선의의 피해자를 보호할 수 있을 것이라 생각한다.

제 4 절 | 집행관제도의 해결방안

Ⅰ. 임명방식과 집행관 수의 확보

오랫동안 이어온 법원·검찰 고위직 공무원의 집행관 독점 현상에서 비롯된 관료화와 집행문화의 후진성, 집행체계의 혼란을 해결하는 가장 합리적인 방법은 집행관 채용 시 다른 공무원 채용절차와 같이 공개경쟁 시험을 거쳐 임명하는 것이다.

다시 말해 집행관 시장을 개방하여 일정한 자격을 갖춘 자는 누구나 집행관 업무를 담당할 수 있도록 하면 집행업무가 더욱 효율적으로 이루어질 수 있고, 집행업무의 노하우가 축적되어 업무능률의 향상과 전문성도 제고될 것이며, 필요한 적정 인원의 집행관에 대한 선발이 가능할 것이다. 집행관을 공개경쟁시험을 통해 임명한다면 그 응시자격 · 시험 과목 등을 어떻게 정할 것인가가 문제되나 이 점에 대하여는 일본의 집행관 채용 시험제도를 참고하면 좋을 것이다.

그러므로 우리나라의 집행관 시험 응시자격은 변호사자격 취득 여부와는 관계없이 법학전문 대학원 3년 이상 수료자 또는 10년 이상 법원주사보, 등기주사보, 검찰주사보, 또는 마약 주사보 이상의 직에 있던 자(다만, 등기주사보나 마약 주사보는 법원에서 오랜 시간 근무를 하였다고 더라도 집행관의 업무상 관련성이 있지 않아 제외시켜야 한다는 주장이 강하다), 법무사로서 5년 이상 근무한 자 그리고 금융기관 등 채권관리 관련 부서에서 채권관리 및 민사집행 관련 업무를 10년 이상 실무 경험을 한 자 등으로 확대할 필요가 있다.

법학전문 대학원 수료자에게 응시자격을 부여하는 것은 정치 · 경제 · 사회 · 문화 · 교육 · 법학 등 다양한 분야에서 고등교육을 받은 유능한 인재들을 널리 받아들일 수 있다는 점, 법학전문 대학원에서 3년간 법학 이론과 실무 교육을 받았으므로 여기에 약간의 집행 실무 교육만 보충한다면 집행관으로서의 자격요건이 충분하다는 점을 들 수 있다.

또한, 집행관의 보수에 대한 개선도 필요하다. 집행관의 보수에 대하여 현행, 일정 금액의 수수료가 아닌 일정 금액의 봉급제를 채택하면 집행관의 활동 의욕을 저해하여 집행의 신속성을 결하게 되고, 수수료제를 채용하면 집행관은 수수료 수입에만 치중한 나머지 가혹한 집행(또는, 사무원 관리 관련 및 정당하지 못한 집행 등으로 인한 집행관의 징계25)26)도 있었음)으로 사법의 신뢰성이 침해될 수가 있으며 지역적 편중으로 국민의 부담을 가중시키는 폐해가 생길 수도 있다.

그러므로 양자를 절충하는 방법을 찾아야 할 것이다. 이를테면, 대부분의 사기업(私企業)에서 시행하고 있는 기본급이 있는 연봉제에 근무나 업적에 대한 정성적인 면과 정량적인 면을 고려한 추가적인 성과급 또는 인센티브 제도를 채택하면 업무의 질과 전문성을 높일 수 있을 것이라 생각한다. 다음 표에서 볼 수 있듯

---

25) 제윤경 의원 등 10인, 「집행관법 일부개정법률안」, 의안번호 2012177, 2018. 2. 27.
26) 의안정보시스템, http://likms.assembly.go.kr/bill/billDetail.do?billId=PRC_W1X8S0O2C2X7D1P 7H5A7T4A7L4R1N9, 2019. 12. 7. 최종확인.

이 위에서 살펴본 집행관이나 사무원 관리와 관련하여 정당하지 못한 집행 등으로 인하여 징계받은 현황을 법원소속과 처분결과 그리고 처분사유에 대하여 연도별로 확인할 수 있다.

표 19 연도별 집행관 징계 현황[27)]

처분연월	소속	처분결과	처분사유
2012. 12.	춘천지방법원	과태료 100만원	금품 제공
2013. 6.	창원지방법원	과태료 100만원	전산 및 노무자 관련
2013. 6.	창원지방법원	과태료 100만원	전산 및 노무자 관련
2013. 8.	전주지방법원	견책	사무원 관리 관련
2013. 10.	서울중앙지방법원	면직	금품 수수 및 뇌물 공여
2015. 8.	대전지방법원	견책	사무원 관리 관련
2015. 8.	대전지방법원	과태료 200만원	공직상 체면 및 위신 손상
2016. 11.	서울서부지방법원	정직 1월	사무원 관리 관련
2016. 11.	서울서부지방법원	정직 1월 10일	사무원 관리 관련
2016. 11.	서울서부지방법원	과태료 200만원	사무원 관리 관련
2016. 11.	서울서부지방법원	정직 1월	사무원 관리 관련

*출처: 대법원, 사법연감 2017.

집행관법 제4조 제1항에 따르면 집행관의 정원은 대법원 규칙으로 정한다고 되어 있으나, 시장수요에 따른 집행관의 공급을 하지 않고 있다. 이는 시장수요보다도 집행관들의 일정한 보수를 확보하기 위해 그 집행관 수를 조절하는 것이므로 법원이 독과점시장을 인위적으로 창출하는 것이며 이로 인하여 일부 지역에서는 수수료 과다 수입[28)] 논란이 생기고 있다.

이와 관련하여 제윤경 의원이 2018년 2월 27일 발의한 집행관 신분제도의 개

---

27) 제윤경 의원 등 10인, 앞의 법안 발의, 2018. 2. 27. 3면.
28) 제윤경 의원 등 10인, 앞의 법안 발의, 2018. 2. 27. 1-3면.

선에 관한 법안 발의 내용 중에서 2012년부터 2016년까지 전국에서 근무한 집행
관의 수수료 수입 내역을 국세청으로부터 받은 자료에 보면 집행관은 단임 4년의
근무기간 중 1인당 연 평균 수수료 수입으로 1억 7천 6백만원을 받았으며 2016
년에는 1인당 약 1억 3천 3백만원의 고소득을 올린 것으로 나타났다. 다음 표에
서 좀 더 자세히 알아 보겠다.

표 20   **연도별 집행관수수료 수입금액[29)]**

(단위: 명, 백만원)

	2012년		2013년		2014년		2015년		2016년	
	인원	수입금액 (1인 평균)	인원	수입금액 (1인 평균)	인원	수입금액 (1인 평균)	인원	수입금액 (1인 평균)	인원	수입금액 (1인 평균)
서울청	75	187	68	228	88	178	92	140	85	122
중부청	174	186	192	178	176	203	230	118	253	107
대전청	28	379	33	321	40	238	39	235	39	232
광주청	52	151	54	138	63	125	68	110	54	143
대구청	62	133	49	154	48	133	49	125	51	113
부산청	40	370	49	367	66	263	68	214	69	193
합계	431	204	445	209	481	192	546	142	551	133

*출처: 국세청.

    그런데 이와 같은 과다한 수수료 수입 현상이 전국적으로 똑같이 발생하는 현
상은 아니며 지역적인 차이가 심하다는 점이다. 이러한 문제 때문에 일본에서는
일찍이 관련 규정을 개정하여 집행관수수료 수입의 전국 분배제를 시행하고 있다.
    일본의 집행관 수수료제의 운영 방법은 부동산 집행에서의 매각 실시 수수료
의 50%를 전국의 집행관들에게 공평하게 배분하고 있다. 그리하여 경기변동에 따
른 취급사건 수의 변동이나 대도시와 중·소도시 간의 사건 수 격차에 의하여 집

---

29) 제윤경 의원 등 10인, 앞의 법안 발의, 2018. 2. 27. 3면.

행관의 경제적 기반이 영향을 받지 않게 되었으며, 그 결과 우수한 집행관을 골고
루 임명할 수 있게 되어 전국적으로 동일한 수준의 업무처리가 가능하게 되었다.

　우리나라의 집행관은 개인 명의로 사업자등록을 하고 그 직무집행에 대하여
위임인으로부터 소정의 수수료를 받고 있어 개인별, 지역별로 보수의 차이가 나고
있다. 집행관의 보수가 매각수수료에 의존하고 있는 현 상황에서는 일본의 경우처
럼 전국 공동분배 제도를 실시한다면 수수료가 적은 현황조사에도 집행관들의 충
실한 업무 수행을 기대할 수 있을 것으로 판단된다.

　위에서도 언급하였듯이 제윤경 의원이 2018년 2월 27일 발의한 집행관 신분
제도의 개선에 관한 법안 발의 내용을 좀 더 살펴보면 필자가 주장하는 생각과
거의 비슷한데 현행, 집행관의 임명방식으로는 즉, 고위직 공무원이 퇴직 후 4년
동안 고액의 수입을 얻기 위한 자리로 이용하고 있다고 지적하고 집행관이 된 퇴
직 공무원은 실질적으로 집행현장에서 집행을 할 경우에 집행현장에 대한 전문적
인 지식이나 경험이 없어 문제가 되고 있으며 집행관제도의 정상화를 위해서는
무엇보다 법원의 의지가 강해야 한다고 강조했다.

　또한, 집행관의 신분에 대하여도 집행관은 법원 지방법원 내에 위치한 집행관
사무실에서 근무하고 있음에도 불구하고 신분이 개인사업자로 법원의 관리·감독
에서 벗어나 있어 사각지대에 놓여 있다고 하였다.

　이에 제윤경 의원은 집행관의 임명 시 현직 법원 공무원으로 관련 연수 과정
을 거친 자 중에서 임명하도록 집행관법 제3조 임명 및 법원조직법 제55조 집행
관에 관한 사항에 대하여 일부 개정 법률안을 대표 발의하였는데 필자는 이 의견
에 동의하고 이 개정 법률안의 발의를 발판으로 앞으로 우리나라의 집행관제도가
그리고 더 나아가 민사집행 제도가 선진화되고 전문화가 되기를 바라는 바이며
향후 필자에게도 기회가 주어진다면 좀 더 깊이 있는 연구와 함께 우리나라 집행
관제도의 발전을 위하여 여러 선행 연구자들과 함께 이바지하고 싶다. 위 법안 발
의 내용을 인용하여 다음 표에서 보도록 하겠다.

표 21	집행관법 일부 개정안 내용30)

현 행	개 정 안
제3조(임명) 집행관은 10년 이상 법원주사보, 등기주사보, 검찰주사보 또는 마약수사주사보 이상의 직급으로 근무하였던 사람 중에서 지방법원장이 임명한다. <신 설>	제3조(임명) ① 집행관은 법원공무원 중에서 주사보 이상의 직급으로 10년 이상 근무한 사람으로서 연수과정을 이수한 사람을 대법원규칙으로 정하는 바에 따라 소속 지방법원장이 임명한다. ② 제1항에 따른 연수과정의 시행 등에 필요한 사항은 대법원규칙으로 정한다.

표 22	법원조직법 일부 개정안 내용31)

현 행	개 정 안
제55조(집행관) ① 지방법원 및 그 지원에 집행관을 두며, 집행관은 법률에서 정하는 바에 따라 소속 지방법원장이 임면(任免)한다.	제55조(집행관) ① 지방법원 및 그 지원에 집행관을 두며, 집행관은 법률에서 정하는 바에 따라 소속 지방법원장이 임명한다.
② 집행관은 법령에서 정하는 바에 따라 재판의 집행, 서류의 송달, 그 밖의 사무에 종사한다.	② (현행과 같음)
③ 집행관은 그 직무를 성실히 수행할 것을 보증하기 위하여 소속 지방법원에 보증금을 내야 한다.	<③ 삭 제>
④ 제3항의 보증금 및 집행관의 수수료에 관한 사항은 대법원규칙으로 정한다.	④ 집행관의 수수료에 관한 사항은 대법원규칙으로 정한다.

Ⅱ. 집행기관 일원화를 통한 업무처리의 비효율 문제의 개선

위에서 살펴본 바와 같이 앞으로 우리나라의 집행관 시험 응시자격은 변호사 자격 취득의 여부와 관계없이 법학전문 대학원 3년 이상 수료자 또는 10년 이상

---

30) 제윤경 의원 등 10인, 앞의 법안 발의, 2018. 2. 27. 4면.
31) 제윤경 의원 등 10인, 앞의 법안 발의, 2018. 2. 27. 4면.

의 법원주사보, 등기주사보, 검찰주사보, 또는 마약 주사보 이상의 직에 있던 자, 법무사로서 5년 이상 근무한 자 그리고 금융기관 등 채권관리 관련 부서에서 채권관리 및 민사집행 관련 업무를 10년 이상 실무 경험을 한 자 등으로 채용절차 과정도 공개경쟁시험을 통해 임명하도록 자격 요건을 크게 강화하자는 것으로 대안을 제시하였고 재차 강조하여 제시하고자 한다.

집행관의 자격을 변호사 자격에 준하는 수준으로 강화할 경우 그에 따른 직무 권한도 지금과는 달라져야 할 필요가 있다고 생각한다. 권한을 확장하고, 자격 수준에 부합하는 수수료 수입을 어느 정도 보장해 줌으로써 개인 자격사로서의 집행관이 의욕을 가지고 집행업무의 전문성을 키우고 자부심을 가지며 본 업무에 충실할 수 있을 것이기 때문이다.

이것이 선행되면 부동산 집행이나 채권집행 등을 포함한 민사집행 업무는 비송사건으로써 집행관이 처리하도록 하는 것이 타당하다고 본다. 이렇게 하는 것이 관료적인 틀에서 벗어나 집행관의 자주적인 판단에 따른 집행 활동을 하게 하여 신속한 집행을 이루고 수수료제에 의한 집행의 능률을 기할 수 있을 것이다.

부동산 경매(입찰) 업무는 민사소송 사건에서도 일찍이 전자 민사소송 제도가 도입되었듯이 앞으로 전자입찰로 대체되는 것이 시간문제이므로 필요하다면 집행의 대상인 부동산의 매각을 다른 전문 업체에 위탁하는 방법도 생각해 볼 수 있다. 한국 자산관리 공사에서 운영하는 온비드(webmaster@onbid.co.kr)는 체납세금으로 인한 압류 부동산의 매각에서 별다른 잡음 없이 운영이 잘 되고 있음은 앞에서 이미 살펴본 바와 같다.

그리하여 논자(論者)에 따라서는 법원의 경매절차 주관이 그 본질적 기능에 적합한가의 의구심을 가지고 차라리 법원경매도 전문기관인 한국 자산관리 공사에 위탁하여 매각하는 것이 바람직하다는 의견을 내놓고 있다.

전자입찰 제도인 Onbid 경매인 만큼 집행비용은 지금 사용하고 있는 제도인 재래식의 법정경매인 법원경매에 비하여 훨씬 저렴하고 투명하며 신속·정확하여 현대화되어 있기 때문이다. 현재 벌금·추징금 등 재산형의 집행은 법원 집행과 캠코(KAMCO: Korea Asset Management Corporation)집행이 선택이지만, 검찰에서는 법원경매보다는 캠코 집행을 더 선호하고 있다고 한다. 법원경매에서 압류는 기존의 집행기관이 담당하되 매각은 집중화시대에 걸맞게 전국 통합경매센터에서 일

괄하여 실시하든지, 아니면 필요시에 캠코에 대행시키는 방안의 강구가 민사집행
의 선진화를 가져오는 일이 될 것이다.

　　그리고 민사집행법 제61조 이하의 재산명시 신청 및 같은 법 제74조 이하의
재산조회는 이를 통합하여 재산조회 신청으로 하고, 채권자가 강제집행 신청 시에
채무자에 대한 재산조회를 신청하면 집행관이 직권으로 그 요건을 조사한 후 필
요하다고 생각되면 직접 집행관이 집행법원에 재산조회 신청을 하도록 간소화시
키는 것이 불필요한 절차와 시간을 줄이는 방법이 될 것이다.

　　참고로 독일에서는 2009년에 집행관에게 우리나라의 재산조회보다 더 광범위
하고 강력한 사건해명권(Sachaufklarung)을 부여하는 법안을 통과시켜 2013년부터
이를 시행하고 있다. 사건해명권은 집행관에게 집행개시 단계에서 현대적 기술을
활용하여 채무자의 재산정보를 탐색하게 하는 점에서 획기적이라는 평가를 받고
있다(독일 ZPO 802e, 802k).

Ⅲ. 집행관에 대한 사법경찰권 부여를 통한 저항 배제권 문제 의 개선

　　집행관이 강제집행 실시현장에서 저항 배제권의 한계 문제로 인하여 신속한
강제집행이 차단되고 나아가 집행관의 부동산 현황조사 시 채무자의 폐문부재, 집
행관에 대한 폭행 협박 등 조사방해에 대한 효과적인 수단이 없어 현황조사의 심
각한 부실로 이어져 현황조사서, 매각물건명세서의 공신력에 문제가 생길 수 있다.

　　이 문제를 해결하기 위한 대안으로 우선 집행관에게 자기의 책임하에 집행보
조원에 대한 선임권을 부여하도록 하여야 하며 영미법계의 집행관이나 우리나라
의 행정경찰과 같이 적어도 집행개시 중의 직무방해 사건에 대하여는 사법경찰권
을 부여하여야 할 것이다(The sheriff act. 제8조 제2항).

　　독일에서는 간접강제의 수단으로 강제구금(强制拘禁), 질서구금(秩序拘禁) 등의
인적집행까지 인정하고 있음을 참고할 필요가 있다. 이에 의하면 민사사건의 형사
화를 방지하고 채권자의 만족도를 고려한 성취면에서의 효율성도 확보할 수 있을
것이다.

이런 의미에서 인적집행도 신중히 고려해 볼 만하다. 채권자와 대립각을 세우면서 채무자가 "가진 자의 횡포"를 운운하며 저항정신의 발휘가 강한 우리나라 풍토하에서 원조 요청을 받은 경찰관이 채무자의 저항 배제에 소극적이고, 민사문제 불개입의 원칙을 운운하며 방관하는 태도 때문에 명도집행·가건물 철거·부동산 인도명령·명도단행 가처분 등 집행이 실패하는 경우가 적지 않다는 면에서도 그 필요성을 인정할 수 있다.

이렇듯 집행관의 강제력 사용권이 나약한 공권력이 될 수밖에 없는 구조 때문에 집행관의 유체동산의 집행과정에서 집행관의 수색권 행사가 유명무실하여 채무자의 가택에 숨겨진 귀금속이나 유가증권 집행이 잘 이루어지지 못하고 있는 것이 현실이다. 선행 연구자 이재영은 「집달관에 대한 제도적 고찰과 개혁에 관한 소고」에서 집행 시 집행관에게 집행 목적물의 집행 달성을 위하여 채무자의 자택이나 창고 및 채무자의 옷이나 채무자의 가족이 입은 옷까지도 검사할 수 있다고 하였다.32) 이를 해결하기 위해서는 집행관에게 수색권33) 등의 강제권을 강화하는 입법이 필요하다고 본다.

집행관의 업무 시 강력한 공권력 행사를 전제로 하는 것으로 집행관의 부동산 현황조사를 들 수 있다(법 제85조). 이 경우에 채무자의 폐문부재, 집행관 폭행 등 조사방해에 봉착하는 애로가 있다. 참고로 일본은 2003년 개정법에서 현황조사 시의 진술 거부를 형벌로 다스리도록 일본 민사집행법 제205조에 규정하였다.

Ⅳ. 민사집행법 제20조 개정 검토

현행 민사집행법 제20조를 보면 집행관은 집행업무 시 집행현장 등에서 긴급한 상황이 발생하여 공적인 기관으로부터의 도움이 필요할 경우 공공기관에 대한 원조 요청조차 집행법원의 허가를 받도록 하고 있다.

이러한 점이 집행관의 자질과 역량을 키우지 못하게 하는 구조를 가지고 있다고 생각한다. 집행현장은 매우 다양한 상황들이 수시로 존재한다. 집행현장에서

---

32) 이재영, 앞의 논문, 1984, 210면.
33) 권혁술, 앞의 논문, 2013, 249-250면.

정확하고 원활한 집행을 수행할 수 있도록 하기 위해서는 집행관이 직접 그리고 신속하게 공공기관 등에 원조를 요청할 수 있게 하여야 할 것이다.

현재의 제도는 직접 경찰 또는 국군의 원조의 청구(민사집행법 5조) 이외에 공공기관 등에 대하여는 원조를 요청할 수 없게 되어 있다. 그러나 집행관이 집행법원을 통하여 원조 요청을 할 만큼의 시간적 여유가 없는 경우도 많이 발생한다.

또한, 실제 집행을 수행하는 집행관이 관청 등에 직접 찾아가 협력을 요청하는 것이 보다 구체적인 원조의 필요성 등을 설명할 수 있다는 점에서 앞으로 민사집행법을 개정하여 20조(공공기관의 원조)에 집행관을 추가하여 원조를 요청할 수 있도록 하여야 할 것이라 생각한다.

선행 연구자 손흥수도 민사집행 사건이 꾸준하게 증가하고 있고 집행 중에서도 집행현장에서 채무자와의 사이에서 불가피한 물리적인 충돌이나 긴급한 상황이 발생할 수 있는 부동산 인도 및 철거 등 강제집행 사건과 재개발, 재건축 사업의 활성화로 인한 용산 참사 등의 사건을 연구의 배경으로 하는 「부동산 인도·철거 강제집행의 개선방안과 집행관 제도의 개혁」에서 집행관이 공공기관에게 원조·청구 시 권한 부여에 대한 제도상의 개선방안의 일환으로 민사집행법 제20조 개정안뿐만 아니라 다른 집행관에 대한 원조·요청에 대한 추가 조항을 신설하는 개선방안을 제시[34]하였다.

또 다른 예를 들면, 부동산 인도 집행에 있어서 채무자가 고령자, 장애인 또는 환자인 경우에는 사안의 내용에 따라 시·군·구청 담당 부서 등과 제휴하여 이용 가능한 시설에 대한 정보 제공을 공유한다든가, 해당 서비스의 알선을 수행하고 나아가 직권으로 관련 시설에의 입소 조치 등의 원조를 생각해 볼 수 있을 것이다.

---

34) 손흥수, 「부동산 인도·철거 강제집행의 개선방안과 집행관제도의 개혁」, 인권과 정의 제475호, 2018, 25-55면.

제 5 절 | 감정평가제도의 해결방안

Ⅰ. 부동산 감정평가 문제의 개선방안

부동산 감정평가 문제의 개선방안과 관련하여서는 다음의 4가지로 개선방안을 제시하고자 한다.

첫째, 감정평가자가 감정평가 물건에 관하여 임대차 조사의 소홀이나 토지 지목 판단에 대한 오류와 면적 적용에 대한 오류 등의 과오로 인한 각종 민원과 소송을 사전에 예방하고 최소화하여야 한다. 이와 같은 경우에 민원과 소송으로 이어지면 전문자격사의 신뢰를 현저히 떨어뜨릴 뿐만 아니라 집행법원도 상당한 부담을 가질 수밖에 없기 때문이다. 이것을 방지하기 위해서는 감정평가가 업무의 전문성 강화를 논하기에 앞서 기본적인 사항을 먼저 정확하고 충실히 확인하여야 할 것이다.

둘째, 감정평가서 작성 지침을 객관적이며 표준화된 것으로 제정해야 하며 객관적이며 타당성이 있는 감정을 하기 위하여 새로운 평가 기법 개발에 힘써야 할 것이다.

셋째, 감정평가 협회는 부동산 감정평가에 대한 교육 프로그램 개발을 강화해야 한다. 이는 다양해지는 감정평가의 대상과 감정평가 방법 등에 전문적으로 대응하기 위한 협회와 감정평가업자 개인의 지속적인 관심과 노력이 필요하기 때문이다.

마지막으로 감정평가자는 선량한 관리자로서의 주의의무를 가지고 적정한 가격 수준에 관한 정보를 객관적이고 정확하게 제공하기 위하여 노력을 기울여야 한다. 이를 위하여 직업윤리 의식 강화를 목적으로 감정평가협회에서는 윤리 규정의 강화 및 윤리 의식 홍보 등의 교육을 강화해야 한다고 생각한다.

Ⅱ. 동산 감정평가 문제의 개선방안

국토교통부에서 "동산·채권 등 담보에 관한 법률"의 시행에 따라 동산 감정

평가 등의 신규 분야에 대한 감정평가 수요가 증가할 것으로 예상하고 있다.35)

　이에 대응이 가능한 전문 인재를 선발하기 위하여 감정평가사 시험에 "동산·
채권 등의 담보에 관한 법률"에 관한 법규를 포함하도록 하였다. 이에 따라 대법
원에서도 유체동산 감정평가와 관련한 규정인 민사집행법 제200조와 민사집행규
칙 제144조를 동산담보법에 그대로 준용하도록 하는 불합리한 규정을 동산담보법
에 맞게 감정평가 원칙과 감정인 선임에 대한 구체적 기준을 마련하여 시급하게
개정할 필요성이 있다.

　제도적으로 검증되고 선발된 동산 전문감정평가사에 의하여 객관적으로 검증
된 감정평가가 이루어진다면 공정성과 적정성에 대한 시비는 없어질 것이고 아울
러 현금화 절차의 공정성이 보장되고 담보권실행에 대한 신뢰가 쌓여 동산 담보
제도의 활성화에도 도움이 될 것이라 생각한다.36)

---

35) 문성진, 앞의 논문, 2014, 76면.
36) 문성진, 앞의 논문, 2014, 76면.

제6장

결 론

제6장

결 론

　지금까지 금융회사와 부실채권에 관한 일반론 및 부실채권을 방지하기 위하여 실무에서 일어나고 있는 일들에 대하여 알아보았다. 금융회사의 부실채권 방지 노력에도 불구하고 부실채권이 계속해서 발생하고 있어 그에 대한 대처방안으로 민사집행에 대한 일반론과 해소방안에 대하여 여러 가지 사례와 함께 민사집행 과정상의 문제점을 알아보고 그 문제점에 대한 개선 내지 해결방안에 대하여 생각해 보았다.

　그 해결방안을 정리해보면 5가지로 요약이 된다. 민사집행 과정상의 허위·가장 유치권의 문제, 허위·가장 임차인의 문제, 자동차 집행의 문제, 집행관제도 개선에 관한 내용과 감정평가 제도에 관한 해결방안이다.

　첫째, 허위·가장 유치권에 관하여 유치권은 담보 물권성을 가지지만 직접 교환가치를 목적으로 하는 것이 아니고, 목적물의 반환을 거부하여 유치함으로써 간접적으로 채무자의 채무 이행을 강제하는 방법으로 변제를 받게 된다. 이처럼 유치권은 담보 물권에 속해 있으나 물상 대위권과 우선변제권이 없고, 추급력도 없는 특성을 지니고 있어 다른 담보 물권과는 다르다.

　또한, 유치권은 등기를 요하지 않으므로 목적물에 대하여 점유, 즉 유치하는 유치적 기능을 가질 뿐이다. 유치권의 문제로는 경매절차에서 유치권에 관한 분쟁이 정당한 담보 물권을 행사할 수 있는 신용 사회를 경색되게 만들고 채무를 회피하려고 하거나 낮은 가액으로 부동산을 매수하여 부당 이득을 취하고자 하는 사람들의 도덕적 해이를 불러일으켜 악용되는 사례가 빈번하게 발생함에 따라 새로운 사회 문제로 대두하고 있다.

허위·가장 유치권 신고에 관하여는 민·형사상의 책임을 물어 인정하는 사례들이 적지 않음에도 불구하고, 경매절차에서 유치권을 신고하는 사례가 줄어들지 않고 있어서 이에 대한 해결책이 시급한 실정이다.

이와 같은 허위·가장 유치권과 관련한 행위가 만연하는 이유로는 첫째, 매도인인 채무자가 자신의 부동산을 적극적으로 매도하는 것이 아니라 채무 변제가 되지 않아 채권자의 신청에 의하여 법원이 매각의 주체가 되므로 경매 부동산의 경우 일반적인 매매의 경우와 달리 권리·관계의 파악이 어렵고 둘째, 매수 희망자들은 부동산의 외관이나 법원에서 행한 감정평가서·현황조사 보고서 정도의 정보에 의존할 수밖에 없기 때문이다. 결국, 허위·가장 유치권으로 인한 폐해는 이해관계인들이 법원의 경매절차를 신뢰하지 못하고 오히려 이러한 절차를 악용하는 사례가 발생하게 되므로 그로 인하여 사법 불신을 초래하게 되고 더 나아가 국가 경쟁력에도 악영향을 미칠 것이다.

실무에서 가장 빈번히 발생하는 사례가 유치권은 인수하여야 하는 권리라는 점을 이용하여 허위·가장 유치권을 신고함으로써 경매 부동산의 가치를 하락시켜 아주 저렴한 가격으로 매수하거나 매수인에게 유치권의 피담보채권액을 받아내거나 조정된 금액으로 합의해 주는 방법으로 부당 이득을 취하는 경우가 많다는 점은 엄연한 현실이다.

경매절차에 있어서 안정성과 신뢰성을 도모하고자 유치권 등기제도의 도입, 유치권 법정 저당권의 도입, 유치권자의 권리신고의 의무화와 함께 집행관제도 개선을 통한 현황조사의 실제화에 대하여 개선방안을 제시하였다.

둘째, 허위·가장 임차인 문제에 있어서 허위·가장 임차인으로 인한 집행법원에 배당이의나 배당이의의 소송이 계속해서 증가하고 있다.

대법원 경매사건 정보 사이트나 부동산 경매사건에 대하여 컨설팅을 하는 업체 그리고 관련 정보를 제공하는 온라인상의 카페나 유료·무료 사이트를 통하여 정보를 손쉽게 확인할 수 있다. 이로 인하여 채무자 재산에 관련된 정보의 취득이 쉽고 채무자들은 채무초과 상태의 발생 등을 앞두고 자신이 가지고 있는 재산을 지키기 위하여 불법적으로 소유 재산을 숨기기 위한 수법들이 나날이 정교화해가고 있다.

그러므로, 채권자들 역시 그러한 채무자들이 가지고 있는 숨겨 놓은 재산을 추적하고 회수하기 위한 수단들을 발전시키지 않을 수 없게 되었다. 초기에는 채무초과 상태에 있는 채무자가 자신의 유일한 책임재산인 부동산을 제3자에게 매도하는 형식을 취하는게 일반적이었다.

그러나 최근에는 채무초과 상태의 채무자가 자신의 소유 부동산에 대한 경매개시 절차가 개시되기 직전에 주택임대차보호법에서 보호하고 있는 최우선변제권이 있는 소액임차인을 설정해 주는 경우가 현실적으로 많이 발생하고 있다. 채무자로서는 마지막 남은 재산이 전부 채권자들의 손에 넘어가기 전에 선순위 담보권자들보다도 앞서 주택의 가액에서 최소의 보증금 상당액을 회수할 수 있고 임차인 역시 전입신고, 부동산 인도 등의 요건을 제대로 갖추기만 하면 배당을 받을 수 있기 때문이다. 이에 대하여 선순위 담보권자들과 일반 채권자들은 피해를 보게 된다. 이에 부동산 현황조사 등 경매 절차적 해결방안으로 경매의 준비단계를 일부 수정·보완하여 개선안을 제시하였다.

실무상 진행되고 있는 내용을 살펴보면 경매준비단계는 총 6단계로 구성되어 있는데 1단계 경매개시 결정등기의 기입, 2단계 채무자에게 경매개시 결정정본 송달 및 압류의 효력 발생, 3단계 매각부동산의 현황조사, 4단계 감정평가사로부터 목적물을 평가하여 최저매각가격을 정함, 5단계 최저매각가격과 우선채권자의 변제금액 상 무잉여인지 분석(민사집행법 제102조), 6단계 무잉여일 것이 예상되는 경우 직권으로 매각기일과 매각결정기일을 지정, 공고 및 통지하고 절차를 진행하고 있다.

이 중 3단계 매각부동산의 현황조사는 집행관이 현황조사 시 임차인에 관한 조사를 철저히 하도록 실무를 수정·보완하고 또한 현황조사 시 의심이 가는 임차인이 있을 경우 보증금 내역서 등의 확인 이외에 실제로 거주하고 있는지의 여부 등을 확인하여 현황조사 명세서에 사진 또는 보고서 형식으로 첨부하도록 하면 될 것이다. 그렇게 하고서라도 허위·가장 임차인으로 생각되는 소액임차인에게 관련 증명자료의 제출을 촉구하고 또한, 채권자가 배당기일에 소액임차인에게 소액보증금을 우선 배당한 배당표에 대하여 이의가 있는 경우에는 배당이의의 소송을 통하여 진위여부를 판단하면 기존보다는 허위·가장 임차인의 수가 현저히 줄어들고 이렇게 되면 상당 부분 개선이 되리라 생각한다.

마지막으로 형사적 접근에 의한 해결방안을 제시하였다. 민법의 대원칙인 신의성실에 원칙에 반하는 허위·가장 임차인은 경매 배당절차에서 위 법의 질서를 무너뜨리고 채권자와 이해관계자들에게 금전적인 손해 등 피해를 끼치고 있다.

이에 배당기일 또는 배당 후 배당이의의 소송 등을 통하여 허위·가장 임차인임이 밝혀지게 된다면 민사상 손해배상뿐만 아니라, 형사적인 책임까지도 검토하여야 한다고 생각한다. 그러나 이에 반대하거나 민사사건이므로 배당이의의 소송 등 민사는 민사로 해결하면 될 것임에도 추가적으로 형사적인 책임으로까지 전가하는 것은 너무 가혹한 것이 아닌가하는 견해도 있을 수 있다.

또한, 채무자는 보호하지 않고 너무 채권자만을 보호하는 측면에서 주장하는 것은 아닌가 하고 반론을 제기할 수도 있을 것이다. 그러나 필자가 이렇게까지 주장하는 이유에 대해서는 위 본문 제4장 제2절 2. 대검찰청 수사결과 보고자료에서도 살펴보았듯이 가장 임차인만의 문제가 아닌 그로 인하여 발생하는 재산상의 피해를 보는 수없이 많은 채권자와 이해관계자도 보호해야 한다는 견해이다.

이는 형법에도 규정하고 있는 제347조 사기죄와도 연관되어 있어 허위·가장 임차인에게 위 법 조항에 근거하여 적용한다면 형사상으로도 그 죄를 묻기에 전혀 문제가 되지 않을 것이다. 허위·가장 임차인에 대하여는 민사적인 절차만이 아니라 형사적인 처벌의 대상이 될 수도 있다는 인식이 확산된다면 허위·가장 임차인으로 인한 채권자나 이해관계자 등의 손해와 피해가 현저히 줄어들 것이며 더욱 중요하게 생각해야 할 것은 더 이상 법원을 기망하거나 법질서를 무너뜨리는 것을 방치하지 않고 해결할 수 있을 것이라 확신한다.

셋째, 자동차 집행상의 문제와 관련하여 자동차에 대한 점유 확보를 하지 못한다면 자동차 강제경매 결정문(또는, 자동차 임의경매 신청)을 원인 증서로 집행관 사무소에 자동차 강제경매(또는, 임의경매 신청)집행 접수가 되었다고 하더라도 그 자동차 강제집행 절차는 진행되기 어렵다. 그러나 지금의 자동차 집행의 현실은 개선되어야 할 점이 많다. 특히 가장명의 자동차 점유자에 대하여는 더욱 그렇다.

　이를 위한 자동차 집행제도의 해결방안으로 민사집행규칙 제113조를 일부 개정하여 강제경매신청 전에 자동차를 집행관에게 인도하지 아니하면 강제집행이 매우 곤란할 염려가 있는 경우에는 자동차 인도명령을 신청하는데 그 자동차가 있는 곳을 관할하는 지방법원이 아닌 전국지방법원에 채권자의 신청에 따라 채무자에게 자동차를 집행관에게 인도할 것을 명하게 하면 될 것이다. 자동차 집행 중 특히 가장명의 자동차에 대한 집행에서 집행관의 역할이 매우 큰 것에 착안하면, 집행관은 현재 점유자의 집행권원에 대하여 적극적인 조사를 하고 이를 반영하여 집행을 하는 등 집행관에게 적극적인 작위의무를 부여할 필요도 있다.

　다음으로, 현행법으로는 집행관이 공권력에 의하더라도 집행대상 물건인 자동차를 불법으로 점유하고 있는 점유자에 대하여 강제집행을 실시하기에는 한계가 있다. 불법으로 점유하고 있는 악의의 점유자 또는 대포업자를 상대로 채권자의 권리 보호와 자동차 집행의 법적 지위를 확보하기 위하여 집행대상 물건이 자동차인 경우에는 제3자가 점유하고 그 인도를 거부하는 경우에도 정당한 권원이 있는 경우를 제외하고는 자동차를 압류할 수 있도록 해야 한다.

　그래서 제191조 제2항을 신설하는 법안을 발의한 내용에 대하여는 자동차만의 특수성을 인정하고 정당하지 못한 점유자로부터 대항하여 효율적으로 자동차 집행업무를 할 수 있도록 개선하였다는 것에서 그 의미를 찾을 수 있었다.

　이에 대한 추가적인 견해로 정당하지 못한 점유자 등에 대항하기 위하여 점유자가 제시하는 문서의 진위여부, 검증 등의 추가적인 확인 절차의 개선안과 공권력을 가진 집행관의 법적 지위에 대항하지 못하는 규정을 개정하여 개선안을 도출해야 한다는 견해를 밝혔다.

　또한, 민사집행규칙 제109조를 좀 더 구체화하여 명확히 할 필요가 있다고 생각한다. 그 방법으로는 1, 2항에 이어 3항을 신설하여 "자동차가 있는 곳이 2개 관할의 경계선상에 위치해 있을 경우 그 사유를 기재하여 집행신청을 할 경우에는 주소지 소재 지번 관할이나 실질적인 자동차가 위치해 있는 장소 관할의 지방법원(지원 포함)도 집행법원으로 한다."라는 내용을 명시하여 입법을 통한 법 개정을 하여 관할을 확상한다면 자동차 집행 시 불필요한 시간석, 경제적 낭비를 하지 않고 상호이익을 추구할 뿐만 아니라 채권자가 가지는 법적 지위의 보호와 기타 선의의 피해자를 보호할 수 있을 것이라 생각한다.

　위에서는 논하지 않았지만 본 필자가 추가적인 개선안을 제시한다면 첫째, 자동차 경매제도를 동산 집행 절차에 적용시키는 것도 생각해 볼 필요가 있다. 그러나 현행 절차를 유지한다면 자동차 매각 절차는 민간 자동차 경매업체 예를 들어, 자동차 관리법상의 자동차 경매장을 활용해 볼 수 있는데 이는 집행관제도와의 충돌로 쉽지 않은 부분이기 때문에 입법적 결단이 필요하다. 둘째, 자동차 집행과 관련하여 집행관은 자동차 집행 절차부터 마지막 배당절차까지 매우 중요한 역할을 하고 있는 바, 집행업무에 적극성을 가질 수 있도록 자동차 집행 사건의 수수료 인상 등 제도를 현실적으로 개선하고 전문성을 높일 수 있도록 자동차 집행 전담 집행관제도의 도입도 검토할 필요가 있다고 생각한다. 그러나 위의 추가적인 개선사항은 추후에 연구과제로 정하여 좀 더 깊이 있게 살펴보도록 하겠다.

　넷째, 집행관제도의 개선과 관련하여 집행관제도의 해결방안으로 임명방식과 집행관 수의 확보, 집행기관 일원화를 통한 업무처리의 비효율 문제의 개선 및 집행관에 대한 사법경찰권 부여를 통한 저항 배제권 문제의 개선안을 제시하였다.

　이와 더불어 실무에서 강제집행을 문제없이 하기 위하여 집행관의 권한과 지위에 가장 시급한 민사집행법 제20조 개정 검토를 제시하였다. 그 내용을 보면 집행관은 집행업무 시 집행현장 등에서 긴급한 상황이 발생하여 공적인 기관으로부터의 도움이 필요할 경우 공공기관에 대한 원조 요청조차 집행법원의 허가를 받도록 하고 있다. 이러한 점이 집행관의 자질과 역량을 키우지 못하게 하는 구조를 가지고 있다고 생각한다. 집행현장은 매우 다양한 상황들이 수시로 존재한다. 집행현장에서 정확하고 원활한 집행을 수행할 수 있도록 하기 위해서는 집행관이 직접 그리고 신속하게 공공기관 등에 원조를 요청할 수 있게 하여야 할 것이다. 현재의 제도는 직접 경찰 또는 국군의 원조의 청구 이외에 공공기관 등에 대하여는 원조를 요청할 수 없게 되어 있다. 그러나 집행관이 집행법원을 통하여 원조 요청을 할 만큼의 시간적 여유가 없는 경우가 대부분이다. 좀 더 구체적으로 말하면 집행현장에서는 1분 1초를 다투고 집행관의 주관하에 채권자와 채무자가 팽팽한 신경전을 펼치고 있어서 실무에서는 적용이 쉽지 않다.

　또한, 실제 집행을 수행하는 집행관이 관청 등에 직접 찾아가 협력을 요청하는 것이 보다 구체적인 원조의 필요성 등을 설명할 수 있다는 점에서 앞으로 민사집행법을 개정하여 20조(공공기관의 원조)에 집행관을 추가하여 원조를 요청할 수 있도록 하여야 할 것이라 생각한다.

그리고 집행관은 위에서도 수차례에 걸쳐 주장했듯이 일정한 자격을 갖춘 자 중에서 공개경쟁시험을 통하여 선발할 필요가 있다. 강제집행은 국가 권력적 행위 이므로 이를 담당하는 집행관은 국가 기관이어야 하는 것이 당연하다고 생각할 수 있으나, 한편 강제집행은 국가권력의 행사라고 하더라도 반드시 국가공무원이 아닌 특수직 공무원이나 개인 전문직에게 담당하게 할 수도 있다는 사고의 전환 도 생각해 볼 수 있을 것이다.

마지막으로, 감정평가 제도의 개선과 관련하여 강제집행과 감정인의 관계, 감 정인의 의무, 최저경매가격의 결정에 있어서 중대한 하자와 이의신청 및 그에 대 한 권리구제방안으로 즉시항고에 대하여 살펴보았으며 동산담보물의 평가에 대하 여도 알아보았다. 이러한 기초지식을 토대로 부동산과 동산의 감정평가에 대한 문 제의 개선방안을 제시하였다.

그에 대한 해결방안으로는 부동산 감정평가 시 감정평가 물건에 관하여 임대 차 조사의 소홀이나 토지, 면적 등의 평가에 대한 오류를 최소화하고 보다 전문적 인 지식을 가지고 있는 감정평가인을 선발하여야 하며 감정평가서 작성 지침을 객관적이며 표준화된 것으로 제정하여 객관적이고 타당성이 있는 감정을 하기 위 하여 새로운 평가 기법 개발에 힘써야 할 것이라고 하였다. 그리고 감정평가 협회 는 다양해지는 감정평가의 대상과 감정평가 방법 등에 전문가적으로 대응하기 위 하여 부동산 감정평가에 대한 교육 프로그램 개발을 강화해야 하고 마지막으로 감정평가자는 선량한 관리자로서의 주의의무를 가지고 적정한 가격 수준에 관한 정보를 객관적이고 정확하게 제공하기 위하여 노력을 기울여야 한다고 하였다.

동산 감정평가 문제의 개선방안으로는 국토교통부에서 "동산·채권 등 담보에 관한 법률"의 시행에 따라 동산 감정평가 등의 신규 분야에 대한 감정평가 수요 가 증가할 것으로 예상하여 전문 인재를 선발하기 위하여 감정평가사 시험에 "동 산·채권 등의 담보에 관한 법률"에 관한 법규를 포함하도록 하였다. 이에 따라 대법원에서도 유체동산 감정평가와 관련하여 동산담보법에 맞게 감정평가 원칙과 감정인 선임에 대한 구체적 기준을 마련하여 개정할 필요성이 있다고 하였다.

부록

1. 민사집행법

[시행 2017. 2. 4] [법률 제13952호, 2016. 2. 3, 타법개정]

제1편 총칙

제1조(목적)

이 법은 강제집행, 담보권 실행을 위한 경매, 민법·상법, 그 밖의 법률의 규정에
의한 경매(이하 "민사집행"이라 한다) 및 보전처분의 절차를 규정함을 목적으로
한다.

제2조(집행실시자)

민사집행은 이 법에 특별한 규정이 없으면 집행관이 실시한다.

제3조(집행법원)

① 이 법에서 규정한 집행행위에 관한 법원의 처분이나 그 행위에 관한 법원의
협력사항을 관할하는 집행법원은 법률에 특별히 지정되어 있지 아니하면 집행절
차를 실시할 곳이나 실시한 곳을 관할하는 지방법원이 된다.
② 집행법원의 재판은 변론 없이 할 수 있다.

제4조(집행신청의 방식)

민사집행의 신청은 서면으로 하여야 한다.

제5조(집행관의 강제력 사용)

① 집행관은 집행을 하기 위하여 필요한 경우에는 채무자의 주거·창고 그 밖의
장소를 수색하고, 잠근 문과 기구를 여는 등 적절한 조치를 할 수 있다.
② 제1항의 경우에 저항을 받으면 집행관은 경찰 또는 국군의 원조를 요청할 수
있다.
③ 제2항의 국군의 원조는 법원에 신청하여야 하며, 법원이 국군의 원조를 요청
하는 절차는 대법원규칙으로 정한다.

제6조(참여자)

집행관은 집행하는 데 저항을 받거나 채무자의 주거에서 집행을 실시하려는데 채무자나 사리를 분별할 지능이 있는 그 친족·고용인을 만나지 못한 때에는 성년 두 사람이나 특별시·광역시의 구 또는 동 직원, 시·읍·면 직원(도농복합형태의 시의 경우 동지역에서는 시 직원, 읍·면지역에서는 읍·면 직원) 또는 경찰공무원중 한 사람을 증인으로 참여하게 하여야 한다.

제7조(집행관에 대한 원조요구)

① 집행관 외의 사람으로서 법원의 명령에 의하여 민사집행에 관한 직무를 행하는 사람은 그 신분 또는 자격을 증명하는 문서를 지니고 있다가 관계인이 신청할 때에는 이를 내보여야 한다.

② 제1항의 사람이 그 직무를 집행하는 데 저항을 받으면 집행관에게 원조를 요구할 수 있다.

③ 제2항의 원조요구를 받은 집행관은 제5조 및 제6조에 규정된 권한을 행사할 수 있다.

제8조(공휴일·야간의 집행)

① 공휴일과 야간에는 법원의 허가가 있어야 집행행위를 할 수 있다.

② 제1항의 허가명령은 민사집행을 실시할 때에 내보여야 한다.

제9조(기록열람·등본부여)

집행관은 이해관계 있는 사람이 신청하면 집행기록을 볼 수 있도록 허가하고, 기록에 있는 서류의 등본을 교부하여야 한다.

제10조(집행조서)

① 집행관은 집행조서(執行調書)를 작성하여야 한다.

② 제1항의 조서(調書)에는 다음 각호의 사항을 밝혀야 한다.

  1. 집행한 날짜와 장소
  2. 집행의 목적물과 그 중요한 사정의 개요
  3. 집행참여자의 표시
  4. 집행참여자의 서명날인
  5. 집행참여자에게 조서를 읽어 주거나 보여 주고, 그가 이를 승인하고 서명날

인한 사실

6. 집행관의 기명날인 또는 서명

③ 제2항 제4호 및 제5호의 규정에 따라 서명날인할 수 없는 경우에는 그 이유를 적어야 한다.

제11조(집행행위에 속한 최고, 그 밖의 통지)

① 집행행위에 속한 최고(催告) 그 밖의 통지는 집행관이 말로 하고 이를 조서에 적어야 한다.

② 말로 최고나 통지를 할 수 없는 경우에는 민사소송법 제181조·제182조 및 제187조의 규정을 준용하여 그 조서의 등본을 송달한다. 이 경우 송달증서를 작성하지 아니한 때에는 조서에 송달한 사유를 적어야 한다.

③ 집행하는 곳과 법원의 관할구역안에서 제2항의 송달을 할 수 없는 경우에는 최고나 통지를 받을 사람에게 대법원규칙이 정하는 방법으로 조서의 등본을 발송하고 그 사유를 조서에 적어야 한다.

제12조(송달·통지의 생략)

채무자가 외국에 있거나 있는 곳이 분명하지 아니한 때에는 집행행위에 속한 송달이나 통지를 하지 아니하여도 된다.

제13조(외국송달의 특례)

① 집행절차에서 외국으로 송달이나 통지를 하는 경우에는 송달이나 통지와 함께 대한민국안에 송달이나 통지를 받을 장소와 영수인을 정하여 상당한 기간 이내에 신고하도록 명할 수 있다.

② 제1항의 기간 이내에 신고가 없는 경우에는 그 이후의 송달이나 통지를 하지 아니할 수 있다.

제14조(주소 등이 바뀐 경우의 신고의무)

① 집행에 관하여 법원에 신청이나 신고를 한 사람 또는 법원으로부터 서류를 송달받은 사람이 송달받을 장소를 바꾼 때에는 그 취지를 법원에 바로 신고하여야 한다.

② 제1항의 신고를 하지 아니한 사람에 대한 송달은 달리 송달할 장소를 알 수 없는 경우에는 법원에 신고된 장소 또는 종전에 송달을 받던 장소에 대법원규칙이 정하는 방법으로 발송할 수 있다.

③ 제2항의 규정에 따라 서류를 발송한 경우에는 발송한 때에 송달된 것으로 본다.

제15조(즉시항고)

① 집행절차에 관한 집행법원의 재판에 대하여는 특별한 규정이 있어야만 즉시항고(卽時抗告)를 할 수 있다.

② 항고인(抗告人)은 재판을 고지받은 날부터 1주의 불변기간 이내에 항고장(抗告狀)을 원심법원에 제출하여야 한다.

③ 항고장에 항고이유를 적지 아니한 때에는 항고인은 항고장을 제출한 날부터 10일 이내에 항고이유서를 원심법원에 제출하여야 한다.

④ 항고이유는 대법원규칙이 정하는 바에 따라 적어야 한다.

⑤ 항고인이 제3항의 규정에 따른 항고이유서를 제출하지 아니하거나 항고이유가 제4항의 규정에 위반한 때 또는 항고가 부적법하고 이를 보정(補正)할 수 없음이 분명한 때에는 원심법원은 결정으로 그 즉시항고를 각하하여야 한다.

⑥ 제1항의 즉시항고는 집행정지의 효력을 가지지 아니한다. 다만, 항고법원(재판기록이 원심법원에 남아 있는 때에는 원심법원)은 즉시항고에 대한 결정이 있을 때까지 담보를 제공하게 하거나 담보를 제공하게 하지 아니하고 원심재판의 집행을 정지하거나 집행절차의 전부 또는 일부를 정지하도록 명할 수 있고, 담보를 제공하게 하고 그 집행을 계속하도록 명할 수 있다.

⑦ 항고법원은 항고장 또는 항고이유서에 적힌 이유에 대하여서만 조사한다. 다만, 원심재판에 영향을 미칠 수 있는 법령위반 또는 사실오인이 있는지에 대하여 직권으로 조사할 수 있다.

⑧ 제5항의 결정에 대하여는 즉시항고를 할 수 있다.

⑨ 제6항 단서의 규정에 따른 결정에 대하여는 불복할 수 없다.

⑩ 제1항의 즉시항고에 대하여는 이 법에 특별한 규정이 있는 경우를 제외하고는 민사소송법 제3편 제3장중 즉시항고에 관한 규정을 준용한다.

제16조(집행에 관한 이의신청)

① 집행법원의 집행절차에 관한 재판으로서 즉시항고를 할 수 없는 것과, 집행관의 집행처분, 그 밖에 집행관이 지킬 집행절차에 대하여서는 법원에 이의를 신청할 수 있다.

② 법원은 제1항의 이의신청에 대한 재판에 앞서, 채무자에게 담보를 제공하게

하거나 제공하게 하지 아니하고 집행을 일시정지하도록 명하거나, 채권자에게 담
보를 제공하게 하고 그 집행을 계속하도록 명하는 등 잠정처분(暫定處分)을 할
수 있다.

③ 집행관이 집행을 위임받기를 거부하거나 집행행위를 지체하는 경우 또는 집행관
이 계산한 수수료에 대하여 다툼이 있는 경우에는 법원에 이의를 신청할 수 있다.

제17조(취소결정의 효력)

① 집행절차를 취소하는 결정, 집행절차를 취소한 집행관의 처분에 대한 이의신
청을 기각·각하하는 결정 또는 집행관에게 집행절차의 취소를 명하는 결정에 대
하여는 즉시항고를 할 수 있다.

② 제1항의 결정은 확정되어야 효력을 가진다.

제18조(집행비용의 예납 등)

① 민사집행의 신청을 하는 때에는 채권자는 민사집행에 필요한 비용으로서 법원
이 정하는 금액을 미리 내야 한다. 법원이 부족한 비용을 미리 내라고 명하는 때
에도 또한 같다.

② 채권자가 제1항의 비용을 미리 내지 아니한 때에는 법원은 결정으로 신청을
각하하거나 집행절차를 취소할 수 있다.

③ 제2항의 규정에 따른 결정에 대하여는 즉시항고를 할 수 있다.

제19조(담보제공 · 공탁 법원)

① 이 법의 규정에 의한 담보의 제공이나 공탁은 채권자나 채무자의 보통재판적
(普通裁判籍)이 있는 곳의 지방법원 또는 집행법원에 할 수 있다.

② 당사자가 담보를 제공하거나 공탁을 한 때에는, 법원은 그의 신청에 따라 증명
서를 주어야 한다.

③ 이 법에 규정된 담보에는 특별한 규정이 있는 경우를 제외하고는 민사소송법
제122조·제123조·제125조 및 제126조의 규정을 준용한다.

제20조(공공기관의 원조)

법원은 집행을 하기 위하여 필요하면 공공기관에 원조를 요청할 수 있다.

제21조(재판적)

이 법에 정한 재판적(裁判籍)은 전속관할(專屬管轄)로 한다.

제22조(시·군법원의 관할에 대한 특례)

다음 사건은 시·군법원이 있는 곳을 관할하는 지방법원 또는 지방법원지원이 관할한다.

1. 시·군법원에서 성립된 화해·조정(민사조정법 제34조 제4항의 규정에 따라 재판상의 화해와 동일한 효력이 있는 결정을 포함한다. 이하 같다) 또는 확정된 지급명령에 관한 집행문부여의 소, 청구에 관한 이의의 소 또는 집행문부여에 대한 이의의 소로서 그 집행권원에서 인정된 권리가 소액사건심판법의 적용대상이 아닌 사건
2. 시·군법원에서 한 보전처분의 집행에 대한 제3자이의의 소
3. 시·군법원에서 성립된 화해·조정에 기초한 대체집행 또는 간접강제
4. 소액사건심판법의 적용대상이 아닌 사건을 본안으로 하는 보전처분

제23조(민사소송법의 준용 등)

① 이 법에 특별한 규정이 있는 경우를 제외하고는 민사집행 및 보전처분의 절차에 관하여는 민사소송법의 규정을 준용한다.

② 이 법에 정한 것 외에 민사집행 및 보전처분의 절차에 관하여 필요한 사항은 대법원규칙으로 정한다.

제2편 강제집행

제1장 총칙

제24조(강제집행과 종국판결)

강제집행은 확정된 종국판결(終局判決)이나 가집행의 선고가 있는 종국판결에 기초하여 한다.

제25조(집행력의 주관적 범위)

① 판결이 그 판결에 표시된 당사자 외의 사람에게 효력이 미치는 때에는 그 사람에 대하여 집행하거나 그 사람을 위하여 집행할 수 있다. 다만, 민사소송법 제71조의 규정에 따른 참가인에 대하여는 그러하지 아니하다.

② 제1항의 집행을 위한 집행문(執行文)을 내어 주는데 대하여는 제31조 내지 제

33조의 규정을 준용한다.

제26조(외국재판의 강제집행)

① 외국법원의 확정판결 또는 이와 동일한 효력이 인정되는 재판(이하 "확정재판
등"이라 한다)에 기초한 강제집행은 대한민국 법원에서 집행판결로 그 강제집행
을 허가하여야 할 수 있다. <개정 2014. 5. 20.>

② 집행판결을 청구하는 소(訴)는 채무자의 보통재판적이 있는 곳의 지방법원이
관할하며, 보통재판적이 없는 때에는 민사소송법 제11조의 규정에 따라 채무자에
대한 소를 관할하는 법원이 관할한다.

[제목개정 2014. 5. 20.]

제27조(집행판결)

① 집행판결은 재판의 옳고 그름을 조사하지 아니하고 하여야한다.

② 집행판결을 청구하는 소는 다음 각호 가운데 어느 하나에 해당하면 각하하여
야 한다. <개정 2014. 5. 20.>

   1. 외국법원의 확정재판등이 확정된 것을 증명하지 아니한 때

   2. 외국법원의 확정재판등이 민사소송법 제217조의 조건을 갖추지 아니한 때

제28조(집행력 있는 정본)

① 강제집행은 집행문이 있는 판결정본(이하 "집행력 있는 정본"이라 한다)이 있
어야 할 수 있다.

② 집행문은 신청에 따라 제1심 법원의 법원서기관·법원사무관·법원주사 또는
법원주사보(이하 "법원사무관등"이라 한다)가 내어 주며, 소송기록이 상급심에 있
는 때에는 그 법원의 법원사무관등이 내어 준다.

③ 집행문을 내어 달라는 신청은 말로 할 수 있다.

제29조(집행문)

① 집행문은 판결정본의 끝에 덧붙여 적는다.

② 집행문에는 "이 정본은 피고 아무개 또는 원고 아무개에 대한 강제집행을 실
시하기 위하여 원고 아무개 또는 피고 아무개에게 준다."라고 적고 법원사무관등
이 기명날인하여야 한다.

제30조(집행문부여)

① 집행문은 판결이 확정되거나 가집행의 선고가 있는 때에만 내어 준다.

② 판결을 집행하는 데에 조건이 붙어 있어 그 조건이 성취되었음을 채권자가 증명하여야 하는 때에는 이를 증명하는 서류를 제출하여야만 집행문을 내어 준다. 다만, 판결의 집행이 담보의 제공을 조건으로 하는 때에는 그러하지 아니하다.

제31조(승계집행문)

① 집행문은 판결에 표시된 채권자의 승계인을 위하여 내어 주거나 판결에 표시된 채무자의 승계인에 대한 집행을 위하여 내어 줄 수 있다. 다만, 그 승계가 법원에 명백한 사실이거나, 증명서로 승계를 증명한 때에 한한다.

② 제1항의 승계가 법원에 명백한 사실인 때에는 이를 집행문에 적어야 한다.

제32조(재판장의 명령)

① 재판을 집행하는 데에 조건을 붙인 경우와 제31조의 경우에는 집행문은 재판장(합의부의 재판장 또는 단독판사를 말한다. 이하 같다)의 명령이 있어야 내어 준다.

② 재판장은 그 명령에 앞서 서면이나 말로 채무자를 심문(審問)할 수 있다.

③ 제1항의 명령은 집행문에 적어야 한다.

제33조(집행문부여의 소)

제30조 제2항 및 제31조의 규정에 따라 필요한 증명을 할 수 없는 때에는 채권자는 집행문을 내어 달라는 소를 제1심 법원에 제기할 수 있다.

제34조(집행문부여 등에 관한 이의신청)

① 집행문을 내어 달라는 신청에 관한 법원사무관등의 처분에 대하여 이의신청이 있는 경우에는 그 법원사무관등이 속한 법원이 결정으로 재판한다.

② 집행문부여에 대한 이의신청이 있는 경우에는 법원은 제16조 제2항의 처분에 준하는 결정을 할 수 있다.

제35조(여러 통의 집행문의 부여)

① 채권자가 여러 통의 집행문을 신청하거나 전에 내어 준 집행문을 돌려주지 아니하고 다시 집행문을 신청한 때에는 재판장의 명령이 있어야만 이를 내어 준다.

② 재판장은 그 명령에 앞서 서면이나 말로 채무자를 심문할 수 있으며, 채무자를

심문하지 아니하고 여러 통의 집행문을 내어 주거나 다시 집행문을 내어 준 때에는 채무자에게 그 사유를 통지하여야 한다.

③ 여러 통의 집행문을 내어 주거나 다시 집행문을 내어 주는 때에는 그 사유를 원본과 집행문에 적어야 한다.

제36조(판결원본에의 기재)

집행문을 내어 주는 경우에는 판결원본 또는 상소심 판결정본에 원고 또는 피고에게 이를 내어 준다는 취지와 그 날짜를 적어야 한다.

제37조(집행력 있는 정본의 효력)

집행력 있는 정본의 효력은 전국 법원의 관할구역에 미친다.

제38조(여러 통의 집행력 있는 정본에 의한 동시집행)

채권자가 한 지역에서 또는 한 가지 방법으로 강제집행을 하여도 모두 변제를 받을 수 없는 때에는 여러 통의 집행력 있는 정본에 의하여 여러 지역에서 또는 여러 가지 방법으로 동시에 강제집행을 할 수 있다.

제39조(집행개시의 요건)

① 강제집행은 이를 신청한 사람과 집행을 받을 사람의 성명이 판결이나 이에 덧붙여 적은 집행문에 표시되어 있고 판결을 이미 송달하였거나 동시에 송달한 때에만 개시할 수 있다.

② 판결의 집행이 그 취지에 따라 채권자가 증명할 사실에 매인 때 또는 판결에 표시된 채권자의 승계인을 위하여 하는 것이거나 판결에 표시된 채무자의 승계인에 대하여 하는 것일 때에는 집행할 판결 외에, 이에 덧붙여 적은 집행문을 강제집행을 개시하기 전에 채무자의 승계인에게 송달하여야 한다.

③ 증명서에 의하여 집행문을 내어 준 때에는 그 증명서의 등본을 강제집행을 개시하기 전에 채무자에게 송달하거나 강제집행과 동시에 송달하여야 한다.

제40조(집행개시의 요건)

① 집행을 받을 사람이 일정한 시일에 이르러야 그 채무를 이행하게 되어 있는 때에는 그 시일이 지난 뒤에 강제집행을 개시할 수 있다.

② 집행이 채권자의 담보제공에 매인 때에는 채권자는 담보를 제공한 증명서류를 제출하여야 한다. 이 경우의 집행은 그 증명서류의 등본을 채무자에게 이미 송달

하였거나 동시에 송달하는 때에만 개시할 수 있다.

제41조(집행개시의 요건)

① 반대의무의 이행과 동시에 집행할 수 있다는 것을 내용으로 하는 집행권원의 집행은 채권자가 반대의무의 이행 또는 이행의 제공을 하였다는 것을 증명하여야만 개시할 수 있다.

② 다른 의무의 집행이 불가능한 때에 그에 갈음하여 집행할 수 있다는 것을 내용으로 하는 집행권원의 집행은 채권자가 그 집행이 불가능하다는 것을 증명하여야만 개시할 수 있다.

제42조(집행관에 의한 영수증의 작성·교부)

① 채권자가 집행관에게 집행력 있는 정본을 교부하고 강제집행을 위임한 때에는 집행관은 특별한 권한을 받지 못하였더라도 지급이나 그 밖의 이행을 받고 그에 대한 영수증서를 작성하고 교부할 수 있다. 집행관은 채무자가 그 의무를 완전히 이행한 때에는 집행력 있는 정본을 채무자에게 교부하여야 한다.

② 채무자가 그 의무의 일부를 이행한 때에는 집행관은 집행력 있는 정본에 그 사유를 덧붙여 적고 영수증서를 채무자에게 교부하여야 한다.

③ 채무자의 채권자에 대한 영수증 청구는 제2항의 규정에 의하여 영향을 받지 아니한다.

제43조(집행관의 권한)

① 집행관은 집행력 있는 정본을 가지고 있으면 채무자와 제3자에 대하여 강제집행을 하고 제42조에 규정된 행위를 할 수 있는 권한을 가지며, 채권자는 그에 대하여 위임의 흠이나 제한을 주장하지 못한다.

② 집행관은 집행력 있는 정본을 가지고 있다가 관계인이 요청할 때에는 그 자격을 증명하기 위하여 이를 내보여야 한다.

제44조(청구에 관한 이의의 소)

① 채무자가 판결에 따라 확정된 청구에 관하여 이의하려면 제1심 판결법원에 청구에 관한 이의의 소를 제기하여야 한다.

② 제1항의 이의는 그 이유가 변론이 종결된 뒤(변론 없이 한 판결의 경우에는 판결이 선고된 뒤)에 생긴 것이어야 한다.

③ 이의이유가 여러 가지인 때에는 동시에 주장하여야 한다.

제45조(집행문부여에 대한 이의의 소)

제30조 제2항과 제31조의 경우에 채무자가 집행문부여에 관하여 증명된 사실에 의한 판결의 집행력을 다투거나, 인정된 승계에 의한 판결의 집행력을 다투는 때에는 제44조의 규정을 준용한다. 다만, 이 경우에도 제34조의 규정에 따라 집행문 부여에 대하여 이의를 신청할 수 있는 채무자의 권한은 영향을 받지 아니한다.

제46조(이의의 소와 잠정처분)

① 제44조 및 제45조의 이의의 소는 강제집행을 계속하여 진행하는 데에는 영향을 미치지 아니한다.

② 제1항의 이의를 주장한 사유가 법률상 정당한 이유가 있다고 인정되고, 사실에 대한 소명(疎明)이 있을 때에는 수소법원(受訴法院)은 당사자의 신청에 따라 판결이 있을 때까지 담보를 제공하게 하거나 담보를 제공하게 하지 아니하고 강제집행을 정지하도록 명할 수 있으며, 담보를 제공하게 하고 그 집행을 계속하도록 명하거나 실시한 집행처분을 취소하도록 명할 수 있다.

③ 제2항의 재판은 변론 없이 하며 급박한 경우에는 재판장이 할 수 있다.

④ 급박한 경우에는 집행법원이 제2항의 권한을 행사할 수 있다. 이 경우 집행법원은 상당한 기간 이내에 제2항에 따른 수소법원의 재판서를 제출하도록 명하여야 한다.

⑤ 제4항 후단의 기간을 넘긴 때에는 채권자의 신청에 따라 강제집행을 계속하여 진행한다.

제47조(이의의 재판과 잠정처분)

① 수소법원은 이의의 소의 판결에서 제46조의 명령을 내리고 이미 내린 명령을 취소·변경 또는 인가할 수 있다.

② 판결 중 제1항에 규정된 사항에 대하여는 직권으로 가집행의 선고를 하여야 한다.

③ 제2항의 재판에 대하여는 불복할 수 없다.

제48조(제3자 이의의 소)

① 제3자가 강제집행의 목적물에 대하여 소유권이 있다고 주장하거나 목적물의 양도나 인도를 막을 수 있는 권리가 있다고 주장하는 때에는 채권자를 상대로 그 강제집행에 대한 이의의 소를 제기할 수 있다. 다만, 채무자가 그 이의를 다투는

때에는 채무자를 공동피고로 할 수 있다.

② 제1항의 소는 집행법원이 관할한다. 다만, 소송물이 단독판사의 관할에 속하지 아니할 때에는 집행법원이 있는 곳을 관할하는 지방법원의 합의부가 이를 관할한다.

③ 강제집행의 정지와 이미 실시한 집행처분의 취소에 대하여는 제46조 및 제47조의 규정을 준용한다. 다만, 집행처분을 취소할 때에는 담보를 제공하게 하지 아니할 수 있다.

제49조(집행의 필수적 정지·제한)

강제집행은 다음 각호 가운데 어느 하나에 해당하는 서류를 제출한 경우에 정지하거나 제한하여야 한다.

1. 집행할 판결 또는 그 가집행을 취소하는 취지나, 강제집행을 허가하지 아니하거나 그 정지를 명하는 취지 또는 집행처분의 취소를 명한 취지를 적은 집행력 있는 재판의 정본
2. 강제집행의 일시정지를 명한 취지를 적은 재판의 정본
3. 집행을 면하기 위하여 담보를 제공한 증명서류
4. 집행할 판결이 있은 뒤에 채권자가 변제를 받았거나, 의무이행을 미루도록 승낙한 취지를 적은 증서
5. 집행할 판결, 그 밖의 재판이 소의 취하 등의 사유로 효력을 잃었다는 것을 증명하는 조서등본 또는 법원사무관등이 작성한 증서
6. 강제집행을 하지 아니한다거나 강제집행의 신청이나 위임을 취하한다는 취지를 적은 화해조서(和解調書)의 정본 또는 공정증서(公正證書)의 정본

제50조(집행처분의 취소·일시유지)

① 제49조 제1호·제3호·제5호 및 제6호의 경우에는 이미 실시한 집행처분을 취소하여야 하며, 같은 조 제2호 및 제4호의 경우에는 이미 실시한 집행처분을 일시적으로 유지하게 하여야 한다.

② 제1항에 따라 집행처분을 취소하는 경우에는 제17조의 규정을 적용하지 아니한다.

제51조(변제증서 등의 제출에 의한 집행정지의 제한)

① 제49조 제4호의 증서 가운데 변제를 받았다는 취지를 적은 증서를 제출하여 강제집행이 정지되는 경우 그 정지기간은 2월로 한다.

② 제49조 제4호의 증서 가운데 의무이행을 미루도록 승낙하였다는 취지를 적은 증서를 제출하여 강제집행이 정지되는 경우 그 정지는 2회에 한하며 통산하여 6월을 넘길 수 없다.

제52조(집행을 개시한 뒤 채무자가 죽은 경우)

① 강제집행을 개시한 뒤에 채무자가 죽은 때에는 상속재산에 대하여 강제집행을 계속하여 진행한다.

② 채무자에게 알려야 할 집행행위를 실시할 경우에 상속인이 없거나 상속인이 있는 곳이 분명하지 아니하면 집행법원은 채권자의 신청에 따라 상속재산 또는 상속인을 위하여 특별대리인을 선임하여야 한다.

③ 제2항의 특별대리인에 관하여는 「민사소송법」 제62조 제2항부터 제5항까지의 규정을 준용한다. <개정 2016. 2. 3.>

제53조(집행비용의 부담)

① 강제집행에 필요한 비용은 채무자가 부담하고 그 집행에 의하여 우선적으로 변상을 받는다.

② 강제집행의 기초가 된 판결이 파기된 때에는 채권자는 제1항의 비용을 채무자에게 변상하여야 한다.

제54조(군인·군무원에 대한 강제집행)

① 군인·군무원에 대하여 병영·군사용 청사 또는 군용 선박에서 강제집행을 할 경우 법원은 채권자의 신청에 따라 군판사 또는 부대장(部隊長)이나 선장에게 촉탁하여 이를 행한다.

② 촉탁에 따라 압류한 물건은 채권자가 위임한 집행관에게 교부하여야 한다.

제55조(외국에서 할 집행)

① 외국에서 강제집행을 할 경우에 그 외국 공공기관의 법률상 공조를 받을 수 있는 때에는 제1심 법원이 채권자의 신청에 따라 외국 공공기관에 이를 촉탁하여야 한다.

② 외국에 머물고 있는 대한민국 영사(領事)에 의하여 강제집행을 할 수 있는 때에는 제1심 법원은 그 영사에게 이를 촉탁하여야 한다.

제56조(그 밖의 집행권원)

강제집행은 다음 가운데 어느 하나에 기초하여서도 실시할 수 있다.

1. 항고로만 불복할 수 있는 재판
2. 가집행의 선고가 내려진 재판
3. 확정된 지급명령
4. 공증인이 일정한 금액의 지급이나 대체물 또는 유가증권의 일정한 수량의 급여를 목적으로 하는 청구에 관하여 작성한 공정증서로서 채무자가 강제집행을 승낙한 취지가 적혀 있는 것
5. 소송상 화해, 청구의 인낙(認諾) 등 그 밖에 확정판결과 같은 효력을 가지는 것

제57조(준용규정)

제56조의 집행권원에 기초한 강제집행에 대하여는 제58조 및 제59조에서 규정하는 바를 제외하고는 제28조 내지 제55조의 규정을 준용한다.

제58조(지급명령과 집행)

① 확정된 지급명령에 기한 강제집행은 집행문을 부여받을 필요없이 지급명령 정본에 의하여 행한다. 다만, 다음 각호 가운데 어느 하나에 해당하는 경우에는 그러하지 아니하다.

1. 지급명령의 집행에 조건을 붙인 경우
2. 당사자의 승계인을 위하여 강제집행을 하는 경우
3. 당사자의 승계인에 대하여 강제집행을 하는 경우

② 채권자가 여러 통의 지급명령 정본을 신청하거나, 전에 내어준 지급명령 정본을 돌려주지 아니하고 다시 지급명령 정본을 신청한 때에는 법원사무관등이 이를 부여한다. 이 경우 그 사유를 원본과 정본에 적어야 한다.

③ 청구에 관한 이의의 주장에 대하여는 제44조 제2항의 규정을 적용하지 아니한다.

④ 집행문부여의 소, 청구에 관한 이의의 소 또는 집행문부여에 대한 이의의 소는 지급명령을 내린 지방법원이 관할한다.

⑤ 제4항의 경우에 그 청구가 합의사건인 때에는 그 법원이 있는 곳을 관할하는 지방법원의 합의부에서 재판한다.

제59조(공정증서와 집행)

① 공증인이 작성한 증서의 집행문은 그 증서를 보존하는 공증인이 내어 준다.

② 집행문을 내어 달라는 신청에 관한 공증인의 처분에 대하여 이의신청이 있는 때에는 그 공증인의 사무소가 있는 곳을 관할하는 지방법원 단독판사가 결정으로 재판한다.

③ 청구에 관한 이의의 주장에 대하여는 제44조 제2항의 규정을 적용하지 아니한다.

④ 집행문부여의 소, 청구에 관한 이의의 소 또는 집행문부여에 대한 이의의 소는 채무자의 보통재판적이 있는 곳의 법원이 관할한다. 다만, 그러한 법원이 없는 때에는 민사소송법 제11조의 규정에 따라 채무자에 대하여 소를 제기할 수 있는 법원이 관할한다.

제60조(과태료의 집행)

① 과태료의 재판은 검사의 명령으로 집행한다.

② 제1항의 명령은 집행력 있는 집행권원과 같은 효력을 가진다.

제2장 금전채권에 기초한 강제집행

제1절 재산명시절차 등

제61조(재산명시신청)

① 금전의 지급을 목적으로 하는 집행권원에 기초하여 강제집행을 개시할 수 있는 채권자는 채무자의 보통재판적이 있는 곳의 법원에 채무자의 재산명시를 요구하는 신청을 할 수 있다. 다만, 민사소송법 제213조에 따른 가집행의 선고가 붙은 판결 또는 같은 조의 준용에 따른 가집행의 선고가 붙어 집행력을 가지는 집행권원의 경우에는 그러하지 아니하다.

② 제1항의 신청에는 집행력 있는 정본과 강제집행을 개시하는데 필요한 문서를 붙여야 한다.

제62조(재산명시신청에 대한 재판)

① 재산명시신청에 정당한 이유가 있는 때에는 법원은 채무자에게 재산상태를 명시한 재산목록을 제출하도록 명할 수 있다.

② 재산명시신청에 정당한 이유가 없거나, 채무자의 재산을 쉽게 찾을 수 있다고

인정한 때에는 법원은 결정으로 이를 기각하여야 한다.

③ 제1항 및 제2항의 재판은 채무자를 심문하지 아니하고 한다.

④ 제1항의 결정은 신청한 채권자 및 채무자에게 송달하여야 하고, 채무자에 대한 송달에서는 결정에 따르지 아니할 경우 제68조에 규정된 제재를 받을 수 있음을 함께 고지하여야 한다.

⑤ 제4항의 규정에 따라 채무자에게 하는 송달은 민사소송법 제187조 및 제194조에 의한 방법으로는 할 수 없다.

⑥ 제1항의 결정이 채무자에게 송달되지 아니한 때에는 법원은 채권자에게 상당한 기간을 정하여 그 기간 이내에 채무자의 주소를 보정하도록 명하여야 한다.

⑦ 채권자가 제6항의 명령을 받고도 이를 이행하지 아니한 때에는 법원은 제1항의 결정을 취소하고 재산명시신청을 각하하여야 한다.

⑧ 제2항 및 제7항의 결정에 대하여는 즉시항고를 할 수 있다.

⑨ 채무자는 제1항의 결정을 송달받은 뒤 송달장소를 바꾼 때에는 그 취지를 법원에 바로 신고하여야 하며, 그러한 신고를 하지 아니한 경우에는 민사소송법 제185조 제2항 및 제189조의 규정을 준용한다.

제63조(재산명시명령에 대한 이의신청)

① 채무자는 재산명시명령을 송달받은 날부터 1주 이내에 이의신청을 할 수 있다.

② 채무자가 제1항에 따라 이의신청을 한 때에는 법원은 이의신청사유를 조사할 기일을 정하고 채권자와 채무자에게 이를 통지하여야 한다.

③ 이의신청에 정당한 이유가 있는 때에는 법원은 결정으로 재산명시명령을 취소하여야 한다.

④ 이의신청에 정당한 이유가 없거나 채무자가 정당한 사유 없이 기일에 출석하지 아니한 때에는 법원은 결정으로 이의신청을 기각하여야 한다.

⑤ 제3항 및 제4항의 결정에 대하여는 즉시항고를 할 수 있다.

제64조(재산명시기일의 실시)

① 재산명시명령에 대하여 채무자의 이의신청이 없거나 이를 기각한 때에는 법원은 재산명시를 위한 기일을 정하여 채무자에게 출석하도록 요구하여야 한다. 이 기일은 채권자에게도 통지하여야 한다.

② 채무자는 제1항의 기일에 강제집행의 대상이 되는 재산과 다음 각호의 사항을

명시한 재산목록을 제출하여야 한다.

1. 재산명시명령이 송달되기 전 1년 이내에 채무자가 한 부동산의 유상양도 (有償讓渡)
2. 재산명시명령이 송달되기 전 1년 이내에 채무자가 배우자, 직계혈족 및 4촌 이내의 방계혈족과 그 배우자, 배우자의 직계혈족과 형제자매에게 한 부동산 외의 재산의 유상양도
3. 재산명시명령이 송달되기 전 2년 이내에 채무자가 한 재산상 무상처분(無償處分). 다만, 의례적인 선물은 제외한다.

③ 재산목록에 적을 사항과 범위는 대법원규칙으로 정한다.

④ 제1항의 기일에 출석한 채무자가 3월 이내에 변제할 수 있음을 소명한 때에는 법원은 그 기일을 3월의 범위내에서 연기할 수 있으며, 채무자가 새 기일에 채무액의 3분의 2 이상을 변제하였음을 증명하는 서류를 제출한 때에는 다시 1월의 범위내에서 연기할 수 있다.

제65조(선서)

① 채무자는 재산명시기일에 재산목록이 진실하다는 것을 선서하여야한다.

② 제1항의 선서에 관하여는 민사소송법 제320조 및 제321조의 규정을 준용한다. 이경우 선서서(宣誓書)에는 다음과 같이 적어야 한다.

"양심에 따라 사실대로 재산목록을 작성하여 제출하였으며, 만일 숨긴 것이나 거짓 작성한 것이 있으면 처벌을 받기로 맹세합니다."

제66조(재산목록의 정정)

① 채무자는 명시기일에 제출한 재산목록에 형식적인 흠이 있거나 불명확한 점이 있는 때에는 제65조의 규정에 의한 선서를 한 뒤라도 법원의 허가를 얻어 이미 제출한 재산목록을 정정할 수 있다.

② 제1항의 허가에 관한 결정에 대하여는 즉시항고를 할 수 있다.

제67조(재산목록의 열람 · 복사)

채무자에 대하여 강제집행을 개시할 수 있는 채권자는 재산목록을 보거나 복사할 것을 신청할 수 있다.

제68조(채무자의 감치 및 벌칙)

① 채무자가 정당한 사유 없이 다음 각호 가운데 어느 하나에 해당하는 행위를

한 경우에는 법원은 결정으로 20일 이내의 감치(監置)에 처한다.

　　1. 명시기일 불출석

　　2. 재산목록 제출 거부

　　3. 선서 거부

② 채무자가 법인 또는 민사소송법 제52조의 사단이나 재단인 때에는 그 대표자 또는 관리인을 감치에 처한다.

③ 법원은 감치재판기일에 채무자를 소환하여 제1항 각호의 위반행위에 대하여 정당한 사유가 있는지 여부를 심리하여야 한다.

④ 제1항의 결정에 대하여는 즉시항고를 할 수 있다.

⑤ 채무자가 감치의 집행중에 재산명시명령을 이행하겠다고 신청한 때에는 법원은 바로 명시기일을 열어야 한다.

⑥ 채무자가 제5항의 명시기일에 출석하여 재산목록을 내고 선서하거나 신청채권자에 대한 채무를 변제하고 이를 증명하는 서면을 낸 때에는 법원은 바로 감치결정을 취소하고 그 채무자를 석방하도록 명하여야 한다.

⑦ 제5항의 명시기일은 신청채권자에게 통지하지 아니하고도 실시할 수 있다. 이 경우 제6항의 사실을 채권자에게 통지하여야 한다.

⑧ 제1항 내지 제7항의 규정에 따른 재판절차 및 그 집행 그 밖에 필요한 사항은 대법원규칙으로 정한다.

⑨ 채무자가 거짓의 재산목록을 낸 때에는 3년 이하의 징역 또는 500만원 이하의 벌금에 처한다.

⑩ 채무자가 법인 또는 민사소송법 제52조의 사단이나 재단인 때에는 그 대표자 또는 관리인을 제9항의 규정에 따라 처벌하고, 채무자는 제9항의 벌금에 처한다.

제69조(명시신청의 재신청)

재산명시신청이 기각·각하된 경우에는 그 명시신청을 한 채권자는 기각·각하사유를 보완하지 아니하고서는 같은 집행권원으로 다시 재산명시신청을 할 수 없다.

제70조(채무불이행자명부 등재신청)

① 채무자가 다음 각호 가운데 어느 하나에 해당하면 채권자는 그 채무자를 채무불이행자명부(債務不履行者名簿)에 올리도록 신청할 수 있다.

　　1. 금전의 지급을 명한 집행권원이 확정된 후 또는 집행권원을 작성한 후 6월

이내에 채무를 이행하지 아니하는 때. 다만, 제61조 제1항 단서에 규정된 집행권원의 경우를 제외한다.

2. 제68조 제1항 각호의 사유 또는 같은 조 제9항의 사유 가운데 어느 하나에 해당하는 때

② 제1항의 신청을 할 때에는 그 사유를 소명하여야 한다.

③ 제1항의 신청에 대한 재판은 제1항 제1호의 경우에는 채무자의 보통재판적이 있는 곳의 법원이 관할하고, 제1항 제2호의 경우에는 재산명시절차를 실시한 법원이 관할한다.

제71조(등재신청에 대한 재판)

① 제70조의 신청에 정당한 이유가 있는 때에는 법원은 채무자를 채무불이행자명부에 올리는 결정을 하여야 한다.

② 등재신청에 정당한 이유가 없거나 쉽게 강제집행할 수 있다고 인정할 만한 명백한 사유가 있는 때에는 법원은 결정으로 이를 기각하여야 한다.

③ 제1항 및 제2항의 재판에 대하여는 즉시항고를 할 수 있다. 이 경우 민사소송법 제447조의 규정은 준용하지 아니한다.

제72조(명부의 비치)

① 채무불이행자명부는 등재결정을 한 법원에 비치한다.

② 법원은 채무불이행자명부의 부본을 채무자의 주소지(채무자가 법인인 경우에는 주된 사무소가 있는 곳) 시(구가 설치되지 아니한 시를 말한다. 이하 같다)·구·읍·면의 장(도농복합형태의 시의 경우 동지역은 시·구의 장, 읍·면지역은 읍·면의 장으로 한다. 이하 같다)에게 보내야 한다.

③ 법원은 채무불이행자명부의 부본을 대법원규칙이 정하는 바에 따라 일정한 금융기관의 장이나 금융기관 관련단체의 장에게 보내어 채무자에 대한 신용정보로 활용하게 할 수 있다.

④ 채무불이행자명부나 그 부본은 누구든지 보거나 복사할 것을 신청할 수 있다.

⑤ 채무불이행자명부는 인쇄물 등으로 공표되어서는 아니된다.

제73조(명부등재의 말소)

① 변제, 그 밖의 사유로 채무가 소멸되었다는 것이 증명된 때에는 법원은 채무자의 신청에 따라 채무불이행자명부에서 그 이름을 말소하는 결정을 하여야 한다.

② 채권자는 제1항의 결정에 대하여 즉시항고를 할 수 있다. 이 경우 민사소송법 제447조의 규정은 준용하지 아니한다.

③ 채무불이행자명부에 오른 다음 해부터 10년이 지난 때에는 법원은 직권으로 그 명부에 오른 이름을 말소하는 결정을 하여야 한다.

④ 제1항과 제3항의 결정을 한 때에는 그 취지를 채무자의 주소지(채무자가 법인인 경우에는 주된 사무소가 있는 곳) 시·구·읍·면의 장 및 제72조 제3항의 규정에 따라 채무불이행자명부의 부본을 보낸 금융기관 등의 장에게 통지하여야 한다.

⑤ 제4항의 통지를 받은 시·구·읍·면의 장 및 금융기관 등의 장은 그 명부의 부본에 오른 이름을 말소하여야 한다.

제74조(재산조회)

① 재산명시절차의 관할 법원은 다음 각호의 어느 하나에 해당하는 경우에는 그 재산명시를 신청한 채권자의 신청에 따라 개인의 재산 및 신용에 관한 전산망을 관리하는 공공기관·금융기관·단체 등에 채무자명의의 재산에 관하여 조회할 수 있다. <개정 2005. 1. 27.>

  1. 재산명시절차에서 채권자가 제62조 제6항의 규정에 의한 주소보정명령을 받고도 민사소송법 제194조 제1항의 규정에 의한 사유로 인하여 채권자가 이를 이행할 수 없었던 것으로 인정되는 경우
  2. 재산명시절차에서 채무자가 제출한 재산목록의 재산만으로는 집행채권의 만족을 얻기에 부족한 경우
  3. 재산명시절차에서 제68조 제1항 각호의 사유 또는 동조 제9항의 사유가 있는 경우

② 채권자가 제1항의 신청을 할 경우에는 조회할 기관·단체를 특정하여야 하며 조회에 드는 비용을 미리 내야 한다.

③ 법원이 제1항의 규정에 따라 조회할 경우에는 채무자의 인적 사항을 적은 문서에 의하여 해당 기관·단체의 장에게 채무자의 재산 및 신용에 관하여 그 기관·단체가 보유하고 있는 자료를 한꺼번에 모아 제출하도록 요구할 수 있다.

④ 공공기관·금융기관·단체 등은 정당한 사유 없이 제1항 및 제3항의 조회를 거부하지 못한다.

제75조(재산조회의 결과 등)

① 법원은 제74조 제1항 및 제3항의 규정에 따라 조회한 결과를 채무자의 재산목록에 준하여 관리하여야 한다.

② 제74조 제1항 및 제3항의 조회를 받은 기관·단체의 장이 정당한 사유 없이 거짓 자료를 제출하거나 자료를 제출할 것을 거부한 때에는 결정으로 500만원 이하의 과태료에 처한다.

③ 제2항의 결정에 대하여는 즉시항고를 할 수 있다.

제76조(벌칙)

① 누구든지 재산조회의 결과를 강제집행 외의 목적으로 사용하여서는 아니된다.

② 제1항의 규정에 위반한 사람은 2년 이하의 징역 또는 500만원 이하의 벌금에 처한다.

제77조(대법원규칙)

제74조 제1항 및 제3항의 규정에 따라 조회를 할 공공기관·금융기관·단체 등의 범위 및 조회절차, 제74조 제2항의 규정에 따라 채권자가 내야 할 비용, 제75조 제1항의 규정에 따른 조회결과의 관리에 관한 사항, 제75조 제2항의 규정에 의한 과태료의 부과절차 등은 대법원규칙으로 정한다.

제2절 부동산에 대한 강제집행

제1관 통칙

제78조(집행방법)

① 부동산에 대한 강제집행은 채권자의 신청에 따라 법원이 한다.

② 강제집행은 다음 각호의 방법으로 한다.

  1. 강제경매
  2. 강제관리

③ 채권자는 자기의 선택에 의하여 제2항 각호 가운데 어느 한 가지 방법으로 집행하게 하거나 두 가지 방법을 함께 사용하여 집행하게 할 수 있다.

④ 강제관리는 가압류를 집행할 때에도 할 수 있다.

제79조(집행법원)

① 부동산에 대한 강제집행은 그 부동산이 있는 곳의 지방법원이 관할한다.

② 부동산이 여러 지방법원의 관할구역에 있는 때에는 각 지방법원에 관할권이 있다. 이 경우 법원이 필요하다고 인정한 때에는 사건을 다른 관할 지방법원으로 이송할 수 있다.

제2관 강제경매

제80조(강제경매신청서)

강제경매신청서에는 다음 각호의 사항을 적어야 한다.

   1. 채권자 · 채무자와 법원의 표시

   2. 부동산의 표시

   3. 경매의 이유가 된 일정한 채권과 집행할 수 있는 일정한 집행권원

제81조(첨부서류)

① 강제경매신청서에는 집행력 있는 정본 외에 다음 각호 가운데 어느 하나에 해당하는 서류를 붙여야 한다. <개정 2011. 4. 12.>

   1. 채무자의 소유로 등기된 부동산에 대하여는 등기사항증명서

   2. 채무자의 소유로 등기되지 아니한 부동산에 대하여는 즉시 채무자명의로 등기할 수 있다는 것을 증명할 서류. 다만, 그 부동산이 등기되지 아니한 건물인 경우에는 그 건물이 채무자의 소유임을 증명할 서류, 그 건물의 지번 · 구조 · 면적을 증명할 서류 및 그 건물에 관한 건축허가 또는 건축신고를 증명할 서류

② 채권자는 공적 장부를 주관하는 공공기관에 제1항 제2호 단서의 사항들을 증명하여 줄 것을 청구할 수 있다.

③ 제1항 제2호 단서의 경우에 건물의 지번 · 구조 · 면적을 증명하지 못한 때에는, 채권자는 경매신청과 동시에 그 조사를 집행법원에 신청할 수 있다.

④ 제3항의 경우에 법원은 집행관에게 그 조사를 하게 하여야 한다.

⑤ 강제관리를 하기 위하여 이미 부동산을 압류한 경우에 그 집행기록에 제1항 각호 가운데 어느 하나에 해당하는 서류가 붙어 있으면 다시 그 서류를 붙이지 아니할 수 있다.

제82조(집행관의 권한)

① 집행관은 제81조 제4항의 조사를 위하여 건물에 출입할 수 있고, 채무자 또는 건물을 점유하는 제3자에게 질문하거나 문서를 제시하도록 요구할 수 있다.

② 집행관은 제1항의 규정에 따라 건물에 출입하기 위하여 필요한 때에는 잠긴 문을 여는 등 적절한 처분을 할 수 있다.

제83조(경매개시결정 등)

① 경매절차를 개시하는 결정에는 동시에 그 부동산의 압류를 명하여야 한다.

② 압류는 부동산에 대한 채무자의 관리·이용에 영향을 미치지 아니한다.

③ 경매절차를 개시하는 결정을 한 뒤에는 법원은 직권으로 또는 이해관계인의 신청에 따라 부동산에 대한 침해행위를 방지하기 위하여 필요한 조치를 할 수 있다.

④ 압류는 채무자에게 그 결정이 송달된 때 또는 제94조의 규정에 따른 등기가 된 때에 효력이 생긴다.

⑤ 강제경매신청을 기각하거나 각하하는 재판에 대하여는 즉시항고를 할 수 있다.

제84조(배당요구의 종기결정 및 공고)

① 경매개시결정에 따른 압류의 효력이 생긴 때(그 경매개시결정전에 다른 경매개시결정이 있은 경우를 제외한다)에는 집행법원은 절차에 필요한 기간을 감안하여 배당요구를 할 수 있는 종기(終期)를 첫 매각기일 이전으로 정한다.

② 배당요구의 종기가 정하여진 때에는 법원은 경매개시결정을 한 취지 및 배당요구의 종기를 공고하고, 제91조 제4항 단서의 전세권자 및 법원에 알려진 제88조 제1항의 채권자에게 이를 고지하여야 한다.

③ 제1항의 배당요구의 종기결정 및 제2항의 공고는 경매개시결정에 따른 압류의 효력이 생긴 때부터 1주 이내에 하여야 한다.

④ 법원사무관등은 제148조 제3호 및 제4호의 채권자 및 조세, 그 밖의 공과금을 주관하는 공공기관에 대하여 채권의 유무, 그 원인 및 액수(원금·이자·비용, 그 밖의 부대채권(附帶債權)을 포함한다)를 배당요구의 종기까지 법원에 신고하도록 최고하여야 한다.

⑤ 제148조 제3호 및 제4호의 채권자가 제4항의 최고에 대한 신고를 하지 아니한 때에는 그 채권자의 채권액은 등기사항증명서 등 집행기록에 있는 서류와 증빙(證憑)에 따라 계산한다. 이 경우 다시 채권액을 추가하지 못한다. <개정

2011. 4. 12.>

⑥ 법원은 특별히 필요하다고 인정하는 경우에는 배당요구의 종기를 연기할 수 있다.

⑦ 제6항의 경우에는 제2항 및 제4항의 규정을 준용한다. 다만, 이미 배당요구 또는 채권신고를 한 사람에 대하여는 같은 항의 고지 또는 최고를 하지 아니한다.

제85조(현황조사)

① 법원은 경매개시결정을 한 뒤에 바로 집행관에게 부동산의 현상, 점유관계, 차임(借賃) 또는 보증금의 액수, 그 밖의 현황에 관하여 조사하도록 명하여야 한다.

② 집행관이 제1항의 규정에 따라 부동산을 조사할 때에는 그 부동산에 대하여 제82조에 규정된 조치를 할 수 있다.

제86조(경매개시결정에 대한 이의신청)

① 이해관계인은 매각대금이 모두 지급될 때까지 법원에 경매개시결정에 대한 이의신청을 할 수 있다.

② 제1항의 신청을 받은 법원은 제16조 제2항에 준하는 결정을 할 수 있다.

③ 제1항의 신청에 관한 재판에 대하여 이해관계인은 즉시항고를 할 수 있다.

제87조(압류의 경합)

① 강제경매절차 또는 담보권 실행을 위한 경매절차를 개시하는 결정을 한 부동산에 대하여 다른 강제경매의 신청이 있는 때에는 법원은 다시 경매개시결정을 하고, 먼저 경매개시결정을 한 집행절차에 따라 경매한다.

② 먼저 경매개시결정을 한 경매신청이 취하되거나 그 절차가 취소된 때에는 법원은 제91조 제1항의 규정에 어긋나지 아니하는 한도 안에서 뒤의 경매개시결정에 따라 절차를 계속 진행하여야 한다.

③ 제2항의 경우에 뒤의 경매개시결정이 배당요구의 종기 이후의 신청에 의한 것인 때에는 집행법원은 새로이 배당요구를 할 수 있는 종기를 정하여야 한다. 이 경우 이미 제84조 제2항 또는 제4항의 규정에 따라 배당요구 또는 채권신고를 한 사람에 대하여는 같은 항의 고지 또는 최고를 하지 아니한다.

④ 먼저 경매개시결정을 한 경매절차가 정지된 때에는 법원은 신청에 따라 결정으로 뒤의 경매개시결정(배당요구의 종기까지 행하여진 신청에 의한 것에 한한다)에 기초하여 절차를 계속하여 진행할 수 있다. 다만, 먼저 경매개시결정을 한

경매절차가 취소되는 경우 제105조 제1항 제3호의 기재사항이 바뀔 때에는 그러하지 아니하다.

⑤ 제4항의 신청에 대한 재판에 대하여는 즉시항고를 할 수 있다.

제88조(배당요구)

① 집행력 있는 정본을 가진 채권자, 경매개시결정이 등기된 뒤에 가압류를 한 채권자, 민법·상법, 그 밖의 법률에 의하여 우선변제청구권이 있는 채권자는 배당요구를 할 수 있다.

② 배당요구에 따라 매수인이 인수하여야 할 부담이 바뀌는 경우 배당요구를 한 채권자는 배당요구의 종기가 지난 뒤에 이를 철회하지 못한다.

제89조(이중경매신청 등의 통지)

법원은 제87조 제1항 및 제88조 제1항의 신청이 있는 때에는 그 사유를 이해관계인에게 통지하여야 한다.

제90조(경매절차의 이해관계인)

경매절차의 이해관계인은 다음 각호의 사람으로한다.

1. 압류채권자와 집행력 있는 정본에 의하여 배당을 요구한 채권자
2. 채무자 및 소유자
3. 등기부에 기입된 부동산 위의 권리자
4. 부동산 위의 권리자로서 그 권리를 증명한 사람

제91조(인수주의와 잉여주의의 선택 등)

① 압류채권자의 채권에 우선하는 채권에 관한 부동산의 부담을 매수인에게 인수하게 하거나, 매각대금으로 그 부담을 변제하는 데 부족하지 아니하다는 것이 인정된 경우가 아니면 그 부동산을 매각하지못한다.

② 매각부동산 위의 모든 저당권은 매각으로 소멸된다.

③ 지상권·지역권·전세권 및 등기된 임차권은 저당권·압류채권·가압류채권에 대항할 수 없는 경우에는 매각으로 소멸된다.

④ 제3항의 경우 외의 지상권·지역권·전세권 및 등기된 임차권은 매수인이 인수한다. 다만, 그중 전세권의 경우에는 전세권자가 제88조에 따라 배당요구를 하면 매각으로 소멸된다.

⑤ 매수인은 유치권자(留置權者)에게 그 유치권(留置權)으로 담보하는 채권을 변

제할 책임이 있다.

제92조(제3자와 압류의 효력)

① 제3자는 권리를 취득할 때에 경매신청 또는 압류가 있다는 것을 알았을 경우에는 압류에 대항하지 못한다.

② 부동산이 압류채권을 위하여 의무를 진 경우에는 압류한 뒤 소유권을 취득한 제3자가 소유권을 취득할 때에 경매신청 또는 압류가 있다는 것을 알지 못하였더라도 경매절차를 계속하여 진행하여야 한다.

제93조(경매신청의 취하)

① 경매신청이 취하되면 압류의 효력은 소멸된다.

② 매수신고가 있은 뒤 경매신청을 취하하는 경우에는 최고가매수신고인 또는 매수인과 제114조의 차순위매수신고인의 동의를 받아야 그 효력이 생긴다.

③ 제49조 제3호 또는 제6호의 서류를 제출하는 경우에는 제1항 및 제2항의 규정을, 제49조 제4호의 서류를 제출하는 경우에는 제2항의 규정을 준용한다.

제94조(경매개시결정의 등기)

① 법원이 경매개시결정을 하면 법원사무관 등은 즉시 그 사유를 등기부에 기입하도록 등기관(登記官)에게 촉탁하여야 한다.

② 등기관은 제1항의 촉탁에 따라 경매개시결정사유를 기입하여야 한다.

제95조(등기사항증명서의 송부)

등기관은 제94조에 따라 경매개시결정사유를 등기부에 기입한 뒤 그 등기사항증명서를 법원에 보내야 한다. <개정 2011. 4. 12.>

[제목개정 2011. 4. 12.]

제96조(부동산의 멸실 등으로 말미암은 경매취소)

① 부동산이 없어지거나 매각 등으로 말미암아 권리를 이전할 수 없는 사정이 명백하게 된 때에는 법원은 강제경매의 절차를 취소하여야 한다.

② 제1항의 취소결정에 대하여는 즉시항고를 할 수 있다.

제97조(부동산의 평가와 최저매각가격의 결정)

① 법원은 감정인(鑑定人)에게 부동산을 평가하게 하고 그 평가액을 참작하여 최저매각가격을 정하여야 한다.

② 감정인은 제1항의 평가를 위하여 필요하면 제82조 제1항에 규정된 조치를 할 수 있다.

③ 감정인은 제7조의 규정에 따라 집행관의 원조를 요구하는 때에는 법원의 허가를 얻어야 한다.

제98조(일괄매각결정)

① 법원은 여러 개의 부동산의 위치·형태·이용관계 등을 고려하여 이를 일괄매수하게 하는 것이 알맞다고 인정하는 경우에는 직권으로 또는 이해관계인의 신청에 따라 일괄매각하도록 결정할 수 있다.

② 법원은 부동산을 매각할 경우에 그 위치·형태·이용관계 등을 고려하여 다른 종류의 재산(금전채권을 제외한다)을 그 부동산과 함께 일괄매수하게 하는 것이 알맞다고 인정하는 때에는 직권으로 또는 이해관계인의 신청에 따라 일괄매각하도록 결정할 수 있다.

③ 제1항 및 제2항의 결정은 그 목적물에 대한 매각기일 이전까지 할 수 있다.

제99조(일괄매각사건의 병합)

① 법원은 각각 경매신청된 여러 개의 재산 또는 다른 법원이나 집행관에 계속된 경매사건의 목적물에 대하여 제98조 제1항 또는 제2항의 결정을 할 수 있다.

② 다른 법원이나 집행관에 계속된 경매사건의 목적물의 경우에 그 다른 법원 또는 집행관은 그 목적물에 대한 경매사건을 제1항의 결정을 한 법원에 이송한다.

③ 제1항 및 제2항의 경우에 법원은 그 경매사건들을 병합한다.

제100조(일괄매각사건의 관할)

제98조 및 제99조의 경우에는 민사소송법 제31조에 불구하고 같은 법 제25조의 규정을 준용한다. 다만, 등기할 수 있는 선박에 관한 경매사건에 대하여서는 그러하지 아니하다.

제101조(일괄매각절차)

① 제98조 및 제99조의 일괄매각결정에 따른 매각절차는 이 관의 규정에 따라 행한다. 다만, 부동산 외의 재산의 압류는 그 재산의 종류에 따라 해당되는 규정에서 정하는 방법으로 행하고, 그 중에서 집행관의 압류에 따르는 재산의 압류는 집행법원이 집행관에게 이를 압류하도록 명하는 방법으로 행한다.

② 제1항의 매각절차에서 각 재산의 대금액을 특정할 필요가 있는 경우에는 각

재산에 대한 최저매각가격의 비율을 정하여야 하며, 각 재산의 대금액은 총대금액을 각 재산의 최저매각가격비율에 따라 나눈 금액으로 한다. 각 재산이 부담할 집행비용액을 특정할 필요가 있는 경우에도 또한 같다.

③ 여러 개의 재산을 일괄매각하는 경우에 그 가운데 일부의 매각대금으로 모든 채권자의 채권액과 강제집행비용을 변제하기에 충분하면 다른 재산의 매각을 허가하지 아니한다. 다만, 토지와 그 위의 건물을 일괄매각하는 경우나 재산을 분리하여 매각하면 그 경제적 효용이 현저하게 떨어지는 경우 또는 채무자의 동의가 있는 경우에는 그러하지 아니하다.

④ 제3항 본문의 경우에 채무자는 그 재산 가운데 매각할 것을 지정할 수 있다.

⑤ 일괄매각절차에 관하여 이 법에서 정한 사항을 제외하고는 대법원규칙으로 정한다.

제102조(남을 가망이 없을 경우의 경매취소)

① 법원은 최저매각가격으로 압류채권자의 채권에 우선하는 부동산의 모든 부담과 절차비용을 변제하면 남을 것이 없겠다고 인정한 때에는 압류채권자에게 이를 통지하여야 한다.

② 압류채권자가 제1항의 통지를 받은 날부터 1주 이내에 제1항의 부담과 비용을 변제하고 남을 만한 가격을 정하여 그 가격에 맞는 매수신고가 없을 때에는 자기가 그 가격으로 매수하겠다고 신청하면서 충분한 보증을 제공하지 아니하면, 법원은 경매절차를 취소하여야 한다.

③ 제2항의 취소 결정에 대하여는 즉시항고를 할 수 있다.

제103조(강제경매의 매각방법)

① 부동산의 매각은 집행법원이 정한 매각방법에 따른다.

② 부동산의 매각은 매각기일에 하는 호가경매(呼價競賣), 매각기일에 입찰 및 개찰하게 하는 기일입찰 또는 입찰기간 이내에 입찰하게 하여 매각기일에 개찰하는 기간입찰의 세가지 방법으로 한다.

③ 부동산의 매각절차에 관하여 필요한 사항은 대법원규칙으로 정한다.

제104조(매각기일과 매각결정기일 등의 지정)

① 법원은 최저매각가격으로 제102조 제1항의 부담과 비용을 변제하고도 남을 것이 있다고 인정하거나 압류채권자가 제102조 제2항의 신청을 하고 충분한 보증을

제공한 때에는 직권으로 매각기일과 매각결정기일을 정하여 대법원규칙이 정하는 방법으로 공고한다.

② 법원은 매각기일과 매각결정기일을 이해관계인에게 통지하여야 한다.

③ 제2항의 통지는 집행기록에 표시된 이해관계인의 주소에 대법원규칙이 정하는 방법으로 발송할 수 있다.

④ 기간입찰의 방법으로 매각할 경우에는 입찰기간에 관하여도 제1항 내지 제3항의 규정을 적용한다.

제105조(매각물건명세서 등)

① 법원은 다음 각호의 사항을 적은 매각물건명세서를 작성하여야 한다.

1. 부동산의 표시
2. 부동산의 점유자와 점유의 권원, 점유할 수 있는 기간, 차임 또는 보증금에 관한 관계인의 진술
3. 등기된 부동산에 대한 권리 또는 가처분으로서 매각으로 효력을 잃지 아니하는 것
4. 매각에 따라 설정된 것으로 보게 되는 지상권의 개요

② 법원은 매각물건명세서 · 현황조사보고서 및 평가서의 사본을 법원에 비치하여 누구든지 볼 수 있도록 하여야 한다.

제106조(매각기일의 공고내용)

매각기일의 공고내용에는 다음 각호의 사항을 적어야 한다.

1. 부동산의 표시
2. 강제집행으로 매각한다는 취지와 그 매각방법
3. 부동산의 점유자, 점유의 권원, 점유하여 사용할 수 있는 기간, 차임 또는 보증금약정 및 그 액수
4. 매각기일의 일시 · 장소, 매각기일을 진행할 집행관의 성명 및 기간입찰의 방법으로 매각할 경우에는 입찰기간 · 장소
5. 최저매각가격
6. 매각결정기일의 일시 · 장소
7. 매각물건명세서 · 현황조사보고서 및 평가서의 사본을 매각기일 전에 법원에 비치하여 누구든지 볼 수 있도록 제공한다는 취지

8. 등기부에 기입할 필요가 없는 부동산에 대한 권리를 가진 사람은 채권을 신고하여야 한다는 취지

9. 이해관계인은 매각기일에 출석할 수 있다는 취지

제107조(매각장소)

매각기일은 법원안에서 진행하여야 한다. 다만, 집행관은 법원의 허가를 얻어 다른 장소에서 매각기일을 진행할 수 있다.

제108조(매각장소의 질서유지)

집행관은 다음 각호 가운데 어느 하나에 해당한다고 인정되는 사람에 대하여 매각장소에 들어오지 못하도록 하거나 매각장소에서 내보내거나 매수의 신청을 하지 못하도록 할 수 있다.

1. 다른 사람의 매수신청을 방해한 사람
2. 부당하게 다른 사람과 담합하거나 그 밖에 매각의 적정한 실시를 방해한 사람
3. 제1호 또는 제2호의 행위를 교사(敎唆)한 사람
4. 민사집행절차에서의 매각에 관하여 형법 제136조·제137조·제140조·제140조의2·제142조·제315조 및 제323조 내지 제327조에 규정된 죄로 유죄판결을 받고 그 판결확정일부터 2년이 지나지 아니한 사람

제109조(매각결정기일)

① 매각결정기일은 매각기일부터 1주 이내로 정하여야 한다.
② 매각결정절차는 법원안에서 진행하여야 한다.

제110조(합의에 의한 매각조건의 변경)

① 최저매각가격 외의 매각조건은 법원이 이해관계인의 합의에 따라 바꿀 수 있다.
② 이해관계인은 배당요구의 종기까지 제1항의 합의를 할 수 있다.

제111조(직권에 의한 매각조건의 변경)

① 거래의 실상을 반영하거나 경매절차를 효율적으로 진행하기 위하여 필요한 경우에 법원은 배당요구의 종기까지 매각조건을 바꾸거나 새로운 매각조건을 설정할 수 있다.
② 이해관계인은 제1항의 재판에 대하여 즉시항고를 할 수 있다.

③ 제1항의 경우에 법원은 집행관에게 부동산에 대하여 필요한 조사를 하게 할 수 있다.

제112조(매각기일의 진행)

집행관은 기일입찰 또는 호가경매의 방법에 의한 매각기일에는 매각물건명세서·현황조사보고서 및 평가서의 사본을 볼 수 있게 하고, 특별한 매각조건이 있는 때에는 이를 고지하며, 법원이 정한 매각방법에 따라 매수가격을 신고하도록 최고하여야 한다.

제113조(매수신청의 보증)

매수신청인은 대법원규칙이 정하는 바에 따라 집행법원이 정하는 금액과 방법에 맞는 보증을 집행관에게 제공하여야 한다.

제114조(차순위매수신고)

① 최고가매수신고인 외의 매수신고인은 매각기일을 마칠 때까지 집행관에게 최고가매수신고인이 대금지급기한까지 그 의무를 이행하지 아니하면 자기의 매수신고에 대하여 매각을 허가하여 달라는 취지의 신고(이하 "차순위매수신고"라 한다)를 할 수 있다.

② 차순위매수신고는 그 신고액이 최고가매수신고액에서 그 보증액을 뺀 금액을 넘는 때에만 할 수 있다.

제115조(매각기일의 종결)

① 집행관은 최고가매수신고인의 성명과 그 가격을 부르고 차순위매수신고를 최고한 뒤, 적법한 차순위매수신고가 있으면 차순위매수신고인을 정하여 그 성명과 가격을 부른 다음 매각기일을 종결한다고 고지하여야 한다.

② 차순위매수신고를 한 사람이 둘 이상인 때에는 신고한 매수가격이 높은 사람을 차순위매수신고인으로 정한다. 신고한 매수가격이 같은 때에는 추첨으로 차순위매수신고인을 정한다.

③ 최고가매수신고인과 차순위매수신고인을 제외한 다른 매수신고인은 제1항의 고지에 따라 매수의 책임을 벗게 되고, 즉시 매수신청의 보증을 돌려 줄 것을 신청할 수 있다.

④ 기일입찰 또는 호가경매의 방법에 의한 매각기일에서 매각기일을 마감할 때까지 허가할 매수가격의 신고가 없는 때에는 집행관은 즉시 매각기일의 마감을 취

소하고 같은 방법으로 매수가격을 신고하도록 최고할 수 있다.

⑤ 제4항의 최고에 대하여 매수가격의 신고가 없어 매각기일을 마감하는 때에는 매각기일의 마감을 다시 취소하지 못한다.

제116조(매각기일조서)

① 매각기일조서에는 다음 각호의 사항을 적어야 한다.

   1. 부동산의 표시

   2. 압류채권자의 표시

   3. 매각물건명세서·현황조사보고서 및 평가서의 사본을 볼 수 있게 한 일

   4. 특별한 매각조건이 있는 때에는 이를 고지한 일

   5. 매수가격의 신고를 최고한 일

   6. 모든 매수신고가격과 그 신고인의 성명·주소 또는 허가할 매수가격의 신고가 없는 일

   7. 매각기일을 마감할 때까지 허가할 매수가격의 신고가 없어 매각기일의 마감을 취소하고 다시 매수가격의 신고를 최고한 일

   8. 최종적으로 매각기일의 종결을 고지한 일시

   9. 매수하기 위하여 보증을 제공한 일 또는 보증을 제공하지 아니하므로 그 매수를 허가하지 아니한 일

   10. 최고가매수신고인과 차순위매수신고인의 성명과 그 가격을 부른 일

② 최고가매수신고인 및 차순위매수신고인과 출석한 이해관계인은 조서에 서명날인하여야 한다. 그들이 서명날인할 수 없을 때에는 집행관이 그 사유를 적어야 한다.

③ 집행관이 매수신청의 보증을 돌려 준 때에는 영수증을 받아 조서에 붙여야 한다.

제117조(조서와 금전의 인도)

집행관은 매각기일조서와 매수신청의 보증으로 받아 돌려주지 아니한 것을 매각기일부터 3일 이내에 법원사무관등에게 인도하여야 한다.

제118조(최고가매수신고인 등의 송달영수인신고)

① 최고가매수신고인과 차순위매수신고인은 대한민국안에 주소·거소와 사무소가 없는 때에는 대한민국안에 송달이나 통지를 받을 장소와 영수인을 정하여 법원에 신고하여야 한다.

② 최고가매수신고인이나 차순위매수신고인이 제1항의 신고를 하지 아니한 때에

는 법원은 그에 대한 송달이나 통지를 하지 아니할 수 있다.

③ 제1항의 신고는 집행관에게 말로 할 수 있다. 이 경우 집행관은 조서에 이를 적어야 한다.

제119조(새 매각기일)

허가할 매수가격의 신고가 없이 매각기일이 최종적으로 마감된 때에는 제91조 제1항의 규정에 어긋나지 아니하는 한도에서 법원은 최저매각가격을 상당히 낮추고 새 매각기일을 정하여야 한다. 그 기일에 허가할 매수가격의 신고가 없는 때에도 또한 같다.

제120조(매각결정기일에서의 진술)

① 법원은 매각결정기일에 출석한 이해관계인에게 매각허가에 관한 의견을 진술하게 하여야 한다.

② 매각허가에 관한 이의는 매각허가가 있을 때까지 신청하여야 한다. 이미 신청한 이의에 대한 진술도 또한 같다.

제121조(매각허가에 대한 이의신청사유)

매각허가에 관한 이의는 다음 각호 가운데 어느 하나에 해당하는 이유가 있어야 신청할 수 있다.

1. 강제집행을 허가할 수 없거나 집행을 계속 진행할 수 없을 때
2. 최고가매수신고인이 부동산을 매수할 능력이나 자격이 없는 때
3. 부동산을 매수할 자격이 없는 사람이 최고가매수신고인을 내세워 매수신고를 한 때
4. 최고가매수신고인, 그 대리인 또는 최고가매수신고인을 내세워 매수신고를 한 사람이 제108조 각호 가운데 어느 하나에 해당되는 때
5. 최저매각가격의 결정, 일괄매각의 결정 또는 매각물건명세서의 작성에 중대한 흠이 있는 때
6. 천재지변, 그 밖에 자기가 책임을 질 수 없는 사유로 부동산이 현저하게 훼손된 사실 또는 부동산에 관한 중대한 권리관계가 변동된 사실이 경매절차의 진행중에 밝혀진 때
7. 경매절차에 그 밖의 중대한 잘못이 있는 때

제122조(이의신청의 제한)

이의는 다른 이해관계인의 권리에 관한 이유로 신청하지 못한다.

제123조(매각의 불허)

① 법원은 이의신청이 정당하다고 인정한 때에는 매각을 허가하지 아니한다.

② 제121조에 규정한 사유가 있는 때에는 직권으로 매각을 허가하지 아니한다. 다만, 같은 조 제2호 또는 제3호의 경우에는 능력 또는 자격의 흠이 제거되지 아니한 때에 한한다.

제124조(과잉매각되는 경우의 매각불허가)

① 여러 개의 부동산을 매각하는 경우에 한 개의 부동산의 매각대금으로 모든 채권자의 채권액과 강제집행비용을 변제하기에 충분하면 다른 부동산의 매각을 허가하지 아니한다. 다만, 제101조 제3항 단서에 따른 일괄매각의 경우에는 그러하지 아니하다.

② 제1항 본문의 경우에 채무자는 그 부동산 가운데 매각할 것을 지정할 수 있다.

제125조(매각을 허가하지 아니할 경우의 새 매각기일)

① 제121조와 제123조의 규정에 따라 매각을 허가하지 아니하고 다시 매각을 명하는 때에는 직권으로 새 매각기일을 정하여야 한다.

② 제121조 제6호의 사유로 제1항의 새 매각기일을 열게 된 때에는 제97조 내지 제105조의 규정을 준용한다.

제126조(매각허가여부의 결정선고)

① 매각을 허가하거나 허가하지 아니하는 결정은 선고하여야 한다.

② 매각결정기일조서에는 민사소송법 제152조 내지 제154조와 제156조 내지 제158조 및 제164조의 규정을 준용한다.

③ 제1항의 결정은 확정되어야 효력을 가진다.

제127조(매각허가결정의 취소신청)

① 제121조 제6호에서 규정한 사실이 매각허가결정의 확정 뒤에 밝혀진 경우에는 매수인은 대금을 낼 때까지 매각허가결정의 취소신청을 할 수 있다.

② 제1항의 신청에 관한 결정에 대하여는 즉시항고를 할 수 있다.

제128조(매각허가결정)

① 매각허가결정에는 매각한 부동산, 매수인과 매각가격을 적고 특별한 매각조건으로 매각한 때에는 그 조건을 적어야 한다.

② 제1항의 결정은 선고하는 외에 대법원규칙이 정하는 바에 따라 공고하여야 한다.

제129조(이해관계인 등의 즉시항고)

① 이해관계인은 매각허가여부의 결정에 따라 손해를 볼 경우에만 그 결정에 대하여 즉시항고를 할 수 있다.

② 매각허가에 정당한 이유가 없거나 결정에 적은 것 외의 조건으로 허가하여야 한다고 주장하는 매수인 또는 매각허가를 주장하는 매수신고인도 즉시항고를 할 수 있다.

③ 제1항 및 제2항의 경우에 매각허가를 주장하는 매수신고인은 그 신청한 가격에 대하여 구속을 받는다.

제130조(매각허가여부에 대한 항고)

① 매각허가결정에 대한 항고는 이 법에 규정한 매각허가에 대한 이의신청사유가 있다거나, 그 결정절차에 중대한 잘못이 있다는 것을 이유로 드는 때에만 할 수 있다.

② 민사소송법 제451조 제1항 각호의 사유는 제1항의 규정에 불구하고 매각허가 또는 불허가결정에 대한 항고의 이유로 삼을 수 있다.

③ 매각허가결정에 대하여 항고를 하고자 하는 사람은 보증으로 매각대금의 10분의 1에 해당하는 금전 또는 법원이 인정한 유가증권을 공탁하여야 한다.

④ 항고를 제기하면서 항고장에 제3항의 보증을 제공하였음을 증명하는 서류를 붙이지 아니한 때에는 원심법원은 항고장을 받은 날부터 1주 이내에 결정으로 이를 각하하여야 한다.

⑤ 제4항의 결정에 대하여는 즉시항고를 할 수 있다.

⑥ 채무자 및 소유자가 한 제3항의 항고가 기각된 때에는 항고인은 보증으로 제공한 금전이나 유가증권을 돌려 줄 것을 요구하지 못한다.

⑦ 채무자 및 소유자 외의 사람이 한 제3항의 항고가 기각된 때에는 항고인은 보증으로 제공한 금전이나, 유가증권을 현금화한 금액 가운데 항고를 한 날부터 항고기각결정이 확정된 날까지의 매각대금에 대한 대법원규칙이 정하는 이율에 의

한 금액(보증으로 제공한 금전이나, 유가증권을 현금화한 금액을 한도로 한다)에
대하여는 돌려 줄 것을 요구할 수 없다. 다만, 보증으로 제공한 유가증권을 현금
화하기 전에 위의 금액을 항고인이 지급한 때에는 그 유가증권을 돌려 줄 것을
요구할 수 있다.

⑧ 항고인이 항고를 취하한 경우에는 제6항 또는 제7항의 규정을 준용한다.

제131조(항고심의 절차)

① 항고법원은 필요한 경우에 반대진술을 하게 하기 위하여 항고인의 상대방을
정할 수 있다.

② 한 개의 결정에 대한 여러 개의 항고는 병합한다.

③ 항고심에는 제122조의 규정을 준용한다.

제132조(항고법원의 재판과 매각허가여부결정)

항고법원이 집행법원의 결정을 취소하는 경우에 그 매각허가여부의 결정은 집행
법원이 한다.

제133조(매각을 허가하지 아니하는 결정의 효력)

매각을 허가하지 아니한 결정이 확정된 때에는 매수인과 매각허가를 주장한 매수
신고인은 매수에 관한 책임이 면제된다.

제134조(최저매각가격의 결정부터 새로할 경우)

제127조의 규정에 따라 매각허가결정을 취소한 경우에는 제97조 내지 제105조의
규정을 준용한다.

제135조(소유권의 취득시기)

매수인은 매각대금을 다 낸 때에 매각의 목적인 권리를 취득한다.

제136조(부동산의 인도명령 등)

① 법원은 매수인이 대금을 낸 뒤 6월 이내에 신청하면 채무자·소유자 또는 부
동산 점유자에 대하여 부동산을 매수인에게 인도하도록 명할 수 있다. 다만, 점유
자가 매수인에게 대항할 수 있는 권원에 의하여 점유하고 있는 것으로 인정되는
경우에는 그러하지 아니하다.

② 법원은 매수인 또는 채권자가 신청하면 매각허가가 결정된 뒤 인도할 때까지
관리인에게 부동산을 관리하게 할 것을 명할 수 있다.

③ 제2항의 경우 부동산의 관리를 위하여 필요하면 법원은 매수인 또는 채권자의 신청에 따라 담보를 제공하게 하거나 제공하게 하지 아니하고 제1항의 규정에 준하는 명령을 할 수 있다.

④ 법원이 채무자 및 소유자 외의 점유자에 대하여 제1항 또는 제3항의 규정에 따른 인도명령을 하려면 그 점유자를 심문하여야 한다. 다만, 그 점유자가 매수인에게 대항할 수 있는 권원에 의하여 점유하고 있지 아니함이 명백한 때 또는 이미 그 점유자를 심문한 때에는 그러하지 아니하다.

⑤ 제1항 내지 제3항의 신청에 관한 결정에 대하여는 즉시항고를 할 수 있다.

⑥ 채무자·소유자 또는 점유자가 제1항과 제3항의 인도명령에 따르지 아니할 때에는 매수인 또는 채권자는 집행관에게 그 집행을 위임할 수 있다.

제137조(차순위매수신고인에 대한 매각허가여부결정)

① 차순위매수신고인이 있는 경우에 매수인이 대금지급기한까지 그 의무를 이행하지 아니한 때에는 차순위매수신고인에게 매각을 허가할 것인지를 결정하여야 한다. 다만, 제142조 제4항의 경우에는 그러하지 아니하다.

② 차순위매수신고인에 대한 매각허가결정이 있는 때에는 매수인은 매수신청의 보증을 돌려 줄 것을 요구하지 못한다.

제138조(재매각)

① 매수인이 대금지급기한 또는 제142조 제4항의 다시 정한 기한까지 그 의무를 완전히 이행하지 아니하였고, 차순위매수신고인이 없는 때에는 법원은 직권으로 부동산의 재매각을 명하여야 한다.

② 재매각절차에도 종전에 정한 최저매각가격, 그 밖의 매각조건을 적용한다.

③ 매수인이 재매각기일의 3일 이전까지 대금, 그 지급기한이 지난 뒤부터 지급일까지의 대금에 대한 대법원규칙이 정하는 이율에 따른 지연이자와 절차비용을 지급한 때에는 재매각절차를 취소하여야 한다. 이 경우 차순위매수신고인이 매각허가결정을 받았던 때에는 위 금액을 먼저 지급한 매수인이 매매목적물의 권리를 취득한다.

④ 재매각절차에서는 전의 매수인은 매수신청을 할 수 없으며 매수신청의 보증을 돌려 줄 것을 요구하지 못한다.

제139조(공유물지분에 대한 경매)

① 공유물지분을 경매하는 경우에는 채권자의 채권을 위하여 채무자의 지분에 대한 경매개시결정이 있음을 등기부에 기입하고 다른 공유자에게 그 경매개시결정이 있다는 것을 통지하여야 한다. 다만, 상당한 이유가 있는 때에는 통지하지 아니할 수 있다.

② 최저매각가격은 공유물 전부의 평가액을 기본으로 채무자의 지분에 관하여 정하여야 한다. 다만, 그와 같은 방법으로 정확한 가치를 평가하기 어렵거나 그 평가에 부당하게 많은 비용이 드는 등 특별한 사정이 있는 경우에는 그러하지 아니하다.

제140조(공유자의 우선매수권)

① 공유자는 매각기일까지 제113조에 따른 보증을 제공하고 최고매수신고가격과 같은 가격으로 채무자의 지분을 우선매수하겠다는 신고를 할 수 있다.

② 제1항의 경우에 법원은 최고가매수신고가 있더라도 그 공유자에게 매각을 허가하여야 한다.

③ 여러 사람의 공유자가 우선매수하겠다는 신고를 하고 제2항의 절차를 마친 때에는 특별한 협의가 없으면 공유지분의 비율에 따라 채무자의 지분을 매수하게 한다.

④ 제1항의 규정에 따라 공유자가 우선매수신고를 한 경우에는 최고가매수신고인을 제114조의 차순위매수신고인으로 본다.

제141조(경매개시결정등기의 말소)

경매신청이 매각허가 없이 마쳐진 때에는 법원사무관등은 제94조와 제139조 제1항의 규정에 따른 기입을 말소하도록 등기관에게 촉탁하여야 한다.

제142조(대금의 지급)

① 매각허가결정이 확정되면 법원은 대금의 지급기한을 정하고, 이를 매수인과 차순위매수신고인에게 통지하여야 한다.

② 매수인은 제1항의 대금지급기한까지 매각대금을 지급하여야 한다.

③ 매수신청의 보증으로 금전이 제공된 경우에 그 금전은 매각대금에 넣는다.

④ 매수신청의 보증으로 금전 외의 것이 제공된 경우로서 매수인이 매각대금중 보증액을 뺀 나머지 금액만을 낸 때에는, 법원은 보증을 현금화하여 그 비용을 뺀

금액을 보증액에 해당하는 매각대금 및 이에 대한 지연이자에 충당하고, 모자라는 금액이 있으면 다시 대금지급기한을 정하여 매수인으로 하여금 내게 한다.

⑤ 제4항의 지연이자에 대하여는 제138조 제3항의 규정을 준용한다.

⑥ 차순위매수신고인은 매수인이 대금을 모두 지급한 때 매수의 책임을 벗게 되고 즉시 매수신청의 보증을 돌려 줄 것을 요구할 수 있다.

제143조(특별한 지급방법)

① 매수인은 매각조건에 따라 부동산의 부담을 인수하는 외에 배당표(配當表)의 실시에 관하여 매각대금의 한도에서 관계채권자의 승낙이 있으면 대금의 지급에 갈음하여 채무를 인수할 수 있다.

② 채권자가 매수인인 경우에는 매각결정기일이 끝날 때까지 법원에 신고하고 배당받아야 할 금액을 제외한 대금을 배당기일에 낼 수 있다.

③ 제1항 및 제2항의 경우에 매수인이 인수한 채무나 배당받아야 할 금액에 대하여 이의가 제기된 때에는 매수인은 배당기일이 끝날 때까지 이에 해당하는 대금을 내야 한다.

제144조(매각대금 지급 뒤의 조치)

① 매각대금이 지급되면 법원사무관등은 매각허가결정의 등본을 붙여 다음 각호의 등기를 촉탁하여야 한다.

    1. 매수인 앞으로 소유권을 이전하는 등기

    2. 매수인이 인수하지 아니한 부동산의 부담에 관한 기입을 말소하는 등기

    3. 제94조 및 제139조 제1항의 규정에 따른 경매개시결정등기를 말소하는 등기

② 매각대금을 지급할 때까지 매수인과 부동산을 담보로 제공받으려고 하는 사람이 대법원규칙으로 정하는 바에 따라 공동으로 신청한 경우, 제1항의 촉탁은 등기신청의 대리를 업으로 할 수 있는 사람으로서 신청인이 지정하는 사람에게 촉탁서를 교부하여 등기소에 제출하도록 하는 방법으로 하여야 한다. 이 경우 신청인이 지정하는 사람은 지체 없이 그 촉탁서를 등기소에 제출하여야 한다. <신설 2010. 7. 23.>

③ 제1항의 등기에 드는 비용은 매수인이 부담한다. <개정 2010. 7. 23.>

제145조(매각대금의 배당)

① 매각대금이 지급되면 법원은 배당절차를 밟아야 한다.

② 매각대금으로 배당에 참가한 모든 채권자를 만족하게 할 수 없는 때에는 법원은 민법·상법, 그 밖의 법률에 의한 우선순위에 따라 배당하여야 한다.

제146조(배당기일)

매수인이 매각대금을 지급하면 법원은 배당에 관한 진술 및 배당을 실시할 기일을 정하고 이해관계인과 배당을 요구한 채권자에게 이를 통지하여야 한다. 다만, 채무자가 외국에 있거나 있는 곳이 분명하지 아니한 때에는 통지하지 아니한다.

제147조(배당할 금액 등)

① 배당할 금액은 다음 각호에 규정한 금액으로 한다.

1. 대금
2. 제138조 제3항 및 제142조 제4항의 경우에는 대금지급기한이 지난 뒤부터 대금의 지급·충당까지의 지연이자
3. 제130조 제6항의 보증(제130조 제8항에 따라 준용되는 경우를 포함한다.)
4. 제130조 제7항 본문의 보증 가운데 항고인이 돌려 줄 것을 요구하지 못하는 금액 또는 제130조 제7항 단서의 규정에 따라 항고인이 낸 금액(각각 제130조 제8항에 따라 준용되는 경우를 포함한다.)
5. 제138조 제4항의 규정에 의하여 매수인이 돌려줄 것을 요구할 수 없는 보증(보증이 금전 외의 방법으로 제공되어 있는 때에는 보증을 현금화하여 그 대금에서 비용을 뺀 금액)

② 제1항의 금액 가운데 채권자에게 배당하고 남은 금액이 있으면, 제1항 제4호의 금액의 범위안에서 제1항 제4호의 보증 등을 제공한 사람에게 돌려준다.

③ 제1항의 금액 가운데 채권자에게 배당하고 남은 금액으로 제1항 제4호의 보증 등을 돌려주기 부족한 경우로서 그 보증 등을 제공한 사람이 여럿인 때에는 제1항 제4호의 보증 등의 비율에 따라 나누어 준다.

제148조(배당받을 채권자의 범위)

제147조 제1항에 규정한 금액을 배당받을 채권자는 다음 각호에 규정된 사람으로 한다.

1. 배당요구의 종기까지 경매신청을 한 압류채권자
2. 배당요구의 종기까지 배당요구를 한 채권자
3. 첫 경매개시결정등기전에 등기된 가압류채권자

4. 저당권·전세권, 그 밖의 우선변제청구권으로서 첫 경매개시결정등기전에
   등기되었고 매각으로 소멸하는 것을 가진 채권자

제149조(배당표의 확정)

① 법원은 채권자와 채무자에게 보여 주기 위하여 배당기일의 3일전에 배당표원안(配當表原案)을 작성하여 법원에 비치하여야 한다.

② 법원은 출석한 이해관계인과 배당을 요구한 채권자를 심문하여 배당표를 확정하여야 한다.

제150조(배당표의 기재 등)

① 배당표에는 매각대금, 채권자의 채권의 원금, 이자, 비용, 배당의 순위와 배당의 비율을 적어야 한다.

② 출석한 이해관계인과 배당을 요구한 채권자가 합의한 때에는 이에 따라 배당표를 작성하여야 한다.

제151조(배당표에 대한 이의)

① 기일에 출석한 채무자는 채권자의 채권 또는 그 채권의 순위에 대하여 이의할 수 있다.

② 제1항의 규정에 불구하고 채무자는 제149조 제1항에 따라 법원에 배당표원안이 비치된 이후 배당기일이 끝날 때까지 채권자의 채권 또는 그 채권의 순위에 대하여 서면으로 이의할 수 있다.

③ 기일에 출석한 채권자는 자기의 이해에 관계되는 범위 안에서는 다른 채권자를 상대로 그의 채권 또는 그 채권의 순위에 대하여 이의할 수 있다.

제152조(이의의 완결)

① 제151조의 이의에 관계된 채권자는 이에 대하여 진술하여야 한다.

② 관계인이 제151조의 이의를 정당하다고 인정하거나 다른 방법으로 합의한 때에는 이에 따라 배당표를 경정(更正)하여 배당을 실시하여야 한다.

③ 제151조의 이의가 완결되지 아니한 때에는 이의가 없는 부분에 한하여 배당을 실시하여야 한다.

제153조(불출석한 채권자)

① 기일에 출석하지 아니한 채권자는 배당표와 같이 배당을 실시하는 데에 동의

한 것으로 본다.

② 기일에 출석하지 아니한 채권자가 다른 채권자가 제기한 이의에 관계된 때에는 그 채권자는 이의를 정당하다고 인정하지 아니한 것으로 본다.

제154조(배당이의의 소 등)

① 집행력 있는 집행권원의 정본을 가지지 아니한 채권자(가압류채권자를 제외한다)에 대하여 이의한 채무자와 다른 채권자에 대하여 이의한 채권자는 배당이의의 소를 제기하여야 한다.

② 집행력 있는 집행권원의 정본을 가진 채권자에 대하여 이의한 채무자는 청구이의의 소를 제기하여야 한다.

③ 이의한 채권자나 채무자가 배당기일부터 1주 이내에 집행법원에 대하여 제1항의 소를 제기한 사실을 증명하는 서류를 제출하지 아니한 때 또는 제2항의 소를 제기한 사실을 증명하는 서류와 그 소에 관한 집행정지재판의 정본을 제출하지 아니한 때에는 이의가 취하된 것으로 본다.

제155조(이의한 사람 등의 우선권 주장)

이의한 채권자가 제154조 제3항의 기간을 지키지 아니한 경우에도 배당표에 따른 배당을 받은 채권자에 대하여 소로 우선권 및 그 밖의 권리를 행사하는 데 영향을 미치지 아니한다.

제156조(배당이의의 소의 관할)

① 제154조 제1항의 배당이의의 소는 배당을 실시한 집행법원이 속한 지방법원의 관할로 한다. 다만, 소송물이 단독판사의 관할에 속하지 아니할 경우에는 지방법원의 합의부가 이를 관할한다.

② 여러 개의 배당이의의 소가 제기된 경우에 한 개의 소를 합의부가 관할하는 때에는 그 밖의 소도 함께 관할한다.

③ 이의한 사람과 상대방이 이의에 관하여 단독판사의 재판을 받을 것을 합의한 경우에는 제1항 단서와 제2항의 규정을 적용하지 아니한다.

제157조(배당이의의 소의 판결)

배당이의의 소에 대한 판결에서는 배당액에 대한 다툼이 있는 부분에 관하여 배당을 받을 채권자와 그 액수를 정하여야 한다. 이를 정하는 것이 적당하지 아니하다고 인정한 때에는 판결에서 배당표를 다시 만들고 다른 배당절차를 밟도록 명하여야 한다.

제158조(배당이의의 소의 취하간주)

이의한 사람이 배당이의의 소의 첫 변론기일에 출석하지 아니한 때에는 소를 취하한 것으로 본다.

제159조(배당실시절차ㆍ배당조서)

① 법원은 배당표에 따라 제2항 및 제3항에 규정된 절차에 의하여 배당을 실시하여야 한다.

② 채권 전부의 배당을 받을 채권자에게는 배당액지급증을 교부하는 동시에 그가 가진 집행력 있는 정본 또는 채권증서를 받아 채무자에게 교부하여야 한다.

③ 채권 일부의 배당을 받을 채권자에게는 집행력 있는 정본 또는 채권증서를 제출하게 한 뒤 배당액을 적어서 돌려주고 배당액지급증을 교부하는 동시에 영수증을 받아 채무자에게 교부하여야 한다.

④ 제1항 내지 제3항의 배당실시절차는 조서에 명확히 적어야 한다.

제160조(배당금액의 공탁)

① 배당을 받아야 할 채권자의 채권에 대하여 다음 각호 가운데 어느 하나의 사유가 있으면 그에 대한 배당액을 공탁하여야 한다.

  1. 채권에 정지조건 또는 불확정기한이 붙어 있는 때
  2. 가압류채권자의 채권인 때
  3. 제49조 제2호 및 제266조 제1항 제5호에 규정된 문서가 제출되어 있는 때
  4. 저당권설정의 가등기가 마쳐져 있는 때
  5. 제154조 제1항에 의한 배당이의의 소가 제기된 때
  6. 민법 제340조 제2항 및 같은 법 제370조에 따른 배당금액의 공탁청구가 있는 때

② 채권자가 배당기일에 출석하지 아니한 때에는 그에 대한 배당액을 공탁하여야 한다.

제161조(공탁금에 대한 배당의 실시)

① 법원이 제160조 제1항의 규정에 따라 채권자에 대한 배당액을 공탁한 뒤 공탁의 사유가 소멸한 때에는 법원은 공탁금을 지급하거나 공탁금에 대한 배당을 실시하여야 한다.

② 제1항에 따라 배당을 실시함에 있어서 다음 각호 가운데 어느 하나에 해당하는 때에는 법원은 배당에 대하여 이의하지 아니한 채권자를 위하여서도 배당표를 바꾸어야 한다.

　　1. 제160조 제1항 제1호 내지 제4호의 사유에 따른 공탁에 관련된 채권자에 대하여 배당을 실시할 수 없게 된 때

　　2. 제160조 제1항 제5호의 공탁에 관련된 채권자가 채무자로부터 제기당한 배당이의의 소에서 진 때

　　3. 제160조 제1항 제6호의 공탁에 관련된 채권자가 저당물의 매각대가로부터 배당을 받은 때

③ 제160조 제2항의 채권자가 법원에 대하여 공탁금의 수령을 포기하는 의사를 표시한 때에는 그 채권자의 채권이 존재하지 아니하는 것으로 보고 배당표를 바꾸어야 한다.

④ 제2항 및 제3항의 배당표 변경에 따른 추가 배당기일에 제151조의 규정에 따라 이의할 때에는 종전의 배당기일에서 주장할 수 없었던 사유만을 주장할 수 있다.

제162조(공동경매)

여러 압류채권자를 위하여 동시에 실시하는 부동산의 경매절차에는 제80조 내지 제161조의 규정을 준용한다.

제3관 강제관리

제163조(강제경매규정의 준용)

강제관리에는 제80조 내지 제82조, 제83조 제1항·제3항 내지 제5항, 제85조 내지 제89조 및 제94조 내지 제96조의 규정을 준용한다.

제164조(강제관리개시결정)

① 강제관리를 개시하는 결정에는 채무자에게는 관리사무에 간섭하여서는 아니되고 부동산의 수익을 처분하여서도 아니된다고 명하여야 하며, 수익을 채무자에게 지급할 제3자에게는 관리인에게 이를 지급하도록 명하여야 한다.

② 수확하였거나 수확할 과실(果實)과, 이행기에 이르렀거나 이르게 될 과실은 제1항의 수익에 속한다.

③ 강제관리개시결정은 제3자에게는 결정서를 송달하여야 효력이 생긴다.

④ 강제관리신청을 기각하거나 각하하는 재판에 대하여는 즉시 항고를 할 수 있다.

제165조(강제관리개시결정 등의 통지)

법원은 강제관리를 개시하는 결정을 한 부동산에 대하여 다시 강제관리의 개시결정을 하거나 배당요구의 신청이 있는 때에는 관리인에게 이를 통지하여야 한다.

제166조(관리인의 임명 등)

① 관리인은 법원이 임명한다. 다만, 채권자는 적당한 사람을 관리인으로 추천할 수 있다.

② 관리인은 관리와 수익을 하기 위하여 부동산을 점유할 수 있다. 이 경우 저항을 받으면 집행관에게 원조를 요구할 수 있다.

③ 관리인은 제3자가 채무자에게 지급할 수익을 추심(推尋)할 권한이 있다.

제167조(법원의 지휘 · 감독)

① 법원은 관리에 필요한 사항과 관리인의 보수를 정하고, 관리인을 지휘 · 감독한다.

② 법원은 관리인에게 보증을 제공하도록 명할 수 있다.

③ 관리인에게 관리를 계속할 수 없는 사유가 생긴 경우에는 법원은 직권으로 또는 이해관계인의 신청에 따라 관리인을 해임할 수 있다. 이 경우 관리인을 심문하여야 한다.

제168조(준용규정)

제3자가 부동산에 대한 강제관리를 막을 권리가 있다고 주장하는 경우에는 제48조의 규정을 준용한다.

제169조(수익의 처리)

① 관리인은 부동산수익에서 그 부동산이 부담하는 조세, 그 밖의 공과금을 뺀 뒤에 관리비용을 변제하고, 그 나머지 금액을 채권자에게 지급한다.

② 제1항의 경우 모든 채권자를 만족하게 할 수 없는 때에는 관리인은 채권자 사이의 배당협의에 따라 배당을 실시하여야 한다.

③ 채권자 사이에 배당협의가 이루어지지 못한 경우에 관리인은 그 사유를 법원에 신고하여야 한다.

④ 제3항의 신고가 있는 경우에는 제145조·제146조 및 제148조 내지 제161조의 규정을 준용하여 배당표를 작성하고 이에 따라 관리인으로 하여금 채권자에게 지급하게 하여야 한다.

제170조(관리인의 계산보고)

① 관리인은 매년 채권자·채무자와 법원에 계산서를 제출하여야 한다. 그 업무를 마친 뒤에도 또한 같다.

② 채권자와 채무자는 계산서를 송달받은 날부터 1주 이내에 집행법원에 이에 대한 이의신청을 할 수 있다.

③ 제2항의 기간 이내에 이의신청이 없는 때에는 관리인의 책임이 면제된 것으로 본다.

④ 제2항의 기간 이내에 이의신청이 있는 때에는 관리인을 심문한 뒤 결정으로 재판하여야 한다. 신청한 이의를 매듭 지은 때에는 법원은 관리인의 책임을 면제한다.

제171조(강제관리의 취소)

① 강제관리의 취소는 법원이 결정으로 한다.

② 채권자들이 부동산수익으로 전부 변제를 받았을 때에는 법원은 직권으로 제1항의 취소결정을 한다.

③ 제1항 및 제2항의 결정에 대하여는 즉시항고를 할 수 있다.

④ 강제관리의 취소결정이 확정된 때에는 법원사무관등은 강제관리에 관한 기입등기를 말소하도록 촉탁하여야 한다.

제3절 선박 등에 대한 강제집행

제172조(선박에 대한 강제집행)

등기할 수 있는 선박에 대한 강제집행은 부동산의 강제경매에 관한 규정에 따른다. 다만, 사물의 성질에 따른 차이가 있거나 특별한 규정이 있는 경우에는 그러하지 아니하다.

제173조(관할법원)

선박에 대한 강제집행의 집행법원은 압류 당시에 그 선박이 있는 곳을 관할하는 지방법원으로 한다.

제174조(선박국적증서 등의 제출)

① 법원은 경매개시결정을 한 때에는 집행관에게 선박국적증서 그 밖에 선박운행에 필요한 문서(이하 "선박국적증서등"이라 한다)를 선장으로부터 받아 법원에 제출하도록 명하여야 한다.

② 경매개시결정이 송달 또는 등기되기 전에 집행관이 선박국적증서등을 받은 경우에는 그 때에 압류의 효력이 생긴다.

제175조(선박집행신청전의 선박국적증서등의 인도명령)

① 선박에 대한 집행의 신청전에 선박국적증서등을 받지 아니하면 집행이 매우 곤란할 염려가 있을 경우에는 선적(船籍)이 있는 곳을 관할하는 지방법원(선적이 없는 때에는 대법원규칙이 정하는 법원)은 신청에 따라 채무자에게 선박국적증서등을 집행관에게 인도하도록 명할 수 있다. 급박한 경우에는 선박이 있는 곳을 관할하는 지방법원도 이 명령을 할 수 있다.

② 집행관은 선박국적증서등을 인도받은 날부터 5일 이내에 채권자로부터 선박집행을 신청하였음을 증명하는 문서를 제출받지 못한 때에는 그 선박국적증서등을 돌려 주어야 한다.

③ 제1항의 규정에 따른 재판에 대하여는 즉시항고를 할 수 있다.

④ 제1항의 규정에 따른 재판에는 제292조 제2항 및 제3항의 규정을 준용한다.

제176조(압류선박의 정박)

① 법원은 집행절차를 행하는 동안 선박이 압류 당시의 장소에 계속 머무르도록 명하여야 한다.

② 법원은 영업상의 필요, 그 밖에 상당한 이유가 있다고 인정할 경우에는 채무자의 신청에 따라 선박의 운행을 허가할 수 있다. 이 경우 채권자·최고가매수신고인·차순위매수신고인 및 매수인의 동의가 있어야 한다.

③ 제2항의 선박운행허가결정에 대하여는 즉시항고를 할 수 있다.

④ 제2항의 선박운행허가결정은 확정되어야 효력이 생긴다.

제177조(경매신청의 첨부서류)

① 강제경매신청을 할 때에는 다음 각호의 서류를 내야 한다.

　　1. 채무자가 소유자인 경우에는 소유자로서 선박을 점유하고 있다는 것을, 선

장인 경우에는 선장으로서 선박을 지휘하고 있다는 것을 소명할 수 있는 증서

2. 선박에 관한 등기사항을 포함한 등기부의 초본 또는 등본

② 채권자는 공적 장부를 주관하는 공공기관이 멀리 떨어진 곳에 있는 때에는 제1항 제2호의 초본 또는 등본을 보내주도록 법원에 신청할 수 있다.

제178조(감수 · 보존처분)

① 법원은 채권자의 신청에 따라 선박을 감수(監守)하고 보존하기 위하여 필요한 처분을 할 수 있다.

② 제1항의 처분을 한 때에는 경매개시결정이 송달되기 전에도 압류의 효력이 생긴다.

제179조(선장에 대한 판결의 집행)

① 선장에 대한 판결로 선박채권자를 위하여 선박을 압류하면 그 압류는 소유자에 대하여도 효력이 미친다. 이 경우 소유자도 이해관계인으로 본다.

② 압류한 뒤에 소유자나 선장이 바뀌더라도 집행절차에는 영향을 미치지 아니한다.

③ 압류한 뒤에 선장이 바뀐 때에는 바뀐 선장만이 이해관계인이 된다.

제180조(관할위반으로 말미암은 절차의 취소)

압류 당시 선박이 그 법원의 관할안에 없었음이 판명된 때에는 그 절차를 취소하여야 한다.

제181조(보증의 제공에 의한 강제경매절차의 취소)

① 채무자가 제49조 제2호 또는 제4호의 서류를 제출하고 압류채권자 및 배당을 요구한 채권자의 채권과 집행비용에 해당하는 보증을 매수신고전에 제공한 때에는 법원은 신청에 따라 배당절차 외의 절차를 취소하여야 한다.

② 제1항에 규정한 서류를 제출함에 따른 집행정지가 효력을 잃은 때에는 법원은 제1항의 보증금을 배당하여야 한다.

③ 제1항의 신청을 기각한 재판에 대하여는 즉시항고를 할 수 있다.

④ 제1항의 규정에 따른 집행취소결정에는 제17조 제2항의 규정을 적용하지 아니한다.

⑤ 제1항의 보증의 제공에 관하여 필요한 사항은 대법원규칙으로 정한다.

제182조(사건의 이송)

① 압류된 선박이 관할구역 밖으로 떠난 때에는 집행법원은 선박이 있는 곳을 관할하는 법원으로 사건을 이송할 수 있다.

② 제1항의 규정에 따른 결정에 대하여는 불복할 수 없다.

제183조(선박국적증서등을 넘겨받지 못한 경우의 경매절차취소)

경매개시결정이 있은 날부터 2월이 지나기까지 집행관이 선박국적증서등을 넘겨받지 못하고, 선박이 있는 곳이 분명하지 아니한 때에는 법원은 강제경매절차를 취소할 수 있다.

제184조(매각기일의 공고)

매각기일의 공고에는 선박의 표시와 그 정박한 장소를 적어야 한다.

제185조(선박지분의 압류명령)

① 선박의 지분에 대한 강제집행은 제251조에서 규정한 강제집행의 예에 따른다.

② 채권자가 선박의 지분에 대하여 강제집행신청을 하기 위하여서는 채무자가 선박의 지분을 소유하고 있다는 사실을 증명할 수 있는 선박등기부의 등본이나 그 밖의 증명서를 내야 한다.

③ 압류명령은 채무자 외에 「상법」 제764조에 의하여 선임된 선박관리인(이하 이 조에서 "선박관리인"이라 한다)에게도 송달하여야 한다. <개정 2007. 8. 3.>

④ 압류명령은 선박관리인에게 송달되면 채무자에게 송달된 것과 같은 효력을 가진다.

제186조(외국선박의 압류)

외국선박에 대한 강제집행에는 등기부에 기입할 절차에 관한 규정을 적용하지 아니한다.

제187조(자동차 등에 대한 강제집행)

자동차·건설기계·소형선박(「자동차 등 특정동산 저당법」 제3조 제2호에 따른 소형선박을 말한다) 및 항공기(「자동차 등 특정동산 저당법」 제3조 제4호에 따른 항공기 및 경량항공기를 말한다)에 대한 강제집행절차는 제2편 제2장 제2절부터 제4절까지의 규정에 준하여 대법원규칙으로 정한다. <개정 2007. 8. 3., 2009. 3. 25., 2015. 5. 18.>

제4절 동산에 대한 강제집행

제1관 통칙

제188조(집행방법, 압류의 범위)

① 동산에 대한 강제집행은 압류에 의하여 개시한다.

② 압류는 집행력 있는 정본에 적은 청구금액의 변제와 집행비용의 변상에 필요한 한도안에서 하여야 한다.

③ 압류물을 현금화하여도 집행비용 외에 남을 것이 없는 경우에는 집행하지 못한다.

제2관 유체동산에 대한 강제집행

제189조(채무자가 점유하고 있는 물건의 압류)

① 채무자가 점유하고 있는 유체동산의 압류는 집행관이 그 물건을 점유함으로써 한다. 다만, 채권자의 승낙이 있거나 운반이 곤란한 때에는 봉인(封印), 그 밖의 방법으로 압류물임을 명확히 하여 채무자에게 보관시킬 수 있다.

② 다음 각호 가운데 어느 하나에 해당하는 물건은 이 법에서 유체동산으로 본다.

    1. 등기할 수 없는 토지의 정착물로서 독립하여 거래의 객체가 될 수 있는 것

    2. 토지에서 분리하기 전의 과실로서 1월 이내에 수확할 수 있는 것

    3. 유가증권으로서 배서가 금지되지 아니한 것

③ 집행관은 채무자에게 압류의 사유를 통지하여야 한다.

제190조(부부공유 유체동산의 압류)

채무자와 그 배우자의 공유로서 채무자가 점유하거나 그 배우자와 공동으로 점유하고 있는 유체동산은 제189조의 규정에 따라 압류할 수 있다.

제191조(채무자 외의 사람이 점유하고 있는 물건의 압류)

채권자 또는 물건의 제출을 거부하지 아니하는 제3자가 점유하고 있는 물건은 제189조의 규정을 준용하여 압류할 수 있다.

제192조(국고금의 압류)

국가에 대한 강제집행은 국고금을 압류함으로써 한다.

제193조(압류물의 인도)

① 압류물을 제3자가 점유하게 된 경우에는 법원은 채권자의 신청에 따라 그 제3자에 대하여 그 물건을 집행관에게 인도하도록 명할 수 있다.

② 제1항의 신청은 압류물을 제3자가 점유하고 있는 것을 안 날부터 1주 이내에 하여야 한다.

③ 제1항의 재판은 상대방에게 송달되기 전에도 집행할 수 있다.

④ 제1항의 재판은 신청인에게 고지된 날부터 2주가 지난 때에는 집행할 수 없다.

⑤ 제1항의 재판에 대하여는 즉시항고를 할 수 있다.

제194조(압류의 효력)

압류의 효력은 압류물에서 생기는 천연물에도 미친다.

제195조(압류가 금지되는 물건)

다음 각호의 물건은 압류하지 못한다. <개정 2005. 1. 27.>

1. 채무자 및 그와 같이 사는 친족(사실상 관계에 따른 친족을 포함한다. 이하 이 조에서 "채무자등"이라 한다)의 생활에 필요한 의복·침구·가구·부엌기구, 그 밖의 생활필수품

2. 채무자등의 생활에 필요한 2월간의 식료품·연료 및 조명재료

3. 채무자등의 생활에 필요한 1월간의 생계비로서 대통령령이 정하는 액수의 금전

4. 주로 자기 노동력으로 농업을 하는 사람에게 없어서는 아니될 농기구·비료·가축·사료·종자, 그 밖에 이에 준하는 물건

5. 주로 자기의 노동력으로 어업을 하는 사람에게 없어서는 아니될 고기잡이 도구·어망·미끼·새끼고기, 그 밖에 이에 준하는 물건

6. 전문직 종사자·기술자·노무자, 그 밖에 주로 자기의 정신적 또는 육체적 노동으로 직업 또는 영업에 종사하는 사람에게 없어서는 아니 될 제복·도구, 그 밖에 이에 준하는 물건

7. 채무자 또는 그 친족이 받은 훈장·포장·기장, 그 밖에 이에 준하는 명예증표

8. 위패·영정·묘비, 그 밖에 상례·제사 또는 예배에 필요한 물건

9. 족보·집안의 역사적인 기록·사진첩, 그 밖에 선조숭배에 필요한 물건

10. 채무자의 생활 또는 직무에 없어서는 아니 될 도장·문패·간판, 그 밖에
    이에 준하는 물건
11. 채무자의 생활 또는 직업에 없어서는 아니 될 일기장·상업장부, 그 밖에
    이에 준하는 물건
12. 공표되지 아니한 저작 또는 발명에 관한 물건
13. 채무자등이 학교·교회·사찰, 그 밖의 교육기관 또는 종교단체에서 사용
    하는 교과서·교리서·학습용구, 그 밖에 이에 준하는 물건
14. 채무자등의 일상생활에 필요한 안경·보청기·의치·의수족·지팡이·장애
    보조용 바퀴의자, 그 밖에 이에 준하는 신체보조기구
15. 채무자등의 일상생활에 필요한 자동차로서 자동차관리법이 정하는 바에
    따른 장애인용 경형자동차
16. 재해의 방지 또는 보안을 위하여 법령의 규정에 따라 설비하여야 하는 소
    방설비·경보기구·피난시설, 그 밖에 이에 준하는 물건

제196조(압류금지 물건을 정하는 재판)

① 법원은 당사자가 신청하면 채권자와 채무자의 생활형편, 그 밖의 사정을 고려
하여 유체동산의 전부 또는 일부에 대한 압류를 취소하도록 명하거나 제195조의
유체동산을 압류하도록 명할 수 있다.
② 제1항의 결정이 있은 뒤에 그 이유가 소멸되거나 사정이 바뀐 때에는 법원은
직권으로 또는 당사자의 신청에 따라 그 결정을 취소하거나 바꿀 수 있다.
③ 제1항 및 제2항의 경우에 법원은 제16조 제2항에 준하는 결정을 할 수 있다.
④ 제1항 및 제2항의 결정에 대하여는 즉시항고를 할 수 있다.
⑤ 제3항의 결정에 대하여는 불복할 수 없다.

제197조(일괄매각)

① 집행관은 여러 개의 유체동산의 형태, 이용관계 등을 고려하여 일괄매수하게
하는 것이 알맞다고 인정하는 때에는 직권으로 또는 이해관계인의 신청에 따라
일괄하여 매각할 수 있다.
② 제1항의 경우에는 제98조 제3항, 제99조, 제100조, 제101조 제2항 내지 제5항
의 규정을 준용한다.

제198조(압류물의 보존)

① 압류물을 보존하기 위하여 필요한 때에는 집행관은 적당한 처분을 하여야 한다.

② 제1항의 경우에 비용이 필요한 때에는 채권자로 하여금 이를 미리 내게 하여야 한다. 채권자가 여럿인 때에는 요구하는 액수에 비례하여 미리 내게 한다.

③ 제49조 제2호 또는 제4호의 문서가 제출된 경우에 압류물을 즉시 매각하지 아니하면 값이 크게 내릴 염려가 있거나, 보관에 지나치게 많은 비용이 드는 때에는 집행관은 그 물건을 매각할 수 있다.

④ 집행관은 제3항의 규정에 따라 압류물을 매각하였을 때에는 그 대금을 공탁하여야 한다.

제199조(압류물의 매각)

집행관은 압류를 실시한 뒤 입찰 또는 호가경매의 방법으로 압류물을 매각하여야 한다.

제200조(값비싼 물건의 평가)

매각할 물건 가운데 값이 비싼 물건이 있는 때에는 집행관은 적당한 감정인에게 이를 평가하게 하여야 한다.

제201조(압류금전)

① 압류한 금전은 채권자에게 인도하여야 한다.

② 집행관이 금전을 추심한 때에는 채무자가 지급한 것으로 본다. 다만, 담보를 제공하거나 공탁을 하여 집행에서 벗어날 수 있도록 채무자에게 허가한 때에는 그러하지 아니하다.

제202조(매각일)

압류일과 매각일 사이에는 1주 이상 기간을 두어야 한다. 다만, 압류물을 보관하는 데 지나치게 많은 비용이 들거나, 시일이 지나면 그 물건의 값이 크게 내릴 염려가 있는 때에는 그러하지 아니하다.

제203조(매각장소)

① 매각은 압류한 유체동산이 있는 시·구·읍·면(도농복합형태의 시의 경우 동지역은 시·구, 읍·면지역은 읍·면)에서 진행한다. 다만, 압류채권자와 채무자가 합의하면 합의된 장소에서 진행한다.

② 매각일자와 징소는 대법원규칙이 정하는 방법으로 공고한다. 공고에는 매각할 물건을 표시하여야 한다.

제204조(준용규정)

매각장소의 질서유지에 관하여는 제108조의 규정을 준용한다.

제205조(매각 · 재매각)

① 집행관은 최고가매수신고인의 성명과 가격을 말한 뒤 매각을 허가한다.

② 매각물은 대금과 서로 맞바꾸어 인도하여야 한다.

③ 매수인이 매각조건에 정한 지급기일에 대금의 지급과 물건의 인도청구를 게을리 한 때에는 재매각을 하여야 한다. 지급기일을 정하지 아니한 경우로서 매각기일의 마감에 앞서 대금의 지급과 물건의 인도청구를 게을리 한 때에도 또한 같다.

④ 제3항의 경우에는 전의 매수인은 재매각절차에 참가하지 못하며, 뒤의 매각대금이 처음의 매각대금보다 적은 때에는 그 부족한 액수를 부담하여야 한다.

제206조(배우자의 우선매수권)

① 제190조의 규정에 따라 압류한 유체동산을 매각하는 경우에 배우자는 매각기일에 출석하여 우선매수할 것을 신고할 수 있다.

② 제1항의 우선매수신고에는 제140조 제1항 및 제2항의 규정을 준용한다.

제207조(매각의 한도)

매각은 매각대금으로 채권자에게 변제하고 강제집행비용을 지급하기에 충분하게 되면 즉시 중지하여야 한다. 다만, 제197조 제2항 및 제101조 제3항 단서에 따른 일괄매각의 경우에는 그러하지 아니하다.

제208조(집행관이 매각대금을 영수한 효과)

집행관이 매각대금을 영수한 때에는 채무자가 지급한 것으로 본다. 다만, 담보를 제공하거나 공탁을 하여 집행에서 벗어날 수 있도록 채무자에게 허가한 때에는 그러하지 아니하다.

제209조(금 · 은붙이의 현금화)

금 · 은붙이는 그 금 · 은의 시장가격 이상의 금액으로 일반 현금화의 규정에 따라 매각하여야 한다. 시장가격 이상의 금액으로 매수하는 사람이 없는 때에는 집행관은 그 시장가격에 따라 적당한 방법으로 매각할 수 있다.

제210조(유가증권의 현금화)

집행관이 유가증권을 압류한 때에는 시장가격이 있는 것은 매각하는 날의 시장가격에 따라 적당한 방법으로 매각하고 그 시장가격이 형성되지 아니한 것은 일반 현금화의 규정에 따라 매각하여야 한다.

제211조(기명유가증권의 명의개서)

유가증권이 기명식인 때에는 집행관은 매수인을 위하여 채무자에 갈음하여 배서 또는 명의개서에 필요한 행위를 할 수 있다.

제212조(어음 등의 제시의무)

① 집행관은 어음·수표 그 밖의 금전의 지급을 목적으로 하는 유가증권(이하 "어음등"이라 한다)으로서 일정한 기간 안에 인수 또는 지급을 위한 제시 또는 지급의 청구를 필요로 하는 것을 압류하였을 경우에 그 기간이 개시되면 채무자에 갈음하여 필요한 행위를 하여야 한다.

② 집행관은 미완성 어음등을 압류한 경우에 채무자에게 기한을 정하여 어음등에 적을 사항을 보충하도록 최고하여야 한다.

제213조(미분리과실의 매각)

① 토지에서 분리되기 전에 압류한 과실은 충분히 익은 다음에 매각하여야 한다.

② 집행관은 매각하기 위하여 수확을 하게 할 수 있다.

제214조(특별한 현금화 방법)

① 법원은 필요하다고 인정하면 직권으로 또는 압류채권자, 배당을 요구한 채권자 또는 채무자의 신청에 따라 일반 현금화의 규정에 의하지 아니하고 다른 방법이나 다른 장소에서 압류물을 매각하게 할 수 있다. 또한 집행관에게 위임하지 아니하고 다른 사람으로 하여금 매각하게 하도록 명할 수 있다.

② 제1항의 재판에 대하여는 불복할 수 없다.

제215조(압류의 경합)

① 유체동산을 압류하거나 가압류한 뒤 매각기일에 이르기 전에 다른 강제집행이 신청된 때에는 집행관은 집행신청서를 먼저 압류한 집행관에게 교부하여야 한다. 이 경우 더 압류할 물건이 있으면 이를 압류한 뒤에 추가압류조서를 교부하여야 한다.

② 제1항의 경우에 집행에 관한 채권자의 위임은 먼지 압류한 집행관에게 이전된다.

③ 제1항의 경우에 각 압류한 물건은 강제집행을 신청한 모든 채권자를 위하여 압류한 것으로 본다.

④ 제1항의 경우에 먼저 압류한 집행관은 뒤에 강제집행을 신청한 채권자를 위하여 다시 압류한다는 취지를 덧붙여 그 압류조서에 적어야 한다.

제216조(채권자의 매각최고)

① 상당한 기간이 지나도 집행관이 매각하지 아니하는 때에는 압류채권자는 집행관에게 일정한 기간 이내에 매각하도록 최고할 수 있다.

② 집행관이 제1항의 최고에 따르지 아니하는 때에는 압류채권자는 법원에 필요한 명령을 신청할 수 있다.

제217조(우선권자의 배당요구)

민법·상법, 그 밖의 법률에 따라 우선변제청구권이 있는 채권자는 매각대금의 배당을 요구할 수 있다.

제218조(배당요구의 절차)

제217조의 배당요구는 이유를 밝혀 집행관에게 하여야 한다.

제219조(배당요구 등의 통지)

제215조 제1항 및 제218조의 경우에는 집행관은 그 사유를 배당에 참가한 채권자와 채무자에게 통지하여야 한다.

제220조(배당요구의 시기)

① 배당요구는 다음 각호의 시기까지 할 수 있다.

  1. 집행관이 금전을 압류한 때 또는 매각대금을 영수한 때

  2. 집행관이 어음·수표 그 밖의 금전의 지급을 목적으로 한 유가증권에 대하여 그 금전을 지급받은 때

② 제198조 제4항에 따라 공탁된 매각대금에 대하여는 동산집행을 계속하여 진행할 수 있게 된 때까지, 제296조 제5항 단서에 따라 공탁된 매각대금에 대하여는 압류의 신청을 한 때까지 배당요구를 할 수 있다.

제221조(배우자의 지급요구)

① 제190조의 규정에 따라 압류한 유체동산에 대하여 공유지분을 주장하는 배우

자는 매각대금을 지급하여 줄 것을 요구할 수 있다.

② 제1항의 지급요구에는 제218조 내지 제220조의 규정을 준용한다.

③ 제219조의 통지를 받은 채권자가 배우자의 공유주장에 대하여 이의가 있는 때에는 배우자를 상대로 소를 제기하여 공유가 아니라는 것을 확정하여야 한다.

④ 제3항의 소에는 제154조 제3항, 제155조 내지 제158조, 제160조 제1항 제5호 및 제161조 제1항·제2항·제4항의 규정을 준용한다.

제222조(매각대금의 공탁)

① 매각대금으로 배당에 참가한 모든 채권자를 만족하게 할 수 없고 매각허가된 날부터 2주 이내에 채권자 사이에 배당협의가 이루어지지 아니한 때에는 매각대금을 공탁하여야 한다.

② 여러 채권자를 위하여 동시에 금전을 압류한 경우에도 제1항과 같다.

③ 제1항 및 제2항의 경우에 집행관은 집행절차에 관한 서류를 붙여 그 사유를 법원에 신고하여야 한다.

제3관 채권과 그 밖의 재산권에 대한 강제집행

제223조(채권의 압류명령)

제3자에 대한 채무자의 금전채권 또는 유가증권, 그 밖의 유체물의 권리이전이나 인도를 목적으로 한 채권에 대한 강제집행은 집행법원의 압류명령에 의하여 개시한다.

제224조(집행법원)

① 제223조의 집행법원은 채무자의 보통재판적이 있는 곳의 지방법원으로 한다.

② 제1항의 지방법원이 없는 경우 집행법원은 압류한 채권의 채무자(이하 "제3채무자"라 한다)의 보통재판적이 있는 곳의 지방법원으로 한다. 다만, 이 경우에 물건의 인도를 목적으로 하는 채권과 물적 담보권 있는 채권에 대한 집행법원은 그 물건이 있는 곳의 지방법원으로 한다.

③ 가압류에서 이전되는 채권압류의 경우에 제223조의 집행법원은 가압류를 명한 법원이 있는 곳을 관할하는 지방법원으로 한다.

제225조(압류명령의 신청)

채권자는 압류명령신청에 압류할 채권의 종류와 액수를 밝혀야 한다.

제226조(심문의 생략)

압류명령은 제3채무자와 채무자를 심문하지 아니하고 한다.

제227조(금전채권의 압류)

① 금전채권을 압류할 때에는 법원은 제3채무자에게 채무자에 대한 지급을 금지하고 채무자에게 채권의 처분과 영수를 금지하여야 한다.

② 압류명령은 제3채무자와 채무자에게 송달하여야 한다.

③ 압류명령이 제3채무자에게 송달되면 압류의 효력이 생긴다.

④ 압류명령의 신청에 관한 재판에 대하여는 즉시항고를 할 수 있다.

제228조(저당권이 있는 채권의 압류)

① 저당권이 있는 채권을 압류할 경우 채권자는 채권압류사실을 등기부에 기입하여 줄 것을 법원사무관등에게 신청할 수 있다. 이 신청은 채무자의 승낙 없이 법원에 대한 압류명령의 신청과 함께 할 수 있다.

② 법원사무관등은 의무를 지는 부동산 소유자에게 압류명령이 송달된 뒤에 제1항의 신청에 따른 등기를 촉탁하여야 한다.

제229조(금전채권의 현금화방법)

① 압류한 금전채권에 대하여 압류채권자는 추심명령(推尋命令)이나 전부명령(轉付命令)을 신청할 수 있다.

② 추심명령이 있는 때에는 압류채권자는 대위절차(代位節次) 없이 압류채권을 추심할 수 있다.

③ 전부명령이 있는 때에는 압류된 채권은 지급에 갈음하여 압류채권자에게 이전된다.

④ 추심명령에 대하여는 제227조 제2항 및 제3항의 규정을, 전부명령에 대하여는 제227조 제2항의 규정을 각각 준용한다.

⑤ 전부명령이 제3채무자에게 송달될 때까지 그 금전채권에 관하여 다른 채권자가 압류·가압류 또는 배당요구를 한 경우에는 전부명령은 효력을 가지지 아니한다.

⑥ 제1항의 신청에 관한 재판에 대하여는 즉시항고를 할 수 있다.

⑦ 전부명령은 확정되어야 효력을 가진다.

⑧ 전부명령이 있은 뒤에 제49조 제2호 또는 제4호의 서류를 제출한 것을 이유로 전부명령에 대한 즉시항고가 제기된 경우에는 항고법원은 다른 이유로 전부명령을 취소하는 경우를 제외하고는 항고에 관한 재판을 정지하여야 한다.

제230조(저당권이 있는 채권의 이전)

저당권이 있는 채권에 관하여 전부명령이 있는 경우에는 제228조의 규정을 준용한다.

제231조(전부명령의 효과)

전부명령이 확정된 경우에는 전부명령이 제3채무자에게 송달된 때에 채무자가 채무를 변제한 것으로 본다. 다만, 이전된 채권이 존재하지 아니한 때에는 그러하지 아니하다.

제232조(추심명령의 효과)

① 추심명령은 그 채권전액에 미친다. 다만, 법원은 채무자의 신청에 따라 압류채권자를 심문하여 압류액수를 그 채권자의 요구액수로 제한하고 채무자에게 그 초과된 액수의 처분과 영수를 허가할 수 있다.

② 제1항 단서의 제한부분에 대하여 다른 채권자는 배당요구를 할 수 없다.

③ 제1항의 허가는 제3채무자와 채권자에게 통지하여야 한다.

제233조(지시채권의 압류)

어음·수표 그 밖에 배서로 이전할 수 있는 증권으로서 배서가 금지된 증권채권의 압류는 법원의 압류명령으로 집행관이 그 증권을 점유하여 한다.

제234조(채권증서)

① 채무자는 채권에 관한 증서가 있으면 압류채권자에게 인도하여야 한다.

② 채권자는 압류명령에 의하여 강제집행의 방법으로 그 증서를 인도받을 수 있다.

제235조(압류의 경합)

① 채권 일부가 압류된 뒤에 그 나머지 부분을 초과하여 다시 압류명령이 내려진 때에는 각 압류의 효력은 그 채권 전부에 미친다.

② 채권 전부가 압류된 뒤에 그 채권 일부에 대하여 다시 압류명령이 내려진 때 그 압류의 효력도 제1항과 같다.

제236조(추심의 신고)

① 채권자는 추심한 채권액을 법원에 신고하여야 한다.

② 제1항의 신고전에 다른 압류·가압류 또는 배당요구가 있었을 때에는 채권자는 추심한 금액을 바로 공탁하고 그 사유를 신고하여야 한다.

제237조(제3채무자의 진술의무)

① 압류채권자는 제3채무자로 하여금 압류명령을 송달받은 날부터 1주 이내에 서면으로 다음 각호의 사항을 진술하게 하도록 법원에 신청할 수 있다.

  1. 채권을 인정하는지의 여부 및 인정한다면 그 한도

  2. 채권에 대하여 지급할 의사가 있는지의 여부 및 의사가 있다면 그 한도

  3. 채권에 대하여 다른 사람으로부터 청구가 있는지의 여부 및 청구가 있다면 그 종류

  4. 다른 채권자에게 채권을 압류당한 사실이 있는지의 여부 및 그 사실이 있다면 그 청구의 종류

② 법원은 제1항의 진술을 명하는 서면을 제3채무자에게 송달하여야 한다.

③ 제3채무자가 진술을 게을리 한 때에는 법원은 제3채무자에게 제1항의 사항을 심문할 수 있다.

제238조(추심의 소제기)

채권자가 명령의 취지에 따라 제3채무자를 상대로 소를 제기할 때에는 일반규정에 의한 관할법원에 제기하고 채무자에게 그 소를 고지하여야 한다. 다만, 채무자가 외국에 있거나 있는 곳이 분명하지 아니한 때에는 고지할 필요가 없다.

제239조(추심의 소홀)

채권자가 추심할 채권의 행사를 게을리 한 때에는 이로써 생긴 채무자의 손해를 부담한다.

제240조(추심권의 포기)

① 채권자는 추심명령에 따라 얻은 권리를 포기할 수 있다. 다만, 기본채권에는 영향이 없다.

② 제1항의 포기는 법원에 서면으로 신고하여야 한다. 법원사무관등은 그 등본을 제3채무자와 채무자에게 송달하여야 한다.

제241조(특별한 현금화방법)

① 압류된 채권이 조건 또는 기한이 있거나, 반대의무의 이행과 관련되어 있거나 그 밖의 이유로 추심하기 곤란할 때에는 법원은 채권자의 신청에 따라 다음 각호의 명령을 할 수 있다.

    1. 채권을 법원이 정한 값으로 지급함에 갈음하여 압류채권자에게 양도하는 양도명령

    2. 추심에 갈음하여 법원이 정한 방법으로 그 채권을 매각하도록 집행관에게 명하는 매각명령

    3. 관리인을 선임하여 그 채권의 관리를 명하는 관리명령

    4. 그 밖에 적당한 방법으로 현금화하도록 하는 명령

② 법원은 제1항의 경우 그 신청을 허가하는 결정을 하기 전에 채무자를 심문하여야 한다. 다만, 채무자가 외국에 있거나 있는 곳이 분명하지 아니한 때에는 심문할 필요가 없다.

③ 제1항의 결정에 대하여는 즉시항고를 할 수 있다.

④ 제1항의 결정은 확정되어야 효력을 가진다.

⑤ 압류된 채권을 매각한 경우에는 집행관은 채무자를 대신하여 제3채무자에게 서면으로 양도의 통지를 하여야 한다.

⑥ 양도명령에는 제227조 제2항·제229조 제5항·제230조 및 제231조의 규정을, 매각명령에 의한 집행관의 매각에는 제108조의 규정을, 관리명령에는 제227조 제2항의 규정을, 관리명령에 의한 관리에는 제167조, 제169조 내지 제171조, 제222조 제2항·제3항의 규정을 각각 준용한다.

제242조(유체물인도청구권 등에 대한 집행)

부동산·유체동산·선박·자동차·건설기계·항공기·경량항공기 등 유체물의 인도나 권리이전의 청구권에 대한 강제집행에 대하여는 제243조부터 제245조까지의 규정을 우선적용하는 것을 제외하고는 제227조부터 제240조까지의 규정을 준용한다. <개정 2015. 5. 18.>

제243조(유체동산에 관한 청구권의 압류)

① 유체동산에 관한 청구권을 압류하는 경우에는 법원이 제3채무자에 대하여 그 동산을 채권자의 위임을 받은 집행관에게 인도하도록 명한다.

② 채권자는 제3채무자에 대하여 제1항의 명령의 이행을 구하기 위하여 법원에 추심명령을 신청할 수 있다.

③ 제1항의 동산의 현금화에 대하여는 압류한 유체동산의 현금화에 관한 규정을 적용한다.

제244조(부동산청구권에 대한 압류)

① 부동산에 관한 인도청구권의 압류에 대하여는 그 부동산소재지의 지방법원은 채권자 또는 제3채무자의 신청에 의하여 보관인을 정하고 제3채무자에 대하여 그 부동산을 보관인에게 인도할 것을 명하여야 한다.

② 부동산에 관한 권리이전청구권의 압류에 대하여는 그 부동산소재지의 지방법원은 채권자 또는 제3채무자의 신청에 의하여 보관인을 정하고 제3채무자에 대하여 그 부동산에 관한 채무자명의의 권리이전등기절차를 보관인에게 이행할 것을 명하여야 한다.

③ 제2항의 경우에 보관인은 채무자명의의 권리이전등기신청에 관하여 채무자의 대리인이 된다.

④ 채권자는 제3채무자에 대하여 제1항 또는 제2항의 명령의 이행을 구하기 위하여 법원에 추심명령을 신청할 수 있다.

제245조(전부명령 제외)

유체물의 인도나 권리이전의 청구권에 대하여는 전부명령을 하지 못한다.

제246조(압류금지채권)

① 다음 각호의 채권은 압류하지 못한다. <개정 2005. 1. 27., 2010. 7. 23., 2011. 4. 5.>

　　1. 법령에 규정된 부양료 및 유족부조료(遺族扶助料)

　　2. 채무자가 구호사업이나 제3자의 도움으로 계속 받는 수입

　　3. 병사의 급료

　　4. 급료·연금·봉급·상여금·퇴직연금, 그 밖에 이와 비슷한 성질을 가진 급여채권의 2분의 1에 해당하는 금액. 다만, 그 금액이 국민기초생활보장법에 의한 최저생계비를 감안하여 대통령령이 정하는 금액에 미치지 못하는 경우 또는 표준적인 가구의 생계비를 감안하여 대통령령이 정하는 금액을 초과하는 경우에는 각각 당해 대통령령이 정하는 금액으로 한다.

5. 퇴직금 그 밖에 이와 비슷한 성질을 가진 급여채권의 2분의 1에 해당하는 금액

6. 「주택임대차보호법」 제8조, 같은 법 시행령의 규정에 따라 우선변제를 받을 수 있는 금액

7. 생명, 상해, 질병, 사고 등을 원인으로 채무자가 지급받는 보장성보험의 보험금(해약환급 및 만기환급금을 포함한다). 다만, 압류금지의 범위는 생계유지, 치료 및 장애 회복에 소요될 것으로 예상되는 비용 등을 고려하여 대통령령으로 정한다.

8. 채무자의 1월간 생계유지에 필요한 예금(적금·부금·예탁금과 우편대체를 포함한다). 다만, 그 금액은 「국민기초생활 보장법」에 따른 최저생계비, 제195조 제3호에서 정한 금액 등을 고려하여 대통령령으로 정한다.

② 법원은 제1항 제1호부터 제7호까지에 규정된 종류의 금원이 금융기관에 개설된 채무자의 계좌에 이체되는 경우 채무자의 신청에 따라 그에 해당하는 부분의 압류명령을 취소하여야 한다. <신설 2011. 4. 5.>

③ 법원은 당사자가 신청하면 채권자와 채무자의 생활형편, 그 밖의 사정을 고려하여 압류명령의 전부 또는 일부를 취소하거나 제1항의 압류금지채권에 대하여 압류명령을 할 수 있다. <개정 2011. 4. 5.>

④ 제3항의 경우에는 제196조 제2항 내지 제5항의 규정을 준용한다. <개정 2011. 4. 5.>

제247조(배당요구)

① 민법·상법, 그 밖의 법률에 의하여 우선변제청구권이 있는 채권자와 집행력 있는 정본을 가진 채권자는 다음 각호의 시기까지 법원에 배당요구를 할 수 있다.

1. 제3채무자가 제248조 제4항에 따른 공탁의 신고를 한 때

2. 채권자가 제236조에 따른 추심의 신고를 한 때

3. 집행관이 현금화한 금전을 법원에 제출한 때

② 전부명령이 제3채무자에게 송달된 뒤에는 배당요구를 하지 못한다.

③ 제1항의 배당요구에는 제218조 및 제219조의 규정을 준용한다.

④ 제1항의 배당요구는 제3채무자에게 통지하여야 한다.

제248조(제3채무자의 채무액의 공탁)

① 제3채무자는 압류에 관련된 금전채권의 전액을 공탁할 수 있다.

② 금전채권에 관하여 배당요구서를 송달받은 제3채무자는 배당에 참가한 채권자의 청구가 있으면 압류된 부분에 해당하는 금액을 공탁하여야 한다.

③ 금전채권중 압류되지 아니한 부분을 초과하여 거듭 압류명령 또는 가압류명령이 내려진 경우에 그 명령을 송달받은 제3채무자는 압류 또는 가압류채권자의 청구가 있으면 그 채권의 전액에 해당하는 금액을 공탁하여야 한다.

④ 제3채무자가 채무액을 공탁한 때에는 그 사유를 법원에 신고하여야 한다. 다만, 상당한 기간 이내에 신고가 없는 때에는 압류채권자, 가압류채권자, 배당에 참가한 채권자, 채무자, 그 밖의 이해관계인이 그 사유를 법원에 신고할 수 있다.

제249조(추심의 소)

① 제3채무자가 추심절차에 대하여 의무를 이행하지 아니하는 때에는 압류채권자는 소로써 그 이행을 청구할 수 있다.

② 집행력 있는 정본을 가진 모든 채권자는 공동소송인으로 원고 쪽에 참가할 권리가 있다.

③ 소를 제기당한 제3채무자는 제2항의 채권자를 공동소송인으로 원고 쪽에 참가하도록 명할 것을 첫 변론기일까지 신청할 수 있다.

④ 소에 대한 재판은 제3항의 명령을 받은 채권자에 대하여 효력이 미친다.

제250조(채권자의 추심최고)

압류채권자가 추심절차를 게을리 한 때에는 집행력 있는 정본으로 배당을 요구한 채권자는 일정한 기간내에 추심하도록 최고하고, 최고에 따르지 아니한 때에는 법원의 허가를 얻어 직접 추심할 수 있다.

제251조(그 밖의 재산권에 대한 집행)

① 앞의 여러 조문에 규정된 재산권 외에 부동산을 목적으로 하지 아니한 재산권에 대한 강제집행은 이 관의 규정 및 제98조 내지 제101조의 규정을 준용한다.

② 제3채무자가 없는 경우에 압류는 채무자에게 권리처분을 금지하는 명령을 송달한 때에 효력이 생긴다.

제4관 배당절차

제252조(배당절차의 개시)

법원은 다음 각호 가운데 어느 하나에 해당하는 경우에는 배당절차를 개시한다.

1. 제222조의 규정에 따라 집행관이 공탁한 때
2. 제236조의 규정에 따라 추심채권자가 공탁하거나 제248조의 규정에 따라 제3채무자가 공탁한 때
3. 제241조의 규정에 따라 현금화된 금전을 법원에 제출한 때

제253조(계산서 제출의 최고)

법원은 채권자들에게 1주 이내에 원금·이자·비용, 그 밖의 부대채권의 계산서를 제출하도록 최고하여야 한다.

제254조(배당표의 작성)

① 제253조의 기간이 끝난 뒤에 법원은 배당표를 작성하여야 한다.
② 제1항의 기간을 지키지 아니한 채권자의 채권은 배당요구서와 사유신고서의 취지 및 그 증빙서류에 따라 계산한다. 이 경우 다시 채권액을 추가하지 못한다.

제255조(배당기일의 준비)

법원은 배당을 실시할 기일을 지정하고 채권자와 채무자에게 이를 통지하여야 한다. 다만, 채무자가 외국에 있거나 있는 곳이 분명하지 아니한 때에는 통지하지 아니한다.

제256조(배당표의 작성과 실시)

배당표의 작성, 배당표에 대한 이의 및 그 완결과 배당표의 실시에 대하여는 제149조 내지 제161조의 규정을 준용한다.

제3장 금전채권 외의 채권에 기초한 강제집행

제257조(동산인도청구의 집행)

채무자가 특정한 동산이나 대체물의 일정한 수량을 인도하여야 할 때에는 집행관은 이를 채무자로부터 빼앗아 채권자에게 인도하여야 한다.

제258조(부동산 등의 인도청구의 집행)

① 채무자가 부동산이나 선박을 인도하여야 할 때에는 집행관은 채무자로부터 점

유를 빼앗아 채권자에게 인도하여야 한다.

② 제1항의 강제집행은 채권자나 그 대리인이 인도받기 위하여 출석한 때에만 한다.

③ 강제집행의 목적물이 아닌 동산은 집행관이 제거하여 채무자에게 인도하여야 한다.

④ 제3항의 경우 채무자가 없는 때에는 집행관은 채무자와 같이 사는 사리를 분별할 지능이 있는 친족 또는 채무자의 대리인이나 고용인에게 그 동산을 인도하여야 한다.

⑤ 채무자와 제4항에 적은 사람이 없는 때에는 집행관은 그 동산을 채무자의 비용으로 보관하여야 한다.

⑥ 채무자가 그 동산의 수취를 게을리 한 때에는 집행관은 집행법원의 허가를 받아 동산에 대한 강제집행의 매각절차에 관한 규정에 따라 그 동산을 매각하고 비용을 뺀 뒤에 나머지 대금을 공탁하여야 한다.

제259조(목적물을 제3자가 점유하는 경우)

인도할 물건을 제3자가 점유하고 있는 때에는 채권자의 신청에 따라 금전채권의 압류에 관한 규정에 따라 채무자의 제3자에 대한 인도청구권을 채권자에게 넘겨야 한다.

제260조(대체집행)

① 민법 제389조 제2항 후단과 제3항의 경우에는 제1심 법원은 채권자의 신청에 따라 민법의 규정에 의한 결정을 하여야 한다.

② 채권자는 제1항의 행위에 필요한 비용을 미리 지급할 것을 채무자에게 명하는 결정을 신청할 수 있다. 다만, 뒷날 그 초과비용을 청구할 권리는 영향을 받지 아니한다.

③ 제1항과 제2항의 신청에 관한 재판에 대하여는 즉시항고를 할 수 있다.

제261조(간접강제)

① 채무의 성질이 간접강제를 할 수 있는 경우에 제1심 법원은 채권자의 신청에 따라 간접강제를 명하는 결정을 한다. 그 결정에는 채무의 이행의무 및 상당한 이행기간을 밝히고, 채무자가 그 기간 이내에 이행을 하지 아니하는 때에는 늦어진 기간에 따라 일정한 배상을 하도록 명하거나 즉시 손해배상을 하도록 명할 수 있다.

② 제1항의 신청에 관한 재판에 대하여는 즉시항고를 할 수 있다.

제262조(채무자의 심문)

제260조 및 제261조의 결정은 변론 없이 할 수 있다. 다만, 결정하기 전에 채무자를 심문하여야 한다.

제263조(의사표시의무의 집행)

① 채무자가 권리관계의 성립을 인낙한 때에는 그 조서로, 의사의 진술을 명한 판결이 확정된 때에는 그 판결로 권리관계의 성립을 인낙하거나 의사를 진술한 것으로 본다.

② 반대의무가 이행된 뒤에 권리관계의 성립을 인낙하거나 의사를 진술할 것인 경우에는 제30조와 제32조의 규정에 따라 집행문을 내어 준 때에 그 효력이 생긴다.

제3편 담보권 실행 등을 위한 경매

제264조(부동산에 대한 경매신청)

① 부동산을 목적으로 하는 담보권을 실행하기 위한 경매신청을 함에는 담보권이 있다는 것을 증명하는 서류를 내야 한다.

② 담보권을 승계한 경우에는 승계를 증명하는 서류를 내야 한다.

③ 부동산 소유자에게 경매개시결정을 송달할 때에는 제2항의 규정에 따라 제출된 서류의 등본을 붙여야 한다.

제265조(경매개시결정에 대한 이의신청사유)

경매절차의 개시결정에 대한 이의신청사유로 담보권이 없다는 것 또는 소멸되었다는 것을 주장할 수 있다.

제266조(경매절차의 정지)

① 다음 각호 가운데 어느 하나에 해당하는 문서가 경매법원에 제출되면 경매절차를 정지하여야 한다. <개정 2011. 4. 12.>

  1. 담보권의 등기가 말소된 등기사항증명서
  2. 담보권 등기를 말소하도록 명한 확정판결의 정본
  3. 담보권이 없거나 소멸되었다는 취지의 확정판결의 정본
  4. 채권자가 담보권을 실행하지 아니하기로 하거나 경매신청을 취하하겠다는

취지 또는 피담보채권을 변제받았거나 그 변제를 미루도록 승낙한다는 취
지를 적은 서류

5. 담보권 실행을 일시정지하도록 명한 재판의 정본

② 제1항 제1호 내지 제3호의 경우와 제4호의 서류가 화해조서의 정본 또는 공정
증서의 정본인 경우에는 경매법원은 이미 실시한 경매절차를 취소하여야 하며, 제
5호의 경우에는 그 재판에 따라 경매절차를 취소하지 아니한 때에만 이미 실시한
경매절차를 일시적으로 유지하게 하여야 한다.

③ 제2항의 규정에 따라 경매절차를 취소하는 경우에는 제17조의 규정을 적용하
지 아니한다.

제267조(대금완납에 따른 부동산취득의 효과)

매수인의 부동산 취득은 담보권 소멸로 영향을 받지 아니한다.

제268조(준용규정)

부동산을 목적으로 하는 담보권 실행을 위한 경매절차에는 제79조 내지 제162조
의 규정을 준용한다.

제269조(선박에 대한 경매)

선박을 목적으로 하는 담보권 실행을 위한 경매절차에는 제172조 내지 제186조,
제264조 내지 제268조의 규정을 준용한다.

제270조(자동차 등에 대한 경매)

자동차·건설기계·소형선박(「자동차 등 특정동산 저당법」 제3조 제2호에 따른
소형선박을 말한다) 및 항공기(「자동차 등 특정동산 저당법」 제3조 제4호에 따른
항공기 및 경량항공기를 말한다)를 목적으로 하는 담보권 실행을 위한 경매절차
는 제264조부터 제269조까지, 제271조 및 제272조의 규정에 준하여 대법원규칙
으로 정한다. <개정 2007. 8. 3., 2009. 3. 25., 2015. 5. 18.>

제271조(유체동산에 대한 경매)

유체동산을 목적으로 하는 담보권 실행을 위한 경매는 채권자가 그 목적물을 제
출하거나, 그 목적물의 점유자가 압류를 승낙한 때에 개시한다.

제272조(준용규정)

제271조의 경매절차에는 제2편 제2장 제4절 제2관의 규정과 제265조 및 제266조

의 규정을 준용한다.

제273조(채권과 그 밖의 재산권에 대한 담보권의 실행)

① 채권, 그 밖의 재산권을 목적으로 하는 담보권의 실행은 담보권의 존재를 증명하는 서류(권리의 이전에 관하여 등기나 등록을 필요로 하는 경우에는 그 등기사항증명서 또는 등록원부의 등본)가 제출된 때에 개시한다. <개정 2011. 4. 12.>

② 민법 제342조에 따라 담보권설정자가 받을 금전, 그 밖의 물건에 대하여 권리를 행사하는 경우에도 제1항과 같다.

③ 제1항과 제2항의 권리실행절차에는 제2편 제2장 제4절 제3관의 규정을 준용한다.

제274조(유치권 등에 의한 경매)

① 유치권에 의한 경매와 민법·상법, 그 밖의 법률이 규정하는 바에 따른 경매(이하 "유치권등에 의한 경매"라 한다)는 담보권 실행을 위한 경매의 예에 따라 실시한다.

② 유치권 등에 의한 경매절차는 목적물에 대하여 강제경매 또는 담보권 실행을 위한 경매절차가 개시된 경우에는 이를 정지하고, 채권자 또는 담보권자를 위하여 그 절차를 계속하여 진행한다.

③ 제2항의 경우에 강제경매 또는 담보권 실행을 위한 경매가 취소되면 유치권 등에 의한 경매절차를 계속하여 진행하여야 한다.

제275조(준용규정)

이 편에 규정한 경매 등 절차에는 제42조 내지 제44조 및 제46조 내지 제53조의 규정을 준용한다.

제4편 보전처분

제276조(가압류의 목적)

① 가압류는 금전채권이나 금전으로 환산할 수 있는 채권에 대하여 동산 또는 부동산에 대한 강제집행을 보전하기 위하여 할 수 있다.

② 제1항의 채권이 조건이 붙어 있는 것이거나 기한이 차지 아니한 것인 경우에도 가압류를 할 수 있다.

제277조(보전의 필요)

가압류는 이를 하지 아니하면 판결을 집행할 수 없거나 판결을 집행하는 것이 매우 곤란할 염려가 있을 경우에 할 수 있다.

제278조(가압류법원)

가압류는 가압류할 물건이 있는 곳을 관할하는 지방법원이나 본안의 관할법원이 관할한다.

제279조(가압류신청)

① 가압류신청에는 다음 각호의 사항을 적어야 한다.

1. 청구채권의 표시, 그 청구채권이 일정한 금액이 아닌 때에는 금전으로 환산한 금액
2. 제277조의 규정에 따라 가압류의 이유가 될 사실의 표시

② 청구채권과 가압류의 이유는 소명하여야 한다.

제280조(가압류명령)

① 가압류신청에 대한 재판은 변론 없이 할 수 있다.

② 청구채권이나 가압류의 이유를 소명하지 아니한 때에도 가압류로 생길 수 있는 채무자의 손해에 대하여 법원이 정한 담보를 제공한 때에는 법원은 가압류를 명할 수 있다.

③ 청구채권과 가압류의 이유를 소명한 때에도 법원은 담보를 제공하게 하고 가압류를 명할 수 있다.

④ 담보를 제공한 때에는 그 담보의 제공과 담보제공의 방법을 가압류명령에 적어야 한다.

제281조(재판의 형식)

① 가압류신청에 대한 재판은 결정으로 한다. <개정 2005. 1. 27.>

② 채권자는 가압류신청을 기각하거나 각하하는 결정에 대하여 즉시항고를 할 수 있다.

③ 담보를 제공하게 하는 재판, 가압류신청을 기각하거나 각하하는 재판과 제2항의 즉시항고를 기각하거나 각하하는 재판은 채무자에게 고지할 필요가 없다.

제282조(가압류해방금액)

가압류명령에는 가압류의 집행을 정지시키거나 집행한 가압류를 취소시키기 위하여 채무자가 공탁할 금액을 적어야 한다.

제283조(가압류결정에 대한 채무자의 이의신청)

① 채무자는 가압류결정에 대하여 이의를 신청할 수 있다.

② 제1항의 이의신청에는 가압류의 취소나 변경을 신청하는 이유를 밝혀야 한다.

③ 이의신청은 가압류의 집행을 정지하지 아니한다.

제284조(가압류이의신청사건의 이송)

법원은 가압류이의신청사건에 관하여 현저한 손해 또는 지연을 피하기 위한 필요가 있는 때에는 직권으로 또는 당사자의 신청에 따라 결정으로 그 가압류사건의 관할권이 있는 다른 법원에 사건을 이송할 수 있다. 다만, 그 법원이 심급을 달리하는 경우에는 그러하지 아니하다.

제285조(가압류이의신청의 취하)

① 채무자는 가압류이의신청에 대한 재판이 있기 전까지 가압류이의신청을 취하할 수 있다. <개정 2005. 1. 27.>

② 제1항의 취하에는 채권자의 동의를 필요로 하지 아니한다.

③ 가압류이의신청의 취하는 서면으로 하여야 한다. 다만, 변론기일 또는 심문기일에서는 말로 할 수 있다. <개정 2005. 1. 27.>

④ 가압류이의신청서를 송달한 뒤에는 취하의 서면을 채권자에게 송달하여야 한다.

⑤ 제3항 단서의 경우에 채권자가 변론기일 또는 심문기일에 출석하지 아니한 때에는 그 기일의 조서등본을 송달하여야 한다. <개정 2005. 1. 27.>

제286조(이의신청에 대한 심리와 재판)

① 이의신청이 있는 때에는 법원은 변론기일 또는 당사자 쌍방이 참여할 수 있는 심문기일을 정하고 당사자에게 이를 통지하여야 한다.

② 법원은 심리를 종결하고자 하는 경우에는 상당한 유예기간을 두고 심리를 종결할 기일을 정하여 이를 당사자에게 고지하여야 한다. 다만, 변론기일 또는 당사자 쌍방이 참여할 수 있는 심문기일에는 즉시 심리를 종결할 수 있다.

③ 이의신청에 대한 재판은 결정으로 한다.

④ 제3항의 규정에 의한 결정에는 이유를 적어야 한다. 다만, 변론을 거치지 아니한 경우에는 이유의 요지만을 적을 수 있다.

⑤ 법원은 제3항의 규정에 의한 결정으로 가압류의 전부나 일부를 인가·변경 또는 취소할 수 있다. 이 경우 법원은 적당한 담보를 제공하도록 명할 수 있다.

⑥ 법원은 제3항의 규정에 의하여 가압류를 취소하는 결정을 하는 경우에는 채권자가 그 고지를 받은 날부터 2주를 넘지 아니하는 범위 안에서 상당하다고 인정하는 기간이 경과하여야 그 결정의 효력이 생긴다는 뜻을 선언할 수 있다.

⑦ 제3항의 규정에 의한 결정에 대하여는 즉시항고를 할 수 있다. 이 경우 민사소송법 제447조의 규정을 준용하지 아니한다.

[전문개정 2005. 1. 27.]

제287조(본안의 제소명령)

① 가압류법원은 채무자의 신청에 따라 변론 없이 채권자에게 상당한 기간 이내에 본안의 소를 제기하여 이를 증명하는 서류를 제출하거나 이미 소를 제기하였으면 소송계속사실을 증명하는 서류를 제출하도록 명하여야 한다.

② 제1항의 기간은 2주 이상으로 정하여야 한다.

③ 채권자가 제1항의 기간 이내에 제1항의 서류를 제출하지 아니한 때에는 법원은 채무자의 신청에 따라 결정으로 가압류를 취소하여야 한다.

④ 제1항의 서류를 제출한 뒤에 본안의 소가 취하되거나 각하된 경우에는 그 서류를 제출하지 아니한 것으로 본다.

⑤ 제3항의 신청에 관한 결정에 대하여는 즉시항고를 할 수 있다. 이 경우 민사소송법 제447조의 규정은 준용하지 아니한다.

제288조(사정변경 등에 따른 가압류취소)

① 채무자는 다음 각호의 어느 하나에 해당하는 사유가 있는 경우에는 가압류가 인가된 뒤에도 그 취소를 신청할 수 있다. 제3호에 해당하는 경우에는 이해관계인도 신청할 수 있다.

  1. 가압류이유가 소멸되거나 그 밖에 사정이 바뀐 때
  2. 법원이 정한 담보를 제공한 때
  3. 가압류가 집행된 뒤에 3년간 본안의 소를 제기하지 아니한 때

② 제1항의 규정에 의한 신청에 대한 재판은 가압류를 명한 법원이 한다. 다만,

본안이 이미 계속된 때에는 본안법원이 한다.

③ 제1항의 규정에 의한 신청에 대한 재판에는 제286조 제1항 내지 제4항·제6항 및 제7항을 준용한다.

[전문개정 2005. 1. 27.]

제289조(가압류취소결정의 효력정지)

① 가압류를 취소하는 결정에 대하여 즉시항고가 있는 경우에, 불복의 이유로 주장한 사유가 법률상 정당한 사유가 있다고 인정되고 사실에 대한 소명이 있으며, 그 가압류를 취소함으로 인하여 회복할 수 없는 손해가 생길 위험이 있다는 사정에 대한 소명이 있는 때에는, 법원은 당사자의 신청에 따라 담보를 제공하게 하거나 담보를 제공하지 아니하게 하고 가압류취소결정의 효력을 정지시킬 수 있다.

② 제1항의 규정에 의한 소명은 보증금을 공탁하거나 주장이 진실함을 선서하는 방법으로 대신할 수 없다.

③ 재판기록이 원심법원에 있는 때에는 원심법원이 제1항의 규정에 의한 재판을 한다.

④ 항고법원은 항고에 대한 재판에서 제1항의 규정에 의한 재판을 인가·변경 또는 취소하여야 한다.

⑤ 제1항 및 제4항의 규정에 의한 재판에 대하여는 불복할 수 없다.

[전문개정 2005. 1. 27.]

제290조(가압류 이의신청규정의 준용)

① 제287조 제3항, 제288조 제1항에 따른 재판의 경우에는 제284조의 규정을 준용한다. <개정 2005. 1. 27.>

② 제287조 제1항·제3항 및 제288조 제1항에 따른 신청의 취하에는 제285조의 규정을 준용한다. <개정 2005. 1. 27.>

제291조(가압류집행에 대한 본집행의 준용)

가압류의 집행에 대하여는 강제집행에 관한 규정을 준용한다. 다만, 아래의 여러 조문과 같이 차이가 나는 경우에는 그러하지 아니하다.

제292조(집행개시의 요건)

① 가압류에 대한 재판이 있은 뒤에 채권자나 채무자의 승계가 이루어진 경우에 가압류의 재판을 집행하려면 집행문을 덧붙여야 한다.

② 가압류에 대한 재판의 집행은 채권자에게 재판을 고지한 날부터 2주를 넘긴 때에는 하지 못한다. <개정 2005. 1. 27.>

③ 제2항의 집행은 채무자에게 재판을 송달하기 전에도 할 수 있다.

제293조(부동산가압류집행)

① 부동산에 대한 가압류의 집행은 가압류재판에 관한 사항을 등기부에 기입하여야 한다.

② 제1항의 집행법원은 가압류재판을 한 법원으로 한다.

③ 가압류등기는 법원사무관등이 촉탁한다.

제294조(가압류를 위한 강제관리)

가압류의 집행으로 강제관리를 하는 경우에는 관리인이 청구채권액에 해당하는 금액을 지급받아 공탁하여야 한다.

제295조(선박가압류집행)

① 등기할 수 있는 선박에 대한 가압류를 집행하는 경우에는 가압류등기를 하는 방법이나 집행관에게 선박국적증서등을 선장으로부터 받아 집행법원에 제출하도록 명하는 방법으로 한다. 이들 방법은 함께 사용할 수 있다.

② 가압류등기를 하는 방법에 의한 가압류집행은 가압류명령을 한 법원이, 선박국적증서등을 받아 제출하도록 명하는 방법에 의한 가압류집행은 선박이 정박하여 있는 곳을 관할하는 지방법원이 집행법원으로서 관할한다.

③ 가압류등기를 하는 방법에 의한 가압류의 집행에는 제293조 제3항의 규정을 준용한다.

제296조(동산가압류집행)

① 동산에 대한 가압류의 집행은 압류와 같은 원칙에 따라야 한다.

② 채권가압류의 집행법원은 가압류명령을 한 법원으로 한다.

③ 채권의 가압류에는 제3채무자에 대하여 채무자에게 지급하여서는 아니 된다는 명령만을 하여야 한다.

④ 가압류한 금전은 공탁하여야 한다.

⑤ 가압류물은 현금화를 하지 못한다. 다만, 가압류물을 즉시 매각하지 아니하면 값이 크게 떨어질 염려가 있거나 그 보관에 지나치게 많은 비용이 드는 경우에는 집행관은 그 물건을 매각하여 매각대금을 공탁하여야 한다.

제297조(제3채무자의 공탁)

제3채무자가 가압류 집행된 금전채권액을 공탁한 경우에는 그 가압류의 효력은 그 청구채권액에 해당하는 공탁금액에 대한 채무자의 출급청구권에 대하여 존속한다.

제298조(가압류취소결정의 취소와 집행)

① 가압류의 취소결정을 상소법원이 취소한 경우로서 법원이 그 가압류의 집행기관이 되는 때에는 그 취소의 재판을 한 상소법원이 직권으로 가압류를 집행한다. <개정 2005. 1. 27.>

② 제1항의 경우에 그 취소의 재판을 한 상소법원이 대법원인 때에는 채권자의 신청에 따라 제1심 법원이 가압류를 집행한다.

[제목개정 2005. 1. 27.]

제299조(가압류집행의 취소)

① 가압류명령에 정한 금액을 공탁한 때에는 법원은 결정으로 집행한 가압류를 취소하여야 한다. <개정 2005. 1. 27.>

② 삭제 <2005. 1. 27.>

③ 제1항의 취소결정에 대하여는 즉시항고를 할 수 있다.

④ 제1항의 취소결정에 대하여는 제17조 제2항의 규정을 준용하지 아니한다.

제300조(가처분의 목적)

① 다툼의 대상에 관한 가처분은 현상이 바뀌면 당사자가 권리를 실행하지 못하거나 이를 실행하는 것이 매우 곤란할 염려가 있을 경우에 한다.

② 가처분은 다툼이 있는 권리관계에 대하여 임시의 지위를 정하기 위하여도 할 수 있다. 이 경우 가처분은 특히 계속하는 권리관계에 끼칠 현저한 손해를 피하거나 급박한 위험을 막기 위하여, 또는 그 밖의 필요한 이유가 있을 경우에 하여야 한다.

제301조(가압류절차의 준용)

가처분절차에는 가압류절차에 관한 규정을 준용한다. 다만, 아래의 여러 조문과 같이 차이가 나는 경우에는 그러하지 아니하다.

제302조

삭제 <2005. 1. 27.>

제303조(관할법원)

가처분의 재판은 본안의 관할법원 또는 다툼의 대상이 있는 곳을 관할하는 지방
법원이 관할한다.

제304조(임시의 지위를 정하기 위한 가처분)

제300조 제2항의 규정에 의한 가처분의 재판에는 변론기일 또는 채무자가 참석할
수 있는 심문기일을 열어야 한다. 다만, 그 기일을 열어 심리하면 가처분의 목적
을 달성할 수 없는 사정이 있는 때에는 그러하지 아니하다.

제305조(가처분의 방법)

① 법원은 신청목적을 이루는 데 필요한 처분을 직권으로 정한다.

② 가처분으로 보관인을 정하거나, 상대방에게 어떠한 행위를 하거나 하지 말도
록, 또는 급여를 지급하도록 명할 수 있다.

③ 가처분으로 부동산의 양도나 저당을 금지한 때에는 법원은 제293조의 규정을
준용하여 등기부에 그 금지한 사실을 기입하게 하여야 한다.

제306조(법인임원의 직무집행정지 등 가처분의 등기촉탁)

법원사무관 등은 법원이 법인의 대표자 그 밖의 임원으로 등기된 사람에 대하여
직무의 집행을 정지하거나 그 직무를 대행할 사람을 선임하는 가처분을 하거나
그 가처분을 변경·취소한 때에는, 법인의 주사무소 및 분사무소 또는 본점 및 지
점이 있는 곳의 등기소에 그 등기를 촉탁하여야 한다. 다만, 이 사항이 등기하여
야 할 사항이 아닌 경우에는 그러하지 아니하다.

제307조(가처분의 취소)

① 특별한 사정이 있는 때에는 담보를 제공하게 하고 가처분을 취소할 수 있다.

② 제1항의 경우에는 제284조, 제285조 및 제286조 제1항 내지 제4항·제6항·제
7항의 규정을 준용한다. <개정 2005. 1. 27.>

제308조(원상회복재판)

가처분을 명한 재판에 기초하여 채권자가 물건을 인도받거나, 금전을 지급받거나
또는 물건을 사용·보관하고 있는 경우에는, 법원은 가처분을 취소하는 재판에서

채무자의 신청에 따라 채권자에 대하여 그 물건이나 금전을 반환하도록 명할 수 있다.

제309조(가처분의 집행정지)

① 소송물인 권리 또는 법률관계가 이행되는 것과 같은 내용의 가처분을 명한 재판에 대하여 이의신청이 있는 경우에, 이의신청으로 주장한 사유가 법률상 정당한 사유가 있다고 인정되고 주장사실에 대한 소명이 있으며, 그 집행에 의하여 회복할 수 없는 손해가 생길 위험이 있다는 사정에 대한 소명이 있는 때에는, 법원은 당사자의 신청에 따라 담보를 제공하게 하거나 담보를 제공하게 하지 아니하고 가처분의 집행을 정지하도록 명할 수 있고, 담보를 제공하게 하고 집행한 처분을 취소하도록 명할 수 있다.

② 제1항에서 규정한 소명은 보증금을 공탁하거나 주장이 진실함을 선서하는 방법으로 대신할 수 없다.

③ 재판기록이 원심법원에 있는 때에는 원심법원이 제1항의 규정에 의한 재판을 한다.

④ 법원은 이의신청에 대한 결정에서 제1항의 규정에 의한 명령을 인가·변경 또는 취소하여야 한다.

⑤ 제1항·제3항 또는 제4항의 규정에 의한 재판에 대하여는 불복할 수 없다.
[전문개정 2005. 1. 27.]

제310조(준용규정)

제301조에 따라 준용되는 제287조 제3항, 제288조 제1항 또는 제307조의 규정에 따른 가처분취소신청이 있는 경우에는 제309조의 규정을 준용한다.
[전문개정 2005. 1. 27.]

제311조(본안의 관할법원)

이 편에 규정한 본안법원은 제1심 법원으로 한다. 다만, 본안이 제2심에 계속된 때에는 그 계속된 법원으로 한다.

제312조(재판장의 권한)

급박한 경우에 재판장은 이 편의 신청에 대한 재판을 할 수 있다. <개정 2005. 1. 27.>

부칙 〈제13952호, 2016. 2. 3.〉 (민사소송법)

제1조

(시행일) 이 법은 공포 후 1년이 경과한 날부터 시행한다.

제2조 및 제3조 생략

제4조

(다른 법률의 개정) ① 생략

② 민사집행법 일부를 다음과 같이 개정한다.

제52조 제3항 중 "민사소송법 제62조 제3항 내지 제6항의 규정"을 "「민사소송법」 제62조 제2항부터 제5항까지의 규정"으로 한다.

2. 민사집행법 시행령

[시행 2019. 4. 1] [대통령령 제29603호, 2019. 3. 5, 일부개정]

제1조(목적)

이 영은 「민사집행법」에서 위임된 사항과 그 시행에 필요한 사항을 규정함을 목적으로 한다. <개정 2011. 7. 1.>

제2조(압류금지 생계비)

「민사집행법」(이하 "법"이라 한다) 제195조 제3호에서 "대통령령이 정하는 액수의 금전"이란 185만원을 말한다. 다만, 법 제246조 제1항 제8호에 따라 압류하지 못한 예금(적금·부금·예탁금과 우편대체를 포함하며, 이하 "예금 등"이라 한다)이 있으면 185만원에서 그 예금등의 금액을 뺀 금액으로 한다. <개정 2011. 7. 1., 2019. 3. 5.>

제3조(압류금지 최저금액)

법 제246조 제1항 제4호 단서에서 "「국민기초생활 보장법」에 의한 최저생계비를 감안하여 대통령령이 정하는 금액"이란 월 185만원을 말한다. <개정 2011. 7. 1., 2019. 3. 5.>

제4조(압류금지 최고금액)

법 제246조 제1항 제4호 단서에서 "표준적인 가구의 생계비를 감안하여 대통령령이 정하는 금액"이란 제1호에 규정된 금액 이상으로서 제1호와 제2호의 금액을 합산한 금액을 말한다. <개정 2011. 7. 1.>

1. 월 300만원
2. 법 제246조 제1항 제4호 본문에 따른 압류금지금액(월액으로 계산한 금액을 말한다)에서 제1호의 금액을 뺀 금액의 2분의 1

제5조(급여채권이 중복되거나 여러 종류인 경우의 계산방법)

제3조 및 제4조의 금액을 계산할 때 채무자가 다수의 직장으로부터 급여를 받거

나 여러 종류의 급여를 받는 경우에는 이를 합산한 금액을 급여채권으로 한다.
<개정 2011. 7. 1.>

제6조(압류금지 보장성 보험금 등의 범위)

① 법 제246조 제1항 제7호에 따라 다음 각 호에 해당하는 보장성보험의 보험금, 해약환급금 및 만기환급금에 관한 채권은 압류하지 못한다.

  1. 사망보험금 중 1천만원 이하의 보험금

  2. 상해·질병·사고 등을 원인으로 채무자가 지급받는 보장성보험의 보험금 중 다음 각 목에 해당하는 보험금

      가. 진료비, 치료비, 수술비, 입원비, 약제비 등 치료 및 장애 회복을 위하여 실제 지출되는 비용을 보장하기 위한 보험금

      나. 치료 및 장애 회복을 위한 보험금 중 가목에 해당하는 보험금을 제외한 보험금의 2분의 1에 해당하는 금액

  3. 보장성보험의 해약환급금 중 다음 각 목에 해당하는 환급금

      가. 「민법」 제404조에 따라 채권자가 채무자의 보험계약 해지권을 대위행사하거나 추심명령(推尋命令) 또는 전부명령(轉付命令)을 받은 채권자가 해지권을 행사하여 발생하는 해약환급금

      나. 가목에서 규정한 해약사유 외의 사유로 발생하는 해약환급금 중 150만원 이하의 금액

  4. 보장성보험의 만기환급금 중 150만원 이하의 금액

② 채무자가 보장성보험의 보험금, 해약환급금 또는 만기환급금 채권을 취득하는 보험계약이 둘 이상인 경우에는 다음 각 호의 구분에 따라 제1항 각 호의 금액을 계산한다.

  1. 제1항 제1호, 제3호 나목 및 제4호: 해당하는 보험계약별 사망보험금, 해약환급금, 만기환급금을 각각 합산한 금액에 대하여 해당 압류금지채권의 상한을 계산한다.

  2. 제1항 제2호 나목 및 제3호 가목: 보험계약별로 계산한다.

[본조신설 2011. 7. 1.]

제7조(압류금지 예금등의 범위)

법 제246조 제1항 제8호에 따라 압류하지 못하는 예금등의 금액은 개인별 잔액이

185만원 이하인 예금등으로 한다. 다만, 법 제195조 제3호에 따라 압류하지 못한 금전이 있으면 185만원에서 그 금액을 뺀 금액으로 한다. <개정 2019. 3. 5.> [본조신설 2011. 7. 1.]

부칙 〈제29603호, 2019. 3. 5.〉

제1조

(시행일) 이 영은 2019년 4월 1일부터 시행한다.

제2조

(압류금지 생계비, 급여채권 및 예금등에 관한 적용례) 제2조, 제3조 및 제7조의 개정규정은 이 영 시행 이후 접수되는 압류명령 신청사건부터 적용한다.

3. 민사집행규칙

[시행 2019. 12. 26] [대법원규칙 제2875호, 2019. 12. 26, 일부개정]

제1편 총칙

제1조(목적)

이 규칙은 「민사집행법」(다음부터 "법"이라 한다)이 대법원규칙에 위임한 사항, 그 밖에 법 제1조의 민사집행과 보전처분의 절차를 규정함을 목적으로 한다. <개정 2005. 7. 28.>

제2조(집행법원의 심문)

집행법원은 집행처분을 하는 데 필요한 때에는 이해관계인, 그 밖의 참고인을 심문할 수 있다.

제3조(집행관의 집행일시 지정)

① 집행관은 민사집행의 신청을 받은 때에는 바로 민사집행을 개시할 일시를 정하여 신청인에게 통지하여야 한다. 다만, 신청인이 통지가 필요 없다는 취지의 신고를 한 때에는 그러하지 아니하다.

② 제1항의 규정에 따른 집행일시는 부득이한 사정이 없으면 신청을 받은 날부터 1주 안의 날로 정하여야 한다.

제4조(국군원조요청의 절차)

① 법 제5조 제3항의 규정에 따라 법원이 하는 국군원조의 요청은 다음 각호의 사항을 적은 서면으로 하여야 한다.

1. 사건의 표시
2. 채권자·채무자와 그 대리인의 표시
3. 원조를 요청한 집행관의 표시
4. 집행할 일시와 장소
5. 원조가 필요한 사유와 원조의 내용

② 제1항의 규정에 따라 작성한 서면은 법원장 또는 지원장과 법원행정처장을 거쳐 국방부장관에게 보내야 한다.

제5조(집행참여자의 의무)

법 제6조의 규정에 따라 집행관으로부터 집행실시의 증인으로 참여하도록 요구받은 특별시·광역시의 구 또는 동 직원, 특별자치시의 동 직원, 시·읍·면 직원 또는 경찰공무원은 정당한 이유 없이 그 요구를 거절하여서는 아니된다. <개정 2019. 12. 26.>

제6조(집행조서의 기재사항)

① 집행조서에는 법 제10조 제2항 제2호의 규정에 따른 "중요한 사정의 개요"로서 다음 각호의 사항을 적어야 한다.

  1. 집행에 착수한 일시와 종료한 일시
  2. 실시한 집행의 내용
  3. 집행에 착수한 후 정지한 때에는 그 사유
  4. 집행에 저항을 받은 때에는 그 취지와 이에 대하여 한 조치
  5. 집행의 목적을 달성할 수 없었던 때에는 그 사유
  6. 집행을 속행한 때에는 그 사유

② 제150조 제2항, 법 제10조 제2항 제4호 또는 법 제116조 제2항(이 조항들이 준용되거나 그 예에 따르는 경우를 포함한다)에 규정된 서명날인은 서명무인으로 갈음할 수 있다.

제7조(재판을 고지받을 사람의 범위)

① 다음 각호의 재판은 그것이 신청에 기초한 경우에는 신청인과 상대방에게, 그 밖의 경우에는 민사집행의 신청인과 상대방에게 고지하여야 한다. <개정 2011. 7. 28.>

  1. 이송의 재판(다만, 민사집행을 개시하는 결정이 상대방에게 송달되기 전에 이루어진 재판을 제외한다)
  2. 즉시항고를 할 수 있는 재판(다만, 신청을 기각하거나 각하하는 재판을 제외한다)
  3. 법 제50조 제1항 전단 또는 법 제266조 제2항 전단(이 조항들이 준용되거나 그 예에 따르는 경우를 포함한다)의 규정에 따른 집행절차취소의 재판

4. 법 제16조 제2항의 규정에 따른 재판과 이 재판이 이루어진 경우에는 법 제16조 제1항의 규정에 따른 신청에 관한 재판

5. 법 제86조 제2항(이 조항이 준용되거나 그 예에 따르는 경우를 포함한다)의 규정에 따른 재판

6. 법 제196조 제3항(이 조항이 준용되거나 그 예에 따르는 경우를 포함한다)의 규정에 따른 재판과 이 재판이 이루어진 경우에는 법 제196조 제1항·제2항 또는 법 제246조 제3항(이 조항들이 준용되거나 그 예에 따르는 경우를 포함한다)의 규정에 따른 신청을 기각하거나 각하하는 재판

② 제1항 각호에 규정되지 아니한 재판으로서 신청에 기초한 재판에 대하여는 신청인에게 고지하여야 한다.

제8조(최고·통지)

① 민사집행절차에서 최고와 통지는 특별한 규정이 없으면 상당하다고 인정되는 방법으로 할 수 있다.

② 제1항의 최고나 통지를 한 때에는 법원서기관·법원사무관·법원주사 또는 법원주사보(다음부터 이 모두를 "법원사무관등"이라 한다)나 집행관은 그 취지와 최고 또는 통지의 방법을 기록에 표시하여야 한다.

③ 최고를 받을 사람이 외국에 있거나 있는 곳이 분명하지 아니한 때에는 최고할 사항을 공고하면 된다. 이 경우 최고는 공고를 한 날부터 1주가 지나면 효력이 생긴다.

④ 이 규칙에 규정된 통지(다만, 법에 규정된 통지를 제외한다)를 받을 사람이 외국에 있거나 있는 곳이 분명하지 아니한 때에는 통지를 하지 아니하여도 된다. 이 경우 법원사무관등이나 집행관은 그 사유를 기록에 표시하여야 한다.

⑤ 당사자, 그 밖의 관계인에 대한 통지(다만, 법 제102조 제1항에 규정된 통지를 제외한다)는 법원사무관등 또는 집행관으로 하여금 그 이름으로 하게 할 수 있다.

제9조(발송의 방법)

법 제11조 제3항, 법 제14조 제2항 또는 법 제104조 제3항의 규정에 따른 발송은 등기우편으로 한다.

제10조(외국으로 보내는 첫 송달서류의 기재사항)

민사집행절차에서 외국으로 보내는 첫 송달서류에는 대한민국 안에 송달이나 통

지를 받을 장소와 영수인을 정하여 일정한 기간 안에 신고하도록 명함과 아울러 그 기간 안에 신고가 없는 경우에는 그 이후의 송달이나 통지를 하지 아니할 수 있다는 취지를 적어야 한다.

제11조(공고)

① 민사집행절차에서 공고는 특별한 규정이 없으면 다음 각호 가운데 어느 하나의 방법으로 한다. 이 경우 필요하다고 인정하는 때에는 적당한 방법으로 공고사항의 요지를 공시할 수 있다.

   1. 법원게시판 게시

   2. 관보·공보 또는 신문 게재

   3. 전자통신매체를 이용한 공고

② 법원사무관등 또는 집행관은 공고한 날짜와 방법을 기록에 표시하여야 한다.

제12조(즉시항고제기기간 기산점의 특례)

즉시항고를 할 수 있는 사람이 재판을 고지받아야 할 사람이 아닌 경우 즉시항고의 제기기간은 그 재판을 고지받아야 할 사람 모두에게 고지된 날부터 진행한다.

제13조(즉시항고이유의 기재방법)

① 즉시항고의 이유는 원심재판의 취소 또는 변경을 구하는 사유를 구체적으로 적어야 한다.

② 제1항의 사유가 법령위반인 때에는 그 법령의 조항 또는 내용과 법령에 위반되는 사유를, 사실의 오인인 때에는 오인에 관계되는 사실을 구체적으로 밝혀야 한다.

제14조(즉시항고기록의 송부)

① 즉시항고가 제기된 경우에 집행법원이 상당하다고 인정하는 때에는 항고사건의 기록만을 보내거나 민사집행사건의 기록 일부의 등본을 항고사건의 기록에 붙여 보낼 수 있다.

② 제1항의 규정에 따라 항고사건의 기록 또는 민사집행사건의 기록 일부의 등본이 송부된 경우에 항고법원은 필요하다고 인정하는 때에는 민사집행사건의 기록 또는 필요한 등본의 송부를 요구할 수 있다.

제14조의2(재항고)

① 집행절차에 관한 항고법원·고등법원 또는 항소법원의 결정 및 명령으로서 즉시항고를 할 수 있는 재판에 대하여는 재판에 영향을 미친 헌법·법률·명령 또는 규칙의 위반을 이유로 드는 때에만 재항고(再抗告)할 수 있다.

② 제1항의 재항고에 관하여는 법 제15조의 규정을 준용한다.

[본조신설 2005. 7. 28.]

제15조(집행에 관한 이의신청의 방식)

① 법 제16조 제1항·제3항의 규정에 따른 이의신청은 집행법원이 실시하는 기일에 출석하여 하는 경우가 아니면 서면으로 하여야 한다.

② 제1항의 이의신청을 하는 때에는 이의의 이유를 구체적으로 밝혀야 한다.

제16조(민사집행신청의 취하통지)

민사집행을 개시하는 결정이 상대방에게 송달된 후 민사집행의 신청이 취하된 때에는 법원사무관등은 상대방에게 그 취지를 통지하여야 한다.

제17조(집행관이 실시한 민사집행절차의 취소통지)

집행관은 민사집행절차를 취소한 때에는 채권자에게 그 취지와 취소의 이유를 통지하여야 한다.

제18조(「민사소송규칙」의 준용)

민사집행과 보전처분의 절차에 관하여는 특별한 규정이 없으면 「민사소송규칙」의 규정을 준용한다. <개정 2005. 7. 28.>

제18조의2(재정보증)

법원행정처장은 법 제1조의 민사집행 및 보전처분 사무를 처리하는 법원사무관등의 재정보증에 관한 사항을 정하여 운용할 수 있다.

[본조신설 2011. 12. 30.]

제2편 강제집행

제1장 총칙

제19조(집행문부여신청의 방식)

① 집행문을 내어 달라는 신청을 하는 때에는 다음 각호의 사항을 밝혀야 한다.
<개정 2014. 11. 27.>

   1. 채권자·채무자와 그 대리인의 표시

   2. 집행권원의 표시

   3. 법 제30조 제2항, 법 제31조, 법 제35조(법 제57조의 규정에 따라 이 조항
      들이 준용되는 경우를 포함한다) 또는 법 제263조 제2항의 규정에 따라 집
      행문을 내어 달라는 신청을 하는 때에는 그 취지와 사유

   4. 집행권원에 채권자·채무자의 주민등록번호(주민등록번호가 없는 사람의
      경우에는 여권번호 또는 등록번호, 법인 또는 법인 아닌 사단이나 재단의
      경우에는 사업자등록번호·납세번호 또는 고유번호를 말한다. 다음부터 이
      모두와 주민등록번호를 "주민등록번호등"이라 한다)가 적혀 있지 않은 경
      우에는 채권자·채무자의 주민등록번호등

② 확정되어야 효력이 있는 재판에 관하여 제1항의 신청을 하는 때에는 그 재판
이 확정되었음이 기록상 명백한 경우가 아니면 그 재판이 확정되었음을 증명하는
서면을 붙여야 한다.

③ 집행문을 내어 달라는 신청을 하는 때에는 법원사무관등은 채권자·채무자 또
는 승계인의 주소 또는 주민등록번호등을 소명하는 자료를 제출하게 할 수 있다.
<개정 2014. 11. 27.>

제20조(집행문의 기재사항)

① 집행권원에 표시된 청구권의 일부에 대하여 집행문을 내어 주는 때에는 강제
집행을 할 수 있는 범위를 집행문에 적어야 한다.

② 집행권원에 채권자·채무자의 주민등록번호등이 적혀 있지 아니한 때에는 집
행문에 채권자·채무자의 주민등록번호등을 적어야 한다. <개정 2014. 11. 27.>

③ 법 제31조(법 제57조의 규정에 따라 준용되는 경우를 포함한다)의 규정에 따
라 집행문을 내어주는 때에는 집행문에 승계인의 주민등록번호등 또는 주소를 적
어야 한다. <신설 2014. 11. 27.>

제21조(집행권원 원본에 적을 사항)

① 집행문을 내어 주는 때에는 집행권원의 원본 또는 정본에 법 제35조 제3항과
법 제36조에 규정된 사항 외에 다음 각호의 사항을 적고 법원사무관등이 기명날

인하여야 한다. <개정 2006. 11. 13.>

  1. 법 제31조(법 제57조의 규정에 따라 준용되는 경우를 포함한다)의 규정에
     따라 내어 주는 때에는 그 취지와 승계인의 이름

  2. 제20조 제1항의 규정에 따라 내어 주는 때에는 강제집행을 할 수 있는 범위

② 법원사무관등이 재판사무시스템에 법 제35조 제3항, 제36조에 규정된 사항 및
제1항 각 호의 사항을 등록한 때에는 집행권원의 원본 또는 정본에 해당사항을
적고 기명날인한 것으로 본다. <신설 2006. 11. 13.>

제22조(공증인의 집행문 부여에 관한 허가 절차)

① 공증인은 「공증인법」 제56조의3 제3항에 따라 집행권원으로 보는 증서(다음
부터 "인도 등에 관한 집행증서"라 한다)에 대한 집행문을 내어주기 위해 인도 등
에 관한 집행증서의 표시와 내어줄 집행문의 문구를 적은 집행문부여허가청구서
및 그 부본 1통을 그 공증인의 사무소가 있는 곳을 관할하는 지방법원 또는 지원
의 민사집행업무를 담당하는 과에 제출한다.

② 공증인은 집행문부여허가청구서에 당사자가 제출한 다음 각 호의 서류 또는
자료를 첨부하여야 한다.

  1. 집행문부여신청서(대리인에 의해 신청된 경우 대리권 증명서류 포함)

  2. 인도 등에 관한 집행증서 정본

  3. 제19조 제1항 제3호의 사유를 증명하기 위한 자료 또는 제19조 제3항에서
     정한 소명자료

③ 제1항의 관할 지방법원 또는 지원의 법원사무관등이 집행문부여허가청구서와
제2항의 첨부서류 및 자료(다음부터 "허가청구서 등"이라 한다)를 접수한 때에는
집행문부여허가사건처리부(다음부터 "사건처리부"라 한다)에 접수사실을 적고, 집
행문부여허가서 용지와 허가청구서 등을 담당 판사에게 회부한다.

④ 담당 판사는 집행문부여를 전부 또는 일부 허가하지 아니할 때에는 집행문부
여허가청구서에 그 취지 및 이유를 적고 서명날인한다. 집행문부여를 일부 허가하
지 아니할 때에는 허가서에 그 취지와 허가되지 않은 부분을 적는다.

⑤ 법원사무관등은 집행문부여허가서가 발부된 경우에 해당사항을 사건처리부에
적고 집행문부여허가서와 허가청구서 등을 공증인 사무소 담당직원이나 집행문부
여신청인(대리인에 의해 신청된 경우 그 대리인 또는 그로부터 허가청구서 등의

수령권한을 위임받은 사람을 포함한다. 다음부터 이 조문 안에서 같다)에게 인계한다. 집행문부여가 일부 허가되지 아니한 경우에도 같다.

⑥ 법원사무관등은 집행문부여가 전부 허가되지 않은 경우에 해당사실을 사건처리부에 적고 허가청구서 등을 공증인 사무소 담당 직원이나 집행문부여신청인에게 인계한다.

⑦ 각급 법원은 사건처리부와 집행문부여허가청구서 부본철을 청구일이 속한 다음해의 1월 1일부터 다음 각호의 기간 동안 비치·보존한다. 다만, 재판사무시스템에 입력함으로써 사건처리부의 기재 및 비치·보존에 갈음할 수 있다.

   1. 사건처리부 : 10년

   2. 허가청구서 부본철 : 1년

[본조신설 2013. 11. 27.]

[종전 제22조는 제22조의2로 이동 < 2013. 11. 27. >]

제22조의2(공정증서정본등의 송달방법)

① 「공증인법」 제56조의5 제1항의 규정에 따른 송달은 아래 제2항 내지 제6항에서 정하는 방법으로 한다. < 개정 2005. 7. 28., 2013. 11. 27. >

② 채권자는 「공증인법」 제56조의5 제1항에 규정된 서류(다음부터 "공정증서정본등"이라 한다)의 송달과 동시에 강제집행할 것을 위임하는 경우 또는 같은 법 제56조의5 제1항의 규정에 따른 우편송달로는 그 목적을 달성할 수 없는 때에는 집행관에게 공정증서정본등의 송달을 위임할 수 있다. < 개정 2005. 7. 28., 2013. 11. 27. >

③ 제2항의 위임에 따라 공정증서정본등을 송달한 집행관은 그 송달에 관한 증서를 위임인에게 교부하여야 한다.

④ 채권자는 공증인의 직무상 주소를 관할하는 지방법원에 외국에서 할 공정증서정본등의 송달을 신청할 수 있다.

⑤ 채권자는 「민사소송법」 제194조 제1항의 사유가 있는 때에는 공증인의 직무상 주소를 관할하는 지방법원에 공시송달을 신청할 수 있다. < 개정 2005. 7. 28. >

⑥ 제2항의 규정에 따른 송달에는 「민사소송법」 제178조 제1항, 같은 법 제179조 내지 제183조 및 같은 법 제186조의 규정을, 제4항의 규정에 따른 송달에는 「민사소송법」 제191조의 규정을, 제5항의 규정에 따른 공시송달에는 「민사소송법」

제194조 내지 제196조 및 「민사소송규칙」 제54조의 규정을 각 준용한다. <개정 2005. 7. 28.>

[제22조에서 이동 <2013. 11. 27.>]

제23조(집행개시 후 채권자의 승계)

① 강제집행을 개시한 후 신청채권자가 승계된 경우에 승계인이 자기를 위하여 강제집행의 속행을 신청하는 때에는 법 제31조(법 제57조의 규정에 따라 준용되는 경우를 포함한다)에 규정된 집행문이 붙은 집행권원의 정본을 제출하여야 한다.

② 제1항에 규정된 집행권원의 정본이 제출된 때에는 법원사무관등 또는 집행관은 그 취지를 채무자에게 통지하여야 한다.

제24조(집행비용 등의 변상)

① 법 제53조 제1항의 규정에 따라 채무자가 부담하여야 할 집행비용으로서 그 집행절차에서 변상받지 못한 비용과 법 제53조 제2항의 규정에 따라 채권자가 변상하여야 할 금액은 당사자의 신청을 받아 집행법원이 결정으로 정한다.

② 제1항의 신청과 결정에는 「민사소송법」 제110조 제2항·제3항, 같은 법 제111조 제1항 및 같은 법 제115조의 규정을 준용한다. <개정 2005. 7. 28.>

제2장 금전채권에 기초한 강제집행

제1절 재산명시절차 등

제25조(재산명시신청)

① 법 제61조 제1항의 규정에 따른 채무자의 재산명시를 요구하는 신청은 다음 각호의 사항을 적은 서면으로 하여야 한다.

　1. 채권자·채무자와 그 대리인의 표시

　2. 집행권원의 표시

　3. 채무자가 이행하지 아니하는 금전채무액

　4. 신청취지와 신청사유

② 법원사무관등은 제1항의 신청인으로부터 집행문이 있는 판결정본(다음부터 "집행력 있는 정본"이라 한다)의 사본을 제출받아 기록에 붙인 후 집행력 있는 정본을 채권자에게 바로 돌려주어야 한다.

제26조(채무자에 대한 고지사항)

법 제62조 제1항의 규정에 따른 결정을 채무자에게 송달하는 때에는, 법 제62조 제4항 후단에 규정된 사항 외에 결정을 송달받은 뒤 송달장소를 바꾼 때에는 그 취지를 법원에 바로 신고하여야 하며 그 신고를 하지 아니하여 달리 송달할 장소를 알 수 없는 경우 종전에 송달받던 장소에 등기우편으로 발송할 수 있음을 함께 고지하여야 한다.

제27조(명시기일의 출석요구)

① 법 제64조 제1항의 규정에 따른 채무자에 대한 출석요구는 다음 각호의 사항을 적은 서면으로 하여야 한다.

　　1. 채권자와 채무자의 표시

　　2. 제28조와 법 제64조 제2항의 규정에 따라 재산목록에 적거나 명시할 사항과 범위

　　3. 재산목록을 작성하여 명시기일에 제출하여야 한다는 취지

　　4. 법 제68조에 규정된 감치와 벌칙의 개요

② 채무자가 소송대리인을 선임한 경우에도 제1항에 규정된 출석요구서는 채무자 본인에게 송달하여야 한다.

③ 채권자는 명시기일에 출석하지 아니하여도 된다.

제28조(재산목록의 기재사항 등)

① 채무자가 제출하여야 하는 재산목록에는 채무자의 이름·주소와 주민등록번호등을 적고, 법 제64조 제2항 각호의 사항을 명시하는 때에는 유상양도 또는 무상처분을 받은 사람의 이름·주소·주민등록번호등과 그 거래내역을 적어야 한다.

② 법 제64조 제2항·제3항의 규정에 따라 재산목록에 적어야 할 재산은 다음 각호와 같다. 다만, 법 제195조에 규정된 물건과 법 제246조 제1항 제1호 내지 제3호에 규정된 채권을 제외한다. <개정 2005. 7. 28.>

　　1. 부동산에 관한 소유권·지상권·전세권·임차권·인도청구권과 그에 관한 권리이전청구권

　　2. 등기 또는 등록의 대상이 되는 자동차·건설기계·선박·항공기의 소유권, 인도청구권과 그에 관한 권리이전청구권

　　3. 광업권·어업권, 그 밖에 부동산에 관한 규정이 준용되는 권리와 그에 관한

권리이전청구권

4. 특허권·상표권·저작권·디자인권·실용신안권, 그 밖에 이에 준하는 권리
   와 그에 관한 권리이전청구권

5. 50만원 이상의 금전과 합계액 50만원 이상의 어음·수표

6. 합계액 50만원 이상의 예금과 보험금 50만원 이상의 보험계약

7. 합계액 50만원 이상의 주권·국채·공채·회사채, 그 밖의 유가증권

8. 50만원 이상의 금전채권과 가액 50만원 이상의 대체물인도채권(같은 채무
   자에 대한 채권액의 합계가 50만원 이상인 채권을 포함한다), 저당권 등의
   담보물권으로 담보되는 채권은 그 취지와 담보물권의 내용

9. 정기적으로 받을 보수·부양료, 그 밖의 수입

10. 「소득세법」상의 소득으로서 제9호에서 정한 소득을 제외한 각종소득 가운
    데 소득별 연간 합계액 50만원 이상인 것

11. 합계액 50만원 이상의 금·은·백금·금은제품과 백금제품

12. 품목당 30만원 이상의 시계·보석류·골동품·예술품과 악기

13. 품목당 30만원 이상의 의류·가구·가전제품 등을 포함한 가사비품

14. 합계액 50만원 이상의 사무기구

15. 품목당 30만원 이상의 가축과 농기계를 포함한 각종 기계

16. 합계액 50만원 이상의 농·축·어업생산품(1월 안에 수확할 수 있는 과실
    을 포함한다), 공업생산품과 재고상품

17. 제11호 내지 제16호에 규정된 유체동산에 관한 인도청구권·권리이전청구
    권, 그 밖의 청구권

18. 제11호 내지 제16호에 규정되지 아니한 유체동산으로 품목당 30만원 이
    상인 것과 그에 관한 인도청구권·권리이전청구권, 그 밖의 청구권

19. 가액 30만원 이상의 회원권, 그 밖에 이에 준하는 권리와 그에 관한 이전
    청구권

20. 그 밖에 강제집행의 대상이 되는 것으로서 법원이 범위를 정하여 적을 것
    을 명한 재산

③ 제2항 및 법 제64조 제2항·제3항의 규정에 따라 재산목록을 적는 때에는 다
음 각호의 기준을 따라야 한다.

1. 제2항에 규정된 재산 가운데 권리의 이전이나 그 행사에 등기·등록 또는 명의개서(다음부터 이 조문 안에서 "등기등"이라고 한다)가 필요한 재산으로서 제3자에게 명의신탁 되어 있거나 신탁재산으로 등기등이 되어 있는 것도 적어야 한다. 이 경우에는 재산목록에 명의자와 그 주소를 표시하여야 한다.

2. 제2항 제8호 및 제11호 내지 제19호에 규정된 재산의 가액은 재산목록을 작성할 당시의 시장가격에 따른다. 다만, 시장가격을 알기 어려운 경우에는 그 취득가액에 따른다.

3. 어음·수표·주권·국채·공채·회사채 등 유가증권의 가액은 액면금액으로 한다. 다만, 시장가격이 있는 증권의 가액은 재산목록을 작성할 당시의 거래가격에 따른다.

4. 제2항 제1호 내지 제4호에 규정된 것 가운데 미등기 또는 미등록인 재산에 대하여는 도면·사진 등을 붙이거나 그 밖에 적당한 방법으로 특정하여야 한다.

④ 법원은 필요한 때에는 채무자에게 재산목록에 적은 사항에 관한 참고자료의 제출을 명할 수 있다.

제29조(재산목록 등의 열람·복사)

법 제67조 또는 법 제72조 제4항의 규정에 따라 재산목록 또는 법원이 비치한 채무불이행자명부나 그 부본을 보거나 복사할 것을 신청하는 사람이 납부하여야 할 수수료의 액에 관하여는 「재판 기록 열람·복사 규칙」 제4조부터 제6조까지를 준용한다. <개정 2005. 7. 28., 2012. 12. 27.>

제30조(채무자의 감치)

① 법 제68조 제1항 내지 제7항의 규정에 따른 감치재판은 법 제62조 제1항의 규정에 따른 결정을 한 법원이 관할한다.

② 감치재판절차는 법원의 감치재판개시결정에 따라 개시된다. 이 경우 감치사유가 발생한 날부터 20일이 지난 때에는 감치재판개시결정을 할 수 없다.

③ 감치재판절차를 개시한 후 감치결정 전에 채무자가 재산목록을 제출하거나 그 밖에 감치에 처하는 것이 상당하지 아니하다고 인정되는 때에는 법원은 불처벌결정을 하여야 한다.

④ 제2항의 감치재판개시결정과 제3항의 불처벌결정에 대하여는 불복할 수 없다.

⑤ 감치의 재판을 받은 채무자가 감치시설에 유치된 때에는 감치시설의 장은 바로 그 사실을 법원에 통보하여야 한다.

⑥ 법 제68조 제6항의 규정에 따라 출석하여 재산목록을 내고 선서한 채무자를 석방한 때에는 법원은 바로 감치시설의 장에게 그 취지를 서면으로 통보하여야 한다.

⑦ 법 제68조 제6항의 규정에 따라 채무변제를 증명하는 서면을 낸 채무자에 대하여 감치결정을 취소한 때에는 법원은 바로 감치시설의 장에게 채무자를 석방하도록 서면으로 명하여야 한다.

⑧ 제1항 내지 제7항 및 법 제68조 제1항 내지 제7항의 규정에 따른 감치절차에 관하여는 「법정 등의 질서유지를 위한 재판에 관한 규칙」 제6조 내지 제8조, 제10조, 제11조, 제13조, 제15조 내지 제19조, 제21조 내지 제23조 및 제25조 제2항(다만, 제13조 중 의견서에 관한 부분은 삭제하고, 제19조 제2항 중 "3일"은 "1주"로, 제23조 제8항 중 "감치집행을 한 날"은 "「민사집행규칙」 제30조 제5항의 규정에 따른 통보를 받은 날"로 고쳐 적용한다)의 규정을 준용한다. <개정 2004. 6. 1., 2005. 7. 28.>

제31조(채무불이행자명부 등재신청)

① 법 제70조 제1항의 규정에 따른 채무불이행자명부 등재신청에는 제25조 제1항의 규정을 준용한다.

② 채무불이행자명부 등재신청을 하는 때에는 채무자의 주소를 소명하는 자료를 내야 한다.

제32조(채무불이행자명부의 작성)

① 법 제71조 제1항의 결정이 있는 때에는 법원사무관등은 바로 채무자별로 채무불이행자명부를 작성하여야 한다.

② 채무불이행자명부에는 채무자의 이름·주소·주민등록번호등 및 집행권원과 불이행한 채무액을 표시하고, 그 등재사유와 날짜를 적어야 한다.

③ 채무불이행자명부 말소결정이 취소되거나 채무불이행자명부 등재결정을 취소하는 결정이 취소된 경우에는 제1항과 제2항의 규정을 준용한다.

제33조(채무불이행자명부 부본의 송부 등)

① 법 제71조 제1항의 결정에 따라 채무불이행자명부에 올린 때에는 법원은 한국

신용정보원의 장에게 채무불이행자명부의 부본을 보내거나 전자통신매체를 이용
하여 그 내용을 통지하여야 한다. <개정 2015. 12. 29.>

② 제1항 또는 법 제72조 제2항의 규정에 따른 송부나 통지는 법원사무관등으로
하여금 그 이름으로 하게 할 수 있다.

③ 시·구·읍·면의 장은 법 제72조 제2항의 규정에 따라 채무불이행자명부의 부
본을 송부받은 경우에 그 시·구·읍·면이 채무자의 주소지가 아닌 때에는 바로
그 취지를 법원에 서면으로 신고하여야 한다. 이 서면에는 송부받은 채무불이행자
명부의 부본을 붙여야 하고, 그 채무자의 주소가 변경된 때에는 변경된 주소를 적
어야 한다.

제34조(직권말소)

① 채무불이행자명부에 등재한 후 등재결정이 취소되거나 등재신청이 취하된 때
또는 등재결정이 확정된 후 채권자가 등재의 말소를 신청한 때에는 명부를 비치
한 법원의 법원사무관등은 바로 그 명부를 말소하여야 한다.

② 제1항의 경우 제33조 제1항·제2항 또는 법 제72조 제2항의 규정에 따라 채무
불이행자명부의 부본을 이미 보내거나 그 내용을 통지한 때에는 법원사무관등은
바로 법 제73조 제4항에 규정된 조치를 취하여야 한다.

제35조(재산조회의 신청방식)

① 법 제74조의 규정에 따른 재산조회신청은 다음 각호의 사항을 적은 서면으로
하여야 한다.

   1. 제25조 제1항 각호에 적은 사항
   2. 조회할 공공기관·금융기관 또는 단체
   3. 조회할 재산의 종류
   4. 제36조 제2항의 규정에 따라 과거의 재산보유내역에 대한 조회를 요구하는
      때에는 그 취지와 조회기간

② 제1항의 신청을 하는 때에는 신청의 사유를 소명하여야 하고, 채무자의 주소·
주민등록번호등, 그 밖에 채무자의 인적사항에 관한 자료를 내야 한다.

제36조(조회할 기관과 조회대상 재산 등)

① 재산조회는 별표 "기관·단체"란의 기관 또는 단체의 장에게 그 기관 또는 단
체가 전산망으로 관리하는 채무자 명의의 재산(다만, 별표 "조회할 재산"란의 각

해당란에 적은 재산에 한정한다)에 관하여 실시한다.

② 제1항의 경우 채권자의 신청이 있는 때에는 별표 순번 1에 적은 기관의 장에게 재산명시명령이 송달되기 전(법 제74조 제1항 제1호의 규정에 따른 재산조회의 경우에는 재산조회신청을 하기 전) 2년 안에 채무자가 보유한 재산내역을 조회할 수 있다. <개정 2005. 7. 28.>

③ 법원은 별표 순번 5부터 12까지, 15 기재 "기관·단체"란의 금융기관이 회원사, 가맹사 등으로 되어 있는 중앙회·연합회·협회 등(다음부터 "협회등"이라 한다)이 개인의 재산 및 신용에 관한 전산망을 관리하고 있는 경우에는 그 협회등의 장에게 채무자 명의의 재산에 관하여 조회할 수 있다. <개정 2016. 9. 6.>

제37조(조회의 절차 등)

① 법 제74조 제1항·제3항의 규정에 따른 재산조회는 다음 각호의 사항을 적은 서면으로 하여야 한다.

    1. 채무자의 이름·주소·주민등록번호등, 그 밖에 채무자의 인적사항

    2. 조회할 재산의 종류

    3. 조회에 대한 회답기한

    4. 제36조 제2항의 규정에 따라 채무자의 재산보유내역에 대한 조회를 요구하는 때에는 그 취지와 조회기간

    5. 법 제74조 제3항의 규정에 따라 채무자의 재산 및 신용에 관한 자료의 제출을 요구하는 때에는 그 취지

    6. 법 제75조 제2항에 규정된 벌칙의 개요

    7. 금융기관에 대하여 재산조회를 하는 경우에 관련법령에 따른 재산 및 신용에 관한 정보등의 제공사실 통보의 유예를 요청하는 때에는 그 취지와 통보를 유예할 기간

② 같은 협회등에 소속된 다수의 금융기관에 대한 재산조회는 협회등을 통하여 할 수 있다.

③ 재산조회를 받은 기관·단체의 장은 다음 각호의 사항을 적은 조회회보서를 정하여진 날까지 법원에 제출하여야 한다. 이 경우 법 제74조 제3항의 규정에 따라 자료의 제출을 요구받은 때에는 그 자료도 함께 제출하여야 한다.

    1. 사건의 표시

    2. 채무자의 표시

    3. 조회를 받은 다음날 오전 영시 현재 채무자의 재산보유내역. 다만, 제1항
       제4호와 제36조 제2항의 규정에 따른 조회를 받은 때에는 정하여진 조회기
       간 동안의 재산보유내역

④ 제2항에 규정된 방법으로 재산조회를 받은 금융기관의 장은 소속 협회등의 장
에게 제3항 각호의 사항에 관한 정보와 자료를 제공하여야 하고, 그 협회등의 장
은 제공받은 정보와 자료를 정리하여 한꺼번에 제출하여야 한다.

⑤ 재산조회를 받은 기관·단체의 장은 제3항에 규정된 조회회보서나 자료의 제
출을 위하여 필요한 때에는 소속 기관·단체, 회원사, 가맹사, 그 밖에 이에 준하
는 기관·단체에게 자료 또는 정보의 제공·제출을 요청할 수 있다.

⑥ 법원은 제출된 조회회보서나 자료에 흠이 있거나 불명확한 점이 있는 때에는
다시 조회하거나 자료의 재제출을 요구할 수 있다.

⑦ 제1항 내지 제6항에 규정된 절차는 별도의 대법원규칙이 정하는 바에 따라 전
자통신매체를 이용하는 방법으로 할 수 있다.

제38조(재산조회결과의 열람 · 복사)

재산조회결과의 열람·복사절차에 관하여는 제29조와 법 제67조의 규정을 준용한
다. 다만, 제37조 제7항의 규정에 따라 전자통신매체를 이용하는 방법으로 재산조
회를 한 경우의 열람·복사절차에 관하여는 별도의 대법원규칙으로 정한다.

제39조(과태료부과절차)

① 법 제75조 제2항의 규정에 따른 과태료 재판은 재산조회를 한 법원이 관할한다.

② 법 제75조 제2항의 규정에 따른 과태료 재판의 절차에 관하여는 「비송사건절
차법」 제248조와 제250조(다만, 검사에 관한 부분을 제외한다)의 규정을 준용한
다. <개정 2005. 7. 28.>

제2절 부동산에 대한 강제집행

제1관 통칙

제40조(지상권에 대한 강제집행)

금전채권에 기초한 강제집행에서 지상권과 그 공유지분은 부동산으로 본다.

제41조(집행법원)

법률 또는 이 규칙에 따라 부동산으로 보거나 부동산에 관한 규정이 준용되는 것에 대한 강제집행은 그 등기 또는 등록을 하는 곳의 지방법원이 관할한다.

제2관 강제경매

제42조(미등기 건물의 집행)

① 법 제81조 제3항·제4항의 규정에 따라 집행관이 건물을 조사한 때에는 다음 각호의 사항을 적은 서면에 건물의 도면과 사진을 붙여 정하여진 날까지 법원에 제출하여야 한다.

　　1. 사건의 표시

　　2. 조사의 일시·장소와 방법

　　3. 건물의 지번·구조·면적

　　4. 조사한 건물의 지번·구조·면적이 건축허가 또는 건축신고를 증명하는 서류의 내용과 다른 때에는 그 취지와 구체적인 내역

② 법 제81조 제1항 제2호 단서의 규정에 따라 채권자가 제출한 서류 또는 제1항의 규정에 따라 집행관이 제출한 서면에 의하여 강제경매신청을 한 건물의 지번·구조·면적이 건축허가 또는 건축신고된 것과 동일하다고 인정되지 아니하는 때에는 법원은 강제경매신청을 각하하여야 한다.

제43조(경매개시결정의 통지)

강제관리개시결정이 된 부동산에 대하여 강제경매개시결정이 있는 때에는 법원사무관등은 강제관리의 압류채권자, 배당요구를 한 채권자와 관리인에게 그 취지를 통지하여야 한다.

제44조(침해행위 방지를 위한 조치)

① 채무자·소유자 또는 부동산의 점유자가 부동산의 가격을 현저히 감소시키거나 감소시킬 우려가 있는 행위(다음부터 이 조문 안에서 "가격감소행위등"이라 한다)를 하는 때에는, 법원은 압류채권자(배당요구의 종기가 지난 뒤에 강제경매 또는 담보권 실행을 위한 경매신청을 한 압류채권자를 제외한다. 다음부터 이 조문 안에서 같다) 또는 최고가매수신고인의 신청에 따라 매각허가결정이 있을 때

까지 담보를 제공하게 하거나 담보를 제공하게 하지 아니하고 그 행위를 하는 사람에 대하여 가격감소행위등을 금지하거나 일정한 행위를 할 것을 명할 수 있다.
② 부동산을 점유하는 채무자·소유자 또는 부동산의 점유자로서 그 점유권원을 압류채권자·가압류채권자 혹은 법 제91조 제2항 내지 제4항의 규정에 따라 소멸되는 권리를 갖는 사람에 대하여 대항할 수 없는 사람이 제1항의 규정에 따른 명령에 위반한 때 또는 가격감소행위등을 하는 경우에 제1항의 규정에 따른 명령으로는 부동산 가격의 현저한 감소를 방지할 수 없다고 인정되는 특별한 사정이 있는 때에는, 법원은 압류채권자 또는 최고가매수신고인의 신청에 따라 매각허가결정이 있을 때까지 담보를 제공하게 하고 그 명령에 위반한 사람 또는 그 행위를 한 사람에 대하여 부동산의 점유를 풀고 집행관에게 보관하게 할 것을 명할 수 있다.
③ 법원이 채무자·소유자 외의 점유자에 대하여 제1항 또는 제2항의 규정에 따른 결정을 하려면 그 점유자를 심문하여야 한다. 다만, 그 점유자가 압류채권자·가압류채권자 또는 법 제91조 제2항 내지 제4항의 규정에 따라 소멸되는 권리를 갖는 사람에 대하여 대항할 수 있는 권원에 기초하여 점유하고 있지 아니한 것이 명백한 때 또는 이미 그 점유자를 심문한 때에는 그러하지 아니하다.
④ 법원은 사정의 변경이 있는 때에는 신청에 따라 제1항 또는 제2항의 규정에 따른 결정을 취소하거나 변경할 수 있다.
⑤ 제1항·제2항 또는 제4항의 규정에 따른 결정에 대하여는 즉시항고를 할 수 있다.
⑥ 제4항의 규정에 따른 결정은 확정되어야 효력이 있다.
⑦ 제2항의 규정에 따른 결정은 신청인에게 고지된 날부터 2주가 지난 때에는 집행할 수 없다.
⑧ 제2항의 규정에 따른 결정은 상대방에게 송달되기 전에도 집행할 수 있다.

제45조(미지급 지료 등의 지급)

① 건물에 대한 경매개시결정이 있는 때에 그 건물의 소유를 목적으로 하는 지상권 또는 임차권에 관하여 채무자가 지료나 차임을 지급하지 아니하는 때에는, 압류채권자(배당요구의 종기가 지난 뒤에 강제경매 또는 담보권 실행을 위한 경매신청을 한 압류채권자를 제외한다)는 법원의 허가를 받아 채무자를 대신하여 미

지급된 지료 또는 차임을 변제할 수 있다.

② 제1항의 허가를 받아 지급한 지료 또는 차임은 집행비용으로 한다.

제46조(현황조사)

① 집행관이 법 제85조의 규정에 따라 부동산의 현황을 조사한 때에는 다음 각호의 사항을 적은 현황조사보고서를 정하여진 날까지 법원에 제출하여야 한다.

  1. 사건의 표시
  2. 부동산의 표시
  3. 조사의 일시·장소 및 방법
  4. 법 제85조 제1항에 규정된 사항과 그 밖에 법원이 명한 사항 등에 대하여 조사한 내용

② 현황조사보고서에는 조사의 목적이 된 부동산의 현황을 알 수 있도록 도면·사진 등을 붙여야 한다.

③ 집행관은 법 제85조의 규정에 따른 현황조사를 하기 위하여 필요한 때에는 소속 지방법원의 관할구역 밖에서도 그 직무를 행할 수 있다.

제47조(이중경매절차에서의 통지)

먼저 경매개시결정을 한 경매절차가 정지된 때에는 법원사무관등은 뒤의 경매개시결정에 관한 압류채권자에게 그 취지를 통지하여야 한다.

제48조(배당요구의 방식)

① 법 제88조 제1항의 규정에 따른 배당요구는 채권(이자, 비용, 그 밖의 부대채권을 포함한다)의 원인과 액수를 적은 서면으로 하여야 한다.

② 제1항의 배당요구서에는 집행력 있는 정본 또는 그 사본, 그 밖에 배당요구의 자격을 소명하는 서면을 붙여야 한다.

제49조(경매신청의 취하 등)

① 법 제87조 제1항의 신청(배당요구의 종기가 지난 뒤에 한 신청을 제외한다. 다음부터 이 조문 안에서 같다)이 있는 경우 매수신고가 있은 뒤 압류채권자가 경매신청을 취하하더라도 법 제105조 제1항 제3호의 기재사항이 바뀌지 아니하는 때에는 법 제93조 제2항의 규정을 적용하지 아니한다.

② 법 제87조 제1항의 신청이 있는 경우 매수신고가 있은 뒤 법 제49조 제3호 또는 제6호의 서류를 제출하더라도 법 제105조 제1항 제3호의 기재사항이 바뀌지

아니하는 때에는 법 제93조 제3항 전단의 규정을 적용하지 아니한다.

제50조(집행정지서류 등의 제출시기)

① 법 제49조 제1호·제2호 또는 제5호의 서류는 매수인이 매각대금을 내기 전까지 제출하면 된다.

② 매각허가결정이 있은 뒤에 법 제49조 제2호의 서류가 제출된 경우에는 매수인은 매각대금을 낼 때까지 매각허가결정의 취소신청을 할 수 있다. 이 신청에 관한 결정에 대하여는 즉시항고를 할 수 있다.

③ 매수인이 매각대금을 낸 뒤에 법 제49조 각호 가운데 어느 서류가 제출된 때에는 절차를 계속하여 진행하여야 한다. 이 경우 배당절차가 실시되는 때에는 그 채권자에 대하여 다음 각호의 구분에 따라 처리하여야 한다.

1. 제1호·제3호·제5호 또는 제6호의 서류가 제출된 때에는 그 채권자를 배당에서 제외한다.

2. 제2호의 서류가 제출된 때에는 그 채권자에 대한 배당액을 공탁한다.

3. 제4호의 서류가 제출된 때에는 그 채권자에 대한 배당액을 지급한다.

제51조(평가서)

① 법 제97조의 규정에 따라 부동산을 평가한 감정인은 다음 각호의 사항을 적은 평가서를 정하여진 날까지 법원에 제출하여야 한다.

1. 사건의 표시

2. 부동산의 표시

3. 부동산의 평가액과 평가일

4. 부동산이 있는 곳의 환경

5. 평가의 목적이 토지인 경우에는 지적, 법령에서 정한 규제 또는 제한의 유무와 그 내용 및 공시지가, 그 밖에 평가에 참고가 된 사항

6. 평가의 목적이 건물인 경우에는 그 종류·구조·평면적, 그 밖에 추정되는 잔존 내구연수 등 평가에 참고가 된 사항

7. 평가액 산출의 과정

8. 그 밖에 법원이 명한 사항

② 평가서에는 부동산의 모습과 그 주변의 환경을 알 수 있는 도면·사진 등을 붙여야 한다.

제52조(일괄매각 등에서 채무지의 매각재산 지정)

법 제101조 제4항 또는 법 제124조 제2항의 규정에 따른 지정은 매각허가결정이 선고되기 전에 서면으로 하여야 한다.

제53조(압류채권자가 남을 가망이 있음을 증명한 때의 조치)

법 제102조 제1항의 규정에 따른 통지를 받은 압류채권자가 통지를 받은 날부터 1주 안에 최저매각가격으로 압류채권자의 채권에 우선하는 부동산의 모든 부담과 절차비용을 변제하고 남을 것이 있다는 사실을 증명한 때에는 법원은 경매절차를 계속하여 진행하여야 한다.

제54조(남을 가망이 없는 경우의 보증제공방법 등)

① 법 제102조 제2항의 규정에 따른 보증은 다음 각호 가운데 어느 하나를 법원에 제출하는 방법으로 제공하여야 한다. 다만, 법원은 상당하다고 인정하는 때에는 보증의 제공방법을 제한할 수 있다. <개정 2005. 7. 28.>

1. 금전
2. 법원이 상당하다고 인정하는 유가증권
3. 「은행법」의 규정에 따른 금융기관 또는 보험회사(다음부터 "은행등"이라 한다)가 압류채권자를 위하여 일정액의 금전을 법원의 최고에 따라 지급한 다는 취지의 기한의 정함이 없는 지급보증위탁계약이 압류채권자와 은행 등 사이에 체결된 사실을 증명하는 문서

② 제1항의 보증에 관하여는 「민사소송법」 제126조 본문의 규정을 준용한다. <개정 2005. 7. 28.>

제55조(매각물건명세서 사본 등의 비치)

매각물건명세서·현황조사보고서 및 평가서의 사본은 매각기일(기간입찰의 방법으로 진행하는 경우에는 입찰기간의 개시일)마다 그 1주 전까지 법원에 비치하여야 한다. 다만, 법원은 상당하다고 인정하는 때에는 매각물건명세서·현황조사보고서 및 평가서의 기재내용을 전자통신매체로 공시함으로써 그 사본의 비치에 갈음할 수 있다.

제56조(매각기일의 공고내용 등)

법원은 매각기일(기간입찰의 방법으로 진행하는 경우에는 입찰기간의 개시일)의

2주 전까지 법 제106조에 규정된 사항과 다음 각호의 사항을 공고하여야 한다.

    1. 법 제98조의 규정에 따라 일괄매각결정을 한 때에는 그 취지

    2. 제60조의 규정에 따라 매수신청인의 자격을 제한한 때에는 그 제한의 내용

    3. 법 제113조의 규정에 따른 매수신청의 보증금액과 보증제공방법

제57조(매각장소의 질서유지)

① 집행관은 매각기일이 열리는 장소의 질서유지를 위하여 필요하다고 인정하는 때에는 그 장소에 출입하는 사람의 신분을 확인할 수 있다.

② 집행관은 법 제108조의 규정에 따른 조치를 하기 위하여 필요한 때에는 법원의 원조를 요청할 수 있다.

제58조(매각조건 변경을 위한 부동산의 조사)

법 제111조 제3항의 규정에 따른 집행관의 조사에는 제46조 제3항과 법 제82조의 규정을 준용한다.

제59조(채무자 등의 매수신청금지)

다음 각호의 사람은 매수신청을 할 수 없다.

    1. 채무자

    2. 매각절차에 관여한 집행관

    3. 매각 부동산을 평가한 감정인(감정평가법인이 감정인인 때에는 그 감정평
       가법인 또는 소속 감정평가사)

제60조(매수신청의 제한)

법원은 법령의 규정에 따라 취득이 제한되는 부동산에 관하여는 매수신청을 할 수 있는 사람을 정하여진 자격을 갖춘 사람으로 제한하는 결정을 할 수 있다.

제61조(기일입찰의 장소 등)

① 기일입찰의 입찰장소에는 입찰자가 다른 사람이 알지 못하게 입찰표를 적을 수 있도록 설비를 갖추어야 한다.

② 같은 입찰기일에 입찰에 부칠 사건이 두 건 이상이거나 매각할 부동산이 두 개 이상인 경우에는 각 부동산에 대한 입찰을 동시에 실시하여야 한다. 다만, 법원이 따로 정하는 경우에는 그러하지 아니하다.

제62조(기일입찰의 방법)

① 기일입찰에서 입찰은 매각기일에 입찰표를 집행관에게 제출하는 방법으로 한다.

② 입찰표에는 다음 각호의 사항을 적어야 한다. 이 경우 입찰가격은 일정한 금액으로 표시하여야 하며, 다른 입찰가격에 대한 비례로 표시하지 못한다.

1. 사건번호와 부동산의 표시

2. 입찰자의 이름과 주소

3. 대리인을 통하여 입찰을 하는 때에는 대리인의 이름과 주소

4. 입찰가격

③ 법인인 입찰자는 대표자의 자격을 증명하는 문서를 집행관에게 제출하여야 한다.

④ 입찰자의 대리인은 대리권을 증명하는 문서를 집행관에게 제출하여야 한다.

⑤ 공동으로 입찰하는 때에는 입찰표에 각자의 지분을 분명하게 표시하여야 한다.

⑥ 입찰은 취소·변경 또는 교환할 수 없다.

제63조(기일입찰에서 매수신청의 보증금액)

① 기일입찰에서 매수신청의 보증금액은 최저매각가격의 10분의 1로 한다.

② 법원은 상당하다고 인정하는 때에는 보증금액을 제1항과 달리 정할 수 있다.

제64조(기일입찰에서 매수신청보증의 제공방법)

제63조의 매수신청보증은 다음 각호 가운데 어느 하나를 입찰표와 함께 집행관에게 제출하는 방법으로 제공하여야 한다. 다만, 법원은 상당하다고 인정하는 때에는 보증의 제공방법을 제한할 수 있다. <개정 2005. 7. 28.>

1. 금전

2. 「은행법」의 규정에 따른 금융기관이 발행한 자기앞수표로서 지급제시기간이 끝나는 날까지 5일 이상의 기간이 남아 있는 것

3. 은행 등이 매수신청을 하려는 사람을 위하여 일정액의 금전을 법원의 최고에 따라 지급한다는 취지의 기한의 정함이 없는 지급보증위탁계약이 매수신청을 하려는 사람과 은행등 사이에 맺어진 사실을 증명하는 문서

제65조(입찰기일의 절차)

① 집행관이 입찰을 최고하는 때에는 입찰마감시각과 개찰시각을 고지하여야 한다. 다만, 입찰표의 제출을 최고한 후 1시간이 지나지 아니하면 입찰을 마감하지 못한다.

② 집행관은 입찰표를 개봉할 때에 입찰을 한 사람을 참여시켜야 한다. 입찰을 한 사람이 아무도 참여하지 아니하는 때에는 적당하다고 인정하는 사람을 참여시켜야 한다.

③ 집행관은 입찰표를 개봉할 때에 입찰목적물, 입찰자의 이름 및 입찰가격을 불러야 한다.

제66조(최고가매수신고인 등의 결정)

① 최고가매수신고를 한 사람이 둘 이상인 때에는 집행관은 그 사람들에게 다시 입찰하게 하여 최고가매수신고인을 정한다. 이 경우 입찰자는 전의 입찰가격에 못미치는 가격으로는 입찰할 수 없다.

② 제1항의 규정에 따라 다시 입찰하는 경우에 입찰자 모두가 입찰에 응하지 아니하거나(전의 입찰가격에 못미치는 가격으로 입찰한 경우에는 입찰에 응하지 아니한 것으로 본다) 두 사람 이상이 다시 최고의 가격으로 입찰한 때에는 추첨으로 최고가매수신고인을 정한다.

③ 제2항 또는 법 제115조 제2항 후문의 규정에 따라 추첨을 하는 경우 입찰자가 출석하지 아니하거나 추첨을 하지 아니하는 때에는 집행관은 법원사무관등 적당하다고 인정하는 사람으로 하여금 대신 추첨하게 할 수 있다.

제67조(기일입찰조서의 기재사항)

① 기일입찰조서에는 법 제116조에 규정된 사항 외에 다음 각호의 사항을 적어야 한다.

1. 입찰을 최고한 일시, 입찰을 마감한 일시 및 입찰표를 개봉한 일시
2. 제65조 제2항 후문의 규정에 따라 입찰을 한 사람 외의 사람을 개찰에 참여시킨 때에는 그 사람의 이름
3. 제66조 또는 법 제115조 제2항의 규정에 따라 최고가매수신고인 또는 차순위매수신고인을 정한 때에는 그 취지
4. 법 제108조에 규정된 조치를 취한 때에는 그 취지
5. 법 제140조 제1항의 규정에 따라 공유자의 우선매수신고가 있는 경우에는 그 취지 및 그 공유자의 이름과 주소
6. 제76조 제3항의 규정에 따라 차순위매수신고인의 지위를 포기한 매수신고인이 있는 때에는 그 취지

② 기일입찰조서에는 입찰표를 붙여야 한다.

제68조(입찰기간 등의 지정)

기간입찰에서 입찰기간은 1주 이상 1월 이하의 범위 안에서 정하고, 매각기일은 입찰기간이 끝난 후 1주 안의 날로 정하여야 한다.

제69조(기간입찰에서 입찰의 방법)

기간입찰에서 입찰은 입찰표를 넣고 봉함을 한 봉투의 겉면에 매각기일을 적어 집행관에게 제출하거나 그 봉투를 등기우편으로 부치는 방법으로 한다.

제70조(기간입찰에서 매수신청보증의 제공방법)

기간입찰에서 매수신청보증은 다음 각호 가운데 어느 하나를 입찰표와 같은 봉투에 넣어 집행관에게 제출하거나 등기우편으로 부치는 방법으로 제공하여야 한다.

    1. 법원의 예금계좌에 일정액의 금전을 입금하였다는 내용으로 금융기관이 발행한 증명서

    2. 제64조 제3호의 문서

제71조(기일입찰규정의 준용)

기간입찰에는 제62조 제2항 내지 제6항, 제63조, 제65조 제2항·제3항, 제66조 및 제67조의 규정을 준용한다.

제72조(호가경매)

① 부동산의 매각을 위한 호가경매는 호가경매기일에 매수신청의 액을 서로 올려가는 방법으로 한다.

② 매수신청을 한 사람은 더 높은 액의 매수신청이 있을 때까지 신청액에 구속된다.

③ 집행관은 매수신청의 액 가운데 최고의 것을 3회 부른 후 그 신청을 한 사람을 최고가매수신고인으로 정하며, 그 이름과 매수신청의 액을 고지하여야 한다.

④ 호가경매에는 제62조 제3항 내지 제5항, 제63조, 제64조 및 제67조 제1항의 규정을 준용한다.

제73조(변경된 매각결정기일의 통지)

① 매각기일을 종결한 뒤에 매각결정기일이 변경된 때에는 법원사무관등은 최고가매수신고인·차순위매수신고인 및 이해관계인에게 변경된 기일을 통지하여야 한다.

② 제1항의 통지는 집행기록에 표시된 주소지에 등기우편으로 발송하는 방법으로
할 수 있다.

제74조(매각허부결정 고지의 효력발생시기)

매각을 허가하거나 허가하지 아니하는 결정은 선고한 때에 고지의 효력이 생긴다.

제75조(대법원규칙으로 정하는 이율)

법 제130조 제7항과 법 제138조 제3항(법 제142조 제5항의 규정에 따라 준용되
는 경우를 포함한다)의 규정에 따른 이율은 연 100분의 12로 한다. <개정 2015.
10. 29., 2019. 8. 2.>

[전문개정 2003. 7. 19.]

제76조(공유자의 우선매수권 행사절차 등)

① 법 제140조 제1항의 규정에 따른 우선매수의 신고는 집행관이 매각기일을 종
결한다는 고지를 하기 전까지 할 수 있다.

② 공유자가 법 제140조 제1항의 규정에 따른 신고를 하였으나 다른 매수신고인이
없는 때에는 최저매각가격을 법 제140조 제1항의 최고가매수신고가격으로 본다.

③ 최고가매수신고인을 법 제140조 제4항의 규정에 따라 차순위매수신고인으로
보게 되는 경우 그 매수신고인은 집행관이 매각기일을 종결한다는 고지를 하기
전까지 차순위매수신고인의 지위를 포기할 수 있다.

제77조(경매개시결정등기의 말소촉탁비용)

법 제141조의 규정에 따른 말소등기의 촉탁에 관한 비용은 경매를 신청한 채권자
가 부담한다.

제78조(대금지급기한)

법 제142조 제1항에 따른 대금지급기한은 매각허가결정이 확정된 날부터 1월 안
의 날로 정하여야 한다. 다만, 경매사건기록이 상소법원에 있는 때에는 그 기록을
송부받은 날부터 1월 안의 날로 정하여야 한다.

제78조의2(등기촉탁 공동신청의 방식 등)

① 법 제144조 제2항의 신청은 다음 각 호의 사항을 기재한 서면으로 하여야 한다.

　　1. 사건의 표시
　　2. 부동산의 표시

  3. 신청인의 성명 또는 명칭 및 주소

  4. 대리인에 의하여 신청을 하는 때에는 대리인의 성명 및 주소

  5. 법 제144조 제2항의 신청인이 지정하는 자(다음부터 이 조문 안에서 "피지
     정자"라 한다)의 성명, 사무소의 주소 및 직업

② 제1항의 서면에는 다음 각 호의 서류를 첨부하여야 한다. <개정 2014. 10. 2.>

  1. 매수인으로부터 부동산을 담보로 제공받으려는 자가 법인인 때에는 그 법
     인의 등기사항증명서

  2. 부동산에 관한 담보 설정의 계약서 사본

  3. 피지정자의 지정을 증명하는 문서

  4. 대리인이 신청을 하는 때에는 그 권한을 증명하는 서면

  5. 등기신청의 대리를 업으로 할 수 있는 피지정자의 자격을 증명하는 문서의
     사본

[본조신설 2010. 10. 4.]

제79조(배당할 금액)

차순위매수신고인에 대하여 매각허가결정이 있는 때에는 법 제137조 제2항의 보
증(보증이 금전 외의 방법으로 제공되어 있는 때에는 보증을 현금화하여 그 대금
에서 비용을 뺀 금액)은 법 제147조 제1항의 배당할 금액으로 한다.

제80조(보증으로 제공된 유가증권 등의 현금화)

① 법 제142조 제4항의 규정에 따라 매수신청의 보증(법 제102조 제2항의 규정
에 따라 제공된 보증을 포함한다)을 현금화하는 경우와 법 제147조 제1항 제3호
·제5호 또는 제79조의 규정에 따라 매수신청 또는 항고의 보증이 배당할 금액에
산입되는 경우 그 보증이 유가증권인 때에는, 법원은 집행관에게 현금화하게 하여
그 비용을 뺀 금액을 배당할 금액에 산입하여야 한다. 이 경우 현금화비용은 보증
을 제공한 사람이 부담한다.

② 법 제147조 제1항 제4호의 규정에 따라 항고의 보증 가운데 항고인이 돌려줄
것을 요구하지 못하는 금액이 배당할 금액에 산입되는 경우 그 보증이 유가증권
인 때에는, 법원은 집행관에게 현금화하게 하여 그 비용을 뺀 금액 가운데 항고인
이 돌려 줄 것을 요구하지 못하는 금액을 배당할 금액에 산입하고, 나머지가 있을
경우 이를 항고인에게 돌려준다. 이 경우 현금화비용은 보증을 제공한 사람이 부

담한다. 다만, 집행관이 그 유가증권을 현금화하기 전에 항고인이 법원에 돌려줄 것을 요구하지 못하는 금액에 상당하는 금전을 지급한 때에는 그 유가증권을 항고인에게 돌려주고, 항고인이 지급한 금전을 배당할 금액에 산입하여야 한다.

③ 제1항과 제2항 본문의 현금화에는 법 제210조 내지 법 제212조의 규정을 준용한다.

④ 집행관은 제1항과 제2항 본문의 현금화를 마친 후에는 바로 그 대금을 법원에 제출하여야 한다.

⑤ 제1항의 경우에 그 보증이 제54조 제1항 제3호 또는 제64조 제3호(제72조 제4항의 규정에 따라 준용되는 경우를 포함한다)의 문서인 때에는 법원이 은행 등에 대하여 정하여진 금액의 납부를 최고하는 방법으로 현금화한다.

제81조(계산서 제출의 최고)

배당기일이 정하여진 때에는 법원사무관등은 각 채권자에 대하여 채권의 원금·배당기일까지의 이자, 그 밖의 부대채권 및 집행비용을 적은 계산서를 1주 안에 법원에 제출할 것을 최고하여야 한다.

제82조(배당금 교부의 절차 등)

① 채권자와 채무자에 대한 배당금의 교부절차, 법 제160조의 규정에 따른 배당금의 공탁과 그 공탁금의 지급위탁절차는 법원사무관등이 그 이름으로 실시한다.

② 배당기일에 출석하지 아니한 채권자가 배당액을 입금할 예금계좌를 신고한 때에는 법원사무관등은 법 제160조 제2항의 규정에 따른 공탁에 갈음하여 배당액을 그 예금계좌에 입금할 수 있다.

제3관 강제관리

제83조(강제관리신청서)

강제관리신청서에는 법 제163조에서 준용하는 법 제80조에 규정된 사항 외에 수익의 지급의무를 부담하는 제3자가 있는 경우에는 그 제3자의 표시와 그 지급의무의 내용을 적어야 한다.

제84조(개시결정의 통지)

강제관리개시결정을 한 때에는 법원사무관등은 조세, 그 밖의 공과금을 주관하는 공공기관에게 그 사실을 통지하여야 한다.

제85조(관리인의 임명)

① 법원은 강제관리개시결정과 동시에 관리인을 임명하여야 한다.

② 신탁회사, 은행, 그 밖의 법인도 관리인이 될 수 있다.

③ 관리인이 임명된 때에는 법원사무관등은 압류채권자·채무자 및 수익의 지급의무를 부담하는 제3자에게 그 취지를 통지하여야 한다.

④ 법원은 관리인에게 그 임명을 증명하는 문서를 교부하여야 한다.

제86조(관리인이 여러 사람인 때의 직무수행 등)

① 관리인이 여러 사람인 때에는 공동으로 직무를 수행한다. 다만, 법원의 허가를 받아 직무를 분담할 수 있다.

② 관리인이 여러 사람인 때에는 제3자의 관리인에 대한 의사표시는 그 중 한 사람에게 할 수 있다.

제87조(관리인의 사임·해임)

① 관리인은 정당한 이유가 있는 때에는 법원의 허가를 받아 사임할 수 있다.

② 관리인이 제1항의 규정에 따라 사임하거나 법 제167조 제3항의 규정에 따라 해임된 때에는 법원사무관등은 압류채권자·채무자 및 수익의 지급명령을 송달받은 제3자에게 그 취지를 통지하여야 한다.

제88조(강제관리의 정지)

① 법 제49조 제2호 또는 제4호의 서류가 제출된 경우에는 배당절차를 제외한 나머지 절차는 그 당시의 상태로 계속하여 진행할 수 있다.

② 제1항의 규정에 따라 절차를 계속하여 진행하는 경우에 관리인은 배당에 충당될 금전을 공탁하고, 그 사유를 법원에 신고하여야 한다.

③ 제2항의 규정에 따라 공탁된 금전으로 채권자의 채권과 집행비용의 전부를 변제할 수 있는 경우에는 법원은 배당절차를 제외한 나머지 절차를 취소하여야 한다.

제89조(남을 가망이 없는 경우의 절차취소)

수익에서 그 부동산이 부담하는 조세, 그 밖의 공과금 및 관리비용을 빼면 남을 것이 없겠다고 인정하는 때에는 법원은 강제관리절차를 취소하여야 한다.

제90조(관리인과 제3자에 대한 통지)

① 강제관리신청이 취하된 때 또는 강제관리취소결정이 확정된 때에는 법원사무관등은 관리인과 수익의 지급명령을 송달받은 제3자에게 그 사실을 통지하여야 한다.

② 법 제49조 제2호 또는 제4호의 서류가 제출된 때 또는 법 제163조에서 준용하는 법 제87조 제4항의 재판이 이루어진 때에는 법원사무관등은 관리인에게 그 사실을 통지하여야 한다.

제91조(수익의 처리)

① 법 제169조 제1항에 규정된 관리인의 부동산 수익처리는 법원이 정하는 기간마다 하여야 한다. 이 경우 위 기간의 종기까지 배당요구를 하지 아니한 채권자는 그 수익의 처리와 배당절차에 참가할 수 없다.

② 채권자가 한 사람인 경우 또는 채권자가 두 사람 이상으로서 법 제169조 제1항에 규정된 나머지 금액으로 각 채권자의 채권과 집행비용 전부를 변제할 수 있는 경우에는 관리인은 채권자에게 변제금을 교부하고 나머지가 있으면 채무자에게 교부하여야 한다.

③ 제2항 외의 경우에는 관리인은 제1항의 기간이 지난 후 2주 안의 날을 배당협의기일로 지정하고 채권자에게 그 일시와 장소를 서면으로 통지하여야 한다. 이 통지에는 수익금·집행비용 및 각 채권자의 채권액 비율에 따라 배당될 것으로 예상되는 금액을 적은 배당계산서를 붙여야 한다.

④ 관리인은 배당협의기일까지 채권자 사이에 배당에 관한 협의가 이루어진 경우에는 그 협의에 따라 배당을 실시하여야 한다. 관리인은 제3항의 배당계산서와 다른 협의가 이루어진 때에는 그 협의에 따라 배당계산서를 다시 작성하여야 한다.

⑤ 관리인은 배당협의가 이루어지지 못한 경우에는 바로 법 제169조 제3항에 따른 신고를 하여야 한다.

⑥ 관리인이 제2항의 규정에 따라 변제금을 교부한 때, 제4항 또는 법 제169조 제4항의 규정에 따라 배당을 실시한 때에는 각 채권자로부터 제출받은 영수증을 붙여 법원에 신고하여야 한다.

제92조(관리인의 배당액 공탁)

① 관리인은 제91조 제2항 또는 제4항 전문의 규정에 따라 교부 또는 배당(다음

부터 "배당등"이라 한다)을 실시하는 경우에 배당등을 받을 채권자의 채권에 관하여 법 제160조 제1항에 적은 어느 사유가 있는 때에는 그 배당등의 액에 상당하는 금액을 공탁하고 그 사유를 법원에 신고하여야 한다.

② 관리인은 배당등을 수령하기 위하여 출석하지 아니한 채권자 또는 채무자의 배당등의 액에 상당하는 금액을 공탁하고, 그 사유를 법원에 신고하여야 한다.

제93조(사유신고의 방식)

① 제88조 제2항 또는 제92조의 규정에 따른 사유신고는 다음 각호의 사항을 적은 서면으로 하고, 공탁서와 함께 배당계산서가 작성된 경우에는 배당계산서를 붙여야 한다.

    1. 사건의 표시

    2. 압류채권자와 채무자의 이름

    3. 공탁의 사유와 공탁금액

② 법 제169조 제3항의 규정에 따른 사유신고는 다음 각호의 사항을 적은 서면으로 하고, 배당계산서를 붙여야 한다.

    1. 제1항 제1호·제2호에 적은 사항

    2. 법 제169조 제1항에 규정된 나머지 금액과 그 산출근거

    3. 배당협의가 이루어지지 아니한 취지와 그 사정의 요지

제94조(강제경매규정의 준용)

강제관리에는 제46조 내지 제48조 및 제82조 제2항의 규정을 준용한다. 이 경우 제82조 제2항에 "법원사무관등"이라고 규정된 것은 "관리인"으로 본다.

제3절 선박에 대한 강제집행

제95조(신청서의 기재사항과 첨부서류)

① 선박에 대한 강제경매신청서에는 법 제80조에 규정된 사항 외에 선박의 정박항 및 선장의 이름과 현재지를 적어야 한다.

② 아래의 선박에 대한 강제경매신청서에는 그 선박이 채무자의 소유임을 증명하는 문서와 함께 다음 서류를 붙여야 한다. <개정 2005. 7. 28., 2013. 11. 27.>

    1. 등기가 되지 아니한 대한민국 선박 :「선박등기규칙」제11조 제2항에 규정된 증명서 및 같은 규칙 제12조 제1항 또는 제2항에 규정된 증명서면

2. 대한민국 선박 외의 선박 : 그 선박이 「선박등기법」 제2조에 규정된 선박임을 증명하는 문서

제96조(선박국적증서등 수취의 통지)

집행관은 법 제174조 제1항과 법 제175조 제1항의 규정에 따라 선박국적증서, 그밖에 선박운행에 필요한 문서(다음부터 "선박국적증서등"이라 한다)를 받은 때에는 바로 그 취지를 채무자·선장 및 선적항을 관할하는 해운관서의 장에게 통지하여야 한다.

제97조(선박국적증서등을 수취하지 못한 경우의 신고)

집행관이 법 제174조 제1항에 규정된 명령에 따라 선박국적증서등을 수취하려 하였으나 그 목적을 달성하지 못한 때에는 그 사유를 법원에 서면으로 신고하여야 한다.

제98조(대법원규칙이 정하는 법원)

선적이 없는 때 하는 선박집행신청 전 선박국적증서등의 인도명령신청사건의 관할법원은 서울중앙지방법원·인천지방법원·수원지방법원평택지원·춘천지방법원강릉지원·춘천지방법원속초지원·대전지방법원홍성지원·대전지방법원서산지원·대구지방법원포항지원·부산지방법원·울산지방법원·창원지방법원·창원지방법원진주지원·창원지방법원통영지원·광주지방법원목포지원·광주지방법원순천지원·광주지방법원해남지원·전주지방법원군산지원 또는 제주지방법원으로 한다. <개정 2005. 7. 28.>

제99조(현황조사보고서)

① 집행관이 선박의 현황조사를 한 때에는 다음 각호의 사항을 적은 현황조사보고서를 정하여진 날까지 법원에 제출하여야 한다.

1. 사건의 표시
2. 선박의 표시
3. 선박이 정박한 장소
4. 조사의 일시·장소 및 방법
5. 점유자의 표시와 점유의 상황
6. 그 선박에 대하여 채무자의 점유를 풀고 집행관에게 보관시키는 가처분이 집행되어 있는 때에는 그 취지와 집행관이 보관을 개시한 일시

7. 그 밖에 법원이 명한 사항

② 현황조사보고서에는 선박의 사진을 붙여야 한다.

제100조(운행허가결정)

① 법원은 법 제176조 제2항의 규정에 따른 결정을 하는 때에는 운행의 목적
· 기간 및 수역 등에 관하여 적당한 제한을 붙일 수 있다.

② 제1항과 법 제176조 제2항의 규정에 따른 결정은 채권자 · 채무자 · 최고가
매수신고인 · 차순위매수신고인 및 매수인에게 고지하여야 한다.

제101조(선박국적증서등의 재수취명령)

① 법 제176조 제2항의 규정에 따라 허가된 선박의 운행이 끝난 후 법원에
선박국적증서등이 반환되지 아니한 때에는, 법원은 직권 또는 이해관계인
의 신청에 따라 집행관에 대하여 선박국적증서등을 다시 수취할 것을 명할
수 있다.

② 제1항에 규정된 명령에 따라 집행관이 선박국적증서등을 수취하는 경우에
는 제96조와 제97조의 규정을 준용한다.

제102조(감수 · 보존처분의 시기)

법 제178조 제1항에 규정된 감수 또는 보존처분은 경매개시결정 전에도 할 수 있다.

제103조(감수 · 보존처분의 방식)

① 법원이 법 제178조 제1항의 규정에 따른 감수 또는 보존처분을 하는 때에는
집행관, 그 밖에 적당하다고 인정되는 사람을 감수인 또는 보존인으로 정하고, 감
수 또는 보존을 명하여야 한다.

② 제1항의 감수인은 선박을 점유하고, 선박이나 그 속구의 이동을 방지하기 위
하여 필요한 조치를 취할 수 있다.

③ 제1항의 보존인은 선박이나 그 속구의 효용 또는 가치의 변동을 방지하기 위
하여 필요한 조치를 취할 수 있다.

④ 감수처분과 보존처분은 중복하여 할 수 있다.

제104조(보증의 제공에 따른 강제경매절차의 취소)

① 법 제181조 제1항의 규정에 따른 보증은 다음 각호 가운데 어느 하나를 집행
법원에 제출하는 방법으로 제공하여야 한다. 다만, 제2호의 문서를 제출하는 때에

는 채무자는 미리 집행법원의 허가를 얻어야 한다.

1. 채무자가 금전 또는 법원이 상당하다고 인정하는 유가증권을 공탁한 사실을 증명하는 문서

2. 은행등이 채무자를 위하여 일정액의 금전을 법원의 최고에 따라 지급한다는 취지의 기한의 정함이 없는 지급보증위탁계약이 채무자와 은행 등 사이에 체결된 사실을 증명하는 문서

② 법 제181조 제2항의 규정에 따라 보증을 배당하는 경우 집행법원은 보증으로 공탁된 유가증권을 제출받을 수 있다.

③ 제1항과 법 제181조 제1항의 규정에 따른 보증제공에 관하여는 법 제19조 제1항·제2항의 규정을, 위 보증이 금전공탁 외의 방법으로 제공된 경우의 현금화에 관하여는 제80조의 규정을 각 준용한다.

제105조(부동산강제경매규정의 준용)

선박에 대한 강제집행에는 제2절 제2관의 규정을 준용한다.

제4절 항공기에 대한 강제집행

제106조(강제집행의 방법)

「항공안전법」에 따라 등록된 항공기(다음부터 "항공기"라 한다)에 대한 강제집행은 선박에 대한 강제집행의 예에 따라 실시한다(다만, 현황조사와 물건명세서에 관한 규정 및 제95조 제2항의 규정은 제외한다). 이 경우 법과 이 규칙에 "등기"라고 규정된 것은 "등록"으로, "등기부"라고 규정된 것은 "항공기등록원부"로, "등기관"이라고 규정된 것은 "국토교통부장관"으로, "정박"이라고 규정된 것은 "정류 또는 정박"으로, "정박항" 또는 "정박한 장소"라고 규정된 것은 "정류 또는 정박하는 장소"로, "운행"이라고 규정된 것은 "운항"으로, "수역"이라고 규정된 것은 "운항지역"으로, "선박국적증서"라고 규정된 것은 "항공기등록증명서"로, "선적항" 또는 "선적이 있는 곳"이라고 규정된 것은 "정치장"으로, "선적항을 관할하는 해운관서의 장"이라고 규정된 것은 "국토교통부장관"으로 보며, 법 제174조 제1항 중 "선장으로부터 받아"는 "받아"로, 제95조 제1항 중 "및 선장의 이름과 현재지를 적어야 한다."는 "를 적어야 한다."로 고쳐 적용한다. <개정 2005. 7. 28., 2019. 12. 26.>

제107조(평가서 사본의 비치 등)

① 법원은 매각기일(기간입찰의 방법으로 진행할 경우에는 입찰기간의 개시일)의 1월 전까지 평가서의 사본을 법원에 비치하고, 누구든지 볼 수 있도록 하여야 한다.

② 법원사무관등은 평가서의 사본을 비치한 날짜와 그 취지를 기록에 적어야 한다.

제5절 자동차에 대한 강제집행

제108조(강제집행의 방법)

「자동차관리법」에 따라 등록된 자동차(다음부터 "자동차"라 한다)에 대한 강제집행(다음부터 "자동차집행"이라 한다)은 이 규칙에 특별한 규정이 없으면 부동산에 대한 강제경매의 규정을 따른다. 이 경우 법과 이 규칙에 "등기"라고 규정된 것은 "등록"으로, "등기부"라고 규정된 것은 "자동차등록원부"로, "등기관"이라고 규정된 것은 "특별시장·광역시장·특별자치시장 또는 도지사"로 본다. <개정 2005. 7. 28., 2019. 12. 26.>

제109조(집행법원)

① 자동차집행의 집행법원은 자동차등록원부에 기재된 사용본거지를 관할하는 지방법원으로 한다. 다만, 제119조 제1항의 규정에 따라 사건을 이송한 때에는 그러하지 아니하다.

② 제113조 제1항에 규정된 결정에 따라 집행관이 자동차를 인도받은 경우에는 제1항 본문의 법원 외에 자동차가 있는 곳을 관할하는 지방법원도 집행법원으로 한다.

제110조(경매신청서의 기재사항과 첨부서류)

자동차에 대한 강제경매신청서에는 법 제80조에 규정된 사항 외에 자동차등록원부에 기재된 사용본거지를 적고, 집행력 있는 정본 외에 자동차등록원부등본을 붙여야 한다.

제111조(강제경매개시결정)

① 법원은 강제경매개시결정을 하는 때에는 법 제83조 제1항에 규정된 사항을 명하는 외에 채무자에 대하여 자동차를 집행관에게 인도할 것을 명하여야 한다. 다만, 그 자동차에 대하여 제114조 제1항의 규정에 따른 신고가 되어 있는 때에는

채무자에 대하여 자동차 인도명령을 할 필요가 없다.

② 제1항의 개시결정에 기초한 인도집행은 그 개시결정이 채무자에게 송달되기 전에도 할 수 있다.

③ 강제경매개시결정이 송달되거나 등록되기 전에 집행관이 자동차를 인도받은 경우에는 그때에 압류의 효력이 생긴다.

④ 제1항의 개시결정에 대하여는 즉시항고를 할 수 있다.

제112조(압류자동차의 인도)

제3자가 점유하게 된 자동차의 인도에 관하여는 법 제193조의 규정을 준용한다. 이 경우 법 제193조 제1항과 제2항의 "압류물"은 "압류의 효력 발생 당시 채무자가 점유하던 자동차"로 본다.

제113조(강제경매신청 전의 자동차인도명령)

① 강제경매신청 전에 자동차를 집행관에게 인도하지 아니하면 강제집행이 매우 곤란할 염려가 있는 때에는 그 자동차가 있는 곳을 관할하는 지방법원은 신청에 따라 채무자에게 자동차를 집행관에게 인도할 것을 명할 수 있다. <개정 2015. 8. 27.>

② 제1항의 신청에는 집행력 있는 정본을 제시하고, 신청의 사유를 소명하여야 한다.

③ 집행관은 자동차를 인도받은 날부터 10일 안에 채권자가 강제경매신청을 하였음을 증명하는 문서를 제출하지 아니하는 때에는 자동차를 채무자에게 돌려주어야 한다.

④ 제1항의 규정에 따른 결정에 대하여는 즉시항고를 할 수 있다.

⑤ 제1항의 규정에 따른 결정에는 법 제292조 제2항·제3항의 규정을 준용한다.

제114조(자동차를 인도받은 때의 신고)

① 집행관이 강제경매개시결정에 따라 자동차를 인도받은 때, 제112조에서 준용하는 법 제193조의 규정에 따른 재판을 집행한 때 또는 제113조의 규정에 따라 인도받은 자동차에 대하여 강제경매개시결정이 있는 때에는 바로 그 취지·보관장소·보관방법 및 예상되는 보관비용을 법원에 신고하여야 한다.

② 집행관은 제1항의 신고를 한 후에 자동차의 보관장소·보관방법 또는 보관비용이 변경된 때에는 법원에 신고하여야 한다.

제115조(자동차의 보관방법)

집행관은 상당하다고 인정하는 때에는 인도받은 자동차를 압류채권자, 채무자, 그 밖의 적당한 사람에게 보관시킬 수 있다. 이 경우에는 공시서를 붙여 두거나 그 밖의 방법으로 그 자동차를 집행관이 점유하고 있음을 분명하게 표시하고, 제117조의 규정에 따라 운행이 허가된 경우를 제외하고는 운행을 하지 못하도록 적당한 조치를 하여야 한다.

제116조(자동차인도집행불능시의 집행절차취소)

강제경매개시결정이 있은 날부터 2월이 지나기까지 집행관이 자동차를 인도받지 못한 때에는 법원은 집행절차를 취소하여야 한다.

제117조(운행의 허가)

① 법원은 영업상의 필요, 그 밖의 상당한 이유가 있다고 인정하는 때에는 이해관계를 가진 사람의 신청에 따라 자동차의 운행을 허가할 수 있다.

② 법원이 제1항의 허가를 하는 때에는 운행에 관하여 적당한 조건을 붙일 수 있다.

③ 제1항의 운행허가결정에 대하여는 즉시항고를 할 수 있다.

제118조(자동차의 이동)

① 법원은 필요하다고 인정하는 때에는 집행관에게 자동차를 일정한 장소로 이동할 것을 명할 수 있다.

② 집행법원 외의 법원 소속의 집행관이 자동차를 점유하고 있는 경우, 집행법원은 제119조 제1항의 규정에 따라 사건을 이송하는 때가 아니면 그 집행관 소속법원에 대하여 그 자동차를 집행법원 관할구역 안의 일정한 장소로 이동하여 집행법원 소속 집행관에게 인계하도록 명할 것을 촉탁하여야 한다.

③ 제2항의 규정에 따라 집행법원 소속 집행관이 자동차를 인계받은 경우에는 제114조의 규정을 준용한다.

제119조(사건의 이송)

① 집행법원은 다른 법원 소속 집행관이 자동차를 점유하고 있는 경우에 자동차를 집행법원 관할구역 안으로 이동하는 것이 매우 곤란하거나 지나치게 많은 비용이 든다고 인정하는 때에는 사건을 그 법원으로 이송할 수 있다.

② 제1항의 규정에 따른 결정에 대하여는 불복할 수 없다.

제120조(매각의 실시시기)

법원은 그 관할구역 안에서 집행관이 자동차를 점유하게 되기 전에는 집행관에게 매각을 실시하게 할 수 없다.

제121조(최저매각가격결정의 특례)

① 법원은 상당하다고 인정하는 때에는 집행관으로 하여금 거래소에 자동차의 시세를 조회하거나 그 밖의 상당한 방법으로 매각할 자동차를 평가하게 하고, 그 평가액을 참작하여 최저매각가격을 정할 수 있다.

② 제1항의 규정에 따라 자동차를 평가한 집행관은 다음 각호의 사항을 적은 평가서를 정하여진 날까지 법원에 제출하여야 한다.

   1. 사건의 표시

   2. 자동차의 표시

   3. 자동차의 평가액과 평가일

   4. 거래소에 대한 조회결과 또는 그 밖의 평가근거

제122조(매각기일의 공고)

매각기일의 공고에는 법 제106조 제2호, 제4호 내지 제7호, 제9호에 규정된 사항, 제56조 제1호·제3호에 규정된 사항, 자동차의 표시 및 자동차가 있는 장소를 적어야 한다.

제123조(입찰 또는 경매 외의 매각방법)

① 법원은 상당하다고 인정하는 때에는 집행관에게 입찰 또는 경매 외의 방법으로 자동차의 매각을 실시할 것을 명할 수 있다. 이 경우에는 매각의 실시방법과 기한, 그 밖의 다른 조건을 붙일 수 있다.

② 법원은 제1항의 규정에 따른 매각의 실시를 명하는 때에는 미리 압류채권자의 의견을 들어야 한다.

③ 법원은 제1항의 규정에 따른 매각의 실시를 명하는 때에는 매수신고의 보증금액을 정하고 아울러 그 보증의 제공은 금전 또는 법원이 상당하다고 인정하는 유가증권을 집행관에게 제출하는 방법으로 하도록 정하여야 한다.

④ 제1항의 규정에 따른 결정이 있는 때에는 법원사무관등은 각 채권자와 채무자에게 그 취지를 통지하여야 한다.

⑤ 집행관은 제1항의 규정에 따른 결정에 기초하여 자동차를 매각하는 경우에 매수신고가 있는 때에는 바로 자동차의 표시·매수신고를 한 사람의 표시 및 매수신고의 액과 일시를 적은 조서를 작성하여, 보증으로 제공된 금전 또는 유가증권과 함께 법원에 제출하여야 한다.

⑥ 제5항의 조서가 제출된 때에는 법원은 바로 매각결정기일을 지정하여야 한다.

⑦ 제6항의 규정에 따른 매각결정기일이 정하여진 때에는 법원사무관등은 이해관계인과 매수신고를 한 사람에게 매각결정기일을 통지하여야 한다.

⑧ 제5항의 조서에 관하여는 법 제116조 제2항의 규정을 준용한다.

제124조(양도명령에 따른 매각)

① 법원은 상당하다고 인정하는 때에는 압류채권자의 매수신청에 따라 그에게 자동차의 매각을 허가할 수 있다.

② 제1항의 규정에 따라 매각을 허가하는 결정은 이해관계인에게 고지하여야 한다.

③ 양도명령에 따른 매각절차에 관하여는 제74조, 법 제109조, 법 제113조, 법 제126조 제1항·제2항 및 법 제128조 제2항의 규정을 준용하지 아니한다.

제125조(매수인에 대한 자동차의 인도)

① 매수인이 대금을 납부하였음을 증명하는 서면을 제출한 때에는 집행관은 자동차를 매수인에게 인도하여야 한다. 이 경우 그 자동차를 집행관 외의 사람이 보관하고 있는 때에는, 집행관은 매수인의 동의를 얻어 보관자에 대하여 매수인에게 그 자동차를 인도할 것을 통지하는 방법으로 인도할 수 있다.

② 집행관은 매수인에게 자동차를 인도한 때에는 그 취지와 인도한 날짜를 집행법원에 신고하여야 한다.

제126조(집행정지중의 매각)

① 법 제49조 제2호 또는 제4호에 적은 서류가 제출된 때에는 법원사무관등은 집행관에게 그 사실을 통지하여야 한다.

② 집행관은 제1항의 규정에 따른 통지를 받은 경우 인도를 받은 자동차의 가격이 크게 떨어질 염려가 있거나 그 보관에 지나치게 많은 비용이 드는 때에는 압류채권자·채무자 및 저당권자에게 그 사실을 통지하여야 한다.

③ 제2항에서 규정하는 경우에 압류채권자 또는 채무자의 신청이 있는 때에는 법원은 자동차를 매각하도록 결정할 수 있다.

④ 제3항의 규정에 따른 결정이 있은 때에는 법원사무관등은 제3항의 신청을 하지 아니한 압류채권자 또는 채무자에게 그 사실을 통지하여야 한다.

⑤ 제3항의 규정에 따른 결정에 기초하여 자동차가 매각되어 그 대금이 집행법원에 납부된 때에는 법원사무관등은 매각대금을 공탁하여야 한다.

제127조(자동차집행의 신청이 취하된 경우 등의 조치)

① 자동차집행의 신청이 취하된 때 또는 강제경매절차를 취소하는 결정의 효력이 생긴 때에는 법원사무관등은 집행관에게 그 취지를 통지하여야 한다.

② 집행관이 제1항의 규정에 따른 통지를 받은 경우 자동차를 수취할 권리를 갖는 사람이 채무자 외의 사람인 때에는 집행관은 그 사람에게 자동차집행의 신청이 취하되었다거나 또는 강제경매절차가 취소되었다는 취지를 통지하여야 한다.

③ 집행관은 제1항의 규정에 따른 통지를 받은 때에는 자동차를 수취할 권리를 갖는 사람에게 자동차가 있는 곳에서 이를 인도하여야 한다. 다만, 자동차를 수취할 권리를 갖는 사람이 자동차를 보관하고 있는 경우에는 그러하지 아니하다.

④ 집행관이 제3항의 규정에 따라 인도를 할 수 없는 때에는 법원은 집행관의 신청을 받아 자동차집행의 절차에 따라 자동차를 매각한다는 결정을 할 수 있다.

⑤ 제4항의 규정에 따른 결정이 있은 때에는 법원사무관등은 채무자와 저당권자에게 그 취지를 통지하여야 한다.

⑥ 제4항의 규정에 따른 결정에 기초하여 자동차가 매각되어 그 대금이 법원에 납부된 때에는 법원은 그 대금에서 매각과 보관에 든 비용을 빼고, 나머지가 있는 때에는 매각대금의 교부계산서를 작성하여 저당권자에게 변제금을 교부하고, 그 나머지를 채무자에게 교부하여야 한다.

⑦ 제6항의 규정에 따른 변제금 등을 교부하는 경우에는 제81조, 제82조, 법 제146조, 법 제160조 및 법 제161조 제1항의 규정을 준용한다.

제128조(준용규정 등)

① 자동차집행절차에는 제107조·제138조의 규정을 준용한다. 이 경우 제107조 제1항에 "1월"이라고 규정된 것은 "1주"로, 제138조 제1항에 "압류물이 압류한"이라고 규정된 것은 "집행관이 점유를 취득한 자동차가"로 본다.

② 자동차집행절차에 관하여는 제43조 내지 제46조, 제51조 제1항 제4호 내지 제6호, 제2항, 제55조, 제56조 제2호, 제60조, 제68조 내지 제71조, 법 제79조, 법

제81조, 법 제83조 제2항·제3항, 법 제85조, 법 제91조 제5항, 법 제105조 및 법 제136조의 규정과 법 제103조 제2항 중 기간입찰에 관한 부분을 준용하지 아니한다.

제129조(자동차지분에 대한 강제집행)

자동차의 공유지분에 대한 강제집행은 법 제251조에 규정된 강제집행의 예에 따라 실시한다.

제6절 건설기계·소형선박에 대한 강제집행 <개정 2008. 2. 18.>

제130조(강제집행의 방법)

① 「건설기계관리법」에 따라 등록된 건설 기계(다음부터 "건설기계"라 한다) 및 「자동차 등 특정동산 저당법」의 적용을 받는 소형선박(다음부터 "소형선박"이라 한다)에 대한 강제집행에 관하여는 제5절의 규정을 준용한다. 이 경우 제108조 내지 제110조에 "자동차등록원부"라고 규정된 것은 각 "건설기계등록원부", "선박원부·어선원부·수상레저기구등록원부"로 본다. <개정 2010. 10. 4.>

② 소형선박에 대한 강제집행의 경우 제108조에 "특별시장·광역시장·특별자치시장 또는 도지사"라고 규정된 것은 "지방해양수산청장(지방해양수산청해양수산사무소장을 포함한다. 다음부터 같다)"이나 "시장·군수 또는 구청장(자치구의 구청장을 말한다. 다음부터 같다)"으로 본다. <개정 2013. 11. 27., 2019. 12. 26.>

③ 소형선박에 대한 강제집행의 경우 제109조 및 제110조에 "사용본거지"라고 규정된 것은 "선적항" 또는 "보관장소"로 본다.

[전문개정 2008. 2. 18.]

제7절 동산에 대한 강제집행

제1관 유체동산에 대한 강제집행

제131조(유체동산 집행신청의 방식)

유체동산에 대한 강제집행신청서에는 다음 각호의 사항을 적고 집행력 있는 정본을 붙여야 한다.

1. 채권자·채무자와 그 대리인의 표시
2. 집행권원의 표시
3. 강제집행 목적물인 유체동산이 있는 장소
4. 집행권원에 표시된 청구권의 일부에 관하여 강제집행을 구하는 때에는 그 범위

제132조(압류할 유체동산의 선택)
집행관이 압류할 유체동산을 선택하는 때에는 채권자의 이익을 해치지 아니하는 범위 안에서 채무자의 이익을 고려하여야 한다.

제132조의2(압류할 유체동산의 담보권 확인 등)
① 집행관은 유체동산 압류시에 채무자에 대하여「동산·채권 등의 담보에 관한 법률」제2조 제7호에 따른 담보등기가 있는지 여부를 담보등기부를 통하여 확인하여야 하고, 담보등기가 있는 경우에는 등기사항전부증명서(말소사항 포함)를, 담보등기가 없는 경우에는 등기기록미개설증명서(다만, 법인·상호등기를 하지 않아 등기기록미개설증명서를 발급받을 수 없는 경우에는 이를 확인할 수 있는 자료)를 집행기록에 편철하여야 한다. <개정 2018. 4. 27.>
② 집행관은 제1항에 따라 담보권의 존재를 확인한 경우에 그 담보권자에게 매각기일에 이르기까지 집행을 신청하거나, 법 제220조에서 정한 시기까지 배당요구를 하여 매각대금의 배당절차에 참여할 수 있음을 고지하여야 한다.
[본조신설 2014. 7. 1.]

제133조(직무집행구역 밖에서의 압류)
집행관은 동시에 압류하고자 하는 여러 개의 유체동산 가운데 일부가 소속 법원의 관할구역 밖에 있는 경우에는 관할구역 밖의 유체동산에 대하여도 압류할 수 있다.

제134조(압류조서의 기재사항)
① 유체동산 압류조서에는 제6조와 법 제10조 제2항·제3항에 규정된 사항 외에 채무자가 자기 소유가 아니라는 진술이나 담보가 설정되어 있나는 진술을 한 압류물에 관하여는 그 취지를 적어야 한다. <개정 2014. 7. 1.>
② 유체동산 압류조서에 집행의 목적물을 적는 때에는 압류물의 종류·재질, 그 밖에 압류물을 특정하는 데 필요한 사항과 수량 및 평가액(토지에서 분리하기 전

의 과실에 대하여는 그 과실의 수확시기·예상수확량과 예상평가액)을 적어야
한다.

제135조(직무집행구역 밖에서의 압류물보관)

집행관은 특히 필요하다고 인정하는 때에는 압류물 보관자로 하여금 소속 법원의
관할구역 밖에서 압류물을 보관하게 할 수 있다.

제136조(압류물의 보관에 관한 조서 등)

① 집행관이 채무자·채권자 또는 제3자에게 압류물을 보관시킨 때에는 보관자의
표시, 보관시킨 일시·장소와 압류물, 압류표시의 방법과 보관조건을 적은 조서를
작성하여 보관자의 기명날인 또는 서명을 받아야 한다.

② 집행관이 보관자로부터 압류물을 반환받은 때에는 그 취지를 기록에 적어야
한다.

③ 제2항의 경우에 압류물에 부족 또는 손상이 있는 때에는 집행관은 보관자가
아닌 압류채권자와 채무자에게 그 취지를 통지하여야 하고, 아울러 부족한 압류물
또는 압류물의 손상정도와 이러한 압류물에 대하여 집행관이 취한 조치를 적은
조서를 작성하여야 한다.

제137조(보관압류물의 점검)

① 집행관은 채무자 또는 채권자나 제3자에게 압류물을 보관시킨 경우에 압류채
권자 또는 채무자의 신청이 있거나 그 밖에 필요하다고 인정하는 때에는 압류물
의 보관상황을 점검하여야 한다.

② 집행관이 제1항의 규정에 따른 점검을 한 때에는 압류물의 부족 또는 손상의
유무와 정도 및 이에 관하여 집행관이 취한 조치를 적은 점검조서를 작성하고, 부
족 또는 손상이 있는 경우에는 보관자가 아닌 채권자 또는 채무자에게 그 취지를
통지하여야 한다.

제138조(직무집행구역 밖에서의 압류물 회수 등)

① 압류물이 압류한 집행관이 소속하는 법원의 관할구역 밖에 있게 된 경우에 이
를 회수하기 위하여 필요한 때에는 집행관은 소속 법원의 관할구역 밖에서도 그
직무를 행할 수 있다.

② 제1항의 경우에 압류물을 회수하기 위하여 지나치게 많은 비용이 든다고 인정
하는 때에는 집행관은, 압류채권자의 의견을 들어, 압류물이 있는 곳을 관할하는

법원 소속 집행관에게 사건을 이송할 수 있다.

제139조(압류물의 인도명령을 집행한 경우의 조치 등)

① 법 제193조 제1항의 규정에 따른 인도명령을 집행한 집행관은 그 압류물의 압류를 한 집행관이 다른 법원에 소속하는 때에는 그 집행관에 대하여 인도명령을 집행하였다는 사실을 통지하여야 한다.

② 제1항의 규정에 따른 통지를 받은 집행관은 압류물을 인수하여야 한다. 다만, 압류물을 인수하기 위하여 지나치게 많은 비용이 든다고 인정하는 때에는, 압류채권자의 의견을 들어, 인도명령을 집행한 집행관에게 사건을 이송할 수 있다.

제140조(초과압류 등의 취소)

① 집행관은 압류 후에 그 압류가 법 제188조 제2항의 한도를 넘는 사실이 분명하게 된 때에는 넘는 한도에서 압류를 취소하여야 한다.

② 집행관은 압류 후에 압류물의 매각대금으로 압류채권자의 채권에 우선하는 채권과 집행비용을 변제하면 남을 것이 없겠다고 인정하는 때에는 압류를 취소하여야 한다.

제141조(매각의 가망이 없는 경우의 압류의 취소)

집행관은 압류물에 관하여 상당한 방법으로 매각을 실시하였음에도 매각의 가망이 없는 때에는 그 압류물의 압류를 취소할 수 있다.

제142조(압류취소의 방법 등)

① 유체동산 압류를 취소하는 때에는 집행관은 압류물을 수취할 권리를 갖는 사람에게 압류취소의 취지를 통지하고 압류물이 있는 장소에서 이를 인도하여야 한다. 다만, 압류물을 수취할 권리를 갖는 사람이 그 압류물을 보관중인 때에는 그에게 압류취소의 취지를 통지하면 된다.

② 집행관은 제1항의 경우에 압류물을 수취할 권리를 갖는 사람이 채무자 외의 사람인 때에는 채무자에게 압류가 취소되었다는 취지를 통지하여야 한다.

③ 압류가 취소된 유체동산을 인도할 수 없는 경우에는 법 제258조 제6항의 규정을 준용한다.

제143조

삭제 <2005. 7. 28.>

제144조(압류물의 평가)

① 집행관은 법 제200조에 규정된 경우 외에도 필요하다고 인정하는 때에는 적당한 감정인을 선임하여 압류물을 평가하게 할 수 있다.

② 제1항 또는 법 제200조의 규정에 따라 물건을 평가한 감정인은 다음 각호의 사항을 적은 평가서를 정하여진 날까지 집행관에게 제출하여야 한다.

  1. 사건의 표시
  2. 유체동산의 표시
  3. 유체동산의 평가액과 평가일
  4. 평가액 산출의 과정
  5. 그 밖에 집행관이 명한 사항

③ 제2항의 평가서가 제출된 경우 집행관은 평가서의 사본을 매각기일마다 그 3일 전까지 집행관 사무실 또는 그 밖에 적당한 장소에 비치하고 누구든지 볼 수 있도록 하여야 한다.

제145조(호가경매기일의 지정 등)

① 집행관은 호가경매의 방법으로 유체동산을 매각하는 때에는 경매기일의 일시와 장소를 정하여야 한다. 이 경우 경매기일은 부득이한 사정이 없는 한 압류일부터 1월 안의 날로 정하여야 한다.

② 집행관은 집행법원의 허가를 받은 때에는 소속 법원의 관할구역 밖에서 경매기일을 열 수 있다.

제146조(호가경매공고의 방법 등)

① 집행관은 호가경매기일의 3일 전까지 다음 각호의 사항을 공고하여야 한다.

  1. 사건의 표시
  2. 매각할 물건의 종류·재질, 그 밖에 그 물건을 특정하는 데 필요한 사항과 수량 및 평가액(토지에서 분리하기 전의 과실에 대하여는 그 과실의 수확시기·예상수확량과 예상평가액)
  3. 평가서의 사본을 비치하는 때에는 그 비치장소와 누구든지 볼 수 있다는 취지
  4. 제158조에서 준용하는 제60조의 규정에 따라 매수신고를 할 수 있는 사람의 자격을 제한한 때에는 그 제한의 내용

    5. 매각할 유체동산을 호가경매기일 전에 일반인에게 보여주는 때에는 그 일
       시와 장소
    6. 대금지급기일을 정한 때에는 매수신고의 보증금액과 그 제공방법 및 대금
       지급일
② 집행관은 경매의 일시와 장소를 각 채권자·채무자 및 압류물 보관자에게 통
지하여야 한다. 법 제190조의 규정에 따라 압류한 재산을 경매하는 경우에는 집
행기록상 주소를 알 수 있는 배우자에게도 같은 사항을 통지하여야 한다.
③ 제2항의 통지는 집행기록에 표시된 주소지에 등기우편으로 발송하는 방법으로
할 수 있다.

제147조(호가경매의 절차)

① 집행관이 경매기일을 개시하는 때에는 매각조건을 고지하여야 한다.
② 집행관은 매수신청의 액 가운데 최고의 것을 3회 부른 후 그 신청을 한 사람
의 이름·매수신청의 액 및 그에게 매수를 허가한다는 취지를 고지하여야 한다.
다만, 매수신청의 액이 상당하지 아니하다고 인정하는 경우에는 매수를 허가하지
아니할 수 있다.
③ 집행관은 소속 법원 안에서 호가경매를 실시하는 경우 법 제108조의 조치를
위하여 필요한 때에는 법원의 원조를 요청할 수 있다.
④ 유체동산의 호가경매절차에는 제57조 제1항, 제62조 제3항·제4항 및 제72조
제1항·제2항의 규정을 준용한다.

제148조(호가경매로 매각할 유체동산의 열람)

① 집행관은 호가경매기일 또는 그 기일 전에 매각할 유체동산을 일반인에게 보
여주어야 한다.
② 매각할 유체동산을 호가경매기일 전에 일반인에게 보여주는 경우에 그 유체동
산이 채무자가 점유하고 있는 건물 안에 있는 때에는 집행관은 보여주는 자리에
참여하여야 한다. 그 밖의 경우에도 매각할 유체동산을 보관하는 사람의 신청이
있는 때에는 마찬가지이다.
③ 집행관은 매각할 유체동산을 호가경매기일 전에 일반인에게 보여준 때와 제2
항의 규정에 따라 유체동산을 보여주는 자리에 참여한 때에는 그 취지를 기록에
적어야 한다.

제149조(호가경매에 따른 대금의 지급 등)

① 호가경매기일에서 매수가 허가된 때에는 그 기일이 마감되기 전에 매각대금을 지급하여야 한다. 다만, 제2항의 규정에 따라 대금지급일이 정하여진 때에는 그러하지 아니하다.

② 집행관은 압류물의 매각가격이 고액으로 예상되는 때에는 호가경매기일부터 1주 안의 날을 대금지급일로 정할 수 있다.

③ 제2항의 규정에 따라 대금지급일이 정하여진 때에는 매수신고를 하려는 사람은 집행관에 대하여 매수신고가격의 10분의 1에 상당하는 액의 보증을 제공하여야 한다. 이 경우 매수신고보증의 제공방법에 관하여는 제64조의 규정을 준용한다.

④ 제3항의 규정에 따른 매수신고의 보증으로 금전이 제공된 경우에 그 금전은 매각대금에 넣는다.

⑤ 매수인이 대금지급일에 대금을 지급하지 아니하여 다시 유체동산을 매각하는 경우 뒤의 매각가격이 처음의 매각가격에 미치지 아니하는 때는 전의 매수인이 제공한 매수신고의 보증은 그 차액을 한도로 매각대금에 산입한다. 이 경우 매수인은 매수신고의 보증금액 가운데 매각대금에 산입되는 금액에 상당하는 부분의 반환을 청구할 수 없다.

⑥ 매수신고의 보증이 제3항 후문에서 준용하는 제64조 제3호의 문서를 제출하는 방법으로 제공된 경우에는 집행관은 은행등에 대하여 제5항 전문의 규정에 따라 매각대금에 산입되는 액의 금전을 지급하라는 취지를 최고하여야 한다.

⑦ 집행관은 대금지급일을 정하여 호가경매를 실시한 때에는 대금지급일에 대금이 지급되었는지 여부를 기록에 적어야 한다.

제150조(호가경매조서의 기재사항)

① 제6조 제1항 제2호의 규정에 따라 호가경매조서에 적을 "실시한 집행의 내용"은 다음 각호의 사항으로 한다.

   1. 매수인의 표시·매수신고가격 및 대금의 지급여부
   2. 법 제206조 제1항의 규정에 따른 배우자의 우선매수신고가 있는 경우에는 그 취지와 배우자의 표시
   3. 적법한 매수신고가 없는 때에는 그 취지
   4. 대금지급일을 정하여 호가경매를 실시한 때에는 대금지급일과 매수인의 매

수신고보증의 제공방법

② 매수인 또는 그 대표자나 대리인은 호가경매조서에 서명날인하여야 한다. 그들이 서명날인할 수 없는 때에는 집행관이 그 사유를 적어야 한다.

제151조(입찰)

① 유체동산 매각을 위한 입찰은 입찰기일에 입찰을 시킨 후 개찰을 하는 방법으로 한다.

② 개찰이 끝난 때에는 집행관은 최고의 가액으로 매수신고를 한 입찰자의 이름·입찰가격 및 그에 대하여 매수를 허가한다는 취지를 고지하여야 한다.

③ 유체동산의 입찰절차에는 제57조 제1항, 제62조, 제65조, 제66조, 제145조, 제146조, 제147조 제1항·제2항 단서·제3항 및 제148조 내지 제150조의 규정을 준용한다.

제152조(압류조서의 열람청구)

법 제215조 제1항에 규정된 조치를 취하기 위하여 필요한 때에는 집행관은 먼저 압류한 집행관에게 압류조서를 보여줄 것을 청구할 수 있다.

제153조(지급요구의 방식)

법 제221조 제1항의 규정에 따른 지급요구는 매각기일에 출석하여 하는 경우가 아니면 서면으로 하여야 한다.

제154조(배우자의 공유주장에 대한 이의)

법 제221조 제3항의 규정에 따라 채권자가 배우자의 공유주장에 대하여 이의하고 그 이의가 완결되지 아니한 때에는 집행관은 배우자가 주장하는 공유지분에 해당하는 매각대금에 관하여 법 제222조에 규정된 조치를 취하여야 한다.

제155조(집행관의 매각대금 처리)

① 채권자가 한 사람인 경우 또는 채권자가 두 사람 이상으로서 매각대금 또는 압류금전으로 각 채권자의 채권과 집행비용의 전부를 변제할 수 있는 경우에는 집행관은 채권자에게 채권액을 교부하고, 나머지가 있으면 채무자에게 교부하여야 한다.

② 압류금전이나 매각대금으로 각 채권자의 채권과 집행비용의 전부를 변제할 수 없는 경우에는 집행관은 법 제222조 제1항에 규정된 기간 안의 날을 배당협의기

일로 지정하고 각 채권자에게 그 일시와 장소를 서면으로 통지하여야 한다. 이 통지에는 매각대금 또는 압류금전, 집행비용, 각 채권자의 채권액 비율에 따라 배당될 것으로 예상되는 금액을 적은 배당계산서를 붙여야 한다.

③ 집행관은 배당협의기일까지 채권자 사이에 배당협의가 이루어진 때에는 그 협의에 따라 배당을 실시하여야 한다. 집행관은 제2항의 배당계산서와 다른 협의가 이루어진 때에는 그 협의에 따라 배당계산서를 다시 작성하여야 한다.

④ 집행관은 배당협의가 이루어지지 아니한 때에는 바로 법 제222조에 규정된 조치를 취하여야 한다.

제156조(집행관의 배당액 공탁)

① 제155조 제1항 또는 제3항의 규정에 따라 집행관이 채권액의 배당등을 실시하는 경우 배당등을 받을 채권자의 채권에 관하여 다음 각호 가운데 어느 하나의 사유가 있는 때에는 집행관은 그 배당등의 액에 상당하는 금액을 공탁하고 그 사유를 법원에 신고하여야 한다.

  1. 채권에 정지조건 또는 불확정기한이 붙어 있는 때

  2. 가압류채권자의 채권인 때

  3. 법 제49조 제2호 또는 법 제272조에서 준용하는 법 제266조 제1항 제5호에 적은 문서가 제출되어 있는 때

② 집행관은 배당등을 수령하기 위하여 출석하지 아니한 채권자 또는 채무자에 대한 배당등의 액에 상당하는 금액을 공탁하여야 한다.

제157조(사유신고서의 방식)

① 법 제222조 제3항의 규정에 따른 사유신고는 다음 각호의 사항을 적은 서면으로 하여야 한다.

  1. 사건의 표시

  2. 압류채권자와 채무자의 이름

  3. 매각대금 또는 압류금전의 액수

  4. 집행비용

  5. 배당협의가 이루어지지 아니한 취지와 그 사정의 요지

② 제156조 제1항의 규정에 따른 사유신고는 다음 각호의 사항을 적은 서면으로 하여야 한다.

1. 제1항 제1호·제2호에 적은 사항

2. 공탁의 사유와 공탁금액

③ 제1항 또는 제2항의 서면에는 공탁서와 사건기록을 붙여야 한다.

제158조(부동산강제집행규정의 준용)

유체동산 집행에는 제48조, 제59조 제1호, 제60조 및 제82조 제2항의 규정을 준용한다.

[전문개정 2010. 10. 4.]

제2관 채권과 그 밖의 재산권에 대한 강제집행

제159조(압류명령신청의 방식)

① 채권에 대한 압류명령신청서에는 법 제225조에 규정된 사항 외에 다음 각호의 사항을 적고 집행력 있는 정본을 붙여야 한다.

1. 채권자·채무자·제3채무자와 그 대리인의 표시

2. 집행권원의 표시

3. 집행권원에 표시된 청구권의 일부에 관하여만 압류명령을 신청하거나 목적 채권의 일부에 대하여만 압류명령을 신청하는 때에는 그 범위

② 법 제224조 제3항의 규정에 따라 가압류를 명한 법원이 있는 곳을 관할하는 지방법원에 채권압류를 신청하는 때에는 가압류결정서 사본과 가압류 송달증명을 붙여야 한다.

제160조(신청취하 등의 통지)

① 압류명령의 신청이 취하되거나 압류명령을 취소하는 결정이 확정된 때에는 법원사무관등은 압류명령을 송달받은 제3채무자에게 그 사실을 통지하여야 한다.

② 추심명령·전부명령 또는 법 제241조 제1항의 규정에 따른 명령의 신청이 취하되거나 이를 취소하는 결정이 확정된 때에도 제1항과 같다.

제161조(집행정지의 통지)

① 추심명령이 있은 후 법 제49조 제2호 또는 제4호의 서류가 제출된 때에는 법원사무관등은 압류채권자와 제3채무자에 대하여 그 서류가 제출되었다는 사실과 서류의 요지 및 위 서류의 제출에 따른 집행정지가 효력을 잃기 전에는 압류채권

자는 채권의 추심을 하여서는 아니되고 제3채무자는 채권의 지급을 하여서는 아
니된다는 취지를 통지하여야 한다.

② 법 제242조에 규정된 유체물의 인도청구권이나 권리이전청구권에 대하여 법
제243조 제1항 또는 법 제244조 제1항·제2항(제171조 제1항·제2항의 규정에
따라 이 조항들이 준용되는 경우를 포함한다)의 명령이 있은 후 법 제49조 제2호
또는 제4호의 서류가 제출된 경우에는 제1항의 규정을 준용한다.

제162조(추심신고의 방식)

① 법 제236조 제1항의 규정에 따른 신고는 다음 각호의 사항을 적은 서면으로
하여야 한다.

1. 사건의 표시
2. 채권자·채무자 및 제3채무자의 표시
3. 제3채무자로부터 지급받은 금액과 날짜

② 법 제236조 제2항의 규정에 따른 신고는 제1항에 규정된 사항과 공탁사유 및
공탁한 금액을 적은 서면에 공탁서를 붙여서 하여야 한다.

제163조(채권의 평가)

① 법원은 법 제241조 제1항의 규정에 따른 명령을 하는 경우에 필요가 있다고
인정하는 때에는 감정인에게 채권의 가액을 평가하게 할 수 있다.

② 제1항의 감정인이 채권의 가액을 평가한 때에는 정하여진 날까지 그 평가결과
를 서면으로 법원에 보고하여야 한다.

제164조(양도명령에 관한 금전의 납부와 교부)

① 법 제241조 제1항 제1호의 규정에 따른 양도명령(다음부터 "양도명령"이라 한
다)을 하는 경우에 법원이 정한 양도가액이 채권자의 채권과 집행비용의 액을 넘
는 때에는 법원은 양도명령을 하기 전에 채권자에게 그 차액을 납부시켜야 한다.

② 법원은 양도명령이 확정된 때에는 제1항의 규정에 따라 납부된 금액을 채무자
에게 교부하여야 한다. 채무자에 대한 교부절차에 관하여는 제82조의 규정을 준
용한다.

제165조(매각명령에 따른 매각)

① 법원은 압류된 채권의 매각대금으로 압류채권자의 채권에 우선하는 채권과 절
차비용을 변제하면 남을 것이 없겠다고 인정하는 때에는 법 제241조 제1항 제2호

의 규정에 따른 매각명령(다음부터 "매각명령"이라 한다)을 하여서는 아니된다.

② 집행관은 압류채권자의 채권에 우선하는 채권과 절차비용을 변제하고 남을 것이 있는 가격이 아니면 압류된 채권을 매각하여서는 아니된다.

③ 집행관은 대금을 지급받은 후가 아니면 매수인에게 채권증서를 인도하거나 법제241조 제5항의 통지를 하여서는 아니된다.

④ 집행관은 매각절차를 마친 때에는 바로 매각대금과 매각에 관한 조서를 법원에 제출하여야 한다.

제166조(그 밖의 방법에 따른 현금화명령)

법 제241조 제1항 제4호의 규정에 따라 법원이 그 밖에 적당한 방법으로 현금화를 명하는 경우와 그 명령에 따른 현금화절차에는 제164조·제165조의 규정을 준용한다.

제167조(저당권이전등기 등의 촉탁)

① 저당권이 있는 채권에 관하여 전부명령이나 양도명령이 확정된 때 또는 매각명령에 따른 매각을 마친 때에는 법원사무관등은 신청에 따라 등기관에게 다음 각호의 사항을 촉탁하여야 한다.

   1. 채권을 취득한 채권자 또는 매수인 앞으로 저당권을 이전하는 등기

   2. 법 제228조의 규정에 따른 등기의 말소

② 제1항의 규정에 따른 촉탁은 전부명령이나 양도명령의 정본 또는 매각조서의 등본을 붙인 서면으로 하여야 한다.

③ 제1항의 촉탁에 관한 비용은 채권을 취득한 채권자 또는 매수인이 부담한다.

④ 법 제228조의 규정에 따른 등기가 된 경우 압류된 채권이 변제 또는 공탁에 따라 소멸되었음을 증명하는 문서가 제출된 때에는 법원사무관등은 신청에 따라 그 등기의 말소를 촉탁하여야 한다. 압류명령신청이 취하되거나 압류명령의 취소결정이 확정된 때에도 같다.

⑤ 제4항의 규정에 따른 촉탁비용은 그 전문의 경우에는 채무자가, 그 후문의 경우에는 압류채권자가 각기 부담한다.

제168조(저당권이전등기 등의 촉탁을 신청할 때 제출할 문서 등)

① 전부명령 또는 양도명령이 확정된 경우에 제167조 제1항의 신청을 하는 때에는, 기록상 분명한 경우가 아니면, 압류된 채권에 관하여 위 명령이 제3채무자에

게 송달될 때까지 다른 압류 또는 가압류의 집행이 없다는 사실을 증명하는 문서를 제출하여야 한다.

② 채권을 취득한 채권자는 제1항의 문서를 제출하기 어려운 사정이 있는 때에는 제3채무자로 하여금 전부명령 또는 양도명령이 제3채무자에게 송달될 때까지 다른 압류 또는 가압류의 집행이 있었는지 여부에 관하여 진술하게 하도록 법원에 신청할 수 있다.

③ 제3채무자가 제2항에 규정된 진술을 게을리하는 때에는 법원은 제3채무자를 심문할 수 있다.

제169조(유체동산 매각대금의 처리 등)

집행관이 법 제243조 제3항의 규정에 따라 유체동산을 현금화한 경우에는 제165조 제4항의 규정을 준용한다.

제170조(인도 또는 권리이전된 부동산의 집행)

법 제244조의 규정에 따라 인도 또는 권리이전된 부동산의 강제집행에 대하여는 부동산 강제집행에 관한 규정을 적용한다.

제171조(선박 등 청구권에 대한 집행)

① 선박 또는 항공기의 인도청구권에 대한 압류에 관하여는 법 제244조 제1항·제4항의 규정을, 선박·항공기·자동차 또는 건설기계의 권리이전청구권에 대한 압류에 관하여는 법 제244조 제2항 내지 제4항의 규정을 준용한다.

② 자동차 또는 건설기계의 인도청구권에 대한 압류에 관하여는 법 제243조 제1항·제2항의 규정을 준용한다.

③ 제1항 또는 제2항의 규정에 따라 인도 또는 권리이전된 선박·항공기·자동차 또는 건설기계의 강제집행에 대하여는 선박·항공기·자동차 또는 건설기계 강제집행에 관한 규정을 각기 적용한다.

제172조(제3채무자 등의 공탁신고의 방식)

① 법 제248조 제4항의 규정에 따른 신고는 다음 각호의 사항을 적은 서면으로 하여야 한다.

  1. 사건의 표시
  2. 채권자·채무자 및 제3채무자의 이름
  3. 공탁사유와 공탁한 금액

② 제1항의 서면에는 공탁서를 붙여야 한다. 다만, 법 제248조 제4항 단서에 규정된 사람이 신고하는 때에는 그러하지 아니하다.

③ 압류된 채권에 관하여 다시 압류명령 또는 가압류명령이 송달된 경우에 제1항의 신고는 먼저 송달된 압류명령을 발령한 법원에 하여야 한다.

제173조(부동산강제집행규정의 준용)

채권에 대한 강제집행의 배당요구에 관하여는 제48조의 규정을, 매각명령에 따른 집행관의 매각에는 제59조의 규정을, 관리명령에는 그 성질에 어긋나지 아니하는 범위 안에서 제2절 제3관의 규정을 준용한다.

제174조(그 밖의 재산권에 대한 집행)

법 제251조 제1항에 규정된 재산권(다음부터 "그 밖의 재산권"이라 한다)에 대한 강제집행에는 그 성질에 어긋나지 아니하는 범위 안에서 제159조 내지 제173조의 규정을 준용한다.

제175조(등기 또는 등록이 필요한 그 밖의 재산권에 대한 집행)

① 권리이전에 등기 또는 등록(다음부터 이 조문 안에서 "등기등"이라 한다)이 필요한 그 밖의 재산권에 대한 압류명령신청서에는 집행력 있는 정본 외에 권리에 관한 등기사항증명서 또는 등록원부의 등본이나 초본을 붙여야 한다. <개정 2011. 9. 28.>

② 제1항의 그 밖의 재산권에 대한 강제집행에 관하여는 그 등기등을 하는 곳을 관할하는 지방법원을 법 제251조 제1항에서 준용하는 법 제224조 제2항의 집행법원으로 한다.

③ 제1항의 그 밖의 재산권에 관하여 압류의 등기등이 압류명령의 송달 전에 이루어진 경우에는 압류의 효력은 압류의 등기등이 된 때에 발생한다. 다만, 그 밖의 재산권으로 권리 처분의 제한에 관하여 등기등을 하지 아니하면 효력이 생기지 아니하는 것에 대한 압류의 효력은 압류의 등기등이 압류명령의 송달 뒤에 된 때에도 압류의 등기등이 된 때에 발생한다.

④ 제1항의 그 밖의 재산권에 관히여 압류의 효력 발생 전에 등기등이 된 담보권으로서 매각으로 소멸하는 것이 설정되어 있는 때에는, 법원사무관등은 담보권자에게 압류사실을 통지하고 그 담보권의 피담보채권의 현존액을 신고할 것을 최고하여야 한다.

⑤ 제1항의 그 밖의 재산권에 대한 강제집행에는 법 제94조 내지 법 제96조, 법 제141조 및 법 제144조의 규정을 준용한다.

제3관 예탁유가증권에 대한 강제집행

제176조(예탁유가증권집행의 개시)

「자본시장과 금융투자업에 관한 법률」 제309조 제2항의 규정에 따라 한국예탁결제원(다음부터 "예탁결제원"이라 한다)에 예탁된 유가증권(같은 법 제310조 제4항의 규정에 따라 예탁결제원에 예탁된 것으로 보는 경우를 포함한다. 다음부터 "예탁유가증권"이라 한다)에 대한 강제집행(다음부터 "예탁유가증권집행"이라 한다)은 예탁유가증권에 관한 공유지분(다음부터 "예탁유가증권지분"이라 한다)에 대한 법원의 압류명령에 따라 개시한다. <개정 2005. 7. 28., 2013. 11. 27.>

제177조(압류명령)

법원이 예탁유가증권지분을 압류하는 때에는 채무자에 대하여는 계좌대체청구·「자본시장과 금융투자업에 관한 법률」 제312조 제2항에 따른 증권반환청구, 그 밖의 처분을 금지하고, 채무자가 같은 법 제309조 제2항에 따른 예탁자(다음부터 "예탁자"라 한다)인 경우에는 예탁결제원에 대하여, 채무자가 고객인 경우에는 예탁자에 대하여 계좌대체와 증권의 반환을 금지하여야 한다. <개정 2005. 7. 28., 2013. 11. 27.>

제178조(예탁원 또는 예탁자의 진술의무)

압류채권자는 예탁결제원 또는 예탁자로 하여금 압류명령의 송달을 받은 날부터 1주 안에 서면으로 다음 각호의 사항을 진술하게 할 것을 법원에 신청할 수 있다. <개정 2013. 11. 27.>

1. 압류명령에 표시된 계좌가 있는지 여부
2. 제1호의 계좌에 압류명령에 목적물로 표시된 예탁유가증권지분이 있는지 여부 및 있다면 그 수량
3. 위 예탁유가증권지분에 관하여 압류채권자에 우선하는 권리를 가지는 사람이 있는 때에는 그 사람의 표시 및 그 권리의 종류와 우선하는 범위
4. 위 예탁유가증권지분에 관하여 다른 채권자로부터 압류·가압류 또는 가처

분의 집행이 되어 있는지 여부 및 있다면 그 명령에 관한 사건의 표시·채

권자의 표시·송달일과 그 집행의 범위

   5. 위 예탁유가증권지분에 관하여 신탁재산인 뜻의 기재가 있는 때에는 그 사실

제179조(예탁유가증권지분의 현금화)

① 법원은 압류채권자의 신청에 따라 압류된 예탁유가증권지분에 관하여 법원이 정한 값으로 지급함에 갈음하여 압류채권자에게 양도하는 명령(다음부터 "예탁유가증권지분양도명령"이라 한다) 또는 추심에 갈음하여 법원이 정한 방법으로 매각하도록 집행관에게 명하는 명령(다음부터 "예탁유가증권지분매각명령"이라 한다)을 하거나 그 밖에 적당한 방법으로 현금화하도록 명할 수 있다.

② 제1항의 신청에 관한 재판에 대하여는 즉시항고를 할 수 있다.

③ 제1항의 규정에 따른 재판은 확정되어야 효력이 있다.

제180조(예탁유가증권지분양도명령)

① 예탁유가증권지분양도명령의 신청서에는 채무자의 계좌를 관리하는 예탁결제원 또는 예탁자에 개설된 압류채권자의 계좌번호를 적어야 한다. <개정 2013. 11. 27.>

② 예탁유가증권지분양도명령이 확정된 때에는 법원사무관등은 제1항의 예탁결제원 또는 예탁자에 대하여 양도명령의 대상인 예탁유가증권지분에 관하여 압류채권자의 계좌로 계좌대체의 청구를 하여야 한다. <개정 2013. 11. 27.>

③ 제2항의 규정에 따른 계좌대체청구를 받은 예탁결제원 또는 예탁자는 그 취지에 따라 계좌대체를 하여야 한다. 다만, 제182조 제2항에서 준용하는 법 제229조 제5항의 규정에 따라 예탁유가증권지분양도명령의 효력이 발생하지 아니한 사실을 안 때에는 그러하지 아니하다. <개정 2013. 11. 27.>

제181조(예탁유가증권지분매각명령)

① 법원이 집행관에 대하여 예탁유가증권지분매각명령을 하는 경우에 채무자가 고객인 때에는 채무자의 계좌를 관리하는 투자매매업자나 투자중개업자(다음부터 "투자매매업자 등"이라 한다)에게, 채무자가 예탁자인 때에는 그 채무자를 제외한 다른 투자매매업자 등에게 매각일의 시장가격이나 그 밖의 적정한 가액으로 매각을 위탁할 것을 명하여야 한다. <개정 2013. 11. 27.>

② 채무자가 예탁자인 경우에 집행관은 제1항의 예탁유가증권지분매각명령을 받

은 때에는 투자매매업자 등(채무자가 투자매매업자 등인 경우에는 그 채무자를
제외한 다른 투자매매업자 등)에 그 명의의 계좌를 개설하고, 예탁결제원에 대하
여 압류된 예탁유가증권지분에 관하여 그 계좌로 계좌대체의 청구를 하여야 한다.
<개정 2013. 11. 27.>

③ 제2항의 규정에 따라 집행관으로부터 계좌대체청구를 받은 예탁결제원은 그
청구에 따라 집행관에게 계좌대체를 하여야 한다. <개정 2013. 11. 27.>

④ 제1항의 규정에 따른 매각위탁을 받은 투자매매업자 등는 위탁의 취지에 따라
그 예탁유가증권지분을 매각한 뒤, 매각한 예탁유가증권지분에 관하여는 매수인
의 계좌로 계좌대체 또는 계좌대체의 청구를 하고 매각대금에서 조세, 그 밖의 공
과금과 위탁수수료를 뺀 나머지를 집행관에게 교부하여야 한다. <개정 2013.
11. 27.>

⑤ 집행관이 제1항의 규정에 따른 매각위탁과 제2항의 규정에 따른 계좌대체청구
를 하는 경우에는 예탁유가증권지분매각명령등본과 그 확정증명을, 제2항의 규정
에 따른 계좌대체청구를 하는 경우에는 그 명의의 계좌가 개설되어 있음을 증명
하는 서면을 각기 붙여야 한다.

제182조(채권집행규정 등의 준용)

① 예탁유가증권집행에 관하여는 제48조, 제159조, 제160조 제1항, 제161조 제1
항, 법 제188조 제2항, 법 제224조, 법 제225조, 법 제226조, 법 제227조 제2항
내지 제4항, 법 제234조, 법 제235조, 법 제237조 제2항·제3항, 법 제239조 및
법 제247조의 규정을, 예탁유가증권집행에 관하여 법원이 실시하는 배당 등의 절
차에 관하여는 법 제2편 제2장 제4절 제4관, 법 제149조, 법 제150조 및 법 제
219조의 규정을 각 준용한다. 이 경우 제159조 제1항 제1호, 제160조 제1항, 제
161조 제1항, 법 제224조 제2항, 법 제226조, 법 제227조 제2항·제3항, 법 제
237조 제2항·제3항 및 법 제247조에 "제3채무자"라고 규정된 것은 "예탁원 또는
예탁자"로 본다.

② 예탁유가증권지분양도명령과 예탁유가증권지분매각명령에 관하여는 제163조
의 규정을, 예탁유가증권지분양도명령에 관하여는 제164조, 법 제229조 제5항 및
법 제231조의 규정을, 예탁유가증권지분양도명령에 대한 즉시항고에 관하여는 법
제229조 제8항의 규정을, 예탁유가증권지분매각명령에 관하여는 제59조와 제165

조 제1항·제4항의 규정을 각 준용한다. 이 경우 제163조 제1항에 "법 제241조 제1항"이라고 규정된 것은"제179조 제1항"으로, 법 제229조 제5항과 법 제231조에 "제3채무자""라고 규정된 것은 "예탁원 또는 예탁자"로 본다.

제3관의2 전자등록주식등에 대한 강제집행 〈신설 2019. 9. 17.〉

제182조의2(전자등록주식등집행의 개시)
「주식·사채 등의 전자등록에 관한 법률」 제2조 4호에 따른 전자등록주식등(다음부터 "전자등록주식등"이라 한다)에 대한 강제집행은 전자등록주식등에 대한 법원의 압류명령에 따라 개시한다.

[본조신설 2019. 9. 17.]

제182조의3(압류명령)
법원이 전자등록주식등을 압류하는 때에는 채무자에 대하여는「주식·사채 등의 전자등록에 관한 법률」제30조에 의한 계좌대체의 전자등록신청, 같은 법 제33조에 따른 말소등록의 신청이나 추심·그 밖의 처분을 금지하고, 채무자가 같은 법 제23조 제1항에 따른 계좌관리기관등(다음부터 "계좌관리기관등"이라 한다)인 경우에는 같은 법 제2조 제6호에 따른 전자등록기관(다음부터 "전자등록기관"이라 한다)에 대하여, 채무자가 고객인 경우에는 같은 법 제2조 제7호의 규정에 따른 계좌관리기관(다음부터 "계좌관리기관"이라 한다)에 대하여 「주식·사채 등의 전자등록에 관한 법률」에 따른 계좌대체와 말소를 금지하여야 한다.

[본조신설 2019. 9. 17.]

제182조의4(전자등록기관 또는 계좌관리기관의 진술의무)
압류채권자는 전자등록기관 또는 계좌관리기관으로 하여금 압류명령의 송달을 받은 날부터 1주일 안에 서면으로 다음 각 호의 사항을 진술하게 할 것을 법원에 신청할 수 있다.

1. 압류명령에 표시된 계좌가 있는지 여부
2. 제1호의 계좌에 압류명령에 목적물로 표시된 전자등록주식등이 있는지 여부 및 있다면 그 수량
3. 위 전자등록주식등에 관하여 압류채권자에 우선하는 권리를 가지는 사람이 있는 때에는 그 사람의 표시 및 그 권리의 종류와 우선하는 범위

4. 위 전자등록주식등에 관하여 다른 채권자로부터 압류·가압류 또는 가처분의 집행이 되어 있는지 여부 및 있다면 그 명령에 관한 사건의 표시·채권자의 표시·송달일과 그 집행의 범위

5. 위 전자등록주식등에 관하여 신탁재산인 뜻의 기재가 있는 때에는 그 사실

[본조신설 2019. 9. 17.]

제182조의5(전자등록주식등의 현금화)

① 법원은 압류채권자의 신청에 따라 압류된 전자등록주식등에 관하여 법원이 정한 값으로 지급함에 갈음하여 압류채권자에게 양도하는 명령(다음부터 "전자등록주식등양도명령"이라 한다) 또는 추심에 갈음하여 법원이 정한 방법으로 매각하도록 집행관에게 명하는 명령(다음부터 "전자등록주식등매각명령"이라 한다)을 하거나 그 밖에 적당한 방법으로 현금화하도록 명할 수 있다.

② 제1항의 신청에 관한 재판에 대하여는 즉시항고를 할 수 있다.

③ 제1항의 규정에 따른 재판은 확정되어야 효력이 있다.

[본조신설 2019. 9. 17.]

제182조의6(전자등록주식등양도명령)

① 전자등록주식등양도명령의 신청서에는 채무자의 계좌를 관리하는 전자등록기관 또는 계좌관리기관에 개설된 압류채권자의 계좌번호를 적어야 한다.

② 전자등록주식등양도명령이 확정된 때에는 법원사무관등은 제1항의 전자등록기관 또는 계좌관리기관에 대하여 양도명령의 대상인 전자등록주식등에 관하여 압류채권자의 계좌로 계좌대체의 청구를 하여야 한다.

③ 제2항의 규정에 따른 계좌대체청구를 받은 전자등록기관 또는 계좌관리기관은 그 취지에 따라 계좌대체를 하여야 한다. 다만, 제182조의9 제2항에서 준용하는 법 제229조 제5항의 규정에 따라 전자등록주식등양도명령의 효력이 발생하지 아니한 사실을 안 때에는 그러하지 아니하다.

[본조신설 2019. 9. 17.]

제182조의7(전자등록주식등매각명령)

① 법원이 집행관에 대하여 전자등록주식등매각명령을 하는 경우에 채무자가 고객인 때에는 채무자의 계좌를 관리하는 계좌관리기관에게, 채무자가 계좌관리기관등인 때에는 그 채무자를 제외한 다른 계좌관리기관에게 매각일의 시장가격이

나 그 밖의 적정한 가액으로 매각을 위탁할 것을 명하여야 한다.

② 채무자가 계좌관리기관등인 경우에 집행관은 제1항의 전자등록주식등매각명령을 받은 때에는 계좌관리기관(채무자가 계좌관리기관인 경우에는 그 채무자를 제외한 다른 계좌관리기관)에 그 명의의 계좌를 개설하고, 전자등록기관에 대하여 압류된 전자등록주식등에 관하여 그 계좌로 계좌대체의 청구를 하여야 한다.

③ 제2항의 규정에 따라 집행관으로부터 계좌대체청구를 받은 전자등록기관은 그 청구에 따라 집행관에게 계좌대체를 하여야 한다.

④ 제1항의 규정에 따른 매각위탁을 받은 계좌관리기관은 위탁의 취지에 따라 그 전자등록주식등을 매각한 뒤, 매각한 전자등록주식등에 관하여는 매수인의 계좌로 계좌대체 또는 계좌대체의 청구를 하고 매각대금에서 조세, 그 밖의 공과금과 위탁수수료를 뺀 나머지를 집행관에게 교부하여야 한다.

⑤ 집행관이 제1항의 규정에 따른 매각위탁과 제2항의 규정에 따른 계좌대체청구를 하는 경우에는 전자등록주식등매각명령등본과 그 확정증명을, 제2항의 규정에 따른 계좌대체청구를 하는 경우에는 그 명의의 계좌가 개설되어 있음을 증명하는 서면을 각기 붙여야 한다.

[본조신설 2019. 9. 17.]

제182조의8(전자등록기관 또는 계좌관리기관의 공탁)

① 전자등록주식등 중 사채, 국채, 지방채, 그 밖에 이와 유사한 것으로서 원리금지급청구권이 있는 것(다음부터 "전자등록사채등"이라 한다)이 압류된 경우 만기도래, 그 밖의 사유로 발행인으로부터 원리금을 수령한 전자등록기관 또는 계좌관리기관은 채무자에게 수령한 원리금 중 압류된 부분에 해당하는 금액을 지급할 수 없고, 위 금액을 지체 없이 공탁하여야 한다. 다만 압류에 관련된 전자등록사채등에 관하여 수령한 금액 전액을 공탁할 수 있다.

② 전자등록사채등 중 압류되지 아니한 부분을 초과하여 거듭 압류명령 또는 가압류명령이 내려진 경우에 그 명령을 송달받은 전자등록기관 또는 계좌관리기관이 제1항에 따른 금액을 수령한 때에는 수령한 금액 전액을 지체 없이 공탁하여야 한다.

③ 제1항·제2항에 따른 공탁은 법 제248조에 따른 공탁에 준하는 것으로 본다.

④ 전자등록기관 또는 계좌관리기관이 제1항·제2항에 따라 공탁한 때에는 그 사

유를 법원에 신고하여야 한다. 다만, 상당한 기간 이내에 신고가 없는 때에는 압류채권자, 가압류채권자, 배당에 참가한 채권자, 채무자, 그 밖의 이해관계인이 그 사유를 법원에 신고할 수 있다.

⑤ 제4항의 신고에는 제172조를 준용한다. 이 경우 제172조의 "제3채무자"라고 규정된 것은 "전자등록기관 또는 계좌관리기관"으로, "법 제248조 제4항"이라고 규정된 것은 "제182조의8 제4항"으로 본다.

[본조신설 2019. 9. 17.]

제182조의9(채권집행규정 등의 준용)

① 전자등록주식등집행에 관하여는 제48조, 제159조, 제160조 제1항, 제161조 제1항, 법 제188조 제2항, 법 제224조, 법 제225조, 법 제226조, 법 제227조 제2항·제3항·제4항, 법 제234조, 법 제235조, 법 제237조 제2항·제3항 및 법 제247조(다만, 제1항 제2호는 제외한다)의 규정을, 전자등록주식등집행에 관하여 법원이 실시하는 배당 등의 절차에 관하여는 법 제2편 제2장 제4절 제4관(법 제252조 제2호전단은 제외한다), 법 제149조, 법 제150조 및 법 제219조의 규정을 각각 준용한다. 이 경우 제159조 제1항 제1호, 제160조 제1항, 제161조 제1항, 법 제224조 제2항, 법 제226조, 법 제227조 제2항·제3항, 법 제237조 제2항·제3항 및 법 제247조에 "제3채무자"라고 규정된 것은 각 "전자등록기관 또는 계좌관리기관"으로 본다.

② 전자등록주식등양도명령과 전자등록주식등매각명령에 관하여는 제163조의 규정을, 전자등록주식등양도명령에 관하여는 제164조, 법 제229조 제5항 및 법 제231조의 규정을, 전자등록주식등양도명령에 대한 즉시항고에 관하여는 법 제229조 제8항의 규정을, 전자등록주식등매각명령에 관하여는 제59조와 제165조 제1항·제4항의 규정을 각각 준용한다. 이 경우 제163조 제1항에 "법 제241조 제1항"이라고 규정된 것은 "제182조의5 제1항"으로, 법 제229조 제5항 및 법 제231조에 "제3채무자"라고 규정된 것은 각 "전자등록기관 또는 계좌관리기관"으로 본다.

[본조신설 2019. 9. 17.]

제4관 배당절차

제183조(배당절차의 개시)

법원은 법 제252조의 경우 외에도 제169조의 규정에 따라 집행관이 현금화된 금전을 제출한 때에는 배당절차를 개시한다.

제184조(배당에 참가할 채권자의 조사)

① 제183조와 법 제252조의 규정에 따라 배당절차를 개시하는 경우에 집행법원은 제3채무자, 등기·등록관서, 그 밖에 적당하다고 인정되는 사람에게 조회하는 등의 방법으로 그 채권이나 그 밖의 재산권에 대하여 다른 압류명령이나 가압류명령이 있는지 여부를 조사할 수 있다.

② 제1항의 조사결과 다른 법원에서 압류명령이나 가압류명령을 한 사실이 밝혀진 때에는 집행법원은 그 법원에 대하여 사건기록을 보내도록 촉탁하여야 한다.

제185조(부동산강제집행규정의 준용 등)

① 제183조와 법 제252조의 규정에 따른 배당절차에는 제82조와 법 제145조 제2항의 규정을 준용한다.

② 법 제253조의 규정에 따른 최고는 법원사무관등으로 하여금 그 이름으로 하게 할 수 있다.

제3장 금전채권 외의 채권에 기초한 강제집행

제186조(동산인도청구의 집행)

① 집행관은 법 제257조에 규정된 강제집행의 장소에 채권자 또는 그 대리인이 출석하지 아니한 경우에 목적물의 종류·수량 등을 고려하여 부득이하다고 인정하는 때에는 강제집행의 실시를 유보할 수 있다.

② 집행관은 제1항의 강제집행의 장소에 채권자 또는 그 대리인이 출석하지 아니한 경우에 채무자로부터 목적물을 빼앗은 때에는 이를 보관하여야 한다.

③ 법 제257조에 규정된 강제집행에 관하여는 제133조와 법 제258조 제3항 내지 제6항의 규정을 준용한다.

제187조(인도집행 종료의 통지)

법 제257조 또는 법 제258조의 규정에 따른 인도집행을 마친 때에는 집행관은 채무자에게 그 취지를 통지하여야 한다.

제188조(부동산 등 인도청구의 집행시 취한 조치의 통지)

집행관은 법 제258조의 규정에 따라 강제집행을 한 경우에 그 목적물 안에 압류·가압류 또는 가처분의 집행이 된 동산이 있었던 때에는 그 집행을 한 집행관에게 그 취지와 그 동산에 대하여 취한 조치를 통지하여야 한다.

제189조(부동산 등 인도청구의 집행조서)

법 제258조의 규정에 따라 강제집행을 한 때에 작성하는 조서에는 제6조와 법 제10조 제2항·제3항에 규정된 사항 외에 다음 각호의 사항을 적어야 한다.

    1. 강제집행의 목적물이 아닌 동산을 법 제258조 제3항·제4항에 규정된 사람에게 인도한 때에는 그 취지

    2. 집행관이 위의 동산을 보관한 때에는 그 취지와 보관한 동산의 표시

제190조(목적물을 제3자가 점유하는 경우)

법 제259조에 규정된 강제집행절차에 관하여는 제159조, 제160조 제1항, 제161조, 법 제224조, 법 제226조, 법 제227조, 법 제234조 및 법 제237조 내지 제239조의 규정을 준용한다.

제191조(간접강제)

① 법 제261조 제1항의 규정에 따른 결정을 한 제1심 법원은 사정의 변경이 있는 때에는 채권자 또는 채무자의 신청에 따라 그 결정의 내용을 변경할 수 있다.

② 제1항의 규정에 따라 결정을 하는 경우에는 신청의 상대방을 심문하여야 한다.

③ 제1항의 규정에 따른 결정에 대하여는 즉시항고를 할 수 있다.

제3편 담보권 실행 등을 위한 경매

제192조(신청서의 기재사항)

담보권 실행을 위한 경매, 법 제273조의 규정에 따른 담보권 실행이나 권리행사 제201조에 규정된 예탁유가증권에 대한 담보권 실행 또는 제201조의2에 규정된 전자등록주식등에 대한 담보권 실행(다음부터 "경매등"이라 한다)을 위한 신청서에는 다음 각호의 사항을 적어야 한다. <개정 2019. 9. 17.>

    1. 채권자·채무자·소유자(광업권·어업권, 그 밖에 부동산에 관한 규정이 준

용되는 권리를 목적으로 하는 경매의 신청, 법 제273조의 규정에 따른 담
보권 실행 또는 권리행사의 신청 제201조에 규정된 예탁유가증권에 대한
담보권 실행 신청 및 제201조의2에 규정된 전자등록주식등에 대한 담보권
실행 신청의 경우에는 그 목적인 권리의 권리자를 말한다. 다음부터 이 편
안에서 같다)와 그 대리인의 표시

2. 담보권과 피담보채권의 표시
3. 담보권 실행 또는 권리행사의 대상인 재산의 표시
4. 피담보채권의 일부에 대하여 담보권 실행 또는 권리행사를 하는 때에는 그
   취지와 범위

제193조(압류채권자 승계의 통지)

경매 등이 개시된 후 압류채권자가 승계되었음을 증명하는 문서가 제출된 때에는
법원사무관등 또는 집행관은 채무자와 소유자에게 그 사실을 통지하여야 한다.

제194조(부동산에 대한 경매)

부동산을 목적으로 하는 담보권 실행을 위한 경매에는 제40조 내지 제82조의 규
정을 준용한다. 다만, 매수인이 매각대금을 낸 뒤에 화해조서의 정본 또는 공정증
서의 정본인 법 제266조 제1항 제4호의 서류가 제출된 때에는 그 채권자를 배당
에서 제외한다.

제195조(선박에 대한 경매)

① 선박을 목적으로 하는 담보권 실행을 위한 경매 신청서에는 제192조에 규정된
사항 외에 선박의 정박항 및 선장의 이름과 현재지를 적어야 한다.
② 법원은 경매신청인의 신청에 따라 신청인에게 대항할 수 있는 권원을 가지지
아니한 선박의 점유자에 대하여 선박국적증서등을 집행관에게 인도할 것을 명할
수 있다.
③ 제2항의 신청에 관한 재판에 대하여는 즉시항고를 할 수 있다.
④ 제2항의 규정에 따른 결정은 상대방에게 송달되기 전에도 집행할 수 있다.
⑤ 선박을 목적으로 하는 담보권 실행을 위한 경매에는 제95조 제2항 내지 제104
조 및 제194조의 규정을 준용한다.

제196조(항공기에 대한 경매)

항공기를 목적으로 하는 담보권 실행을 위한 경매에는 제106조, 제107조, 제195

조(다만, 제5항을 제외한다) 및 법 제264조 내지 법 제267조의 규정을 준용한다. 이 경우 제195조 제1항 중 "정박항 및 선장의 이름과 현재지를 적어야 한다"는 "정류 또는 정박하는 장소를 적어야 한다"로 고쳐 적용하며, 제195조 제2항에 "선박국적증서"라고 규정된 것은 "항공기등록증명서"로 본다.

제197조(자동차에 대한 경매)

① 자동차를 목적으로 하는 담보권 실행을 위한 경매(「자동차 등 특정 동산 저당법」 제8조 규정에 따른 양도명령을 포함한다)를 신청하는 때에는 제192조에 규정된 사항 외에 자동차등록원부에 기재된 사용본거지를 적고, 자동차등록원부등본을 붙여야 한다. <개정 2005. 7. 28., 2019. 12. 26.>

② 제1항의 규정에 따른 경매에는 제108조, 제109조, 제111조 내지 제129조, 제195조 제2항 내지 제4항 및 법 제264조 내지 법 제267조의 규정을 준용한다. 이 경우 제111조 내지 제113조, 제115조, 제123조, 제126조 및 제127조에 "채무자"라고 규정된 것은 "소유자"로 보며, 제195조 제2항에 "선박의"라고 규정된 것은 "자동차의"로, 같은 항에 "선박국적증서등"이라고 규정된 것은 "자동차"로 본다.

제198조(건설기계ㆍ소형선박에 대한 경매)

건설기계ㆍ소형선박을 목적으로 하는 담보권 실행을 위한 경매(「자동차 등 특정 동산 저당법」 제8조의 규정에 따른 양도명령을 포함한다)에는 제197조의 규정을 준용한다. 이 경우 "자동차등록원부"는 각 "건설기계등록원부", "선박원부ㆍ어선원부ㆍ수상레저기구등록원부"로 보며, "사용본거지"는 소형선박에 대하여는 "선적항" 또는 "보관장소"로 본다. <개정 2010. 10. 4.>

[전문개정 2008. 2. 18.]

제199조(유체동산에 대한 경매)

① 유체동산을 목적으로 하는 담보권 실행을 위한 경매신청서에는 제192조에 규정된 사항 외에 경매의 목적물인 유체동산이 있는 장소를 적어야 한다.

② 유체동산에 대한 경매에는 이 규칙 제2편 제2장 제7절 제1관(다만, 제131조, 제132조 및 제140조 제1항을 제외한다)의 규정과 법 제188조 제3항 및 제2편 제2장 제4절 제4관의 규정을 준용한다. <개정 2005. 7. 28., 2013. 11. 27.>

제200조(채권, 그 밖의 재산권에 대한 담보권의 실행)

① 법 제273조 제1항ㆍ제2항의 규정에 따른 담보권 실행 또는 권리행사를 위한

신청서에는 제192조에 규정된 사항 외에 제3채무자가 있는 경우에는 이를 표시하여야 한다.

② 제1항의 규정에 따른 절차에는 제160조 내지 제175조, 법 제264조 내지 법 제267조 및 법 제2편 제2장 제4절 제4관의 규정을 준용한다.

제201조(예탁유가증권에 대한 담보권의 실행)

① 예탁원 또는 예탁자는 예탁유가증권지분에 관한 질권자의 청구가 있는 때에는 그 이해관계 있는 부분에 관한 예탁자계좌부 또는 고객계좌부의 사본을 교부하여야 한다.

② 예탁유가증권에 대한 질권의 실행을 위한 신청서에는 그 질권에 관한 기재가 있는 예탁자계좌부 또는 고객계좌부의 사본을 붙여야 한다.

③ 예탁유가증권에 대한 담보권의 실행절차에 관하여는 제2편 제2장 제7절 제3관 (다만, 제182조에서 준용하는 제159조와 법 제188조 제2항을 제외한다), 제200조 제1항, 법 제265조 내지 법 제267조, 법 제273조 제1항 및 법 제275조의 규정을 준용한다. 이 경우 제200조 제1항에 "제3채무자"라고 규정된 것은 "예탁원 또는 예탁자"로 본다.

제201조의2(전자등록주식등에 대한 담보권의 실행)

① 전자등록기관 또는 계좌관리기관은 전자등록주식등에 관한 질권자의 청구가 있는 때에는 그 이해관계 있는 부분에 관한 계좌관리기관등 자기계좌부 또는 고객계좌부의 사본을 교부하여야 한다.

② 전자등록주식등에 대한 질권의 실행을 위한 신청서에는 그 질권에 관한 기재가 있는 계좌관리기관등 자기계좌부 또는 고객계좌부의 사본을 붙여야 한다.

③ 전자등록주식등에 대한 담보권의 실행절차에 관하여는 제2편 제2장 제7절 제3관의2(다만, 제182조의9에서 준용하는 제159조와 법 제188조 제2항을 제외한다), 제200조 제1항, 법 제265조, 법 제266조, 법 제267조, 법 제273조 제1항 및 법 제275조의 규정을 각각 준용한다. 이 경우 제200조 제1항에 "제3채무자"라고 규정된 것은 "전자등록기관 또는 계좌관리기관"으로 본다.

[본조신설 2019. 9. 17.]

제202조(강제집행규정의 준용)

이 편에 규정된 경매등 절차에는 그 성질에 어긋나지 아니하는 범위 안에서 제2

편 제1장의 규정을 준용한다.

제4편 보전처분

제203조(신청의 방식)

① 다음 각호의 신청은 서면으로 하여야 한다. <개정 2005. 7. 28., 2014. 7. 1.>

　　1. 보전처분의 신청

　　2. 보전처분의 신청을 기각 또는 각하한 결정에 대한 즉시항고

　　3. 보전처분에 대한 이의신청

　　4. 본안의 제소명령신청

　　5. 보전처분의 취소신청

　　6. 보전처분의 집행신청. (다만, 등기나 등록의 방법 또는 제3채무자나 이에 준하는 사람에게 송달하는 방법으로 집행하는 경우는 제외한다).

　　7. 제3호·제5호의 신청에 관한 결정에 대한 즉시항고

② 제1항의 신청서에는 신청의 취지와 이유 및 사실상의 주장을 소명하기 위한 증거 방법을 적어야 한다. <개정 2005. 7. 28.>

제203조의2(신청취하)

① 제203조 제1항 제1호·제2호·제6호·제7호 신청의 취하는 서면으로 하여야 한다. 다만, 변론기일 또는 심문기일에서는 말로 할 수 있다.

② 제1항의 취하가 있는 때에는 법원사무관등은 변론기일 또는 심문기일의 통지를 받은 채권자 또는 채무자에게 그 취지를 통지하여야 한다.

[본조신설 2005. 7. 28.]

제203조의3(결정서를 적는 방법)

① 제203조 제1항 제2호·제7호의 신청에 대한 결정의 이유를 적을 때에는 제1심 결정을 인용할 수 있다.

② 제203조 제1항 제3호·제5호의 신청에 대한 결정의 이유를 적을 때에는 보전처분의 신청에 대한 결정을 인용할 수 있다.

[본조신설 2005. 7. 28.]

제203조의4(결정의 송달)

제203조 제1항 제1호·제2호·제3호·제5호·제7호의 신청에 대한 결정은 당사자에게 송달하여야 한다.

[본조신설 2005. 7. 28.]

제204조(담보제공방식에 관한 특례)

채권자가 부동산·자동차 또는 채권에 대한 가압류신청을 하는 때에는 미리 은행 등과 지급보증위탁계약을 맺은 문서를 제출하고 이에 대하여 법원의 허가를 받는 방법으로 민사소송규칙 제22조의 규정에 따른 담보제공을 할 수 있다.

제205조 삭제 〈2005. 7. 28.〉

제206조(이의신청서 등의 송달)

① 법 제287조 제1항(법 제301조의 규정에 따라 준용되는 경우를 포함한다)의 규정에 따른 명령은 채권자에게 송달하여야 한다.

② 법 제283조 제1항, 제288조 제1항(법 제301조의 규정에 따라 준용되는 경우를 포함한다)의 규정에 따른 신청이 있는 때에는 그 신청서 부본을 채권자에게 송달하여야 한다. <개정 2005. 7. 28.>

[제목개정 2005. 7. 28.]

제207조(가압류를 위한 강제관리)

강제관리의 방법으로 하는 부동산에 대한 가압류에는 제46조, 제83조 내지 제87조 및 제90조의 규정을 준용한다.

제208조(선박에 대한 가압류)

선박에 대한 가압류에는 제95조, 제96조 및 제100조 내지 제103조의 규정을 준용한다.

제209조(항공기에 대한 가압류)

항공기에 대한 가압류는 선박에 대한 가압류의 예에 따라 실시한다. 이 경우에는 제106조 후문의 규정을 준용한다.

제210조(자동차에 대한 가압류)

① 자동차에 대한 가압류는 아래 제2항 내지 제4항에서 정하는 사항 외에는 부동산에 대한 가압류(강제관리의 방법은 제외한다)의 예에 따라 실시한다. 이 경우에

는 제108조 후문의 규정을 준용한다.

② 가압류법원은 채권자의 신청에 따라 채무자에 대하여 자동차를 집행관에게 인도할 것을 명할 수 있다.

③ 제2항의 규정에 따라 집행관이 자동차를 인도받은 경우에는 제111조 제3항, 제112조, 제114조, 제115조, 제117조, 제118조 제1항 및 법 제296조 제5항의 규정을 준용한다.

④ 자동차의 공유지분에 대한 가압류에는 제129조의 규정을 준용한다.

제211조(건설기계 · 소형선박에 대한 가압류)

건설기계 · 소형선박에 대한 가압류에는 제210조의 규정을 준용한다. 이 경우 제210조 제1항에서 준용하는 제108조 후문의 규정 중 "자동차등록원부"는 각 "건설기계등록원부", "선박원부 · 어선원부 · 수상레저기구등록원부"로 보며, "특별시장 · 광역시장 · 특별자치시장 또는 도지사"는 소형선박에 대하여는 "지방해양수산청장"이나 "시장 · 군수 또는 구청장"으로 본다. <개정 2013. 11. 27., 2019. 12. 26.> [전문개정 2008. 2. 18.]

제212조(유체동산에 대한 가압류)

① 유체동산에 대한 가압류의 집행위임은 다음 각호의 사항을 적은 서면에 가압류명령정본을 붙여서 하여야 한다.

    1. 채권자 · 채무자와 그 대리인의 표시

    2. 가압류명령의 표시

    3. 가압류 목적물인 유체동산이 있는 장소

    4. 가압류채권의 일부에 관하여 집행을 구하는 때에는 그 범위

② 유체동산에 대한 가압류의 집행에는 제132조 내지 제142조의 규정을 준용한다. <개정 2005. 7. 28.>

제213조(채권과 그 밖의 재산권에 대한 가압류)

① 권리이전에 등기 또는 등록이 필요한 그 밖의 재산권에 대한 가압류는 등기 또는 등록을 하는 곳을 관할하는 지방법원이나 본안의 관할법원이 관할한다.

② 채권과 그 밖의 재산권에 대한 가압류에는 제159조, 제160조 제1항, 제167조 제4항, 제172조, 제174조, 제175조 제1항 · 제3항, 법 제94조 내지 법 제96조 및 법 제141조의 규정을 준용한다.

제214조(예탁유가증권에 대한 가압류)

① 예탁유가증권을 가압류하는 때에는 예탁원 또는 예탁자에 대하여 예탁유가증권지분에 관한 계좌대체와 증권의 반환을 금지하는 명령을 하여야 한다.

② 예탁유가증권에 대한 가압류에는 제159조, 제160조 제1항, 제178조, 법 제188조 제2항, 법 제226조, 법 제227조 제2항·제3항, 법 제234조, 법 제235조, 법 제237조 제2항·제3항 및 법 제296조 제2항의 규정을 준용한다. 이 경우 제159조 제1항 제1호, 제160조 제1항, 법 제226조, 법 제227조 제2항·제3항 및 법 제237조 제2항·제3항에 "제3채무자"라고 규정된 것은 "예탁원 또는 예탁자"로, 법 제296조 제2항에 "채권가압류"라고 규정된 것은 "「민사집행규칙」 제214조 제1항의 가압류"로 본다. <개정 2005. 7. 28.>

제214조의2(전자등록주식등에 대한 가압류)

① 전자등록주식등을 가압류하는 때에는 전자등록기관 또는 계좌관리기관에 대하여 전자등록주식등에 관한 계좌대체와 말소를 금지하는 명령을 하여야 한다.

② 전자등록주식등에 대한 가압류에는 제159조, 제160조 제1항, 제182조의4, 제182조의8, 법 제188조 제2항, 법 제226조, 법 제227조 제2항·제3항, 법 제234조, 법 제235조, 법 제237조 제2항·제3항, 법 제282조, 법 제296조 제2항, 법 제297조의 규정을 각각 준용한다. 이 경우 제159조 제1항 제1호, 제160조 제1항, 법 제226조, 법 제227조 제2항·제3항, 법 제237조 제2항·제3항 및 법 제297조에 "제3채무자"라고 규정된 것은 각 "전자등록기관 또는 계좌관리기관"으로 법 제296조 제2항에 "채권가압류"라고 규정된 것은 "「민사집행규칙」제214조의2 제1항의 가압류"로 본다.

[본조신설 2019. 9. 17.]

제215조(처분금지가처분의 집행)

물건 또는 권리의 양도, 담보권 설정, 그 밖의 처분을 금지하는 가처분의 집행은 그 성질에 어긋나지 아니하는 범위 안에서 가압류의 집행의 예에 따라 실시한다.

제216조(그 밖의 재산권에 대한 가처분)

권리이전에 등기 또는 등록이 필요한 그 밖의 재산권에 대한 가처분에는 제213조 제1항의 규정을 준용한다.

제217조(예탁유가증권에 대한 가처분)
예탁유가증권의 처분을 금지하는 가처분에는 제214조의 규정을 준용한다.

제217조의2(전자등록주식등에 대한 가처분)
전자등록주식등의 처분을 금지하는 가처분에는 제214조의2의 규정을 준용한다.
[본조신설 2019. 9. 17.]

제218조(보전처분집행에 대한 본집행의 준용)
보전처분의 집행에 관하여는 특별한 규정이 없으면 강제집행에 관한 규정을 준용한다.

부칙 〈제2875호, 2019. 12. 26.〉

제1조(시행일) 이 규칙은 공포한 날부터 시행한다.
제2조(계속사건에 관한 적용례) 이 규칙은 시행 당시 법원에 계속 중인 사건에 대하여도 적용한다.

4. 관련서식

<서식 1> 자동차 인도명령 신청

<서식 2> 자동차 강제경매 신청서

<서식 3> 자동차 임의경매 신청서

<서식 4> 강제집행 신청서

<서식 5> 동산경매 신청서

<서식 6> 집행관 송달신청서

<서식 7> 자동차 등록 원부(갑) 등본·초본

<서식 8> 자동차 등록 원부(을) 등본·초본

<서식 9> 자동차양도증명서(양도인·양수인 직접 거래용)

<서식 10> 재산명시신청서

<서식 11> 부동산 강제경매신청서

< 서식 1>   **자동차 인도명령 신청**

사건번호

신청인(매수인)

    ○시 ○구 ○동 ○번지

피신청인(임차인)

    ○시 ○구 ○동 ○번지

  위 사건에 관하여 매수인은   .   .   . 에 낙찰대금을 완납한 후 채무자(소유자, 자동차점유자)에게 별지 매수자동차의 인도를 청구하였으나 채무자가 불응하고 있으므로, 귀원 소속 집행관으로 하여금 채무자의 위 자동차에 대한 점유를 풀고 이를 매수인에게 인도하도록 하는 명령을 발령하여 주시기 바랍니다.

                년   월   일

          매 수 인   (인)

            연락처(☎)

        지방법원   귀중

☞유의사항

1) 낙찰인은 대금완납 후 6개월내에 채무자, 소유자 또는 자동차 점유자에 대하여 자동차를 매수인에게 인도할 것을 법원에 신청할 수 있습니다.
2) 신청서에는 1,000원의 인지를 붙이고 1통을 집행법원에 제출하며 인도명령정본 송달료(2회분)를 납부하셔야 합니다.

〈 서식 2〉   자동차강제경매서신청서

수입인지 5000원

채 권 자   (이름)   (주민등록번호   -   )
         (주소)
         (연락처)
채 무 자   (이름)   (주민등록번호 또는 사업자등록번호   -   )
         (주소)

청구금액   금   원 및 이에 대한 20 . . .부터 20 . . .까지 연
         % 의 비율에 의한 지연손해금
집행권원의 표시 채권자의 채무자에 대한   지방법원 20 . . . 선고 20 가단(합)
         대여금 청구사건의 집행력 있는 판결정본

신 청 취 지

별지 목록 기재 자동차에 대하여 경매절차를 개시하고 채권자를 위하여 이를 압류한다
라는 재판을 구합니다.

신 청 이 유

채무자는 채권자에게 위 집행권원에 따라 위 청구금액을 변제하여야 하는데, 이를 이행하지 아
니하므로 채무자 소유의 위 자동차에 대하여 강제경매를 신청합니다.

첨 부 서 류

1. 집행력 있는 정본   1통
2. 집행권원의 송달증명원   1통
3. 자동차등록원부 갑·을부   1통

20 . . .

채권자   (날인 또는 서명)

○ ○ 지방법원 귀중

◇ 유 의 사 항 ◇

1. 채권자는 연락처란에 언제든지 <u>연락 가능한 전화번호나 휴대전화번호</u>(팩스번호, 이메일 주소
   등도 포함)를 기재하기 바랍니다.
2. 채무자가 개인이면 주민등록번호를, 법인이면 사업자등록번호를 기재하시기 바랍니다.
3. 이 신청서를 접수할 때에는 (신청서상의 이해관계인의 수＋3)×10회분의 송달료와 집행비용
   (구체적인 액수는 접수담당자에게 확인바람)을 현금으로 예납하여야 합니다.
4. 경매신청인은 채권금액의 1000분의2에 해당하는 등록면허세와 그 등록면허세의 100분의20에
   해당하는 지방교육세를 납부하여야 하고, 자동차 1필지당 3,000원 상당의 등기신청수수료를
   제출하여야 합니다.

〈서식 3〉 **자동차임의경매신청서**

수입인지
5000원

채 권 자   (이름)   (주민등록번호   -   )
         (주소)
         (연락처)

채 무 자   (이름)   (주민등록번호 또는 사업자등록번호   -   )
         (주소)

청구금액   금   원 및 이에 대한 20 . . .부터 20 . . .까지 연
         %의 비율에 의한 지연손해금

신 청 취 지

별지 목록 기재 자동차에 대하여 경매절차를 개시하고 채권자를 위하여 이를 압류한다
라는 재판을 구합니다.

신 청 이 유

채권자는 채무자에게 20 .   . . 금   원을, 이자는 연   %, 변제기는 20   .
   . 로 정하여 대여하였고, 위 채무의 담보로 채무자 소유의 별지 기재 자동차에 대하여
지방법원 20 . . . 접수 제   호로 근저당권설정등기를 마쳤는데, 채무자는 변제기
가 경과하여도 변제하지 아니하므로, 위 청구금액의 변제에 충당하기 위하여 위 자동차에 대하
여 담보권실행을 위한 경매절차를 개시하여 주시기 바랍니다.

첨 부 서 류
1. 자동차등록원부 갑·을부 각   1통

                    20 . . .
         채권자   (날인 또는 서명)

                              ○ ○ **지방법원 귀중**

〈서식 4〉　강제집행신청서

서 울 남 부 지 방 법 원

		서울남부지방법원 집행관사무소 집행관 귀하				
채권자	성 명		주민등록번호 (사업자등록번호)		전화번호 우편번호	□□□□□
	주 소					
	대리인	성명(　　　　　　　　)		전화번호		
채무자	성 명		주민등록번호 (사업자등록번호)		전화번호 우편번호	□□□□□
	주 소					
집행목적물 소재지		□ 채무자의 주소지와 같음 □ 채무자의 주소지와 다른 경우 소재지 :				
집 행 권 원						
집행의 목적물 및 집 행 방 법		□ 동산가압류　□ 동산가처분　□ 부동산점유이전금지가처분 □ 건물명도　□ 철거　　　　□ 부동산인도　□ 자동차인도 □ 금전압류　□ 기타(　　　　　　　　)				
청 구 금 액					원(내역은 뒷면과 같음)	

위 집행권원에 기한 집행을 하여 주시기 바랍니다.

※ 첨부서류
1. 집행권원　　　1통　　　　　　　20
2. 송달증명서　　1통　　　　　　　　　　　채권자　　　　　　(인)
3. 위임장　　　　1통　　　　　　　　　　　대리인　　　　　　(인)

※ 특약사항
1. 본인이 수령할 예납금잔액을 본인의 비용부담하에
　오른쪽에 표시한 예금계좌에 입금하여 주실 것을
　신청합니다.
　　　　　　　　채권자　　　　　　(인)

예금계좌	개설은행	
	예 금 주	
	계좌번호	

2. 집행관이 계산한 수수료 기타 비용의 예납통지 또는 강제집행 속행의사 유무 확인 촉구를 2회 이
　상 받고도 채권자가 상당한 기간 내에 그 예납 또는 속행의 의사표시를 하지 아니한 때에는 본건
　강제집행 위임을 취하한 것으로 보고 완결처분해도 이의 없음.
　　　　　　　　　　　　　　　　채권자　　　　　　(인)

* 굵은 선으로 표시된 부분은 반드시 기재하여야 합니다.(금전채권의 경우 청구금액 포함).

\<서식 5\>　　동산경매신청서

서 울 남 부 지 방 법 원

채권자	성 명		주민등록번호 (사업자등록번호)			전화번호	
						우편번호	□□□-□□□
	주 소						
	대리인	성명 (　　　　　)			전화번호		
채무자	성 명 (회사명)		주민등록번호[1] (법인등록번호 및 사업자등록번호)			전화번호	
						우편번호	□□□-□□□
	주 소						

집행목적물 소재지	□ 채무자의 주소지와 같음
	□ 채무자의 주소지와 다른 경우 소재지 :

집 행 권 원	
청 구 금 액	원(내역은 뒷면과 같음)

위 집행권원에 기한 집행을 하여 주시기 바랍니다.

※ 첨부서류
1. 집행권원　　　1통　　　　　　　　201 .
2. 송달증명서　　1통　　　　　　　채권자　　　　　　　　(인)
3. 위임장　　　　1통　　　　　　　대리인　　　　　　　　(인)

※ 특약사항

1. 본인이 수령할 예납금잔액을 본인의 비용부담하에 오른쪽에 표시한 예금계좌에 입금하여 주실 것을 신청합니다.

　　　　　　　　채권자　　　　　　　(인)

예금계좌	개설은행	
	예 금 주	
	계좌번호	

2. 집행관이 계산한 수수료 기타 비용의 예납통지 또는 강제집행 속행의사 유무 확인 촉구를 2회 이상 받고도 채권자가 상당한 기간 내에 그 예납 또는 속행의 의사표시를 하지 아니한 때에는 본건 강제집행 위임을 취하한 것으로 보고 완결처분해도 이의 없음.

　　　　　　　　채권자　　　　　　　(인)

* 굵은 선으로 표시된 부분은 반드시 기재하여야 합니다.(금전채권의 경우 청구금액 포함).
* 1) 주민등록번호가 없는 재외국민과 외국인의 경우에는 부동산등기법 제49조제1항제2호 또는 제4호에 따라 부여받은 부동산 등기용등록번호를 기재합니다.

3 - 1 - 1(앞면)

〈서식 6〉   **집행관 송달신청서**

사건번호
채 권 자
채 무 자
소 유 자

  위 사건에 관하여 소유자는 경매신청서에 기재된 주소지에 거주하고 있으면
서 고의로 송달을 불능시키고 있으니 귀원 집행관으로 하여금 송달토록 하여
주시기 바랍니다.

                      첨 부 서 류
1. 주민등록등본   1통

                      년   월   일

              채 권 자   (인)
                연락처(☎)

          지방법원   귀중

〈서식 7〉

■ 자동차등록규칙 [별지 제3호 서식] <개정 2018. 12. 19.>

자동차등록원부(갑) 등본 · 초본

제 호		총 면중제 면
자동차등록번호	제원관리번호	말소등록일
차 명		차 종
차대번호	원동기형식	용 도
연식(모델연도)	색 상	출처구분
최초등록일	세부유형(사업용 자동차만 해당합니다)	제작연월일
		최초 양도연월일
최종소유자		주민(법인)등록번호
사용본거지 (차고지)		
검사유효기간		등록사항 확인일
		폐쇄일

순위번호		사 항 란	주민(법인)등록번호	등록일	접수번호
주등록	부기등록				

이 등본은 자동차등록원부(갑)의 기재사항과 틀림없음을 증명합니다.

년   월   일

특별시장 · 광역시장 · 특별자치시장 · 도지사 · 특별자치도지사 또는 시장 · 군수 · 구청장   [직인]

〈서식 8〉

■ 자동차등록규칙 [별지 제4호서식] <개정 2015.7.7.>

자동차등록원부(을) 등본 · 초본

제 호		총 면중제 면	
을부번호		저당권설정 접수번호	

저당권자	성명(명칭)	
	주소	

저당권 설정자	성명(명칭)	
	주소	

채무자	성명(명칭)	
	주소	

채권가액 원	저당권설정일	저당권말소일

순 위	구 분	사 항 란	등록일

공동저당된 자동차의 등록번호 등

종 류	자동차번호	설정일	말소일	종 류	자동차번호	설정일	말소일

폐쇄연월일

이 등본은 자동차등록원부(을)의 기재사항과 틀림없음을 증명합니다.

년   월   일

특별시장 · 광역시장 · 특별자치시장 · 도지사 · 특별자치도지사 또는
시장 · 군수 · 구청장

<서식 9>

■ 자동차등록규칙 [별지 제15호서식] <개정 2017. 10. 26.>

자동차양도증명서(양도인 · 양수인 직접 거래용)

접수번호		접수일자	
갑 (양도인)	성명(명칭)	주민(법인)등록번호	
	전화번호		
	주소		
을 (양수인)	성명(명칭)	주민(법인)등록번호	
	전화번호		
	주소		
거래 내용	자동차등록번호	차종 및 차명	
	차대번호	매매일	
	매매금액	잔금지급일	
	자동차인도일	주 행 거 리 km	

제1조(당사자표시) 양도인을 "갑"이라 하고, 양수인을 "을"이라 한다.

제2조(동시이행 등) "갑"은 잔금 수령과 상환으로 자동차와 소유권이전등록에 필요한 서류를 "을"에게 인도한다.

제3조(공과금부담) 이 자동차에 대한 제세공과금은 자동차 인도일을 기준으로 하여, 그 기준일까지의 분은 "갑"이 부담하고, 기준일 다음 날부터의 분은 "을"이 부담한다. 다만, 관계 법령에 제세공과금의 납부에 관하여 특별한 규정이 있는 경우에는 그에 따른다.

제4조(사고책임) "을"은 이 자동차를 인수한 때부터 발생하는 모든 사고에 대하여 자기를 위하여 운행하는 자로서의 책임을 진다.

제5조(법률상의 하자책임) 자동차인도일 이전에 발생한 행정처분 또는 이전등록 요건의 불비, 그 밖에 행정상의 하자에 대해서는 "갑"이 그 책임을 진다.

제6조(등록 지체 책임) "을"이 매매목적물을 인수한 후 정해진 기간에 이전등록을 하지 않을 때에는 이에 대한 모든 책임을 "을"이 진다.

제7조(할부승계특약) "갑"이 자동차를 할부로 구입하여 할부금을 다 내지 않은 상태에서 "을"에게 양도하는 경우에는 나머지 할부금을 "을"이 승계하여 부담할 것인지의 여부를 특약사항란에 적어야 한다.

제8조(양도증명서) 이 양도증명서는 2통을 작성하여 "갑"과 "을"이 각각 1통씩 지니고 "을"은 이 증명서를 소유권의 이전등록 신청을 할 때(잔금지급일부터 15일 이내)에 등록관청에 제출해야 한다.

특약사항:

수입인지
「인지세법」에 따름 (뒷면 여백에 붙임)

본인은 자동차매매사업자의 중개를 통하지 않고 양수인과 직접 거래로 소유자동차를 양도하고, 그 사실을 증명하기 위하여 「자동차등록규칙」 제33조제2항제1호에 따라 이 양도증명서를 작성하여 발급합니다.

년   월   일

양도인   (서명 또는 인)   양수인   (서명 또는 인)

210mm×297mm[백상지 80g/㎡]

<서식 10>　　**재산명시신청서**

　　채권자 (이　름)　　　(주민등록번호　　　　　　　　-　　　　　　　　)
　　　　　　(주　소)
　　　　　　(연락처)
　　채무자 (이　름)　　　　　(주민등록번호　　　　　-　　　　　)
　　　　　　(주　소)

집행권원의 표시 : OO지방법원 20 ．　．　．선고 20 가합　손해배상
사건의　　　　　　　　　　　　집행력있는 판결정본
채무자가 이행하지 아니하는 금전채무액 : 금　　　원

신 청 취 지
채무자는 재산상태를 명시한 재산목록을 제출하라

신 청 사 유
1. 채권자는 채무자에 대하여 위 표시 집행권원을 가지고 있고 채무자는
이를 변제하지 아　　　니하고 있습니다.
2. 따라서 민사집행법 제61조에 의하여 채무자에 대한 재산명시명령을 신
청합니다.

첨 부 서 류
1.집행력있는 판결정본　　　　　1부
1.송달증명원　　　　　　　　　1부
1.확정증명원　　　　　　　　　1부
1.송달료납부서　　　　　　　　1부

20 ．　．　．

　　　　채권자　　　　　(날인 또는 서명)

　　　　　　　　　　　OO지방법원 귀중

〈서식 11〉

부동산강제경매신청서

수입인지
5000원

채 권 자   (이름)   (주민등록번호 또는 법인등록번호   -   )
                  (주소)
           (연락처)

채 무 자   (이름)   (주민등록번호 또는 법인등록번호   -   )
                  (주소)

청구금액   금   원 및 이에 대한 20 . . .부터 20 . . .까지
           연   % 의 비율에 의한 지연손해금
집행권원의 표시   채권자의 채무자에 대한   지방법원 20 . . . 선고 20
          가단(합)   대여금 청구사건의 집행력 있는 판결정본

신 청 취 지

별지 목록 기재 부동산에 대하여 경매절차를 개시하고 채권자를 위하여 이를 압류한다 라
는 재판을 구합니다.

신 청 이 유

채무자는 채권자에게 위 집행권원에 따라 위 청구금액을 변제하여야 하는데, 이를 이행하
지 아니하므로 채무자 소유의 위 부동산에 대하여 강제경매를 신청합니다.

첨 부 서 류

1. 집행력 있는 정본   1통
2. 집행권원의 송달증명원(송달증명서) 1통
3. 부동산등기사항증명서   1통

20 . . .

채권자   (날인 또는 서명)

○ ○ 지방법원 귀중

참고문헌

국내문헌

1. 단행본

강대성, 『민사집행법』, 삼영사, 2003.
곽윤직·김재형, 『물권법 제8판』, 박영사, 2014.
김능환·민일영, 『주석 민사집행법 I 』, 한국 사법행정학회, 2012.
김능환, 『주석 민사집행법(Ⅱ)』, 한국 사법행정학회, 2012.
김용한, 『물권법론』, 박영사, 1996.
김일룡, 『민사집행법 강의』, 오래, 2014.
김홍업, 『민사집행법(제3판)』, 박영사, 2015.
박두환, 『민사집행법』, 법률서원, 2003.
방순원·김광년, 『민사소송법(하)(제2전정판)』, 1993.
법원공무원교육원, 『도산실무』, 법원공무원교육원, 2016.
법원행정처, 『법원실무제요 민사집행[I]』, 집행총론, 2014.
_____, 『법원실무제요 민사집행[Ⅱ]』, 부동산 집행, 2014.
_____, 『법원실무제요 민사집행[Ⅲ]』, 동산·채권 등 집행, 2014.
양형우, 『민법입문(제2판)』, 피앤씨미디어, 2016.
오시영, 『민사집행법』, 학현사, 2007.
이시윤, 『신민사집행법(제6보정판)』, 박영사, 2014.
_____, 『신민사집행법(제7개정판)』, 박영사, 2016.
이영섭, 『신민사소송법(하)(제7개정판)』, 박영사, 1972.
정동윤·유병현, 『민사소송법 제3판 보정판』, 박영사, 2010.
지원림, 『민법강의(제16판)』, 홍문사, 2019.

2. 학술논문 및 연구보고서

강대성, 「담보권실행 경매신청에 관하여」, 전남대학교, 법학논총(제31권, 제3호), 2011.
_____, 「집행계약에 관한 소고」, 민사법학 제6호. 1986.12.
강희경, 「국내 NPL시장의 현황과 시사점」, 하나금융연구소, 2007.
권혁술, 「집행관제도의 문제와 개선 방향에 관한 연구」, 호서대학교, 박사학위 논문,

2013.

권혁재, 「민사집행 절차상 자동차 인도명령 집행에 있어서의 문제점」, 법학논고 제49집, 경북대학교 법학연구원, 2015.

_____, 「자동차에 대한 민사집행 절차에 있어서 효율적 점유확보방안」, 사법발전재단, 2016.

권혁재외 6명 공동연구자, 「자동차 집행의 실효성 확보방안」, 여신금융협회 연구용역, 2015.

김상수, 「부동산 집행의 문제와 개선방안」, 토지법학. 2013.

김용수, 「허위·가장 유치권 행사에 대한 매수인 보호 방안에 관한 연구」, 건국대학교, 박사학위 논문, 2014.

김응조, 「소액임차인과 사해행위」, 경영법무 BUSINESS LAW 71, 한국경영법무연구소, 2000.

김인범, 「자동차 금융의 법적 문제에 관한 연구」, 동국대학교 박사학위 논문, 2018.

_____, 「자동차소비자 금융상의 기한이익상실」, 고려대학교 법학연구원, 고려법학 제86호, 2017.9.

김인유, 「부동산 유치권의 개선방안에 관한 연구」, 토지법학 28-1호, 2012.

김종호, 「법원 내부로의 조직편입을 통한 집행관제도 개혁방안」, 법학논고44, 경북대 법학연구원, 2013.

_____, 「집행관제도의 합리화 방안으로서 보수체계의 개혁」, 동아법학(제61호), 동아대학교 법학연구소, 2013.

_____, 「현행 집행관자격 부여제도의 적정성에 관한 고찰」, 중앙법학(15집 3호), 중앙법학회, 2013.

김충섭, 「집달관의 경매 부동산 감정평가」, 국민과 사법, 1999.

남동현, 「건축 중인 건물의 부동산 강제집행 가능성」, 민사집행법연구 1권, 2005.

마상열, 「우리나라 집행관제도의 개선방안에 관한 연구」, 동아대학교, 박사학위 논문, 2018.

문성진, 「동산·채권 등의 담보권실행에 관한 연구」, 고려대학교 법무대학원 석사학위 논문, 2014.

민일영, 「주택 경매에 있어서 임차인 보호에 관한 연구」, 민사집행법연구 1권, 2005.

_____, 「청구이의의 소에 관한 실무상 문제점」, 재판자료 35집(상), 법원행정처, 1987.

박영호, 「기간입찰제 시행에 대한 평가와 전망」, 한국 민사소송법학회지, 12권 1호, 2008.

박우동, 「불법 집행으로 인한 배상책임」, 인신사고 소송, 1981.

손진홍, 「근대 한국 민사집행법의 발전과 전망」, 한국 사법행정학회, 2015.

손흥수, 「부동산 인도·철거 강제집행의 개선방안과 집행관제도의 개혁」, 인권과 정의 제475호, 2018.

오시영, 「법무부 민법개정 시안 중 유치권에 대한 대안 제시 Ⅲ」, 법학 논총 제33집 제1
　　호, 2013.
윤진수, 「유치권 및 저당권 설정 청구권에 관한 민법개정안」, 민사법학 제63-1호, 한국
　　민사법학회, 2013.
이경춘, 「현황조사 보고서, 감정평가서 및 입찰물건명세서의 개선」, 부동산입찰제도 실
　　무상의 제문제, 1997.
이경호, 「동산담보권의 문제점과 활성화 방안」, 대구대학교 석사학위 논문, 2015.
이시윤, 「최근의 민소법의 판례 동향과 강제집행법상의 명시선서 절차의 문제점」, 판례
　　월보(12월호), 1990.
　　　　, 「한국 민사집행법학회 창립 10주년의 회고와 앞으로의 전망·과제」, 한국 민사
　　집행법학회, 민사집행법연구, 2014.
이영구·정재호, 「부동산 경매 집행관자격의 개선방안 연구」, 한국부동산분석학회 학술
　　발표논문집, 2014.
이재도, 「부동산경매 절차에서 허위 유치권에 관한 문제와 개선방안」, 민사집행법연구,
　　한국 민사집행법학회지 8권, 2012.
이재영, 「집달관에 대한 제도적 고찰과 개혁에 관한 소고」, 사법연구자료 제11집, 1984.
이정민·이점인, 「허위·가장유치권 문제와 유치권 등기의 필요성에 대한 검토」, 민사법
　　이론과 실무 18권 1호, 2014.
이점인, 「현행집행관 제도에 대한 비판적 검토」, 동아법학 82호, 2019.
이진기, 「경매에서 최저매각가격 결정의 하자와 그 법적 구제」, 인하대 법학연구소 법학
　　연구 22권 2호, 2019.
이진한, 「자동차의 강제집행 및 개선방향에 관한 연구」, 고려대학교 석사학위 논문,
　　2007.
이창한, 「현황조사 보고서 등의 작성 시 임대차 관련 내용의 충실한 기재」, 부동산입찰
　　제도 실무상의 제 문제, 1997.
이효종, 「부동산 강제경매에 있어서 잉여주의에 위반한 사유로 인한 채무자의 항고」, 대
　　법원 판례해설 1호, 1981.
정동윤·유병현, 「민사소송법 제3판 보정판」, 박영사, 2010.
전병서, 「민사집행에서의 실효성 확보 연구」, 민사집행법연구, 2011.
정영환, 「민사집행법의 이상에 관한 소고」, 한국 민사집행법학회, 2007.
　　　　, 「신축 중의 건물의 집행법상의 지위」, 민사집행법연구 1권, 2005.
조상용, 「가장임차인 배척을 위한 효율적 방안에 관한 연구」, 건국대학교 부동산대학원
　　석사학위 논문, 2012.
추신영, 「집행관의 법적 지위」, 한국 민사집행법학회, 민사집행법연구, 2014.

3. 보도자료 및 기사

금융감독원 보도자료, 제목 : 4.25일부터 소멸시효 완성된 대출채권 매각 제한, 2017. 4. 25.

대검찰청, 가장임차인 수사결과 보고, 2000. 3. 29.

대한민국 법원 대국민 서비스, https://www.scourt.go.kr/portal/justicesta/JusticestaList Action.work?gubun=10, 2018년 사건 개황 제5장 통계, 마지막 방문일, 2019. 11. 25.

민사집행법 일부개정법률안 발의, 추미애의원 등 13인, 민사집행법 제191조 제2항신설, 법률신문, 리걸헤럴드, http://legalherald.co.kr/archives/11872, 마지막 방문일 2019. 10. 12.

서울신문, '90조 포괄근저당 가계대출 새달부터 한정근저당 전환', 2012. 6. 26.

여신금융협회, 개인회생 변제기간 단축(5년→3년) 및 소급 관련 대응방안, 2018. 3.

제윤경 의원 등 10인, 집행관 신분제도 개선 법안 발의, 2018. 2. 27.

코리아크레딧뷰로, KCB The Common Asset of Korea Credit Business, 2009.

코리아크레딧뷰로, KCB New Anti -Fraud Culture 세미나, 2008.

4. 인터넷 자료

금융감독원, http://www.fss.or.kr/fss/kr/main.html, 마지막 방문일, 2019. 11. 18.

금융감독원, 금융소비자 정보포털 파인, http://fine.fss.or.kr/main/index.jsp, 마지막 방문일, 2019. 11. 29.

금융위원회 금융용어 사전, http://www.fsc.go.kr/know/wrd_list.jsp?menu=7420000& bbsid=BBS0026, 마지막 방문일, 2019. 7. 15.

대한민국 법원 법원경매정보사이트 https://www.courtauction.go.kr/, 마지막 방문일, 2019. 11. 17.

대한민국 법원 인터넷 등기소, http://www.iros.go.kr/PMainJ.jsp, 마지막 방문일, 2019. 11. 16.

대한민국 법원 종합법률정보, https://glaw.scourt.go.kr/wsjo/intesrch/sjo022.do, 마지막 방문일, 2019. 11. 30.

리걸인사이트, http://legalinsight.co.kr/ 마지막 방문일, 2019. 11. 12.

서울회생법원, https://slb.scourt.go.kr/main/new/Main.work, 마지막 방문일, 2019. 12. 7.

세계법제정보센터, http://world.moleg.go.kr/web/main/index.do 마지막 방문일, 2019. 11. 13.

신용회복위원회, https://www.ccrs.or.kr/, 마지막 방문일, 2019. 12. 7.

여신금융협회, https://www.crefia.or.kr 마지막 방문일, 2019. 11. 18.

의안정보시스템, http://likms.assembly.go.kr/bill/billDetail.do?billId=PRC_W1X8S0O2C 2X7D1P7H5A7T4A7L4R1N9, 마지막 방문일, 2019. 12. 7.

일본 전자정부 종합창구, https://www.e-gov.go.jp/sorry.html#368, 마지막 방문일, 2019. 11. 15.

영국 법무부 홈페이지, http://www.justice.gov.uk/about/hmcts, 마지막 방문일, 2019. 11. 2.

찾아보기

[저자약력]

송하진

명지대학교 대학원 법학과 법학박사(민사법)
서울대학교 대학원 법학과 박사과정(교류과정)
고려대학교 법무대학원 법학석사
성균관대학교 경영대학원 경영학석사
미국계, 유럽계 및 국내 금융기관에서 약 16년간 법무, 자산관리, 채권관리실무 등

주요 논문
부실채권 사례를 통한 민사집행제도 개선에 관한 연구
회생담보권자의 법적지위에 관한 연구

E−mail: sfkhjs@gmail.com / aura9315@naver.com

특수금융집행법 실무

초판발행	2020년 2월 28일

지은이	송하진
펴낸이	안종만·안상준

편 집	최문용
기획/마케팅	정성혁
표지디자인	BEN STORY
제 작	우인도·고철민

펴낸곳	(주) **박영사**
	서울특별시 종로구 새문안로3길 36, 1601
	등록 1959. 3. 11. 제300-1959-1호(倫)

전 화	02)733-6771
f a x	02)736-4818
e-mail	pys@pybook.co.kr
homepage	www.pybook.co.kr
ISBN	979-11-303-3602-2 93360

정 가   20,000원